高铁技术系列丛书

突发事件下高速铁路运输组织

——理论与应用

贾利民　王　莉　秦　勇　著

北京交通大学出版社

·北京·

内 容 简 介

在高速铁路路网建设运营规模迅速扩大的背景下，突发事件应急处置、运营秩序和服务品质及时恢复已成为铁路运营部门面临的巨大挑战和亟待解决的问题。本书在国际上首次系统研究突发事件条件下高速铁路运输组织相关问题，提出的相关理论、方法和解决方案可为读者日常工作和进一步研究提供一个完整的参考架构。

本书可作为铁路运输领域日常管理和科研工作者的参考手册，也可作为研究生的参考教材。

图书在版编目（CIP）数据

突发事件下高速铁路运输组织：理论与应用 / 贾利民，王莉，秦勇著. —北京：北京交通大学出版社，2017.3

ISBN 978-7-5121-3069-2

Ⅰ. ① 突… Ⅱ. ① 贾… ② 王… ③ 秦… Ⅲ. ① 高速铁路–铁路运输管理 Ⅳ. ①U238

中国版本图书馆 CIP 数据核字（2016）第 299006 号

突发事件下高速铁路运输组织——理论与应用
TUFA SHIJIAN XIA GAOSU TIELU YUNSHU ZUZHI——LILUN YU YINGYONG

责任编辑：陈跃琴　　助理编辑：李荣娜
出版发行：北京交通大学出版社　　电话：010-51686414　　http://www.bjtup.com.cn
地　　址：北京市海淀区高梁桥斜街 44 号　邮编：100044
印 刷 者：北京艺堂印刷有限公司
经　　销：全国新华书店
开　　本：170 mm×235 mm　　印张：27.25　　字数：519 千字
版　　次：2017 年 3 月第 1 版　　2017 年 3 月第 1 次印刷
书　　号：ISBN 978-7-5121-3069-2/U・254
印　　数：1～1000 册　　定价：150.00 元

本书如有质量问题，请向北京交通大学出版社质监组反映。对您的意见和批评，我们表示欢迎和感谢。
投诉电话：010-51686043，51686008；传真：010-62225406；E-mail：press@bjtu.edu.cn。

前　　言

世界高速铁路的发展经过了三次建设热潮，第一次可追溯到20世纪60年代至90年代初期，日本在1964年开通的东海道新干线，是世界上第一条高速铁路。随后法国、德国也相继开始高速铁路的建设，这一时期是高速铁路建设的开始阶段。第二次建设热潮是20世纪90年代初期到21世纪初期。越来越多的发达国家认识到高速铁路的重要性，特别是法国、德国、西班牙、荷兰和英国等欧洲国家开始大规模修建高速铁路，这一时期欧洲初步建立了高速铁路网络。第三次是21世纪初期至今，中国高速铁路的快速发展，引导了高速铁路建设在世界范围内的复苏。其间，中国完成了铁路的6次大提速，并在2004年通过了《中长期铁路网规划》，成为目前高速铁路运营里程最长的国家（运营里程占世界总里程的一半以上）。

随着高速铁路建设里程和规模的快速增长，一些国家（如中国）的高速铁路已经网络化运营，各条线路相互影响，关系十分复杂，其动态性和时空关联性也更强。在这种复杂运营环境下，突发事件影响的空间范围更加广泛，事件的处置难度也大大增加，突发事件（条件）下的运输组织管理就显得尤为重要。

高速铁路建设初期，发生过几次重大事故。例如，1998年6月3日，德国高铁ICE 884列车行驶到埃舍德的一座路桥时发生脱轨事故，造成101人死亡、88人受伤；2005年4月25日，日本尼崎市发生高速铁路脱轨事故，造成107人死亡、549人受伤；2011年7月23日，中国甬温线铁路因恶劣天气造成通信设备故障，导致D301次列车与D3115次列车发生追尾事故，造成40人遇难、172人受伤。这些事件给人民生命财产造成了巨大损失，使正常的生产生活秩序受到极大影响，社会反响极其恶劣。同时，这些事件对铁路安全保障与应急管理工作提出了严峻挑战，特别是高速铁路成网运行之后，突发事件的影响将沿网络扩散，运营管理者的工作对象不再是孤立的某条线路，而是受事件影响的动态变化的铁路网络。因此，研究突发事件条件下的运输组织相关理论、方法和技术，是未来高速铁路快速发展趋势下不可或缺的内容。

目前国内外对于非正常条件下高速铁路应急处置的研究主要分为两种：一种是遵循传统铁路的思路，在既有理论体系和技术方法上进行修改，但研究重点仍是传统的运输组织内容，没有形成专门针对突发事件条件下的运输组织策略。这种方法虽然能在一定程度上解决理论问题，但对于高速铁路复杂多变的现场环境缺乏适用性。高速铁路的快速发展使得运营与应急管理理念开始发生本质的变化：已有传统应急处置是从运营者的角度出发，以尽快恢复铁路运行为首要目标，而新的运营与应急管理工作则以减少全局损失（包括社会影响、旅客替换服务、路网的影响降到最低等）为目标，体现出“以人为本”的思想。这些理念上的变化必然会带来运输组织策略、方法和技术的重大变革。另一种则遵循一般应急管理的思路，侧重于铁路突发事件的应急管理，其主要内容涉及应急预案体系、突发事件风险评估、应急平台及系统建设等，虽然能为高速铁路的应急处置提供研究思路，但是不涉及运输组织内容，更不能提供突发事件条件下的行车组织方案，不能真正指挥现场行车作业，理论体系与方法具有一定局限性。针对本领域目前的研究现状和需求，作者结合二十多年的经验和科研积累，以完善、补充和形成中国高速铁路应急管理体系为目标，在突发事件条件下高速铁路运输组织相关理论体系、技术方法和系统平台建设等方面进行了持续的探索和实践，这些工作构成了本书形成的重要基础。

本书撰写的初衷是希望能够提供一个突发事件条件下高速铁路运输组织与应急管理的体系框架和相关的理论与方法；同时，也希望能为铁路运营管理者提供一个系统化的方法集合，以期对铁路现场实际运营管理工作的改进和重构有所助益。为了兼顾上述两方面的需求，本书在重点探讨铁路突发事件及运输组织相关科学问题和理论方法的同时，尽力做到理论联系实际，书中所有的方法、算法和问题求解过程均以铁路运营的实际场景为依据，其结果可以作为铁路运营实际工作或相关运营支持系统的参考。基于本书提出的理论方法和模型算法，研发的“全国铁路应急预案管理系统”和“铁路运输组织应急处置决策支持系统（高速铁路）”已经在中国铁路得到了规模化应用。本书的内容在适应中国高铁所具有的运营里程长、时空关系复杂、运输组织模型多样、应急处置难度大等特点的同时，还兼顾了其他国家和地区高速铁路运营组织管理的一般需求，具有普遍的适用性。

本书围绕突发事件条件下高速铁路运输组织展开探讨，按照基础理论探索、方法和技术研究、系统平台建设三个层面进行了探索和分析。全书共分为 10 章，主要内容如下。

第 1 章介绍了高速铁路运输组织现状。从分析世界高速铁路的发展历程开始，对世界上各个国家高速铁路的建设和运营情况进行了介绍，并从系统的角度阐述了铁路运输系统及运输组织的内涵和外延。然后在分析了中国高速铁路运营技术特征的基础上，探讨了铁路运输组织与应急管理的关系，指出铁路运输组织过程是突发事件条件下铁路应急管理的重要环节。铁路运输组织过程中从宏观到微观不同层次的技术文件和计划，构成了突发事件条件下铁路应急管理的预防、准备、响应和恢复四个阶段中重要的管理方法、调度策略和调整措施。

第 2 章介绍了突发事件条件下高速铁路运输组织相关的一些基本概念和理论。这些内容为深入理解突发事件条件下高速铁路运输组织的实质奠定了基础。首先阐述突发事件和铁路突发事件的相关概念；进而分析了突发事件条件下铁路运输组织问题的差异性，并重点描述不同类型的突发事件条件下运输组织的定义、组织原则、组织策略、优化目标和约束条件及运输组织流程；最后分析了严重突发事件条件下运输组织的复杂性。

第 3 章首先分析了突发事件条件下高速铁路区间通过能力计算与正常条件下的区别，指出此时的区间通过能力具有模糊性、随机性等特点，在传统的列车扣除系数法的基础上，针对突发事件条件下通过能力的不确定性，提出了基于模糊马尔可夫链的区间通过能力计算方法，该方法更能容错各类因素及其不确定性，并以京沪高速铁路为背景验证了该算法在突发事件条件下的有效性。

第 4 章分析了突发事件条件下列车径路搜索问题的影响因素，建立了基于能力充足的径路搜索模型。别外，针对其特有的运行时间敏感、区间通过能力为模糊随机变量且具有空间属性等特点，提出了一种基于决策者偏好的线路弧段能力时间密度定义，并建立了基于能力时间密度的径路搜索模型，读者可根据现场实际条件选取合适的径路搜索方法。

第 5 章介绍了突发事件条件下的高速铁路列车开行方案编制方法。在突发事件影响范围广、持续时间长的条件下，高速铁路的运输组织除了需要进行列车运行计划的调整外，还会涉及列车开行方案的调整。首先介绍了列车开行方案编制的双层规划模型，上层规划进行停站优化，下层规划进行客流分配优化，并实现停站优化与客流分配的循环反馈整体优化。最后以台湾高铁和京沪高速铁路为背景进行实例分析，证明了新的方法可以针对不同突发事件条件生成多种列车开行方案，增加了运输组织策略的实用性。

第 6 章是本书的重点内容，首先分析了突发事件条件下高速铁路行车规则，然后针对突发事件的特点，建立了行车调度优化与列车运行调整双层规划模型，上层规划对列车迂回、列车重联、列车停运等调度策略进行优化，在给定上层调度策略后，下层规划采取改变列车区间运行时间、列车停站时间和列车越行方式等策略，并为上层规划提供调整后的列车时刻表，实现双层迭代整体优化。最后根据突发事件的特点，考虑了不同目标函数，设计了两种求解算法，以便更符合现场的实际情况。

第 7 章和第 8 章介绍了高速铁路应急资源的静态和动态配置及调度优化的相关模型和方法。针对高速铁路突发事件的特点，从最简单的单应急点–单资源的调度问题入手，并最终实现了基于效用函数的多应急点–多资源的应急资源调度。

第 9 章介绍了突发事件条件下高速铁路列车运营决策支持系统，首先分析了系统的体系结构，介绍了支撑系统运行的三类数据库，然后详细描述了高速铁路特殊运营条件获取与生成子系统、高速铁路运输组织应急预案编制与决策支持子系统、特殊运营条件下高速列车开行方案编制子系统三个子系统；最后介绍了全国铁路应急预案管理系统和铁路运输组织应急处置决策支持系统（高速铁路）两个示范工程的应用情况，为本书提出的相关理论方法、技术体系和系统平台的推广奠定了基础。

第 10 章为广大的读者介绍了本领域目前亟待解决的开放性问题。这些问题涵盖高速铁路行车规则、突发事件条件下的客流预测、突发事件条件下多种交通方式的协同组织与优化，以及突发事件条件下的旅客综合信息推送等内容，涉及高速铁路应急管理的预防、准备、响应和恢复四个阶段，这些问题有的是突发事件条件下运输组织的核心内容，有些则是重要的补充和条件，故将这些问题整理成一章以供广大学者共同研究。

本书既包含突发事件条件下运输组织的相关理论方法，又涉及具体的系统实现和示范工程，不同的读者可以重点关注不同的章节。铁路现场工作者，可重点关注第 4～6 章和第 9 章，以帮助其在日常的管理工作中形成更合理的运输组织策略，同时这些内容对突发事件条件下的调度指挥系统的建设和部署具有实际的参考意义。铁路运输组织和应急管理领域的研究者，可关注第 1～3 章和第 7、8、10 章的内容，以帮助其从一个新的视角理解突发事件条件下的铁路运输组织与应急管理的关系，从而构建以运输组织和应急管理一体化为目标的研究思路和问题求解路径。

本书内容集成了作者及其团队多年来承担的各种科研项目的成果，这些项目得到了国家自然科学基金（高速铁路列车运行调整的模糊随机混合智能优化理论与方法的研究，编号：61074151；铁路运输系统安全监控信息智能集成模型及理论的研究，编号：60074002）、“十一五”国家科技支撑计划（高速列车运行组织方案优化设计关键技术与系统，编号：2009BAG12A10）、铁道部科技发展计划（青藏铁路综合安全监控系统研究、铁路应急预案管理研究，编号：2008F002）、青藏铁路公司科技研究开发计划（青藏铁路应急救援体系及应急救援指挥信息系统的研发，编号：QZ2007–Z13）、霍英东基金青年教师奖励计划（高速铁路运输组织优化技术的研究，编号：114023），以及与 IBM 的国际合作计划（Project of Railway Asset Condition Analysis & Scheduling Optimization for Emergency Responses，编号：JSA201002001）的支持，也得到了作者所在的轨道交通控制与安全国家重点实验室、北京交通大学交通运输学院，以及北京市城市交通信息智能感知与服务工程技术研究中心的大力资助和支持。

本书中部分内容也包含了以下合作者的工作内容，包括北京交通大学副教授徐杰博士、兰州交通大学副教授孟学雷博士，以及北方工业大学讲师周慧娟博士、中国铁路信息技术中心高工朱涛博士、北京交通大学讲师郭建媛博士等几位专家和学者，其中，孟学雷和周慧娟的博士论文也是本书相关内容的重要来源，作者对他们的贡献表示衷心的感谢。

在本书写作过程中，北京交通大学的研究生豆飞、高江华、张兰霞、郭丹和张惠茹等也参加过部分内容的讨论和矫正工作；本书的责任编辑、北京交通大学出版社的陈跃琴老师对本书的出版给予了大力帮助，在此一并致谢！

随着高速铁路网的规模日益扩大，运输效率和安全保障的关系日益密切，突发事件对路网整体的影响越来越大，突发事件条件下的运输组织必然在高速铁路运营组织管理过程中发挥越来越重要的作用。

作者希望本书能在运输组织和应急管理一体化领域起到抛砖引玉的作用，也希望更多的同仁投身该领域的研究和应用工作。

限于作者的水平和工作的局限性，书中的疏漏甚至不当之处在所难免，恳请广大读者批评指正。

作　者

2016 年 1 月

目　录

1 高速铁路运输组织现状

高速铁路是指时速 200 km 以上的既有铁路或时速 250 km 以上的新建铁路[1]。随着经济的快速发展及人民生活水平的提高，人们出行方式的选择更加丰富，并且越来越重视出行质量的提升。高速铁路以能源消耗低、环境污染小、运输能力大、安全性好、速度快、节约土地资源、正点率高等特点在国内外得到快速发展[2]。自从日本修建了第一条高速铁路——东海道新干线，高速铁路就逐渐成为铁路发展的潮流，同时也体现了各个国家的综合实力。虽然中国对于高速铁路相关技术的研究开展较晚，但随着京津城际铁路、武广高速铁路、郑西高速铁路、京沪高速铁路等相继开通运营，中国高速铁路正在引领世界高速铁路的发展。

目前世界上已经有中国、西班牙、日本、德国、法国、比利时、奥地利、瑞典、英国、意大利、俄罗斯、土耳其、韩国、荷兰、瑞士、巴西等多个国家和地区建成并运营高速铁路。据国际铁路联盟统计，截至 2016 年 9 月 10 日，世界各国和地区高速铁路总营业里程 35 834 km，在建高铁规模为 44 648 km，规划建设高铁 41 880 km[3]。

1.1 世界高速铁路发展概况

高速铁路作为一种安全可靠、快捷舒适、运载量大、低碳环保的运输方式，已经成为世界铁路发展的重要趋势。纵观世界高速铁路的发展历程，可以划分为三个阶段，形成了三次建设高潮。

第一次是 20 世纪 60 年代至 90 年代初期。1964 年 10 月 1 日日本开通了世界上第一条载客运营的高速铁路系统——东海道新干线，其运营速度为 270 km/h。之后又建设了山阳、东北和上越新干线等，基本形成了全国范围的高速铁路网主体结构。随后，法国、意大利、德国也开始建设高速铁路，包括法国的 TGV 东南线和 TGV 大西洋线，意大利的罗马至佛罗伦萨线及德国的汉诺威至维尔茨堡线。

这一时期世界高速铁路总里程达 3 327 km，是高速铁路建设的开始阶段。

第二次是 20 世纪 90 年代初期到 21 世纪初期。经过第一次高速铁路建设高潮之后，越来越多的国家意识到高速铁路的重要性。其中，法国、德国、西班牙、荷兰、英国等欧洲国家开始大规模修建本国铁路。特别是 1994 年，英、法两国建设了第一条国际高速铁路，其穿越英吉利海底隧道把伦敦和巴黎连接在一起，1997 年，从巴黎开出的“欧洲之星”列车又将法国、比利时、荷兰和德国连接在一起，逐步形成了欧洲高速铁路网络[4]。这一时期世界高速铁路总里程达 6 474 km，高速铁路建设进入快速发展时期。仅仅经过了 10 年的时间，世界高速铁路运营里程就增加了一倍。

第三次是 21 世纪初期至今。这一阶段从世界范围开始了高速铁路建设的热潮，涉及亚洲、北美洲、南美洲、欧洲和大洋洲。其间中国铁路多次提速，并在 2004 年通过了《中长期铁路网规划》，这标志着中国高速铁路大规模建设时期的开始。中国的京津城际铁路、京沪高速铁路、郑西高速铁路和日本的山阳新干线设计运营时速都超过了 300 km。美国、韩国、澳大利亚、比利时、西班牙、瑞士、加拿大、印度、土耳其等国家也加入高速铁路建设大军。此外，瑞典、摩洛哥、俄罗斯、捷克、巴西等国家也积极规划与筹建高速铁路。表 1–1 描述了世界各国高速铁路建设历程。截至 2016 年 9 月 10 日，世界上高速铁路运营里程最长的四个国家为中国、西班牙、日本和法国，分别为 20 000 km、3 100 km、2 664 km 和 2 036 km[3]。这一时期世界高速铁路运营里程增加近三倍。

表 1–1　世界各国高速铁路建设历程（截至 2016 年 9 月 10 日）

序号	国家	首次运营时间	最高运营速度/（km/h）	运营里程/km	计划建设里程/km
1	日本	1964	320	2 664	958
2	法国	1983	320	2 036	3 164
3	意大利	1981	300	923	346
4	德国	1991	300	1 352	790
5	西班牙	1992	310	3 100	3 010
6	比利时	1997	300	209	—
7	中国	2003	350	20 000	25 000
8	英国	2003	300	1 377	—
9	韩国	2004	300	819	613

续表

序号	国家	首次运营时间	最高运营速度/（km/h）	运营里程/km	计划建设里程/km
10	瑞士	2007	250	80	57
11	荷兰	2009	300	120	
12	土耳其	2009	250	1 420	1 506
13	奥地利	2012	250	292	201
14	美国	2012	300	362	777
15	沙特阿拉伯				550
16	摩洛哥				680
17	俄罗斯	2009	250	645	770
18	波兰	2014	85		627
19	葡萄牙				1 006
20	瑞典				750
21	印度				495
22	巴西				511
23	丹麦	2000	200	5	60

1.1.1 日本高速铁路

1964 年 10 月 1 日，世界上第一条高速铁路——日本东海道新干线投入运营，这标志着世界高速铁路由试验阶段跨入了商业运营阶段。东海道新干线始建于 1959 年，全长达 515.4 km，最高运营时速 210 km。东海道新干线的投入运营，将东京至大阪的旅行时间缩短了近一半，由原来的 6 h 30 min 缩短到 3 h 10 min。东海道新干线以安全、快速、准时、舒适等优越性赢得了广大公众的支持和欢迎，并迅速占领了运输市场，日均运量达 36 万人次，相当于 10 条高速公路的客运量。东海道新干线的修建缓解了东海道地区旅客运输紧张的状况，使东京、横滨、名古屋、大阪等大城市的交通变得畅通、安全，并取得了良好的经济效益。东海道新干线的修建使得一度被贬为“夕阳产业”的铁路，彰显出了强大的生命力，带来了铁路发展的新纪元。

自 1964 年东海道新干线建成至今，经过不断的扩展，日本新干线已经由原来的 1 条发展到现在的 6 条[5]：东海道新干线、山阳新干线、东北新干线、上越新干线、北陆新干线、九州新干线，营业里程达 2 664 km。2004 年新干线输送旅客

29 125.8 万人，完成旅客周转量 746.7 亿人公里，2005 年完成客运量约在 3.16 亿人次以上。2011 年 3 月 5 日，日本新干线速度最快的列车——子弹列车“隼鸟号”投入运营。

日本新干线自 1964 年开始运营至今，无重大伤亡事故发生，且平均晚点时间为 1 min，可以说高安全性和高准点率已成为日本高速铁路的重要特点。

1.1.2　法国高速铁路

法国很早就致力于提高列车速度相关技术的研究。1976 年 10 月，法国开始修建 TGV 东南线，1983 年 9 月全线建成通车，其最高运营时速达到了 270 km。该线通车后，客运量迅速增长，巴黎至里昂的旅行时间由原来的 3 小时 50 分缩短到 2 小时，达到了预期的经济效益。TGV 东南线是欧洲的第一条高速铁路线，并在 1990 年和 2007 年，试验速度分别创下了时速 515.3 km 和 574.8 km 的轮轨速度世界纪录[6]。

法国高速铁路为减少乘客换乘次数，采取高速列车在高速线运行的运输模式，通过延长 TGV 高速列车的运行距离，拓展其通达范围，从而扩大客流。

1.1.3　德国高速铁路

随着高速铁路的发展，德国于 1986 年正式研发高速铁路系统，实施城际高速铁路（inter city express，ICE）计划，1991 年 6 月建成全长 107 km 的曼海姆至斯图加特线，1992 年建成全长 327 km 的汉诺威至维尔茨堡线。最高运营时速达到了 280 km，并在当时创造了时速 406.9 km 的试验速度纪录。随着 ICE 的发展，德国首都已经纳入到 ICE 高速运输系统中。不仅如此，ICE 也实现了苏黎世至法兰克福等线路的国际直通运输。

德国在高速铁路的客流组织上，尽管旅客换乘条件很好，但德国采取了大量的 ICE 列车和 IC 列车下高速线的办法，以减少乘客换乘。此外，德国还采用高速线上运行多种不同速度等级的列车，来增加运输能力。

1.1.4　中国高速铁路

截至 2016 年 9 月 10 日，中国高速铁路已建成并投入运营 70 条线路，总里程突破 2 万 km，占世界高速铁路运营总里程的一半以上，根据规划，到 2050 年将达近 4.5 万 km。

1994 年 12 月 22 日，中国第一条时速 160 km 的广深高速铁路建成通车，它的运营为中国铁路向高速发展和既有线的提速提供了宝贵经验。

中国铁路从1997年至2004年进行了五次大面积提速。2007年，通过对京哈、京沪、京广、京九、陇海、沪昆、兰新、广深、胶济等18条既有干线进行区间半径、桥梁隧道和道岔改造，检修并更新列车提速系统装备、客运设施、跨线设施和其他相关设施，成功实施了第六次大提速。第六次提速前期，中国对铁路车辆进行了一系列改造创新，具有自主知识产权的时速250 km的动车组“和谐号”批量投入使用。

1.“八纵八横”的高速铁路网规划

2004年中国国务院常务会议讨论通过了《中长期铁路网规划》，这是中国国务院批准的第一个行业规划，也是截至2020年中国铁路建设的蓝图。2008年经国家批准对该规划进行调整，并确定到2020年，中国铁路网规模达到15万km，主要繁忙干线实现客货分线运行，客运专线达1.6万km，复线率达到50%，电气化率达60%，运输能力满足国民经济和社会发展需要，主要技术装备达到或接近国际先进水平。中国高速铁路发展以“八纵（沿海通道、京沪通道、京港（台）通道、京哈—京港澳通道、呼南通道、京昆通道、包（银）海通道、兰（西）广通道）八横（绥满通道、京兰通道、青银通道、陆桥通道、沿江通道、沪昆通道、厦渝通道、广昆通道）”主通道为重点，构建快速客运网的主要骨架。下面将以已经通车运营的京津城际铁路、郑西高速铁路、武广高速铁路、京沪高速铁路为例，介绍中国高速铁路的发展历程。

2. 京津城际铁路

京津城际铁路是中国最早建设的高标准铁路客运专线，于2005年7月4日开工建设，2007年12月15日全线铺通。2008年8月1日运营。京津城际铁路全长约120 km，沿途设北京南、亦庄、武清、天津4座车站，预留永乐站，正线全长113.544 km，其中约85%的线路为高架线路。该铁路设计最高时速为350 km，CRH_3列车在试验过程中创下394.3 km/h的速度。北京至天津列车运行时间为30 min，该线采用公交化城际列车和跨线列车混合开行的运输组织模式，列车最小追踪间隔为3 min。平时列车采用8辆编组，定员600人；超高峰时段部分列车编组16辆，定员1 200人。京津城际铁路列车采用中国具有自主知识产权的CTCS–3D列车运行控制系统，标志着中国铁路现代化建设实现了质的飞跃。

3. 郑西高速铁路

郑西高速铁路是中国中西部的第一条高速铁路，2009 年 6 月 28 日郑西客运专线全线铺通，2010 年 2 月 6 日该线路正式投入运营。该线东起新郑州站，西至西安枢纽的西安北站，正线长 456.639 km，另有线路从西安北站向西延伸至陇海线咸阳西站，长 27.879 km。郑西高速铁路全长 484.518 km，桥梁和隧道占 59.75%，双线设计，沿途共 13 个车站，设计时速为 350 km，中途最高试行时速达 394.2 km。郑西高速铁路的修建使得西安到北京由原先的 11 h 缩短至 4 h，西安至上海的运行时间由 15 h 缩短至 5 h。

郑西高速铁路全线采用具有世界先进水平的调度控制技术。其电力调度系统使用牵引供电、电力合一的方式，全线的集中调度和控制依赖于 CTC 运输调度指挥系统。运行列车采用具有完全自主知识产权的“和谐号”动车组，8 节车厢编组，定员 610 人，舒适载客量为 556 人，最大年输送能力为 8 340 万人。

4. 武广高速铁路

武广高速铁路位于湖南、湖北、广东三省境内，起于武汉站，经过长沙、衡阳等地，到达广州南站，共设 15 个车站，全长约 1 068.8 km。它于 2005 年 6 月 23 日在长沙首先开始动工，2009 年 12 月 26 日正式运营。根据中国高速铁路和客运专线分建成网、兼容运行的特点，武广高速铁路实行本线时速 350 km 高速列车与跨线时速 250 km 列车共线运行方案，运输组织模式分为日常和周末（假期）两种模式，创造了世界高铁运输组织的新模式。武广高速铁路设计时速为 350 km，平均时速为 341 km，全程运行时间仅需 188 min，试车运营时最高车速达到 394.2 km，创造了当时高速铁路在两车重联情况下的最高速度纪录。

武广高速铁路列车采用中国自主研发的“和谐号”动车组，通过对车体、轮轨、制动等技术进行创新，使列车具有更好的运营能力。全线最小追踪间隔时间为 3 min，平时每天开行动车组 70 对，其中时速 300 km 的动车组 60 对，时速 250 km 的动车组 10 对；高峰期每天开行动车组 80 对，其中时速 300 km 的动车组 65 对，时速 250 km 的动车组 15 对。

5. 京沪高速铁路

举世瞩目的京沪高速铁路于 2008 年 4 月 18 日开工建设，2011 年 6 月 30 日正式运营。该线起于北京南站，终止于上海虹桥站，跨越北京、天津、上海、河北、安徽、山东、江苏 7 个省和直辖市，全线长约 1 318 km，是我国历史上里程最长、投资最多、标准最高的高速铁路。它的设计时速为 350 km，运营时速分 300 km 和 250 km 两种，局部最高时速可达 380 km。全程运行时间为 5～7 h，列车最小追踪时间设计为 3.5 min，与既有的京沪铁路实行客货分流，单向年输送旅客可达 8 000 余万人次。

京沪高速铁路车体采用 CRH380A、CRH380B、CRH380AL、CRH380BL、CRH380C、CRH380CL 几种，未来计划再投入使用 CRH380D 和 CRH380DL 两种车型。在列车调试阶段，CRH380A 创造了运营时速 486.1 km 的世界铁路速度最高纪录。

1.2 铁路运输组织研究概述

上一节描述了世界高速铁路发展的情况，本节将从系统的角度对铁路运输组织进行阐述。

1.2.1 铁路运输系统

系统是以不同的形态存在的，根据系统生成的原因和反映的属性不同，可以进行各种分类。按照系统的起源分为自然系统和人造系统。按照系统的规模和结构分为简单系统和大系统。按照系统的时间特性分为动态系统和静态系统。按照系统与外界环境的关系分为开放系统和封闭系统。

铁路列车运行组织方案系统是一个开放的人造系统[7]。自然、突发事件条件下的铁路运输系统亦为开放的人造系统。为适应经常变化的社会环境，人们必须对铁路运输系统的各组成部分不断修改、完善，这就要求铁路运输系统具有足够的灵活性和可调整性。

铁路运输系统也是一个多目标系统。铁路运输系统的总目标是实现宏观的社会效益和铁路运营部门的收益。但是具体的目标是多种多样的，包括高效、快速、经济、舒适、安全、环保，而要满足上述要求则是很难的。这是因为铁路运输系统功能要素之间存在非常强烈的“交替损益”或“效益背反现象”[8]，即某一功能的优化和利益发生的同时，必然会存在一个或几个功能的利益损失，如列车直达率和铁路运输成本之间就存在明显的效益背反现象。这样的多目标冲突的现象在铁路运输系统中普遍存在，尤其在突发事件条件下，这种现象更加明显。所以，必须在总目标下对各种要素目标进行协调，才能获得铁路运输系统总体的最优效果。尤其在突发事件条件下，这种协调操作及目标的取舍或偏重，显得尤为重要。

1. 系统的构成

系统的结构是系统内部各要素相互联系、相互作用的方式或秩序，即各要素之间的具体联系的作用形式，是系统保持整体性及具有一定功能的内在依据。

铁路运输系统的元素有设备和工作人员。其中设备又分为固定设备和移动设备，固定设备包括线路和车站，移动设备包括列车和动车组。工作人员包括生产人员和管理人员。

在铁路运输系统的系统结构中，列车与线路、站点之间的时空关系是最重要的系统关系。铁路运输组织最核心的工作就是安排列车与线路、站点之间的关系，具体表现形式有运输组织模式、旅客列车开行方案、列车运行图、动车组运用计划等。

以大颗粒度将突发事件条件下的铁路运输系统进行划分，即将系统划分为工作人员、站线、设备，不同类型的铁路之间的工作人员、站线和设备之间就存在不同的复杂的关系，所以说突发事件条件下铁路运输系统内部结构非常复杂。

铁路运输系统是一个大系统。我国铁路运输系统不仅包含普速铁路站线、设备及工作人员，还包含城际铁路、高速铁路的站线、设备和工作人员，它是一个涉及因素众多、规模非常庞大的系统。在突发事件条件下，铁路运输系统的元素，即各种类型的站线、设备和工作人员需统一调配指挥，相互协调、合作，这些元素之间的关系就变得极其复杂，使得铁路运输系统的结构也变得很复杂。再者，突发事件条件下，铁路运输系统中的元素，即站线、设备和工作人员，其状态属性的变化具有很强的随机性，这就使得铁路运输系统结构也具有不确定性，所以可以得出以下结论：突发事件条件下的铁路运输系统具备大系统判别条件的所有特质，突发事件条件下的铁路运输系统是典型的大系统。

铁路运输系统的构成的数学描述为[9]

$$S_{\text{trans}} = (S_{\text{station}}, R_{\text{rail}}, T_{\text{train}}, F_{\text{faculty}}, R)$$

其中：S_{trans} ——铁路运输系统；

S_{station} ——系统中车站的集合；

R_{rail} ——系统中铁路线路的集合；

T_{train} ——系统中列车的集合；

$F_{faculty}$ ——系统中的生产人员的集合，这一集合决定了铁路运输系统的调度管理组织结构；

R ——系统中各要素之间的关系，这一关系决定了铁路运输系统中的运输组织模式，线路、车站及列车之间的关系不同，则运输组织模式也不同。

2. 系统的边界

将铁路运输系统视为分析的对象，那么客运需求、自然环境条件构成了该系统的环境。系统的边界是系统中的运输组织对功能对象起作用和结束作用的状态节点。对铁路运输系统来说，系统的边界是铁路运输系统相对于客货流的 OD 点，即客货流的产生和消失的车站（铁路网中所有具有旅客或货物运输作业的车站构成的车站集合）。

突发事件可导致铁路运输系统中车站失效，所以，突发事件条件下的铁路运输系统的边界与正常条件下的铁路运输系统的边界有可能不同。即在突发事件条件下，铁路运输系统的边界可能会比正常条件下的铁路运输系统的边界小。其数学描述为：正常条件下铁路运输系统的边界为$S_e = S_{station}$，A 表示铁路突发事件，在突发事件条件下铁路运输系统的边界为$S_e^A = S_{station}^A$，其中，$S_e^A \subseteq S_e$，$S_{station}^A$为突发事件条件下铁路运输系统中具有旅客或货物运输作业的车站集合。

3. 系统的功能与行为

正常条件下与突发事件条件下的铁路运输系统的功能都是实现旅客和货物的位移。铁路运输系统的功能是由构成系统的铁路站线、列车及运输生产人员的相互关系决定的。在正常条件下，铁路运输系统在各种运输计划的指导下，实现其功能，可见运输生产计划决定了铁路运输系统的构成部分之间的关系。在突发事件条件下，铁路运输系统所处的外界环境发生了变化，而这种变化导致了运输系统各要素之间的关系发生改变，使其功能受到影响，即不能完成原定运输计划。此时，需要重新调整运输计划，使其功能恢复或者逼近系统原来的功能。其数学描述如下：

铁路运输系统$S_{trans} = (S_{station}, R_{rail}, T_{train}, F_{faculty}, R)$，$\forall R^0$，使得$S_{trans}$在环境$E^0$下具有功能$F^0$。

突发事件迫使铁路运输系统内部元素关系R发生变化，即$R^0 \to R'$，从而使得功能$F^0 \to F'$。

寻找措施A，使得$R' \to R''$，$S_{trans} = (S_{station}, R_{rail}, T_{train}, F_{faculty}, R'')$的功能$F'$逼

近 F^0。

即突发事件通过影响铁路运输系统内部元素关系的变化，影响了铁路运输系统的正常的旅客和货物输送功能。需要采取措施 A，使系统内部组分之间的关系再次发生变化，具体体现在列车运行组织方案中，使突发事件条件下的铁路运输系统的功能趋近于突发事件发生之前的铁路运输系统功能。

1.2.2 铁路运输系统的运输组织

1. 铁路运输组织定义

很多学者从宏观和微观等不同角度提出了铁路运输组织的定义。吴风认为综合运用多种设备组织协调铁路内外各方面工作的技术和业务，就是铁路运输组织[10]。杨浩提出运输组织是在运输企业的生产和经营实践中发展起来的关于对运输资源进行科学、经济、合理配置和利用的理论和技术[11]，并从运载工具、运输网络运用及运输生产经营等多个角度对运输组织优化问题进行了阐述。

我们认为铁路运输系统的运输组织是指铁路运输产业借助现代技术手段，通过对固定和移动设施设备及时间、空间和人力资源等各类运输资源进行科学、经济、合理的配置和利用，并安全、快捷、可靠、经济地实现人和物位移的过程。

这一定义能够真实反映铁路运输组织实质，同时不受各类运输装置的约束，适应未来铁路运输系统运输装备的不断变化过程。

铁路运输系统以完成人与物的位移为目标，如何实现高效率、低成本的运输组织是一个复杂的系统工程问题。由于我国幅员辽阔、资源分布与生产力布局不均衡，铁路运输需求一直旺盛，铁路运能不能满足运输需求的矛盾长期存在。在现有条件下，如何形成有效的行车方案，最大限度地使用运能，是现阶段铁路运输组织考虑的重点和关键。

2. 铁路运输组织体系

从资源配置优化的角度来讲，铁路运输组织是一个逐层的、由宏观到微观、运输方案具体化的过程。铁路运输组织体系从宏观到微观可分为以下几个层次[12]，如图 1–1 所示。

（1）运输组织模式。运输组织模式是规定不同类型的列车之间、列车与路网之间最基本关系的准则，即决定某种列车是否可以在某种线路上运行。运输组织模式决定了不同种类的列车与不同种类的铁路线路之间的空间关系。对于高速铁路而言，主要有“全高速—换乘”“全高速—下线运行”及“混合运输”3 种模式[13]；对于普速铁路而言，由于涉及货运列车和线路等级不同，运输组织模式较为复杂。

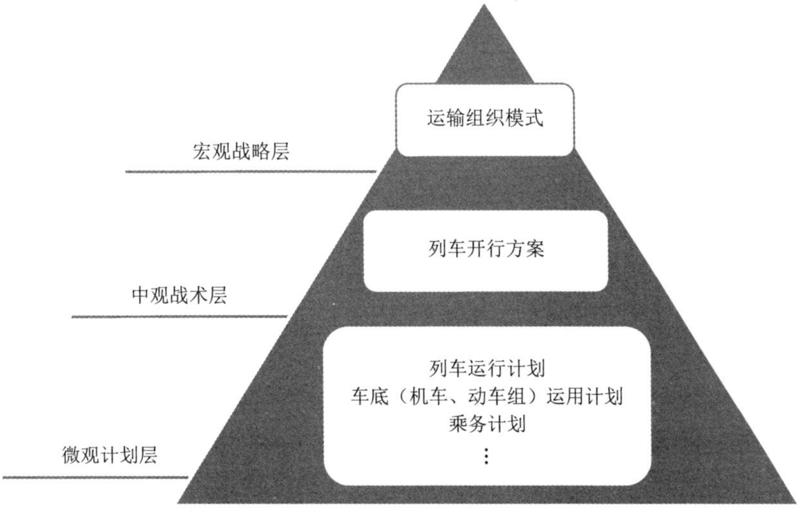

图 1–1　铁路运输组织体系

（2）列车开行方案。列车开行方案是铁路运营部门根据一段时期内的 OD 客流量，将列车分配至合适的线路或区间的技术文件[14]。其主要解决列车与线路等移动和固定设施设备的空间资源配置问题，具体包括列车的走行径路、开行区间、开行对数、停靠车站、天窗位置及天窗大小等内容。客流量和客流性质、铁路部门收益、车站能力及区间通过能力、列车等级和定员及天窗设置构成了制订列车开行方案的主要影响因素。列车开行方案是制订列车运行计划、车底运用计划和乘务计划等后续组织方案的基础。

（3）列车运行计划。列车运行计划是将开行方案决定的列车 OD 空间分配赋予时间维度的技术文件。其主要解决列车与线路等移动和固定设施设备的时间资源配置问题[15]。每一个列车运行计划皆可视为其所依据的列车开行方案在时间维度上的一种映射，其主要决定了列车与线路之间、列车与列车之间的时间关系，具体内容包括各次列车占用区间的顺序、列车在区间的运行时间、列车在每个车站的到达和出发（或通过）时刻、列车在车站的停站时间等[16]。列车运行速度、车站间隔时间和追踪列车间隔时间等构成了编制列车运行计划的主要影响因素。列车运行计划是实现列车安全、正点运行的基础，也是验证列车开行方案是否合理的一项重要内容。

（4）车底（机车、动车组）运用计划。车底（机车、动车组）运用计划是以列车运行计划为约束，实现车底周转接续和维修的综合计划，其主要决定了动车组在哪个车站、什么时刻、担当哪次列车，以及在什么地点、什么时间、进行哪种类型的检修等内容。列车运行图、可用动车组类型及数量、动车组检修修程的相关法律规定、动车组运用模式的选择及检修基地条件等构成了编制动车组运用计划的影响因素。动车组运用计划是保证列车运行计划实施的一项重要内容。

（5）乘务计划。乘务计划是以列车运行计划为约束，将乘务员（组）分配至列车上为旅客提供服务的综合计划，其主要决定了乘务员（组）在什么时间、什么地点出乘，在什么时刻担当哪次列车，在什么时间、什么地点退乘等内容，乘务计划往往与动车组运用计划结合制订。

采用以计划为主导的运输组织方式，便于最大限度地合理运用运能。如果对计划体系进行划分，又可以分为以下四层[17]，如图 1–2 所示。

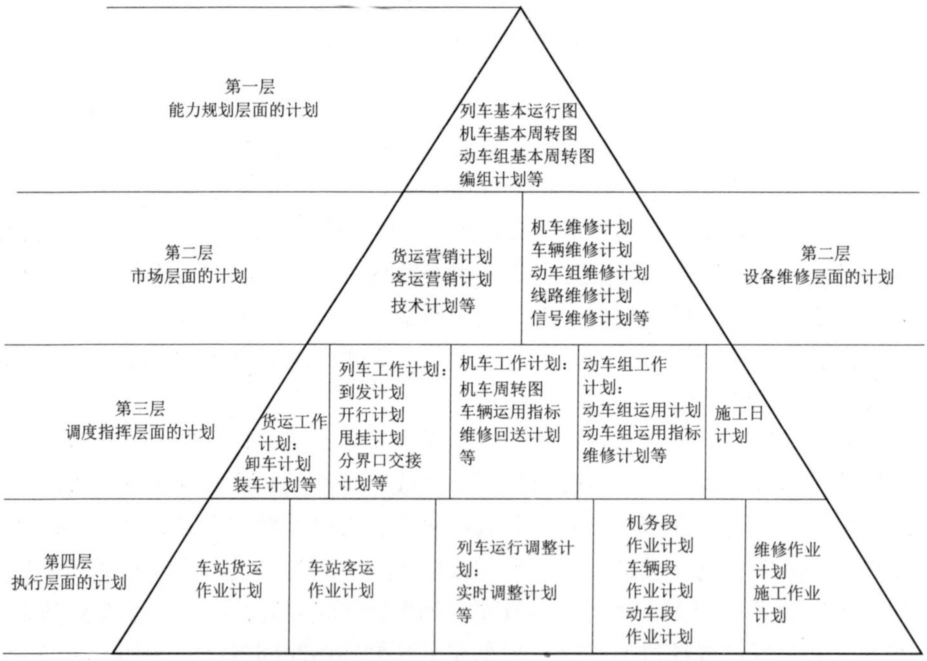

图 1–2　铁路运输计划体系

第一层计划面向能力规划层面，主要包括列车基本运行图、机车和动车组基本周转图、编组计划等，一般由运输规划和运输技术管理部门制订和管理。第二层计划面向市场及设备维护两个层面：一是实现与市场对接，主要包括客运营销计划、货运营销计划及技术计划等，由营销部门制订和管理；二是对设备与装备的维修，主要包括机车、车辆、动车组、线路、信号等维护计划，由设备管理部门制订和管理。第三层计划面向调度指挥层面，即调度计划，由部、局两级调度部门根据日常需求变化、施工与维修等动态变化因素每日滚动编制，框定次日的运输组织与生产，主要包括货运工作计划、列车工作计划、机车工作计划、动车组工作计划与施工日计划四大类。第四层计划是第三层调度计划的延伸和细化，面向执行层面，由站段相对应的调度岗位编制和管理，为站段的生产作业计划的核心内容，保障调度计划生产目标的实现。

在铁路运输四层计划体系中，第三层的调度计划面向铁路日常运输组织和生产指挥，是实现铁路运输资源的配置和各业务的有效协同的关键，正确合理地编制调度计划是保证良好运输秩序的前提，因此，调度计划是铁路运输四层计划体系中的核心与关键。

3. 调度指挥组织结构

铁路运输的组织结构一般分为若干层次，同时也存在一级集中管理的模式，如日本新干线与既有线的调度指挥体系是相互分离的。日本铁路的调度设置以公司为单位，实行集中管理，一级指挥，采用 COSMOS 综合管理系统，同时与综合防灾系统相连接，能第一时间获取监测数据或报警信息，及时采取措施处置[18-19]。德国铁路实行调度指挥中心—调度指挥分中心—车站值班员的三级管理，设置 1 个中央调度指挥中心和 7 个调度指挥分中心。法兰克福中央调度指挥中心负责跨区域、国际的客货列车运行，同时协调 7 个调度指挥分中心间的关系[20]。各地区调度指挥分中心则负责管辖区域内的日常运输指挥工作。法国铁路的调度指挥组织结构也分为三级，包括国家调度中心、铁路局调度中心和基层单位。国家调度中心主要负责监管全国铁路的运行安全，对铁路局和基层单位实施宏观调控，同时负责主要干线和重点列车的运行，特别是在突发事件条件下实施统一指挥。铁路局调度中心设置列车运行指挥、基础设施维护、客运、货运、电力、司机调度等多种调度工种。基层单位主要包括车站、机务段、乘务段、动车段等。

中国铁路的调度指挥机构同样分为三级，由中国铁路总公司、铁路局和站段（基地、场、所）构成[17]，具体如图 1–3 所示。

我国铁路运输调度指挥工作实行分级管理、集中统一的指挥原则，各级调度分别代表各级领导组织指挥日常运输工作。各级调度的主要职责概括如下。

（1）总公司调度处在运输组织和调度指挥中主要负责全路日常客运、货运和车流组织工作；编制和下达全路调度轮廓计划和日（班）计划，督促、检查各铁路局按日（班）计划均衡地完成运输生产经营任务；并负责审批日常 I 级施工和繁忙干线中国铁路总公司管理的施工项目计划，组织各铁路局兑现施工日计划；按阶段收取各铁路局调度工作报告，检查日常运输工作完成情况；监督检查各铁路局按列车编组计划编车、按列车运行图行车、按运输生产经营计划组织运输；督促、组织各铁路局按中国铁路总公司批准的计划均衡地完成铁路局间分界站列车、车辆交接任务，及时处理铁路局间分界站出现的问题，实现铁路局间分界口畅通；掌握全国重点用户、港口和车站的装卸车，掌握客运、军运及重点列车的始发运行情况，等等。

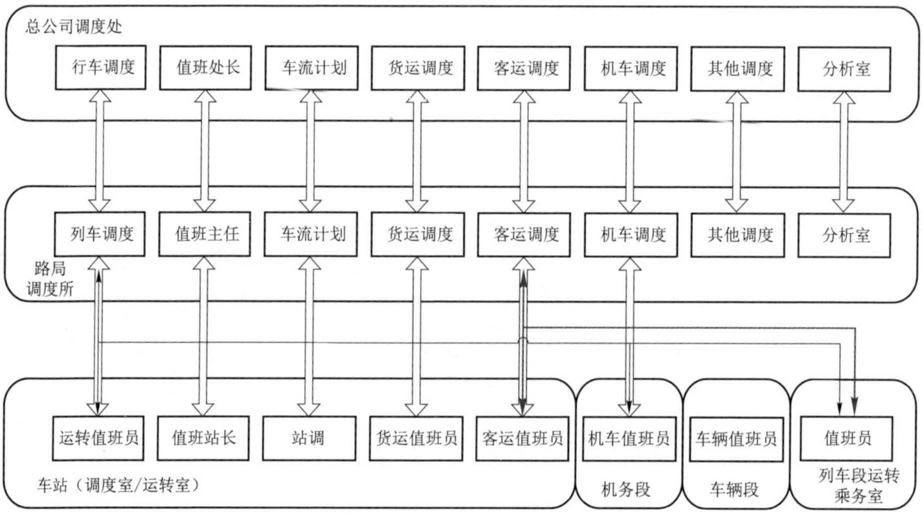

图 1–3　我国铁路三级调度指挥体系

（2）路局调度所在运输组织和调度指挥中主要负责铁路局管内日常客运、货运和车流组织工作，负责编制和下达铁路局货运、列车、机车工作计划与施工日计划，及时收取、上报调度工作报告；组织站段等各运输生产单位密切协作，完成运输生产经营任务，提高计划兑现率；组织调整铁路局管内的货流、车流，按阶段均衡地完成中国铁路总公司下达的车流调整计划和去向别装车计划；组织列车在分界站均衡交接，保证局间分界站畅通；组织和监控列车运行，督促、检查车站按列车编组计划、列车运行图、运输生产经营计划和重点要求编发列车，保证机车与列车的紧密衔接，实现按图行车；掌握排空、重点物资运输，掌握铁路局管内各站和主要用户、港口装卸车，掌握旅客、专运、特运、超限超重、挂有装载危险货物车辆等重点列车，掌握铁路局管内客车配属、客流变化、动车组、特快、国际及跨铁路局等旅客列车的运行情况；组织站段按计划、及时地输送旅客，等等。

（3）车站（调度室/运转室）分布在各主要生产站段中，包括站调、货运值班员、值班站长（车站）、机车值班员（机务段）、车辆值班员（车辆段）等。其在运输组织和调度指挥中承担掌握货源、货流、车流情况与列车、机车、车辆等实际状态并及时准确报告的任务，同时也参与路局调度计划编制，根据铁路局下达的日（班）计划，正确编制细化的站段作业计划和阶段调整计划，并具体组织站段生产活动。

1.3 中国高速铁路运营技术特征

1. 持续运营速度快

高速度是高速铁路的核心特征，世界各国都通过对技术的不断创新来提高列车的运营速度。2007 年 4 月，法国铁路试验速度达 574.8 km/h，创造了当时的世界纪录。中国经过六次大提速，进入高速时代，高速列车的最高速度不断刷新纪录，京津城际铁路设计时速 350 km，CRH_3 列车运营时速最高达 394.3 km，在运营初期是世界上运行速度最高的动车组列车之一；武广高速铁路试验时速达到 394.2 km，创造了当时高速铁路在两车重联情况下的最高速度纪录；京沪高速铁路的设计持续运营时速为 350 km，最高运营时速为 380 km，一般商业运营时速为 300 km；CRH380A 型列车在京沪高速铁路上以时速 486.1 km 的运营试验速度创造了世界铁路最高速纪录。

2. 持续运营时间长

高速铁路一般横跨多个省市，线路较长，需开设多列直达式列车，持续运行时间较长。京沪高速铁路里程约 1 318 km，一站直达式列车在京沪两地间运营时间为 5～8 h；京广高速铁路是世界上里程最长的高速铁路，全长 2 118 km，共 36 个车站，全线由京石段、石武段和武广段组成，列车由广州北站至武汉站中间不停站可持续运营 3 h，至长沙可持续运行 2 h；宜万高速铁路从万州至宜昌一站直达式列车运行 2 h 40 min；沪宁城际铁路从南京一站直达上海，全程用时 73～75 min。

3. 列车开行密度大

高速铁路具有大密度、公交化开行的特点。京津城际铁路、沪宁城际铁路等在开通伊始就实行公交化行车方案，在早晚高峰时期列车发车间隔为 5 min。在广州亚运会期间，武广高速铁路日开行列车最大数量为 160 列，其中广州至长沙段平均每隔 11 min 就开行一列车，最短发车间隔可达 5 min。高铁“公交化”的运营模式可让旅客能够随时购票、随地上车，真正方便了旅客出行。

4. 区域跨度大，气候和地质条件差异大

中国地域辽阔，气候和地质条件复杂。中国高速铁路线路里程一般都较长，多条线路往往跨越多个时区或者纬度，铁路沿线各地气候和地质环境会有很大变化。例如，郑西高速铁路长 458 km，线路穿越豫西山地和渭河冲积平原，80%区段为黄土湿陷区，各路段地形、气候条件不同。京沪高速铁路全长约 1 318 km，纵贯北京、天津、上海三大直辖市和冀、鲁、皖、苏四省。京广高速铁路全长 2 118 km，连接环渤海经济圈、中原经济区、武汉城市圈、长株潭城市群、珠三角经济区，两条高速铁路途经平坦开阔的华北平原、起伏较大的低山丘陵及丘间平原；除地质不同外，气候也有较大变化，虽然全线属于季风气候，但是北京属温带季风气候，上海和广州属亚热带季风气候。

5. 路网条件多变，运输组织难度大

高速铁路和客运专线主要承担旅客运输任务，在重要客运枢纽站点往往与其他铁路干线衔接，同周边既有铁路线路交织关系十分复杂。例如，京沪高速铁路开行列车种类丰富，包含一站直达式列车、只在大型车站停站的列车和短途区间列车等类型，并且在北京、上海、济南等大型客运站还有其他铁路线路接入，并开行少量的跨线列车。由于客流结构复杂、路网条件多变，列车开行方案和运行计划的制订十分复杂，运输组织难度较大。

6. 运输组织模式多样

中国高速铁路运输组织模式的确定以安全运输为原则，综合考虑客流特征、铁路技术条件、车辆运行速度等因素，确保列车高效、快捷运行，其主要具有以下特点。

（1）主要干线客货分运。城际铁路的建设运营目的是缓解线路繁忙，满足运

输需求，在运输量大的主要干线实行客货分流，最大限度地利用线路的运输能力，提高列车运行质量。

（2）高速线路上一站直达式列车与短途列车结合，实行短途与长途列车结合，大量开行距离 1 000～2 000 km 中心城市间的旅客列车，适当开行短途区间列车，设计合理的停靠车站，方便乘客停站换乘。长途与短途列车结合运行也适当缓解了高峰客流期间的乘车需求。

（3）城际高速列车公交化。大型城市中 60%的旅客公务、上下班出行量稳定，沿线车站旅客出入站具有一定的规律性，对车辆正点要求高且换乘方式固定，因此要求城际高速列车必须公交化开行。

7. 系统技术构成复杂，安全保障难度大

高速铁路是复杂的系统工程，具有一般系统所具有的综合性。它的成功实施是在计算机及应用技术、微电子技术、新材料技术等迅速发展的基础上集成创新的结果。高速铁路的运行涉及铁路基础设施质量的提高、列车运行控制系统的可靠性、高速列车的性能创新、轨道技术的改进等，系统的技术构成十分复杂，需要建立一套完整的安全保障体系，提高高速铁路的安全性能。

8. 对突发事件敏感性强、损失大、影响区域广

由于高速列车运行速度快，运营里程长，往往跨越多个省市，加之城际高速开行密度大，发车间隔时间短，如果列车受到突发事件的干扰，列车可调整空间小，往往波及后续所有列车，对突发事件的敏感性强。高速铁路运行速度快，一旦发生事故，容易造成巨大的人员伤亡和财产损失，社会影响十分恶劣。因此，需要建立更完善的高速铁路应急管理方案，对突发事件及时响应，并形成切实有效的应急处置措施，尽快恢复列车正常运营秩序，减少突发事件造成的损失。

1.4 高速铁路动态应急管理

1.4.1 突发事件对铁路运输的影响

铁路是一个开放的大系统，无论是系统内部故障还是自然灾害等系统外部事件都会对其安全运行产生影响，下面通过一些具体事件阐述突发事件对铁路运输的影响。

1. 德国埃舍德事故

1998 年 6 月 3 日，德国高铁 ICE 884 列车从慕尼黑车站出发，驶向汉堡，在行驶了 5 个多小时后，这辆有着 12 节车厢，承载着 400 多名乘客的安全高速客车，像往常一样行驶到埃舍德的一座路桥时，却以 200 km/h 的速度冲出轨道，410 m 长的车身全部出轨，撞上路桥，300 t 重的双线路桥完全崩塌，而高铁第一节车厢飞向空中，又重重摔落在地上，其他车厢则在重压之下，扭成一团，一片死寂。短短 1 分多钟，101 人死亡，88 人受伤，酿成德国历史上乃至高速铁路历史上伤亡人数最多的铁路事故。事故发生后，德国将所有列车停运。

2. 欧洲之星因暴雪停运

2010 年 11 月，由于暴风雪的袭击导致欧洲之星的 4 辆列车几乎同时在英吉利海峡隧道因动力系统故障而停驶，2 000 多名旅客被困在海底隧道达 10 h 以上，数万名旅客的行程被耽误，造成了严重的后果。

3. 日本新干线因地震停运

2011 年 3 月，日本本州岛以东海域发生里氏 7.2 级地震。受地震影响，东北新干线白石藏王至新青森段为确保安全一度停运，不仅造成了交通损失，也给经济带来了负面影响。

4. 美国洛杉矶火车相撞事故

2008 年 7 月 12 日，美国洛杉矶发生一起严重的列车相撞事故。事发原因是客运列车驾驶员在一个本应停车让行的道口闯红灯，导致列车与迎面开来的货车相撞。在这次事故中，一共有 26 人丧生，130 多人受伤。这是美国客运列车近 20 年来发生的最重大的事故。

5. 温甬“7·23”事故

2011 年 7 月 23 日晚，甬温线永嘉站至温州南站间，北京南至福州 D301 次列车与杭州至福州南 D3115 次列车由于遭遇雷击，致使列车运行控制系统故障，前后车失去列控中心的控制，导致追尾事故，造成 40 人死亡，200 多人受伤。这次突发事件给人们留下了阴影，人们对我国高速铁路的安全产生了质疑，对我国高速铁路的发展极为不利。

当然，更多的铁路安全事件可参见文献［21］。但回顾突发事件对铁路运输的影响，几乎每个突发事件都会造成重大的财产损失和人员伤亡，这一系列的事故引发了我们对突发事件条件下高速铁路的运输组织理论方法研究的思考，突发事件下高速铁路的运输组织理论方法的研究势必成为今后的重点。随着经济的发展，高速铁路运输已成为铁路的发展方向，一旦高速铁路发生事故，不仅对人们的生命财产安全造成重大影响，而且对人们的身心健康也是一个严重的威胁。

1.4.2 铁路突发事件应急管理

1. 铁路应急管理概念

应急管理涉及运筹学、管理学、社会学、心理学、信息技术、数学建模等多个领域，它与突发事件联系密切。很多学者对这一领域进行了深入研究。计雷等指出应急管理是在应对突发事件的过程中，为降低突发事件的危害，达到优化决策的目的，对突发事件的原因、过程及后果进行分析，有效集成社会各方面的相关资源，对突发事件进行有效预警、控制和处理的过程[22]。Bammidi 和 Moore 认为应急管理的内容除了包括识别、预测、应对突发事件以减少突发事件对社会造成的损失或者将损失降至可接受水平外，还包括应急规划[23]。周慧娟认为应急管理是针对可能发生或已经发生的突发事件，为了防止其发生或降低其可能造成的后果和影响而进行预防、准备、响应和恢复的过程。它涵盖了突发事件发生前、中、后期的各个过程，包括为应对突发事件而采取的预先防范措施，事发时采取的应对行动，事发后采取的各种善后措施和减少损害的行为[24]。Wang 等则针对应急响应和资源分配建立了一个网络映射模型[25]。应急管理的主要目标是挽救生命，减少受伤人数，保护财产安全和环境安全。简而言之，应急管理的目的就是确保公众健康和安全而不管突发事件发生的原因。

从上面这些定义可以看出，应急管理是一个复杂的系统工程，主要内容包括：事故分析，预测和预警，资源计划、组织、调配，事件的处理（现场和后台的指挥调度，具体的处置实施），预案的启动、运行及动态调整，信息的管理与发布，应急体系建设等。

基于应急管理的本质和铁路运输系统的特点，我们提出铁路应急管理的定义如下：铁路应急管理是在对铁路突发事件发生机理及演化规律研究的基础上，运用先进的系统建模分析、管理与决策支持、现代信息处理等方法技术，针对事件的动态特征，对铁路应急处置相关的所有移动设备、固定设备、空间、时间和人力等运输资源和应急资源进行动态调度配置，以尽快恢复铁路正常、安全运营，减少铁路突发事件造成的人身伤亡和财产损失。

铁路应急管理需要铁路各级单位建立一定的管理体制和机制，采取一系列应对措施，对突发事件的全过程（事前预防、事发应对、事中处置和善后处理）进行计划、组织、指挥、协调和控制，其根本目的在于保障人民生命财产安全，促进铁路和谐快速发展。

从铁路应急管理的定义中可以看出，铁路应急管理的主体是处理铁路突发事件的人员、组织和机构，客体是各种铁路相关的突发事件。

2. 铁路应急管理体系

铁路突发事件种类繁多、情况复杂、突发性强、覆盖面大，铁路应急管理涉及从高层到基层的各个层次，路内涉及铁路内部车机工电辆等业务部门，路外涉及公安、消防、医疗、交通、环保、部队等不同领域，这都给应急日常管理和应急救援指挥带来了很多困难。解决这些问题的唯一途径是建立起一个统一协调指挥、结构完整、功能齐全、反应灵敏、运转高效、资源共享、保障有力的铁路应急管理体系和实施规范有序的标准化运作程序[26]。因此，我们试图构建一个完整的铁路应急管理体系框架，并对其重要内容进行描述和说明。

按照中国现行的应急管理体系“一案三制”，可以将铁路应急管理体系分为五个层次[24]：铁路应急管理法制、铁路应急管理体制、铁路应急管理机制、铁路应急预案和铁路应急管理保障体系，它们发挥着各自的作用，从不同的层面来指导、规范应急管理的四个阶段，即预防、准备、响应和恢复。这五个层次中包括的内容及各层之间的关系构成了铁路应急管理体系（railway emergency management system，REMS）的完整框架，如图 1–4 所示。

铁路应急管理法制包括应急活动相关的法律法规、铁路应急规章制度。铁路应急管理法律法规和相关的规章制度可以明确突发事件条件下的各类规范，对应急管理进行监督，保证各项应急措施得到落实，使得管理更加规范化和制度化。

铁路应急管理体制是整个体系的宏观层，主要是确定应急管理的组织机构、机构职责与权限划分，以及各个组织机构间的隶属关系，同时制定铁路应急规划，为铁路应急管理活动指明方向。我国现行的铁路应急管理体制采用横向和纵向相结合的方式，纵向分为中国铁路总公司、铁路局、站段应急指挥中心和应急办，横向将各个业务单位联系起来。我国铁路应急管理体制的基本思想是“分级负责、属地为主”。

铁路应急管理机制是整个体系的中观层，主要功能是进行战术决策。铁路应急管理机制包括预防与应急准备机制、检测/监测与预警机制、信息报告与通报机制、应急指挥协调机制、应急响应机制、信息发布机制、铁路专业救援机制、善后恢复与重建机制、调查评估机制、应急保障机制、培训演练机制和预案管理更新维

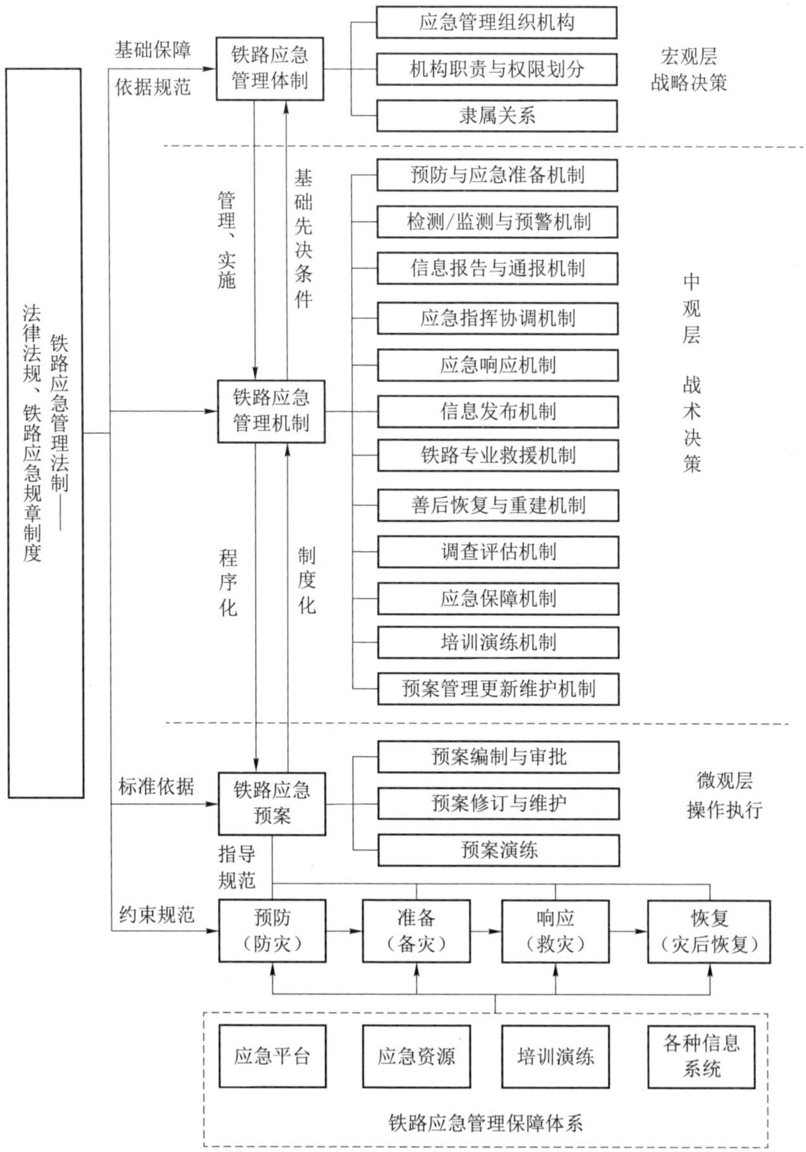

图 1-4　REMS 框架

护机制。铁路应急管理机制主要是确立应急管理“预防、准备、响应、恢复”四个阶段中各种应急管理的方法与措施，实现管理的制度化和程序化。

铁路应急预案是整个体系的微观层。应急预案的管理涉及预案编制与审批、预案修订与维护、预案演练三个主要环节。应急预案的主要功能是指导实际应急处置的操作和执行，有利于应急处置更加程序化和制度化。每个完善的应急预案都会明确规定应急管理四个阶段中所涉及的各类组织机构和人员的职责、应急资源的使用、救援方法、机构协调等内容。

铁路应急管理保障体系是整个应急管理体系的一个重要支撑部分，主要功能是借助一定科学技术手段，通过应急平台、应急资源、培训演练和各种信息系统，来保障应急活动快速、高效、科学地开展，提高应急管理能力和水平。

铁路应急管理的预防、准备、响应和恢复四个阶段在铁路应急管理法制、体制、机制、预案和保障体系的规范、约束和支撑下展开具体工作，具体内容如图 1–5 所示。

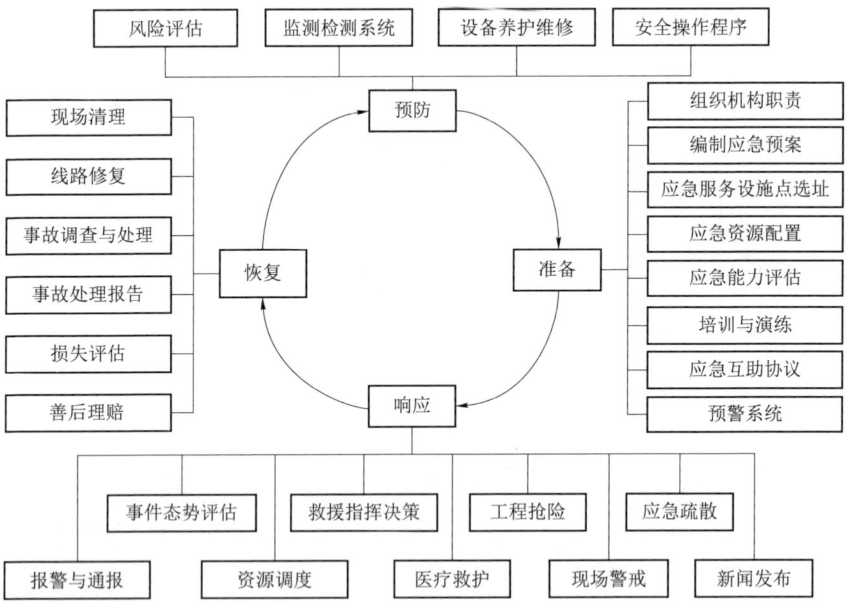

图 1–5　铁路应急管理过程内容

从图 1–5 中可以看出，铁路应急管理的预防阶段的主要工作内容有：对铁路危险源和事故多发点进行风险评估、通过检测监测系统对环境和设备进行状态跟踪、定时对设备进行养护维修、制定相关的安全操作程序，通过这些手段和方法尽量将铁路突发事件消灭在萌芽状态。明确各应急组织机构职责、编制应急预案、进行应急服务设施点选址、进行应急资源配置、对铁路应急能力进行综合评估、进行应急培训和演练、与路外相关单位签订应急互助协议、开发功能齐全的预警系统是铁路应急管理准备阶段的主要工作内容。当发生突发事件需要及时响应时，各应急相关组织和人员需要进行报警和通报、对事件态势进行评估、资源调度、救援指挥决策、医疗救护、工程抢险、现场警戒、应急疏散和新闻发布。突发事件处置完后，需要进行事故现场清理、线路修复、事故调查与处理、事故处理报告、损失评估和善后理赔等恢复阶段的工作。

1.4.3 铁路运输组织与铁路应急管理的关系

铁路运输组织过程是突发事件条件下铁路应急管理的重要环节。铁路运输组织过程中从宏观到微观不同层次的技术文件和计划，构成了突发事件条件下铁路应急管理的预防、准备、响应和恢复四个阶段中重要的管理方法、调度策略和调整措施，两者相互关系如图 1–6 所示。

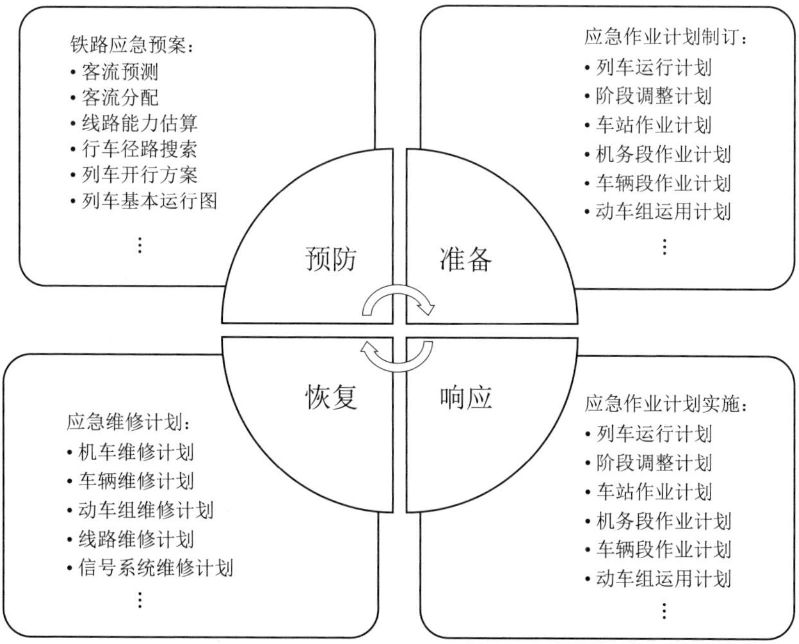

图 1–6 铁路运输组织与应急管理关系

从图 1–6 中可以看出，突发事件条件下铁路应急预案主要涉及客流预测与分配、线路能力估算、行车径路搜索、列车开行方案、列车基本运行图等中观层方案和计划，其对应于铁路应急管理的预防阶段，是维护铁路正常运输的基本方案。通过合理有效的铁路应急预案，尽量将铁路突发事件消灭在萌芽状态。突发事件条件下各类应急作业计划的制订对应于铁路应急管理的准备阶段，其主要包括列车运行计划、阶段调整计划、车站作业计划、机务段作业计划、车辆段作业计划和动车组运用计划等微观执行层计划。各类应急作业计划的有效实施对应于铁路应急管理的响应阶段，通过对铁路各类运输资源的优化调度，实现车流、客流和物流的有效匹配，减少突发事件造成的恶劣影响。铁路应急管理的恢复阶段主要包含运输组织过程中涉及的各类应急维修计划，具体包括机车、车辆、动车组和线路等各类移动、固定设备设施维修计划，通过对铁路危险源和事故多发点实时监控和评估，对铁路的各类固定、移动设备设施进行及时的维修，尽快恢复正常的运输秩序。

总之，突发事件条件下，合理高效的铁路运输组织方案是保证应急管理有效实施的基础，是制定应急处置措施的客观依据，是提高应急处置效率的关键内容。

目前，我国高速铁路已经成网运行，各线路相互影响，关系复杂，动态性和时空关联性更强，突发事件影响的空间范围广，处置难度大。突发事件条件下高速铁路运输组织理论方法的研究可以提前预防可能引发的突发事件，提高突发事件的处置效率，减少突发事件的发生，控制突发事件的影响，最大限度地减少突发事件带来的损失。

本章小结

本章主要介绍了世界高速铁路及其运输组织的发展现状，归纳总结了中国高速铁路的运营技术特征，最后介绍了铁路应急管理的基本概念，重点分析了铁路运输组织与应急管理的关系。

本章参考文献

[1] International Union of Railways–UIC. General definitions of highspeed [EB/OL]. http://www.uic.org/highspeed#General-definitions-of-highspeed.

[2] Future of Rail 2050 [EB/OL]. http://www.arup.com/Homepage_Future_of_

Rail.aspx.

［3］International Union of Railways–UIC. High speed lines in the world [EB/OL]. http:// www.uic.org/spip.php? article573.

［4］Present and future of the European rail research: challenge 2050 [EB/OL]. http:// www.errac.org/.

［5］A history of Japanese railways [EB/OL]. http://www.jrtr.net/history/index_history.html.

［6］Rail technical strategy [EB/OL]. http://www.rssb.co.uk/research-development-and-innovation/ futurerailway.

［7］闫海峰. 结点站间铁路集装箱运输组织的理论与方法研究［D］. 成都：西南交通大学，2004.

［8］王振军. 交通运输系统工程［M］. 南京：东南大学出版社，2008：28.

［9］孟学雷. 突发事件条件下列车运行组织理论与方法研究［D］. 北京：北京交通大学，2011.

［10］中国铁道百科全书总编辑委员会《运输与经济》编辑委员会. 中国铁道百科全书：运输与经济卷［M］. 北京：中国铁道出版社，2001：506.

［11］杨浩. 运输组织学［M］. 北京：中国铁道出版社，2007：5.

［12］王莉. 突发事件条件下铁路行车组织模糊随机优化方法［D］. 北京：北京交通大学，2012.

［13］彭其渊. 客运专线运输组织［M］. 北京：科学出版社，2007：46-47.

［14］WANG Li, JIA Limin, QIN Yong, et al. A two–layer optimization model for high–speed railway line planning [J]. Journal of Zhejiang University SCIENCE A: Applied physics & Engineering. 2011，12（12）：902-912.

［15］WANG Li, QIN Yong, XU Jie, et al. A fuzzy optimization model for high–speed railway timetable rescheduling [J]. Discrete Dynamics in Nature and Society. 2012.

［16］聂磊，赵鹏，贾利民，等. 高速铁路运输组织技术［M］. 北京：北京交通大学出版社，2008：62-66.

［17］朱涛. 基于协同机制的路局调度日计划编制过程建模研究［D］. 北京：北京交通大学，2013.

［18］林宏，刘俊，刘闻东，等. 日本铁路运输组织现状及启示［J］. 铁道运输与经济. 2012，34（3）：64-72.

［19］Japanese railway technology today [EB/OL]. http://www.jrtr.net/technology/index_technology.html.

［20］夏德春. 德国铁路调度指挥系统［J］. 中国铁道科学. 2004，25（4）：141-144.

［21］中国铁道学会安全委员会，《百年铁路安全大事记》编委会. 百年铁路安全大事记：1876—2008［M］. 上海：上海交通大学出版社，2009：218-510.

［22］计雷，池宏，陈安，等. 突发事件应急管理［M］. 北京：高等教育出版社，2006.

［23］BAMMIDI P, MOORE L K. Emergency management systems: a systems approach [J]. IEEE International Conference on Systems, Man and Cybernetics. 1994：1565-1570.

［24］周慧娟. 铁路应急管理中的预案管理与资源配置优化［D］. 北京：北京交通大学，2011.

［25］WANG Dan; QI Chao; WANG Hongwei. Improving emergency response collaboration and resource allocation by task network mapping and analysis [J]. Safety Science. 2014，12（70）：9-18.

［26］秦勇，王卓，贾利民. 轨道交通应急管理系统体系框架及应用研究［J］. 中国安全科学学报. 2007，17（1）：57-65.

2 突发事件条件下高速铁路运输组织概述

本章介绍了突发事件条件下高速铁路运输组织相关的一些基本概念和理论问题。这些内容为深入理解突发事件条件下高速铁路运输组织的实质奠定了基础，为本书后续章节描述的方法和技术提出了理论依据和有力支撑。本章首先介绍突发事件和铁路突发事件的内涵；然后分析突发事件条件下铁路运输组织问题的差异性；接下来重点介绍各类突发事件条件下运输组织的定义、组织原则和策略、优化目标和约束条件及运输组织流程；最后分析严重突发事件条件下运输组织的复杂性。

2.1 突发事件

突发事件由于其特有的突发性、危害性等特点，国内外学者从不同的角度对其内涵和外延进行了研究，积累了宝贵的研究成果。文献［1］指出突发事件是指在特殊情况下，由于系统的内部条件和外部环境发生急剧的变化，系统的稳定性和可控性遭到破坏，系统的行为出现异常情况而发生的一类无秩序的意外事件。文献［2］提出突发事件是通过一定的偶然性契机诱发的，是事物内在矛盾由量变到质变的飞跃过程，突发事件发生的具体时间、实际规模、具体态势和影响深度等是难以完全预测的。文献［3］将突发事件定义为突然发生的、带有异常性质的、形成一定的规模、造成或可能造成一定的社会影响、危害社会稳定、干扰正常的社会秩序的事件。文献［4］提出突发事件是人们对出乎意料事件的总称，通常包括各种自然灾害、严重事故、恐怖主义行为及重大群众性骚乱、重大政治、经济事件等。

国外很多学者对突发事件的探讨也各有千秋，文献［5］从社会学构建主义的角度出发，认为突发事件实际上是人类社会才会出现的一种情况，是由于人类所从事的种种活动才导致了种种突发的危险，以至于对人类生存与福利带来威胁。

文献［6］则认为突发事件是一种人们不可预料的情形，它往往对人类的社会道德伦理构架形成冲击。文献［7］则通过对 SARS 案例的分析，指出突发事件是一种人类需要调用非常规手段来应对的特殊情形，它需要人类打破以往的某种陈规，需要在社会机制上进行创新。文献［8］指出目前国际上对突发事件有权威性的定义是欧洲人权法院对“公共紧急事件”（public emergency）的解释：一种特别的、迫在眉睫的危机或危险局势，影响全体公民，并对整个社会的正常生活构成威胁。文献［9］指出英国将突发事件定义为对人们的健康、生活、财产或生存环境造成威胁的任何情形。文献［10］指出突发事件在美国又被称为紧急事件，其定义大致可以概括为：由美国总统宣布的、在任何场合、任何情景下、在美国任何地方发生的需联邦政府介入提供补充性援助，以协助州和地方政府挽救生命，确保公共卫生、安全及财产或减轻、转移灾难所带来威胁的重大事件。

上述对突发事件的不同定义都体现出突发事件的三个普遍特点：突发性、危害性和紧迫性。根据中国 2007 年 11 月 1 日起施行的《中华人民共和国突发事件应对法》（以下简称《突发事件应对法》）中的定义，突发事件，是指突然发生，造成或者可能造成严重社会危害，需要采取应急处置措施予以应对的自然灾害、事故灾难、公共卫生事件和社会安全事件。广义上的突发事件分为四大类[11]：

（1）自然灾害。主要包括水旱灾害、气象灾害、地震灾害、地质灾害、海洋灾害、生物灾害和森林草原火灾等。

（2）事故灾难。主要包括工矿商贸等企业的各类安全事故、交通运输事故、公共设施和设备事故、环境污染和生态破坏事件等。

（3）公共卫生事件。主要包括传染病疫情、群体性不明原因疾病、食品安全和职业危害、动物疫情及其他严重影响公众健康和生命安全的事件。

（4）社会安全事件。主要包括恐怖袭击事件、经济安全事件、涉外突发事件等。

按照突发事件的性质、紧急程度、发展态势和影响范围等因素，《突发事件应对法》将突发事件分为四级，即Ⅰ级（特别重大）、Ⅱ级（重大）、Ⅲ级（较大）和Ⅳ级（一般），依次用红色、橙色、黄色和蓝色表示。

2.1.1 铁路突发事件

铁路突发事件作为广义突发事件的一个子集，由于影响对象、处置措施的不同，具有特定的性质和内涵。

定义 2–1 铁路突发事件是指任何导致铁路运输组织策略变化或者运输组织计划变更的事件。铁路突发事件按照形成原因、影响对象、影响程度等不同标准可划分为不同的类型。

1. 根据形成原因分类

根据上述定义，铁路突发事件按照其形成的原因可分为以下 3 类。

1）自然灾害

铁路突发事件中的自然灾害是指由天文、地理等因素引发的，对铁路运输基础设施造成或者可能造成破坏，或者造成铁路客流异常波动，从而影响铁路无法按计划正常行车的自然现象。

按照自然灾害的成因进行分类，直接对铁路运输造成影响的自然灾害主要包含气象灾害（如大雨、大雪、暴风等）、地质灾害（泥石流、山体滑坡、塌陷等）、地震灾害等。

2）铁路交通事故

中国 2007 年 9 月 1 日起施行的《铁路交通事故应急救援和调查处理条例》对铁路交通事故的定义如下：铁路机车车辆在运行过程中与行人、机动车、非机动车、牲畜及其他障碍物相撞，或者铁路机车车辆发生冲突、脱轨、火灾、爆炸等影响铁路正常行车的铁路交通事故。

按照事故造成的列车脱轨辆数和中断铁路行车时间等因素，铁路交通事故可分为特别重大事故、重大事故、较大事故和一般事故 4 个等级。其中繁忙干线客运列车脱轨 18 辆以上并中断铁路行车 48 h 以上的构成特别重大事故；客运列车脱轨 2 辆以上 18 辆以下，并中断繁忙干线铁路行车 24 h 以上或者中断其他线路铁路行车 48 h 以上的构成重大事故；中断繁忙干线铁路行车 6 h 以上，中断其他线路铁路行车 10 h 以上的构成较大事故；其他为一般事故。

3）其他公共安全事件

其他安全事件是指除上述突发事件之外的、涉及公共安全、造成铁路运输设施损坏或引起客流异常波动的突发事件，如战争、恐怖袭击事件等。

2. 根据影响对象分类

虽然铁路突发事件的成因多样，会对参与铁路运输的各种固定设备、移动设备及铁路工作人员、旅客等造成不同程度的影响，但其最终的影响结果都可归结为运能与运量的失衡。根据运能与运量的不同变化可分为如下 3 类。

1）运量不变，运能降低

引起线路能力损失或中断行车的自然灾害、铁路交通事故等突发事件，其主要包含以下几种情况。

（1）车站咽喉道岔、信号设备等发生故障，无法高效安排到发线的运用，增加车站作业时间，引起线路能力下降。

（2）列车无法按正常速度在线路区间上行驶，增加列车区间运行时分，引起线路能力下降。

（3）铁路线路基础设施损毁，如路基塌陷、轨道断裂、桥梁垮塌等，引起线路中断，列车无法按计划通过，等待线路恢复或者绕行其他线路。

（4）列车发生追尾、火灾或与其他障碍物相撞，导致中断行车。

根据历年铁路突发事件的统计[12]，突发事件造成线路能力损失而导致运量与运能失衡是最普遍的情况。

2）运能不变，运量增加

这一类是指自然灾害发生，虽然对铁路运输能力没有显著影响，但对航空、公路等其他运输方式造成影响，使得选择这些交通方式出行的人群转向铁路运输，从而造成铁路客流的异常波动。与其他两类相比，这种情况发生的概率很小。

3）运能、运量同时变化

这一类主要是指节假日产生的大客流与突发事件引起的能力下降情况的叠加。这时既要加开列车以满足增加的客流需求，又要调整原有列车的行走径路，减少对受影响区段的能力占用。这是 3 类中最复杂的情形，需要调度员整合多方资源，对原有的运输组织方案做较大调整。

3. 根据影响程度分类

铁路突发事件的影响程度可从铁路突发事件的持续时间、客流波动程度和能力下降程度 3 个属性进行描述。根据影响程度，铁路突发事件可分为以下 3 类。

1）一般性突发事件

一般性突发事件是指对铁路运输秩序的影响通过调整列车运行图即可消除的突发事件，包括导致局部线路能力损失较小、客流波动程度较小和（或者）持续时间较短的自然灾害、铁路交通事故和（或者）公共安全事件。其具有如下特点。

（1）持续时间较短。影响铁路线路正常行车的突发事件，持续时间较短，所造成的线路能力损失能够快速恢复。

（2）客流波动程度较小。原有计划中的列车能够承担突发事件引起的客流增量。根据文献［13］的数据统计，在平日正常条件下，为了提高旅客舒适度，列车席位利用率一般取 0.7～0.8；在节假日客流波动较大的情况下，我国铁路列车席位利用率曾达到 1.19。一般性突发事件条件下，旅客关注的重点已经转向是否能够尽快到达目的地，而非对旅行舒适度的需求，故此时的列车席位利用率可适当提高。

（3）线路能力损失较小。线路中的一个区段或某些区段因故采取限速措施，导致列车无法按图定计划运行，经调整后，原有计划中的列车均能在合理的运营时间内到达终点车站，无严重晚点情况发生。

在这种情况下，原有计划中的列车能够承担因突发事件引发的客流增量，而无须增开新的列车；由于事件持续时间短，线路能力损失较小，无须对径路上运行的列车数量进行调整，只对列车运行计划进行时间维度上的调整即可在合理的时间内完成旅客运输任务。

2）严重突发事件

严重突发事件是指对铁路运输秩序的影响无法通过调整列车运行图得以消除的突发事件，包括导致局部线路能力损失较大、客流波动程度较小和（或者）持续时间较长的自然灾害、铁路交通事故和（或者）公共安全事件。其具有如下特点。

（1）持续时间较长。影响铁路线路正常行车的持续时间较长，突发事件所造成的线路能力损失不能及时恢复。

（2）客流波动程度较小。原有计划中的列车能够承担突发事件引起的客流增量。

（3）线路能力损失较大。线路中的大部分区段因故采取限速措施，或者线路中一个或几个区段发生断路，路网结构发生部分改变，导致列车无法按图定计划运行，致使原有径路无法提供足够的通过能力完成既定运输计划。

在这种情况下，原有计划中的列车能够承担因突发事件引发的客流增量，无须增开新的列车；但由于突发事件持续时间较长，线路能力损失较大，只对列车运行计划进行时间维度上的调整已不能在合理的时间内完成旅客运输任务，须采取列车迂回、列车重联等调度策略以减少原有径路上的列车数量。

3）恶性突发事件

恶性突发事件是指对铁路运输秩序的影响必须通过运输组织策略重大调整和运输组织计划的相应变更及依靠跨行业应急联动机制才能应对的突发事件，包括导致大范围线路能力损失严重、客流波动程度大和（或者）持续时间长的自然灾害、铁路交通事故和（或者）公共安全事件。其具有如下特点。

（1）持续时间长。影响铁路线路正常行车的持续时间很长，突发事件所造成的线路能力损失需较长时间才能恢复。

（2）客流波动程度大。原有计划不足以承担突发事件引起的客流增量，已经造成或将要造成大量旅客滞留。

（3）线路能力损失严重。一个区域内多条线路的大部分区段因故采取限速措施，或者多条线路中的多个区段发生断路，路网结构发生较大变化。

在这种情况下，运量与运能之间的矛盾显著，只调整列车行走径路已不能形成有效的运输组织方案，需依靠跨行业应急联动，改变运输组织策略并重新编制运输组织计划，才能有效缓解运量与运能的矛盾。

2.1.2 铁路突发事件的特点

根据上述分析，铁路突发事件具有以下特点。

1. 事件起因的多样性

根据上述分析，由于铁路突发事件的类型不同，其形成的诱因也不同。第一类是引发自然灾害的各类自然现象，如暴雨、暴雪、大风、地震、泥石流等可能会引起列车限速或线路中断；其次，铁路运输系统中的各类固定设备和移动设备的运行状态直接影响着列车的高效、安全运行；此外，一些人为因素，如调度员与司机等路内人员的工作效率及路外行人、车辆的行走径路等因素也会对铁路运输系统的正常运营产生影响。

2. 事件本身的突发性

近年来随着计算机技术、航空技术、地质学等领域的发展，人们实现了对某个时段和区域内温度、湿度及降水量等气候条件的预测，发现了一些自然灾害随季节、气候变化的规律。但是对于大多数破坏性自然灾害（如泥石流、山体滑坡、地震等）而言，在目前阶段要获得其发生的具体时间、详细地点和影响范围都是无法实现的，自然灾害本身就具有显著的突发性。此外，由于设备运行状态、使用周期不同及铁路工作人员工种、技术水平、工作效率和精神状态的差异，由机器设备和人为因素引发的铁路事故更无规律可循。

3. 影响对象的多元性

根据突发事件的成因和等级不同，其造成的影响会涉及不同行业和领域的各阶层人员。首先，随着突发事件的影响范围不同，可能影响一条或多条线路上的旅客出行。此外，当突发事件造成巨大危害，需实施事故救援时，又会涉及当地驻军、警察部队、医疗卫生和其他政府部门。

4. 事件后果的危害性

铁路突发事件一般都会造成较大的社会影响。从小的方面讲可能会引起列车大面积晚点，影响大量旅客的正点出行；从大的方面讲可能会危害旅客的生命财产安全，造成铁路基础设施严重损毁，极大地降低人们对铁路运输安全的信心。

5. 事件处理的紧迫性

对于突发事件引起的列车晚点，调度员应及时调整列车运行图，减少晚点传播，尽量恢复按图行车。对于造成中断铁路行车的严重突发事件，铁路运输组织部门应当立即组织抢修，适当调整行车径路；必要时，可寻求当地政府部门协助，成立现场应急救援机构，启动相应的应急预案，减少事故影响。总之，无论发生何种类型和等级的突发事件，及时采取相应的措施才能有效遏制和控制事态发展，减少突发事件造成的危害和损失。

6. 事件之间的共振性

现实运营环境中，不同类型的突发事件之间往往是相互影响，同时存在的。例如，大范围降雨时列车可能限速运行，同时降雨可能会诱发丘陵地带发生山体滑坡或泥石流造成线路中断；此外，如果伴随雷电还可能会引起铁路信号系统的故障，给调度员的工作带来不便。多种突发事件的共同影响极大地增加了突发事件条件下运输组织工作的复杂性。

7. 影响规模的扩张性

铁路运输的本质是列车通过对线路和车站资源的协调占用，在规定的时间内完成货物或旅客位移的过程。当突发事件引发列车对线路或车站资源的非正常占用时，必然会导致后续列车的晚点，特别是在发生线路中断的情况下，需要将受影响的列车迂回到其他线路上，以充分利用路网资源减少突发事件造成的损失。因此一个单一的、发生在某个区段上的突发事件可能会引起一个区域内列车运行计划的改变。

8. 相关属性的不确定性

突发事件本身的发生时刻、影响范围、持续时间等属性是很难预测且无法用精确数字描述的。由其导致的列车运行状态也同样体现出一定程度的模糊性和随机性。这些特点都增加了突发事件下运输组织工作的困难。

9. 运输组织内容的差异性

根据突发事件对铁路运输系统的影响程度不同，需要采取的处置措施也具有较大差异。(1) 当突发事件影响程度较小时，只需对列车运行计划进行时间维度上的调整，就能消除突发事件造成的干扰，在规定的时间内完成运输任务。(2) 当突发事件影响程度较大时，仅对列车运行计划进行时间维度上的调整已不能形成有效的调整计划，来应对突发事件的干扰，此时需要对列车运行计划进行空间和时间两个维度上的调整，即需要对列车开行对数、停站策略、行走径路和到发时刻进行优化，这就涉及列车开行方案和时刻表两个层次的问题。(3) 在恶劣突发事件下，往往需要建立应急机构组织进行紧急救援，并调整运输组织策略，尽快疏散滞留旅客。与前两种情况相比，此时运输组织的内容更加复杂。

2.2 突发事件条件下铁路运输组织问题分析

铁路运输组织工作本质上讲是协调铁路运输系统各部分之间的关系，优化系统内部结构，使其具有更好的系统功能。突发事件条件下的铁路运输组织工作，就是优化突发事件条件下被破坏了的铁路运输系统结构，使其尽可能具备系统在正常条件下的功能，即具有正常条件下的旅客输送能力。

突发事件条件下的列车运行组织方案，实际是协调既有站线、新建高速线、普速列车、高速列车之间时空关系的方案。从专业上讲，突发事件下的铁路运输组织与正常条件下的铁路运输组织的不同在于以下几个方面。

2.2.1 运输组织的追求目标不同

铁路运输组织包括以下几个方面的工作：运输组织模式选择、列车开行方案设计、列车运行计划编制等。下面分析在不同的层次上所体现的突发事件条件下的运输组织与正常条件下的运输组织追求目标的不同。

1. 运输组织模式选择层

正常条件下运输组织模式的选择主要考虑旅客的吸引范围，运输服务的安全性、快速性、准时性，行车量及铁路的运营成本。其运输组织模式选择追求的目标具有明显的多样性。

在国际上，法国采取高速列车下高速线的运输组织模式，通过延长 TGV 高速列车的运行距离，来达到拓展高速旅客列车的通达范围、减少旅客的换乘次数、扩大旅客的吸引范围的目标。德国和日本在高速铁路的运输组织模式上注重客流组织的有效性，致力于创造更多的直达条件，减少旅客的换乘次数[14]。

在国内，早在 1996 年胡思继教授就指出，京沪高速铁路主要有“全部运行高速列车，简称全高速”和“高中速列车共线运行”两类运输组织模式[15]。他提出的“全高速快速换乘”的运输组织模式，是基于旅客运输的安全性、快速性、准时性、舒适性考虑的，即其提出的高速铁路的运输组织模式追求的目标是安全、快速、准时、舒适。具体将旅客平均出行时间、旅客平均出行票价、旅客出行舒适度、旅客出行方便度、铁路运营收益、线路改造费用、机车车辆购置费、既有线剩余能力，以及线路车辆的损害程度等作为影响运输组织模式选择的若干目标。文献［16］选择高速铁路运输组织模式时主要考虑了高速铁路的通过能力的利用，即行车量。文献［17］中，高速铁路运输组织模式追求的目标也集中在高速铁路通过能力的利用率上。

而在突发事件条件下，运输组织模式的选择主要考虑完成列车输送任务。突发事件发生时，应尽可能多、尽可能快地将列车输送至既定目的地，减少列车行车费用，并降低突发事件对铁路运输组织工作带来的影响，减少社会效益损失。如在 2008 年我国南方雪灾与春运大客流叠加的条件下，广铁集团按照中国铁路总公司的要求发布紧急调度命令，将京广线南段滞留和待开的部分客车改由京九、沪昆、三茂、焦柳线迂回运行。随着我国铁路网络不断完善，不可避免地会出现类似迂回运输的组织方式，那么预先设计的“高速列车不下线”等运输组织模式势必改变，目的也是尽快完成既定的列车输送任务。

2. 列车开行方案设计层

在正常条件下，设计列车开行方案主要从两方面考虑开行方案的优化目标。一方面就是铁路运营部门的收益，而在客票票价一定的情况下，该优化目标就转化成了列车运行成本最小化。另一方面，从旅客角度考虑，旅客的满意度、旅客的候车时间、旅客的中转时间、旅客的总旅行时间、旅客的出行收益等常被称为旅客列车开行方案制定的优化目标。其实，很多的文献将上述两类目标进行综合，采用双层规划模型或多目标规划模型求解列车开行方案的生成问题。

文献［17］将高速铁路列车运行的成本分为固定成本和变化成本，同时考虑了铁路运输企业运营的成本支出、列车座席虚糜损失与旅客总等待时间三个目标，建立了列车开行方案的生成模型。其开行方案的设计目标就是运营成本最低，并将满足旅客 OD 流作为列车开行方案制定的依据。文献［18］建立了双层规划模型，将列车开行方案制定的优化目标分为两个层次，分别是铁路运营收益和旅客出行收益，所以其开行方案的设计目标是铁路的运营收益和旅客的出行收益最大。文献［19］均衡考虑运营企业利益和旅客需求，建立了反映高速铁路旅客行为的双层规划模型，文献［20］针对台湾高速铁路的运输组织也建立了列车开行方案制定的多目标规划模型，它有两个主要目标，一个是铁路运营成本最低，另一个是旅客的出行时间最短。

而在突发事件条件下列车开行方案的调整体现在对列车运行径路的重新选择上，其目的还是使列车尽快到达其目的地。在突发事件条件下，自然灾害、铁路事故等突发事件往往造成铁路线路能力下降，导致列车的大面积晚点，从而使铁路的社会服务功能受到质疑，并带来严重的直接或间接的经济损失。所以，如何更快地完成列车输送任务是突发事件条件下铁路运输组织的最主要目标。快速输送列车的目标与快速疏散旅客的目标是一致的。所以，突发事件条件下在列车开行方案设计层上，决策的主要目标是进行合理的列车运行径路分配，尽快使列车到达目的地。

3. 列车运行计划编制层

在正常条件下，列车运行计划编制时主要考虑的优化目标包括列车的总停留时间、晚点率、总晚点时间、旅客的满意度等。文献［21］将列车的总停留时间最小作为目标函数，将安排列车运行线的问题看作周期事件安排问题，建立周期运行图网络模型。该模型充分考虑了列车不同情况下的停站时间、到发安全间隔等各项周期约束。

在突发事件条件下，列车运行调整有别于正常条件下列车运行计划编制的目标。突发事件条件下列车运行调整的目标为正点率高、列车的总晚点时间少，并有较强的应对突发事件带来的继发干扰的能力。

2.2.2 突发事件导致的约束条件不同

总体上讲，突发事件会对铁路运输组织方案工作中的运输资源（移动设备、固定设备）、运输对象的出行特征产生较大程度的影响。

1. 自然灾害

自然灾害是指由于天文、地理或人类活动等因素所形成的自然条件变异而引发的破坏性和灾难性的事件。自然灾害按其成因可分为：天体灾害、气象水文灾害、海洋灾害、地质灾害、地震灾害、生物（人为）灾害等。直接危害铁路的自然灾害有洪水、崩塌、滑坡、泥石流、地震、风、沙、碱、岩溶、塌陷、冷冻等。究其原因有气象因素、地理因素、地貌因素、地质因素、人为因素等。

我国铁路自然灾害具有广泛性、频发性、多样性等特征，并且影响范围大，已经发生灾害路段占全路总运营里程的20%以上[26]。铁路自然灾害主要集中于路基（路基占全路总长的90%以上）。据统计，受害路基近9万处，累计长度已超过1万km。此外，桥梁、涵洞、隧道、站场及其他一切附属设施也均受自然灾害的严重侵袭。我国自然灾害共可以分为10余个种类，且多在一种诱因下发生群发性或链发性的灾情，由自然灾害带来的铁路行车中断每年达100余次，累计时间达1 000～2 000 h，最高峰达到了每年211次。

由于我国铁路主要集中于包头—兰州—昆明一线以东，故中东部地区是我国铁路自然灾害的多发地区。京沪高速铁路等高速铁路干线就集中分布在这些地区。据统计资料显示，1973年至1991年，江苏、安徽两省共发生自然灾害889次，年均46.78次。其中沪宁、津浦两线超过50次，淮南线则在100次以上[26]。

京广线以西的铁路比重已经占到45%，西部地区铁路灾害也很严重。据统计，成昆线、宝成线、宝天线等大型泥石沟发育密度达0.4～1.4处/km。包成、宝天、阳安三线，仅在1981年夏季就发生自然灾害1 366处，受灾线路累计长度占总长的 88.13%[22]。除了历次强烈地震破坏铁路设施、造成列车出轨等灾害事故外，1949年至今，仅地质灾害就造成重大铁路事故数百起，累计中断行车数万小时。

铁路系统遭受冰雪天气影响是一个普遍存在的现象，特别是地处北半球严寒地区的国家，其运营的铁路线路在严冬季节往往会遭受冰雪灾害的袭击，大规模的积雪和冰冻会造成线路中断、道岔失灵、机车车辆性能下降、供电系统故障和站场设施运转困难等一系列问题，轻则发生部分线路或区段停运、列车延误或晚点等现象，重则造成铁路大面积瘫痪、列车运行重大设备事故或人员伤亡事故。冰雪灾害对供电和通信信号系统、线路、牵引供电设备、站场设施、机车车辆都带来不同程度的影响。2008年年初，我国南方的雪灾造成京广线南段、沪昆、焦柳、渝怀等铁路干线多次中断，湖南省境内的电气化铁路牵引供电网垮塌，京广大动脉遭受重创。灾害影响运行列车超过400列，京广线上旅客列车最长晚点超过30个小时，广东地区滞留旅客高达63.7万人，其中广州站滞留旅客达到34万人[24]。

四川汶川地震造成宝成线、成昆线、陇海线天宝段、成渝线、襄渝线、阳安线、达成线等铁路干线、支线，以及成汶线、德天线、广岳线等支线的线路、桥梁、隧道、涵洞和通信信号、牵引供电，以及站房等设施和设备不同程度受损。宝成线 109 号隧道由于山体崩塌导致一列货物列车脱线。线路的空间几何形状改变，造成线路平面线形破坏，纵断面波状起伏。局部地段严重扭曲、断裂，乃至中断行车。线路轨道发生相对位移，几何尺寸破坏，结构应力状态发生较大改变。路基设施受损严重，多处出现滑坡、崩塌落石、边坡溜坍等。桥墩墩身出现环形或十字形裂纹，梁体混凝土剥落，结构出现裂缝等现象。隧道洞口边仰坡落石，洞门结构破坏。牵引变电所主变压器出现不同程度高、低压套管错位和漏油，底部喷油和移位问题，接触网支柱断杆等。信号楼、车站站房出现墙体局部开裂和倒塌等现象。

2011 年 7 月 23 日 20 时 30 分 05 秒，甬温线浙江省温州市境内，由北京南站开往福州站的 D301 次列车与杭州站开往福州南站的 D3115 次列车因天气原因发生追尾事故，造成 40 人死亡，200 多人受伤，中断行车 32 小时 35 分，直接经济损失 19 371.65 万元。

铁路灾害的多发性、随机性、区域分布不均衡性和铁路运输要求的连续性、稳定性之间的矛盾是严重的。自然灾害发生时，往往对铁路线路、车站设备造成严重影响，其直接结果就是线路的中断或车站设备运转不正常，不能完成车站在路网中的中枢作用。对突发事件条件下的列车运行组织而言，造成其运行组织问题的约束条件是线路区间通过能力与车站的接发车能力下降，即形成能力约束。

2. 铁路事故

根据文献［12］整理的自 1970 年至 2008 年铁路重大事故的资料，如表 2–1 所示。从表 2–1 中可知，突发事件条件下铁路运输组织的约束条件与正常条件下的相比，具有以下两个特点：

（1）铁路事故造成机车车辆破坏，造成运输能力约束。

（2）铁路事故造成线路中断运营。绝大多数的铁路事故会造成线路中断或者中断行车。

在表 2–1 中，行车中断时间最少为 1 小时 14 分，最多为中断 15 小时。对于突发事件条件下的列车运行组织而言，铁路路网的拓扑结构发生改变，造成列车不能按照既定径路运行，实际上形成了列车运行径路分配约束。

表 2-1 1970—2008 年中国铁路重大事故一览表

序号	时间	地点	死伤人数	车辆损毁	中断行车时间
1	1971.12.7	京广线琉璃河站	14 人死亡，22 人受伤		1 小时 40 分
2	1976.10.16	广深线 41 km 处	18 人受伤		24 小时 59 分
3	1978.12.16	陇海线杨庄车站	106 人死亡，47 人重伤，171 人轻伤	客车报废 3 辆	9 小时 30 分
4	1980.2.19	郑州车站	1 人死亡，8 人受伤	客车报废 1 辆	
5	1980.1.22	京广线株洲车站	22 人死亡，4 人受伤	客车大破 1 辆，小破 1 辆	
6	1981.7.9	成昆线尼日至乌斯河间的利子依达铁路大桥	130 人失踪和死亡，146 人受伤	2 台机车，1 辆行李车，1 辆客车报废	线路中断 15 天
7	1981.10.20	颚尔格奇和朝阳村间	3 人死亡，65 人烧伤，	客车大破 1 辆	2 小时 50 分
8	1984.5.14	深山线房家和大红旗间	6 人死亡，22 人受伤	客车报废 2 辆，小破 1 辆	1 小时 14 分
9	1984.12.18	荣家湾至黄秀桥间	1 人死亡，3 人受伤		
10	1986.1.15	京广线白石渡至坪石间	7 人死亡，11 人重伤，27 人轻伤		
11	1987.2.18	肇东车站	6 人重伤，7 人轻伤	大破 1 辆	1 个多小时
12	1987.4.22	滨北线松花江大桥	12 人死亡，44 人受伤	客车报废 1 辆	
13	1987.7.18	京广线孟庙车站	8 人死亡，30 人重伤，39 人轻伤	客车大破 2 辆	
14	1988.1.7	京广线马田墟车站	34 人死亡，30 人受伤	客车大破 2 辆	
15	1988.1.17	拉滨线背荫河车站	19 人死亡,25 人重伤，51 人轻伤		
16	1988.1.24	贵昆线且午至邓家村间	88 人死亡,62 人重伤，140 人轻伤		
17	1988.3.24	沪杭外环线匡巷车站	28 人死亡,20 人重伤，79 人轻伤	机车大破 2 辆，中破 1 辆	23 小时
18	1988.7.1	安阳至宝莲寺间	6 人死亡，6 人重伤，13 人轻伤	客车报废 1 辆	
19	1989.1.5	川黔线石门坎车站	20 多人受伤		

续表

序号	时间	地点	死伤人数	车辆损毁	中断行车时间
20	1989.4.30	贵昆线小冲头车站	1 人重伤，20 人轻伤		
21	1989.6.26	松江和协兴间	24 人死亡，11 人重伤，28 人轻伤		4 小时 7 分
22	1991.6.13	津浦线新马桥至曹老集间	28 人受伤		18 小时 37 分
23	1991.8.18	京广线大瑶山隧洞	数十人伤亡		
24	1992.3.21	浙赣线五里墩车站	15 人死亡，25 人受伤	机车报废 2 台，客货车报废 9 辆	35 小时
25	1993.7.10	京广线新乡南场至七里营间	乘务员 32 人死亡，7 人重伤，4 人轻伤。旅客 8 人死亡，2 人重伤，35 人轻伤	机车中破 1 台，客车报废 3 辆，小破 15 辆，货车报废 1 辆，大破 2 辆	11 小时 15 分
26	1994.1.15	漯宝线余官营车站	7 人死亡，12 人受伤	内燃机车报废 1 台，蒸汽机车大破 1 台	3 小时 9 分
27	1997.4.29	京广线荣家湾	126 人死亡，45 人重伤，185 人轻伤		
28	1999.7.9	衡阳北和衡阳车站间	9 人死亡，15 人重伤，25 人轻伤	客车报废 5 辆，大破 4 辆，中破 2 辆，小破 1 辆	
29	2006.4.11	广铁集团管内京九下行线林寨站至东水站间	铁路职工 2 人死亡，旅客 18 人受伤		
30	2007.2.28	南疆铁路珍珠泉至红山渠站间	3 人死亡，34 人受伤		
31	2008.1.23	胶济线安丘至昌邑间	18 人死亡，9 人受伤		
32	2008.4.28	胶济铁路周村至王村之间	72 人死亡，416 人受伤		

2.2.3 运输组织方案设计的次序不同

正常条件下，运输组织问题是自上而下的设计次序，遵循运输组织模式—列车开行方案—列车运行计划编制—动车组运用计划和乘务计划编制的次序。而在突发事件条件下，运输组织问题层次结构划分与正常条件下运输组织问题的划分相同，但是解决问题的顺序发生了变化。在突发事件条件下，运输组织问题首先要考虑能否只对列车运行计划调整而实现既定的列车开行方案。当通过调整列车运行计划失败时，考虑改变现有的列车开行方案，甚至运输组织模式，再对列车运行计划求解。与正常条件下运输组织相同，动车组运用计划和乘务计划编制以列车运行计划作为参考文件。所以，突发事件条件下的运输组织流程与正常条件下的运输组织流程在切入点上有所不同。

2.3 突发事件条件下运输组织类型分析

根据上述分析，突发事件会对铁路运输系统中不同的参与对象产生不同程度的影响，随着系统运营环境的改变，运输组织优化追求的目标、约束条件和组织内容都会发生变化。

按照突发事件的影响程度不同，突发事件条件下的运输组织主要分为 3 种：一般性突发事件条件下运输组织、严重突发事件条件下运输组织和恶性突发事件条件下运输组织，如图 2–1 所示。

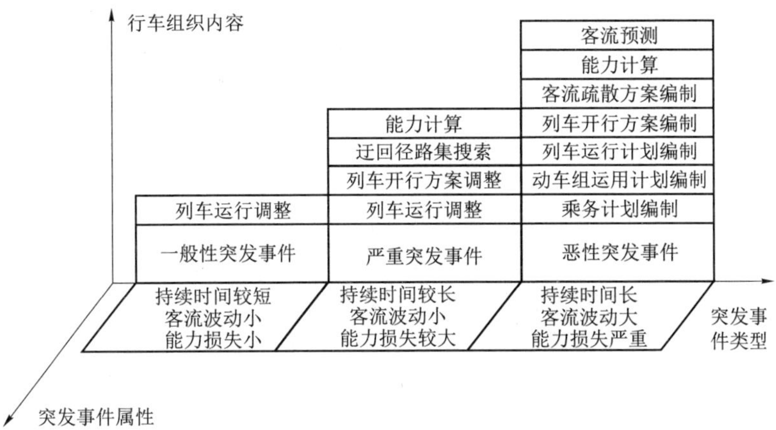

图 2–1 突发事件条件下运输组织类型

2.3.1 一般性突发事件条件下运输组织

定义 2–2 一般性突发事件条件下运输组织

一般性突发事件条件下运输组织（train operation in emergency，TOE），是指在局部线路能力损失较小、客流波动程度较小和（或者）持续时间较短的条件下，对列车运行计划进行调整并实施的过程。

根据定义可知，一般性突发事件条件下运输组织的主要内容就是传统的列车运行调整问题。一般以减少列车的晚点时间、提高列车正点率、尽量恢复列车按图运行为目标。

目前，国内外很多学者对这一类问题进行了大量的研究，故不再赘述。

2.3.2 严重突发事件条件下运输组织

定义 2–3 严重突发事件条件下运输组织

严重突发事件条件下运输组织（train operation in serious emergency，TOSE），是指在局部线路能力损失较大、客流波动程度较小和（或者）持续时间较长的条件下，对列车开行方案及相应的列车运行计划两个层面进行调整并实施的过程。

根据定义可知，TOSE 具有严重突发事件的特点，与传统的列车运行调整问题有很大不同，其定位于列车开行方案调整和列车运行调整两个层面。

1. 严重突发事件条件下运输组织原则和策略

1）运输组织原则

严重突发事件条件下运输组织内容包含列车开行方案调整和列车运行调整两个层面。因此，除了列车运行调整的相关原则外，它还包含列车开行方案调整的原则，具体如下。

（1）尽量使晚点时间少、长途、高等级列车维持原径路运行。

（2）本线列车的等级高，迂回到其他径路上的列车等级低。

（3）迂回到其他径路上的列车可提前到站，但不可提前发车。

（4）重联的列车可提前到站，但不可提前发车。

（5）列车迂回时尽量选择跨铁路线数量较少的径路。

（6）调度策略中，根据各种策略对旅客出行造成的影响和策略实施时设备条件及技术的风险不同，列车迂回的优先权最高，列车重联次之，列车停运的优先权最低。

（7）高等级列车可越行低等级列车。

（8）低等级列车不可越行高等级列车。

（9）本线列车等级高，跨线列车等级低。

（10）正点列车等级高，严重晚点列车等级低。

（11）列车可提前到站，但不可提前发车。

（12）有特殊要求的列车可适当优先。

（13）大型枢纽内重要站点的正点率重点考虑。

（14）客运列车等级高，货运列车等级低。

（15）必要时可将货运列车停运，以减少能力占用。

（16）低等级列车在同一个车站最多可被三列高等级列车越行。

2）运输组织策略

严重突发事件条件下运输组织策略也包含列车开行方案调整和列车运行调整两个层面，主要包含如下内容。

（1）根据受影响线路能力损失情况和其他线路的剩余能力，列车可迂回到其他线路上，以减少对本线路能力的占用。

（2）根据受影响线路能力损失情况和其他线路的剩余能力，两列短编组、停站相似、类型相同的列车可重联运行，以减少对本线路能力的占用。

（3）在能力损失较大的情况下，列车迂回和列车重联之后，线路能力仍不足以生成有效的运输组织方案时，可取消某些低等级列车。

在列车开行方案完成调整的情况下，对相应的列车到发时刻进行调整时可采取以下策略。

（1）根据机车技术状态、司机技术水平、列车编组情况、线路允许速度和自然环境，组织列车加速运行，减少区间运行时分，使晚点列车恢复正点运行[26]。

（2）根据车站内设备布局和列车作业情况，组织车站快速作业，减少列车停站时分。

（3）高等级列车可在车站或区间利用渡线越行低等级列车。

（4）正点列车可在车站或区间利用渡线越行严重晚点列车，以减少晚点传播。

（5）变更到发线使用，以充分发挥车站接发车能力。

（6）变更列车会让和越行车站，以减少晚点列车对其他列车的影响。

2. 严重突发事件条件下运输组织优化目标和约束条件

严重突发事件条件下运输组织包含列车开行方案调整和列车运行调整两个层面，故其优化的目标首先要顾及宏观层面的社会效益、旅客满意度和运输目标的最终实现；在此基础上，还要关注微观层面的列车晚点时间和列车正点率。此外，严重突发事件条件下，线路能力损失较大、持续时间较长，大多数列车都会发生或多或少的晚点，此时追求所有列车的正点率已没有意义，因此在列车运行调整层面可尽量减少被严重晚点的列车数量和大型枢纽站的晚点时间，这与传统的列车运行调整追求的目标有很大不同。

严重突发事件条件下，可采取列车迂回、列车重联和列车停运等策略调整列车开行方案。因此，除了列车区间运行时分、车站作业时分和追踪列车间隔时间等列车运行调整层面的约束条件以外，其约束条件还包含列车开行方案调整层面中迂回径路的能力约束、列车重联的技术和设备约束，迂回列车和重联列车的停站约束，以及列车停运约束等内容。

3. 严重突发事件条件下运输组织流程

相对于传统的列车运行调整，TOSE 的流程较为复杂，如图 2–2 所示。

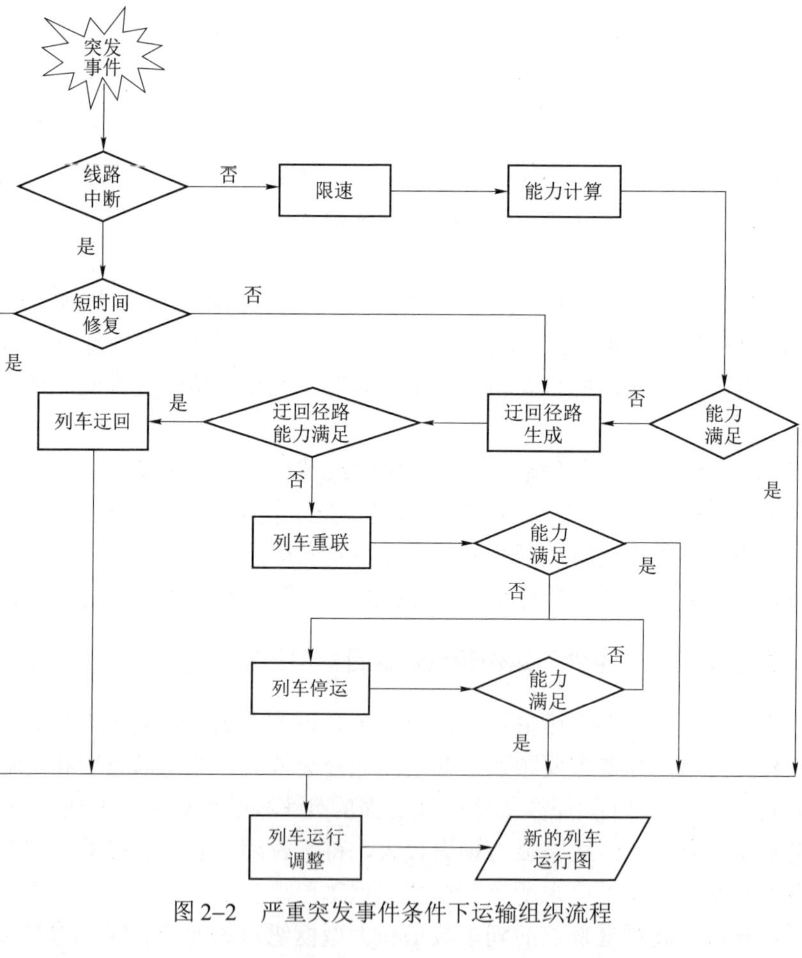

图 2–2　严重突发事件条件下运输组织流程

突发事件发生后首先判断铁路线路是否中断，如果发生断路，则判断是否能够短时间修复，然后根据修复时间的长短选择直接调整列车运行计划，或者采取列车迂回策略后调整列车运行计划；如果线路连通，则根据突发事件的类型、级别及具体属性和行车规则，对受影响的区段进行限速，然后计算线路通过能力，对能力损失极大的区段生成迂回径路，采取列车迂回策略，如果新生成的迂回径路仍不能弥补损失的能力，则需采用列车重联和列车停运策略，直至能够形成有效的运输组织方案。

综上所述，优化问题的多层次性（列车开行方案调整和列车运行调整两个层次）、运输组织原则和策略的复杂性、优化目标和约束条件的多样性，以及运输组织流程的复杂性都决定了严重突发事件条件下的运输组织与传统的列车运行调整存在显著区别。

2.3.3　恶性突发事件条件下运输组织

定义 2–4　恶性突发事件条件下运输组织

恶性突发事件条件下运输组织（train operation in catastrophic emergency，TOCE），是指在大范围线路能力损失严重、客流波动程度大和（或者）持续时间很长的条件下，调整运输组织策略并且对运输组织方案进行相应变更并实施的过程。

根据定义可知，TOCE 具有恶性突发事件的特点，其造成的影响十分恶劣，往往会上升至国家层面，需成立应急联动机构，调动铁路外部应急救援资源（如当地驻军、警察等）实施救援，减少旅客滞留，尽快恢复正常行车。

1. 恶性突发事件条件下运输组织原则和策略

恶性突发事件条件下运输组织以应急救援和客流疏散为目标，其运输组织原则和策略与上述两种相比有较大改变。其运输组织原则包括如下内容。

（1）运输组织方案的制定需在应急联动机构统一指挥下进行。

（2）救援列车等级最高，救援物资列车次之，其他列车等级相对较低。

（3）能力计算时需考虑救援列车和救援物资列车开行耗费的线路能力。

（4）以快速疏散旅客为目标，不考虑经济成本。

恶性突发事件条件下运输组织策略包含如下内容。

（1）对大型枢纽站点滞留的旅客进行疏导，提供退票服务。

（2）预测客流波动趋势，重新制定列车开行方案。

（3）列车可绕行到其他径路，以充分利用路网上的能力。

（4）尽量开行长编组列车，提高旅客运送能力。

（5）可重新制定列车交路，根据突发事件的类型和级别，延长或缩短列车运行区段。

2. 恶性突发事件条件下运输组织优化目标和约束条件

恶性突发事件影响十分恶劣，需要快速展开救援，将损失减少至最低。从运输组织的角度而言，则以提高旅客周转速度、尽快疏散滞留旅客、恢复正常行车为目标。

此外，恶性突发事件条件下运输组织涉及应急救援、客流预测、列车开行方案编制、列车运行计划编制等多个层面的优化，每个层面都有其各自的约束条件，且上层方案为下层计划提供约束条件，下层计划也为上层方案提供可行性验证。

3. 恶性突发事件条件下运输组织流程

TOCE 涉及应急救援、客流预测、列车开行方案编制、列车运行计划编制等多个层面的内容，流程如图 2–3 所示。

突发事件发生后，首先判断铁路线路是否通畅，根据限速条件和应急救援实施要求设置维修天窗，并判断是否需要开行救援列车，然后计算路网能力，这里需要注意的是，如果开行救援列车，能力计算时需要扣除救援列车开行占用的能力，并生成救援列车径路。此外，由于突发事件的影响，某些大型枢纽站点可能滞留了大量旅客，此时需进行突发事件条件下的客流预测和疏散，整合具有迫切出行需求的 OD 客流，生成列车径路，计算列车服务频次、停站方案，进行客流分配，然后根据列车开行方案重新编制列车运行计划、动车组运用计划和乘务计划。

图 2–3 展示了恶性突发事件条件下运输组织中的关键环节，各层次行车方案的制定涉及基础设施、技术设备和突发事件的大量静态属性和动态属性，正常条件下的运输组织本身就是一个非线性、多层次、循环优化的复杂问题，恶性突发事件条件下运输组织由于涉及应急救援、应急疏散等环节，其方案和计划的制订更为复杂。

2.3.4 不同类型突发事件下运输组织的关系

根据上述研究，一般性突发事件条件下运输组织的主要内容就是传统的列车运行调整问题。目前，国内外很多学者对这一类问题进行了大量的研究，形成了相对成熟的理论依据、解决方法和优化系统，可为严重突发事件条件下的运输组织优化提供有益参考。

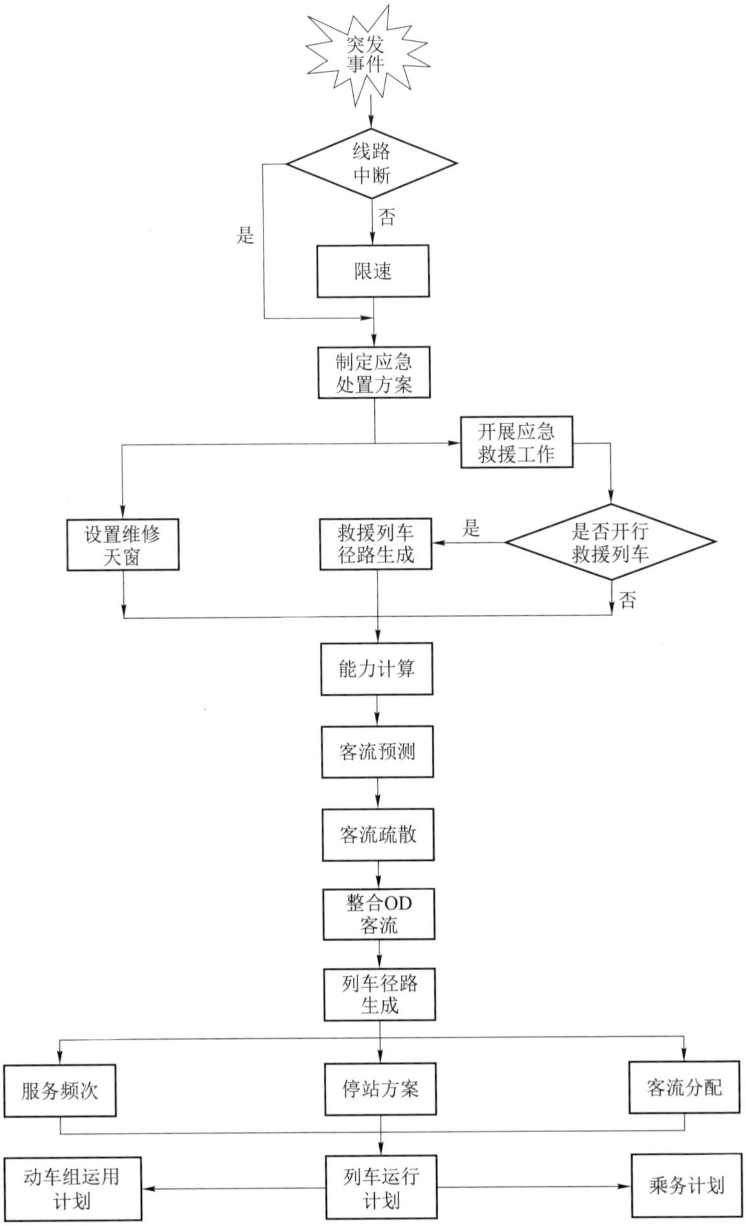

图 2–3　恶性突发事件条件下运输组织流程

根据历年铁路突发事件的统计，严重突发事件发生的情况较为普遍，应引起相关工作人员的高度重视。根据严重突发事件的特点及运输组织原则和策略可知，TOSE 只涉及铁路内部资源的优化，其形成的运输组织方案实施起来相对容易；而 TOCE 需成立跨行业应急联动机构，涉及大量路外资源的调用及应急救援等复杂的环节，运输组织方案的实施更加困难。

综上所述，随着突发事件影响程度的升级，其相应的运输组织内容也越来越复杂，三种不同类型突发事件条件下的运输组织之间存在包含联系，如图 2–4 所示。TOE 是 TOSE 的重要组成部分；同样 TOSE 也是 TOCE 的重要组成部分，它为 TOCE 优化提供基础。但无论哪种类型的运输组织最终都要生成可有效实施的运行计划，以指导列车尽快恢复正常运输秩序，减少突发事件造成的损失。

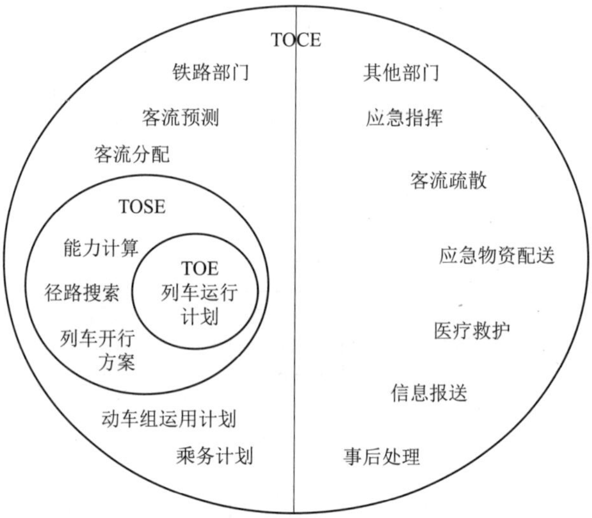

图 2–4　不同类型突发事件条件下运输组织之间的关系

2.4　严重突发事件条件下运输组织复杂性分析

根据上述的分析，严重突发事件条件下运输组织不同于传统的列车运行调整，需首先采取列车迂回、列车重联和列车停运等调度策略进行列车开行方案层面的调整，然后再进行列车运行计划的调整，在有效利用路网能力的同时尽量完成旅客的输送。相对于传统的列车运行调整而言，严重突发事件条件下运输组织涉及的环节更多，其优化问题呈现出新的特性，需要探索新的数学模型和研究方法。

2.4.1 问题结构复杂

1. 多层次

根据 2.2 节的流程分析可知，严重突发事件条件下运输组织问题涉及多个层面的优化，包括突发事件影响程度分析、能力损失估计、迂回径路搜索、列车开行方案调整、列车运行调整等从宏观到微观多个层次的问题。

2. 各层间相互约束

上述问题中，上层优化结果是下层优化中约束条件的重要组成部分，而下层优化结果可用来验证上层优化的合理性，同时也是上层优化的重要约束。例如，列车开行方案调整的结果决定了所有径路上运行的列车，以及列车编组、列车类型、列车等级等属性，这些是列车运行调整问题的输入，决定了列车运行调整的约束条件；同时列车运行调整的结果可用来评价上层优化的合理性，以更改列车迂回径路或重联策略，使问题在整体上达到更优。

3. 同层内相互约束

上述问题中，某些层次内部也存在相互约束，如列车迂回、列车重联和列车停运等调度策略之间相互制约。如何形成一个较优的调度策略组合，为下层优化提供基础是我们研究的重点。

2.4.2 问题对象复杂

1. 涉及多条线路

与传统的列车运行调整优化问题只涉及一条线路的一个区段或几个区段不同，该优化问题中涉及列车开行方案的调整，使得列车可能迂回到其他径路上，此时必然会涉及除本线以外的其他线路，能力计算、径路搜索的对象也将扩大至受影响区段临近的其他线路。

2. 固定设备多样

列车重联涉及复杂的列车进出站调度，需要车站内部摘解线、通信信号系统、牵引供电系统等配合进行，这增加了上层优化的复杂性。

3. 列车类型多样

经过列车开行方案的调整，列车可能迂回到其他径路上，由于迂回径路的线路等级不同，可能会涉及高速、中速、低速，以及客运、货运等多种类型的列车，使得列车等级的划分更为复杂。

2.4.3 问题环境复杂

1. 环境多样

根据突发事件影响的对象不同，线路状态和移动设备属性会随之发生改变，如泥石流、洪水等自然灾害可能造成线路中断，使路网拓扑结构发生改变；暴雨、暴雪等自然灾害或者信号设备故障等可能使某些线路区段实施限速；列车故障则可能使某些列车本身限速。突发事件的影响使得运输组织系统所处的运营环境更加复杂。

2. 动态性

随着突发事件状态的发展和救援工作的进行，铁路运输系统的运营环境是动态变化的，这使得列车限速、能力计算、列车径路搜索随着突发事件的发展会得到不同的计算结果，而列车开行方案调整时应根据能力和径路的改变采取不同的策略，并且与列车运行调整结合进行滚动优化，针对突发事件发展的不同阶段，充分利用线路剩余能力，完成运输任务。

3. 不确定性

由于受到突发事件的影响，运输组织优化问题涉及的相关参数、优化目标和约束条件都带有一定的不确定性。例如，随着突发事件的发展及救援工作的进行，列车限速的变化往往具有一定的随机性，同时由于线路特征的区别，以及司机的驾驶行为、设备状态和自然气候的影响，列车区间运行时分往往在一个范围内变化，具有明显的模糊性。如何更准确地表达这些不确定参数，使其更符合实际运营环境也是我们研究的重点。

本章小结

本章对突发事件的定义及分类进行了阐述，并且分析了突发事件下铁路运输组织与正常条件下运输组织的差异。按照突发事件的影响程度不同，突发事件条件下的运输组织分为三种类型且对应不同的内容，三种类型之间存在包含关系。同时，本章也对严重突发事件下运输组织问题的复杂性进行了分析，为下一步探索研究方法和问题解决思路奠定了基础。

本章参考文献

［1］秦启文，李天安，陆林．突发事件的管理与应对［M］．北京：新华出版社，2004.

［2］任生德，解冰，王智猛．危机处理手册［M］．北京：新世界出版社，2003.

［3］王盛．突发事件应对中的政府信息公开研究［D］．天津师范大学，2007.

［4］高世屹．媒体在政府危机管理中的作用［EB/OL］．http://ruanzixiao.myrice.com/mtzzfwjzdzy.htm.

［5］KEITH M H, JEFFREY L C. A social constructionist approach to crisis management: Allegations of sudden acceleration in the Audi 5000 [J]. Communion Studies, 2003.

［6］COADY C. Terrorism, morality, and supreme emergency [J], Ethics, 2004.

［7］BRENNAN D, RUTH B M. “It will happen again”, what SARS taught businesses about crisis management [J]. Management Decision, 2004.

［8］祁明亮，池宏，赵红，等．突发公共事件应急管理研究现状与展望［J］．管理评论，2006，18（4）：35-45.

［9］UK Government Advice on Definition of an Emergency, 2007.

［10］FIRENZE B. Labor safety system research [J]. Safety Science Journal, 2001，45（2）：31-37.

［11］第十届全国人民代表大会常务委员会．中华人民共和国突发事件应对法［S］．北京：法律出版社，2007.

［12］中国铁道学会安全委员会，《百年铁路安全大事记》编委会．百年铁路安全大事记：1876—2008［M］．上海：上海交通大学出版社，2009：218-510.

［13］王海志. 客运专线旅客列车开行方案研究［D］. 北京：中国铁道科学研究院，2006.
［14］何邦模. 京沪高速铁路的运输组织模式［J］. 中国铁道科学，1995，16（3）：13-23.
［15］胡思继."全高速快速换乘"是京沪高速高速铁路运输组织模式的最佳选择［J］. 铁道学报，1996，18（A00）：90-96.
［16］彭其渊，闫海峰，魏德勇. 武广高速铁路运输组织模式研究［J］. 西南交通大学学报，2004，39（6）：703-707，711.
［17］汪波，杨浩. 基于周期运行图的京津城际铁路列车开行方案研究［J］. 铁道学报，2007，29（2）：8-13.
［18］史峰，邓连波，霍亮. 旅客列车开行方案的双层规划模型和算法［J］. 中国铁道科学，2007，28（3）：110-115.
［19］陈路锋，宋瑞，何世伟，等. 基于双层规划模型的高速铁路列车开行方案优化研究［J］. 铁道运输与经济，2013，35（6）：18-23.
［20］CHANG Y H, YEH C H, SHEN C C. A multi-objective model for passenger train services planning: application to Taiwan's high-speed rail line [J]. Transportation Research Part B, 2000，34（2）：91-106.
［21］汪波，杨浩，牛丰，等. 周期运行图编制模型与算法研究［J］. 铁道学报，2007，29（5）：1-6.
［22］徐叔鹰. 中国铁路自然灾害的成因与类型［J］. 铁道师范学报，1997，14（4）：33-39，47.
［23］张于心，邢俊义，高巍，等. 铁路自然灾害宏观预警实现的方法和途径［J］. 北方交通大学学报，1999，23（3）：73-76.
［24］何华武. 灾害对铁路影响及其防御对策［J］. 中国铁路，2008，10：1-8.
［25］孟学雷. 突发事件条件下列车运行组织理论与方法研究［D］. 北京：北京交通大学，2011.
［26］彭其渊. 客运专线运输组织［M］. 北京：科学出版社，2007，46-47.

3 突发事件条件下高速铁路区间通过能力估算

突发事件条件下的铁路区间通过能力与正常运行状态有显著区别。突发事件的类型、级别不同，铁路运输系统会遭受不同程度的影响。例如，某些区段中断行车或者采取列车限速措施，一些信号故障可能将原有的移动闭塞模式降级为固定闭塞模式，随着突发事件态势的不断发展，区间通过能力也会发生动态变化，具有一定程度上的随机性。此外，由于线路特征不同，突发事件条件下的列车速度、信号设备的反应时间，以及司机的驾驶行为等因素使得区间通过能力存在一定程度的模糊性。

本章首先分析目前计算区间通过能力的 4 种方法，包括图解法、解析法、优化法与模拟仿真法；然后针对我国高速铁路“高中速列车共线混行模式”的特点，分析了广泛使用的利用列车扣除系数法计算区间通过能力的方法。此外，重点研究了突发事件条件下区间通过能力的不确定性与模糊性等显著特点，提出基于模糊马尔可夫链的区间通过能力计算方法，最后给出了一个具体案例。

3.1 铁路区间通过能力计算方法分析

铁路通过能力指在一定的机车、车辆类型和一定的运输组织方法前提下，铁路固定设备在单位时间内（通常指一昼夜）能放行通过标准重量的最多列车数或列车对数[1]。按照列车通过的基础设施种类不同可分为区间通过能力和车站通过能力。区间通过能力指在一定的列车类型和运输组织条件下，铁路区间在单位时间内（一昼夜或几小时）能通过的最大列车数。其影响因素主要包括区间正线数目、铁路信号制式、列车运行速度、闭塞区间长度、列车类型及列车序列等。区间通过能力的计算方法一般分为 4 种：图解法、解析法、优化法和模拟仿真法。

1. 图解法

图解法是人工模拟运输生产实际，用特性图形表示和确定通过能力的方法[1]。区间通过能力的确定可以通过人工铺画最大运行图的方法实现，这种方法需要将列车运行计划的相关因素进行综合考虑，是区间通过能力计算结果的一种实证检验，最大的优点就是可行性强，但工作量大，铺图的水平也因人而异。目前，图解法一般用来最后验证列车运行计划的可行性。

2. 解析法

解析法是在现有固定设备和移动设备等相关因素分析的基础上建立数学模型求解的方法。其优点是可综合考虑各种因素，且相对于图解法工作量较小。目前国内采用的解析法主要为列车扣除系数法。

列车扣除系数法即首先计算只有一种列车开行的平行运行图的区间通过能力，然后确定各种列车在不同运行速度、追踪间隔和数量要求下的扣除系数，从而获得非平行运行图的区间通过能力。文献［2］研究了高速铁路平行运行图的计算方法，其考虑的因素除了追踪列车间隔时间、天窗时间、列车运行里程和速度之外，还提出用技术负荷系数来规避列车运行和设备故障造成的误差。在此基础上结合运行图的铺画获得高速列车的扣除系数和高中速列车混行的平均扣除系数，然后计算得出纯高速列车非平行运行图和高中速列车混行的非平行运行图的区间通过能力。文献［3］提出了移动闭塞方式下追踪列车间隔时间的计算方法，然后通过铺画区段最大列车运行图的方式实现了区间通过能力的计算。文献［4］分析了列车运行速度、闭塞方式、闭塞分区长度、列车长度等计算区间通过能力的计算参数，通过确定不同追踪模式下追踪列车间隔时间和起停附加时分来计算区间通过能力。最终区间通过能力的计算仍以铺画列车运行图的方式确定。文献［5］采用理论分析与图解相结合的方式，计算高速铁路区间通过能力。对有停站高速列车相对于无停站高速列车的扣除系数和中速列车相对于有停站与无停站高速列车的扣除系数进行了理论分析，并得出了三者的关系；利用计算机编制高速铁路列车运行图软件铺画满表列车运行图，分别图解出有停站高速列车扣除系数及不同中速列车数量条件下的中速列车相对于无停站高速列车和有停站高速列车的扣除系数，在此基础上，计算高中速列车混跑条件下，不同中速列车数量时的区间通过能力，并分析了区间通过能力随中速列车数量变化而变化的趋势。文献［6］提出在准移动闭塞条件下，客运专线上的高速列车采用连续式一次速度曲线控制模式控制列车运行，并分别给出了4种追踪列车间隔时间的计算方法及相关参数的取值，然后采用牵引计算对其准确性进行检算。文章以不停站高速列车为基础计算平行运行图通过能力，对中速列车和停站的高速列车均计算扣除系数，来获得客运专线通过能力计算方法。文献［7］针对城际铁路客流具有时段性和周期性的特点，在对列车运行图进行结构分析、描述的基础上，采用平均最小列车间隔时间法和低速列车扣除系数法相结合的方法，计算城际铁路区间通过能力。其中分析了各种速度情况下的低速列车扣除系数，并对相关参数进行了说明，阐述了非时段性和高峰小时的区间通过能力计算方法。

此外，国际铁路联盟于2004年通过了铁路通过能力的计算方法UIC406[8]。其主要流程为，首先根据基础线路生成列车时刻表，然后将列车时刻表中的列车运行线进行压缩，以得到最小的追踪列车间隔时间，并计算通过能力。一些学者用该方法进行了实证分析[9-11]。文献［12］介绍了不同学者对铁路能力的理解，提出列车数量、平均速度、列车时刻表的稳定性和同质性是影响能力评估的主要因素，此外分析了区间长度的选择对能力评估的重要性，并进行了实例验证。文献［13］以西班牙铁路为例分析了列车速度、停站方式、列车同质性、闭塞分区长度及列车时刻表的鲁棒性等因素对铁路能力的影响。

3. 优化法

优化法的主要思想是通过建立数学优化模型对区间通过能力进行评估，其目标是通过优化的手段使既定铁路区间能够开行更多的列车，从而得到最大通过能力。研究这方面的文献最早可追溯到20世纪70年代。文献［14］和文献［15］通过确定列车发车时间，利用分支定界法解决单线上列车运行计划生成问题，并计算区间通过能力[14-15]。混合整数规划[16]和一些进化算法[17-18]也被用于这类问题的求解。文献［19］结合具体的列车运行图铺画策略，建立铁路双线自动闭塞区间通过能力优化模型，模型主要考虑天窗时间、列车连发比例和高中速列车数量比例等约束，其中追踪列车间隔时间的取值仍是该模型计算的一个关键因素。

4. 模拟仿真法

近年来随着计算机技术的发展，一些学者尝试利用计算机仿真分析铁路区间通过能力。一些铁路仿真软件也提供了相对成熟的工具，如MULTIRAIL[20]、SIMONE[21]、RAILSYS[22]和OPENTRACK[23]。其基本原理也是通过构建铁路基础设施，设定运行图参数，以仿真的手段实现列车运行图的铺画和能力的评估。

从上面分析得知，由于区间通过能力计算涉及因素多，关系复杂，而数学模型的建立或者模拟仿真往往只考虑关键因素，不可能完全符合现实情况，故只能获得一个近似解而非准确值。此外，无论是哪种方法，都会涉及铁路信号制式、闭塞分区长度、列车运行速度、追踪列车间隔时间、列车停站方式等因素，在现实环境中，某些因素由于驾驶员的行为、设备状态或者突发事件的影响会出现不同程度的模糊性或随机性。

3.2　列车扣除系数分析

铁路区间的通过能力受列车停站和越行方式等因素的影响，影响程度可用扣除系数表达，本节介绍了列车扣除系数的计算方法。

1. 高速平行运行图区间最大通过能力

首先确定一般条件下（只有一种列车，无停站、无越行情况下），单方向平行运行图的区间最大通过能力（列/日），可由式（3–1）表示[4]。

$$N_{\max}=\frac{1\,440\times 60-t_{\text{maintenance}}-t_{\text{inefficacy}}}{I} \tag{3–1}$$

式中符号说明如下：

$N_{\max}$——区间最大通过能力，列；

$t_{\text{maintenance}}$——一天中总的综合维修天窗时间，s；

$t_{\text{inefficacy}}$——除维修天窗时间外附加的损失时间，s；

I——追踪列车间隔时间，s。

2. 高速列车停站扣除系数

如图 3–1 所示，列车停站时，其运行时间会因为停站时间和起停附加时间的增加而增加，同时也会占用更多的区间通过能力。因此相对于不停站的情况，列车停站时会产生扣除系数。其计算方法见式（3–2）。

$$\varepsilon_{\text{high}}^{\text{stop,high}}=\frac{I+t_{\text{additional}}^{\text{a}}+t_{\text{stop}}+t_{\text{additional}}^{\text{d}}}{I} \tag{3–2}$$

式中符号说明如下：

$\varepsilon_{\text{high}}^{\text{stop,high}}$——高速列车停站扣除系数；

$t_{\text{additional}}^{\text{a}}$——列车到站附加时间，s；

$t_{additional}^{d}$——列车准备发车的附加时间，s；

t_{stop}——列车停站时间，s。

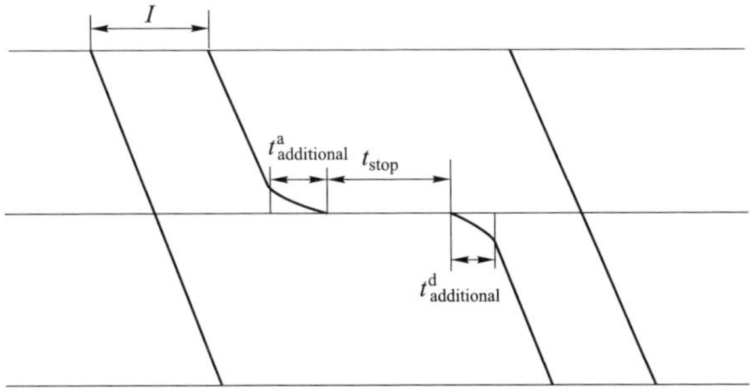

图 3–1　高速列车停站扣除系数示意图

3. 中速列车不停站扣除系数

在无停站、无越行的情况下，中速列车的开行会占用更多的区间通过能力，如图 3–2 所示。其扣除系数由式（3–3）计算。

$$\varepsilon_{high}^{quasi}=\frac{I_{departure}+t_{diffenrence}+I_{arrival}-I}{I} \tag{3–3}$$

式中符号说明如下：

$\varepsilon_{high}^{quasi}$——中速列车不停站扣除系数；

$I_{departure}$——高中速列车发车间隔时间，s；

$t_{diffenrence}$——高中速列车运行时分之差，s；

$I_{arrival}$——高中速列车到站间隔时间，s。

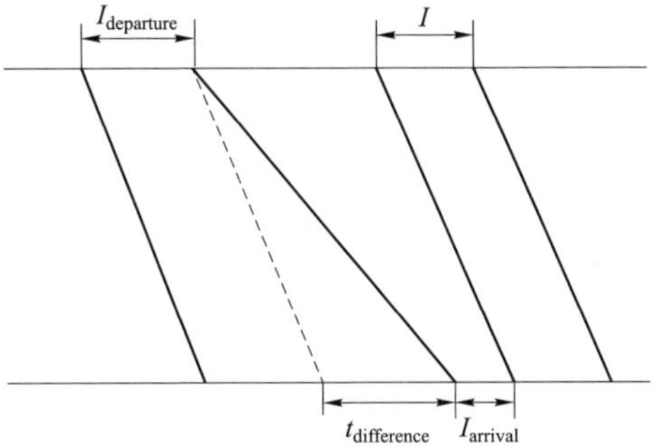

图 3–2　中速列车不停站扣除系数示意图

4. 中速列车停站扣除系数

除了中速列车的运行速度造成的差距外，中速列车停站会占用更多的区间通过能力，如图 3–3 所示。其扣除系数计算方法见式（3–4）。

$$\varepsilon_{\text{high}}^{\text{stop,quasi}}=\frac{I_{\text{departure}}+t_{\text{diffenrence}}+I_{\text{arrival}}+T_{\text{stop}}-I}{I} \tag{3–4}$$

$$T_{\text{stop}}=t_{\text{additional}}^{\text{a}}+t_{\text{stop}}+t_{\text{additional}}^{\text{d}} \tag{3–5}$$

式中符号说明如下：

$\varepsilon_{\text{high}}^{\text{stop,quasi}}$——中速列车停站扣除系数；

T_{stop}——中速列车停站附加时间。

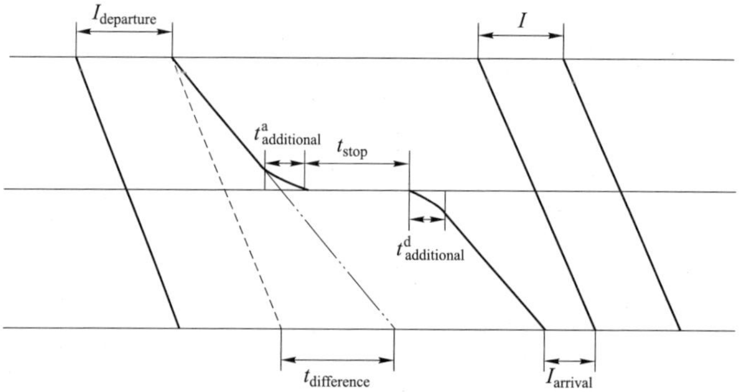

图 3–3　中速列车停站扣除系数示意图

5. 中速列车停站、高速列车越行扣除系数

如图 3–4 所示，中速列车停站，等待高速列车通过之后再运行，其扣除系数计算方法见式（3–6）。[5]

$$\varepsilon_{\text{high}}^{\text{stop,stopover}}=\frac{I_{\text{departure}}+t_{\text{diffenrence}}+I_{\text{arrival}}+t_{\text{stop}}-2I}{I} \tag{3–6}$$

式中，$\varepsilon_{\text{high}}^{\text{stop,stopover}}$ 为中速列车停站、高速列车越行扣除系数。

此时中速列车的停站时间须满足追踪列车间隔时间的要求：

$$t_{\text{stop}}\geqslant I_{\text{departure}}+I_{\text{arrival}} \tag{3–7}$$

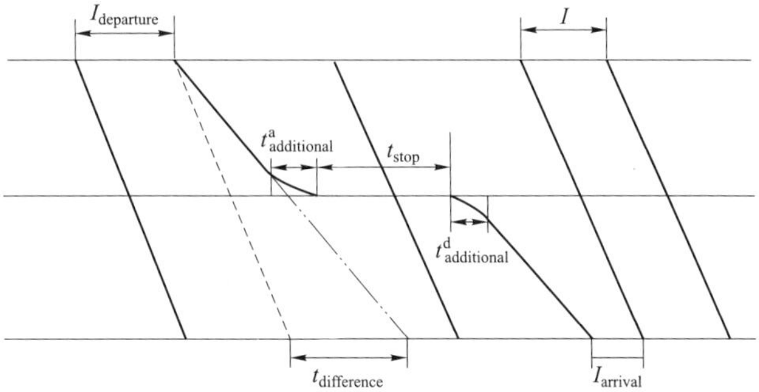

图 3–4　中速列车停站、高速列车越行扣除系数示意图

3.3　追踪列车间隔时间分析

由上述分析得知，追踪列车间隔时间是计算列车扣除系数和区间通过能力的关键因素，由于我国铁路目前采取准移动闭塞和固定闭塞两种列车控制模式，在突发事件条件下，如果信号设备发生故障，列车控制模式可能由准移动闭塞模式降级为固定闭塞模式。本节将针对准移动闭塞和固定闭塞两种情况进行讨论。

1. 准移动闭塞模式下的追踪列车间隔时间

我国高速铁路主要采用准移动闭塞的方式控制列车运行，采用目标距离控制模式。目标距离控制模式根据目标距离、目标速度及列车本身的性能确定列车制动曲线，不设定每个闭塞分区的速度等级，采用一次制动方式。准移动闭塞的追踪目标点是前行列车所占用闭塞分区的始端，目标点相对固定，在同一闭塞分区内不依前行列车的走行而变化，而制动的起始点是随线路参数和列车本身性能的不同而变化的，空间间隔的长度是不固定的，为与移动闭塞相区别将其称为准移动闭塞。目标距离控制模式如图 3–5 所示。追踪列车间隔时间计算方法见式（3–8）。

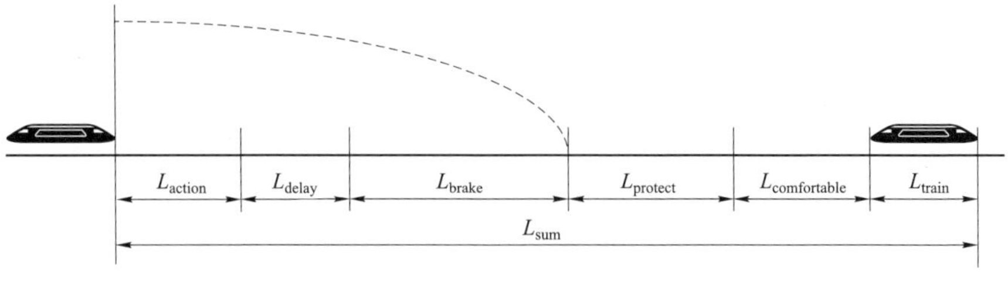

图 3–5　目标距离控制模式

$$I = \frac{L_{\text{action}} + L_{\text{delay}} + L_{\text{brake}} + L_{\text{protect}} + L_{\text{comfortable}} + L_{\text{train}}}{v} \times 3.6 \tag{3-8}$$

式中符号说明如下：

L_{action} ——制动命令发出到列控车载设备接收到的时间，以及司机采取制动措施的反应时间内的列车走行距离，m；

L_{delay} ——列车制动系统起动的延迟时间内列车走行距离，m；

L_{brake} ——列车纯制动距离，m；

L_{protect} ——列车安全防护距离，m；

$L_{\text{comfortable}}$ ——司机舒适驾驶距离[24]，m；

L_{train} ——列车长度，m；

v ——列车平均运行速度，km/h。

2. 固定闭塞模式下的追踪列车间隔时间

固定闭塞模式下，列车运行依靠信号灯控制实现，中国大部分铁路目前仍采取这种控制模式，大量的文献对固定闭塞下的追踪列车间隔时间进行了分析。

（1）在使用三显示的固定闭塞区段，追踪列车的间隔一般需相隔三个闭塞分区[25]，如图 3–6 所示，追踪列车间隔时间计算公式见式（3–9）。

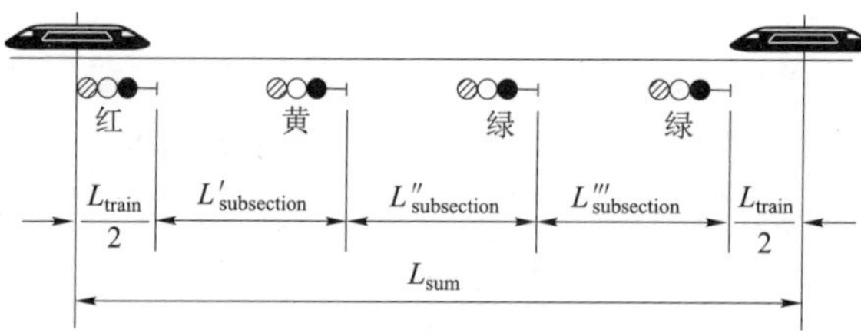

图 3–6　三显示固定闭塞追踪列车间隔时间距离

$$I = \frac{L_{\text{train}} + L'_{\text{subsection}} + L''_{\text{subsection}} + L'''_{\text{subsection}}}{v} \times 3.6 \tag{3-9}$$

其中，$L'_{\text{subsection}}$、$L''_{\text{subsection}}$、$L'''_{\text{subsection}}$ 分别为三个闭塞分区的长度，m。

（2）在使用四显示的固定闭塞区段，追踪列车的间隔距离一般需相隔 4 个闭塞分区[2]，如图 3–7 所示，追踪列车间隔时间计算公式见式（3–10）。

$$I = \frac{4L_{\text{subsection}} + L_{\text{train}}}{v} \times 3.6 \tag{3-10}$$

其中，$L_{\text{subsection}}$ 为闭塞分区的长度，m。

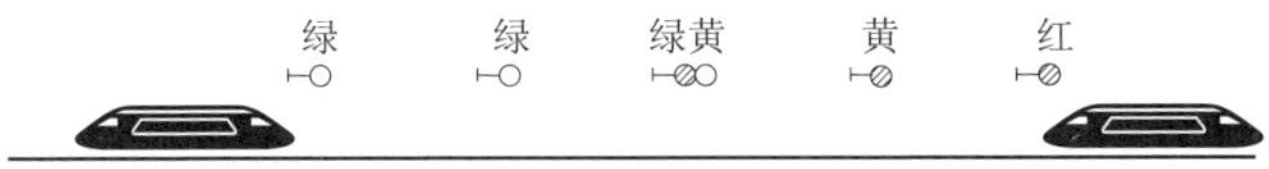

闭塞分区性质	提醒区	第一制动区	第二制动区	第三制动区	占用区
信息种类	提醒注意	预告	预告	停车	

图 3–7　四显示固定闭塞追踪列车间隔时间距离

3.4　突发事件条件下高速铁路区间通过能力计算

3.4.1　区间通过能力的不确定性分析

1. 准移动闭塞模式下追踪列车间隔时间不确定性分析

为了分析追踪列车间隔时间的不确定性，将式（3–8）转化为速度、时间的形式，见式（3–11）。

$$I = t_{\text{action}} + t_{\text{delay}} + \frac{v/3.6}{2a} + \frac{L_{\text{protect}} + L_{\text{comfortable}} + L_{\text{train}}}{v/3.6} \tag{3–11}$$

由于列车控制系统、制动系统、司机驾驶行为等因素的影响，式（3–11）中的许多参数都体现出模糊性。

t_{action} 为制动命令发出到列控车载设备接收到的时间，以及司机采取制动措施的反应时间。可见 t_{action} 的取值与列控地面设备和车载设备的响应时间、信息传递时间和通信网络可靠性等因素相关，同时司机的反应时间也会影响 t_{action} 的取值，故 t_{action} 是一个模糊参数①。

t_{delay} 为列车制动系统起动的延迟时间，同样具有模糊性，一般取 2.5 s 左右。

a 为列车制动减速度。其取值是由列车的制动性能决定的，同时与线路特征有一定的关系，如区间一般地段平均坡度为下坡 20‰时，其对应的常用减速度值为 0.565 m/s^2，区间平坡时 a 一般取值 0.75 m/s^2，同时考虑到乘客舒适性的需求，a 取值不宜过大，站内停车时一般取 0.5 m/s^2 [24]。可见由于列车制动装置和线路条件的不同，a 的取值具有一定的模糊性，其变化范围为 0.5～0.75 m/s^2。

① 文献［12］认为该时间为 9.5 s 左右。

根据中国铁道部 2004 年颁布的《CTCS 2 级技术条件（暂行）》，列控系统的测速测距误差应小于 2%，距离累计误差不大于 80 m，如果考虑一些安全余量，L_{protect} 可取值 150 m，所以 L_{protect} 的变化范围为 80～150 m。

$L_{\text{comfortable}}$ 的取值随着控制模式的不同而变化，$L_{\text{comfortable}}$ 越长，司机的驾驶行为就越从容，但同时会增加追踪列车间隔时间，故 $L_{\text{comfortable}}$ 应选取一个合适的值，在保证舒适驾驶的同时提高能力利用①。

列车的平均运行速度 v 受线路条件、司机驾驶行为、设备状态、外界环境等众多因素的影响，故 v 是模糊性最明显的一个参数。特别是突发事件条件下，虽然铁路部门会发布确定的限速值，但这只是规定了列车在一段时间和区域内能够行驶的最大速度，其与列车的平均运行速度仍有一定差距。同时，随着设备修复和运输组织工作的进行，突发事件影响程度的变化往往带有一定的随机性，这也使得列车平均速度的精确表达更加困难。

综上所述，准移动闭塞模式下追踪列车间隔时间具有不确定性，其计算公式变为

$$I = \tilde{t}_{\text{action}} + \tilde{t}_{\text{delay}} + \frac{\hat{v}/3.6}{2a} + \frac{\tilde{L}_{\text{protect}} + \tilde{L}_{\text{comfortable}} + L_{\text{train}}}{\hat{v}} \times 3.6 \tag{3-12}$$

2. 固定闭塞模式下追踪列车间隔时间不确定性分析

固定闭塞条件下，追踪列车间隔时间主要取决于闭塞分区长度和列车运行速度。一般条件下，三显示要求一个闭塞分区长度满足一个列车制动距离[26]，四显示要求两个或三个闭塞分区长度来满足列车制动距离。因此闭塞分区长度由列车制动距离、显示制式和安全冗余确定，而制动距离的主要影响因素为牵引机型、牵引重量、线路限速、线路坡度等，这些因素都增加了固定闭塞模式下的追踪列车间隔时间的不确定性。文献[24]指出在三显示模式下闭塞分区长度可取 1 600～2 600 m，四显示模式下可取 700～900 m。故三显示模式下，追踪列车间隔时间计算公式转化为

$$I = \frac{L_{\text{train}} + \tilde{L}'_{\text{subsection}} + \tilde{L}''_{\text{subsection}} + \tilde{L}'''_{\text{subsection}}}{\hat{v}} \times 3.6 \tag{3-13}$$

① 在固定自动闭塞和以“司机制动优先”的 ATP 模式下，$L_{\text{comfortable}}$ 越长，给司机提供的目标距离信息就越多，因此有利于司机从容驾驶，但会增加列车的追踪间隔时间。折中起见，可以让 $L_{\text{comfortable}}$ 取 2 个闭塞分区的长度。而在以“设备制动优先”的 ATC 模式下，$L_{\text{comfortable}}$ 可以压缩到一个闭塞分区。

四显示模式下追踪列车间隔时间计算公式转化为

$$I = \frac{L_{\text{train}} + 4\tilde{L}_{\text{subsection}}}{\hat{v}} \times 3.6 \tag{3-14}$$

3. 区间通过能力不确定性分析

区间通过能力不确定性表现在两个方面，首先，区间通过能力取值本身具有模糊性，由于列车平均运行速度、列车停站时间、到发间隔时间和追踪列车间隔时间等在一定程度上都具有模糊性，故在一定时间段内区间通过能力也通常在一个范围内变化。其次，在一段时间内，突发事件的影响程度和铁路部门对能力损失区域的修复能力都是随机变化的，其对应的列车运行速度也会随之变化，因此在一段时间内区间通过能力的变化也具有随机性；而且，未来某时段路网能力的变化只与当前设备条件相关，与这之前的情况无关，故对于不同线路等级、车站等级、突发事件类型和事件级别，区间通过能力的转化具有无后效性。此外，由于区间通过能力本身具有模糊性，突发事件条件下的能力改变过程是一个模糊马尔可夫链。

如图 3–8 所示，将计算时间段分成 M 个分时段，由于各分时段特殊事件影响程度、应急等级不同，线路修复程度也不同，故列车限速不同，各分时段区间通过能力也不同。$\tilde{N}_{\text{mix}}^{(i)}$ 表示在第 i 个分时段的区间通过能力的模糊值，令 $\Delta t^{(i)} = t_i - t_{i-1}, i = 1,2,\cdots,M$，则整个计算时间段的区间通过能力 N_{sec} 为

$$N_{\text{sec}} = \sum_{i=1}^{M} \tilde{N}_{\text{mix}}^{(i)} \tag{3-15}$$

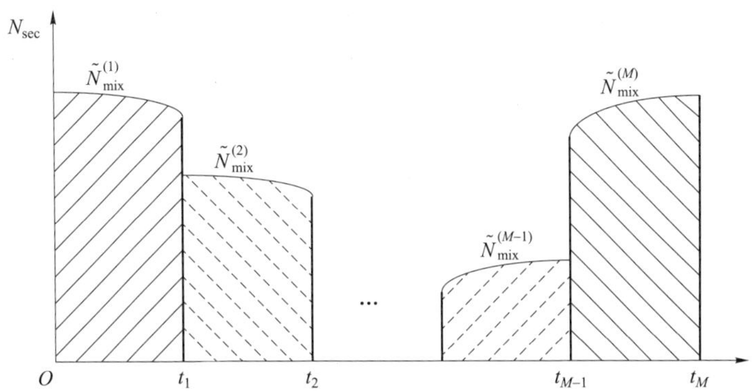

图 3–8　突发事件条件下区间通过能力变化过程

这里分时段的划分是根据突发事件的影响程度和线路能力恢复程度确定的，故分时段的划分也具有模糊性，在现场实际条件下可以根据突发事件的演化过程或限速策略确定。

3.4.2 模糊马尔可夫链

模糊随机变量（fuzzy random variable，FRV）是从概率空间到模糊空间构成的集合的可测函数，也就是说模糊随机变量是一个取模糊值的随机变量。给定概率空间 $\{\Theta, \Lambda, P\}$，$\tilde{u}_1, \tilde{u}_2, \cdots, \tilde{u}_n$ 为模糊变量，如果 $\xi(\omega_i) = \tilde{u}_i$，$i = 1, 2, \cdots, n$，则 $\xi(\omega_i)$ 为模糊随机变量[27]。

定义 3–1 给定概率空间（Θ，Λ，P），其中 Θ 为非空集合，Λ 是 Γ 上的 σ 代数，P 为概率。考虑只取有限个或可数个模糊随机变量 $\{\tilde{X}(t), t = 0, 1, 2, \cdots, n\}$，对于全体 $\tilde{X}(t)$ 所有可能的模糊状态，存在一组模糊集 $\tilde{A} = \{\tilde{A}_0, \tilde{A}_1, \tilde{A}_2, \cdots, \tilde{A}_n\}$ 与之对应，令 s 为一个模糊事件发生的可能性，若 $\tilde{X}(t+1) = \tilde{A}_{t+1}$（变量 $\tilde{X}(t+1)$ 在时刻 $t+1$ 处于状态 $\tilde{A}_{t+1}$）的可能性只与 $\tilde{X}(t)$ 相关，而与 t 之前状态无关，即

$$s(\tilde{X}(t+1) = \tilde{A}_{t+1} \mid \tilde{X}(t), \tilde{X}(t-1), \cdots, \tilde{X}(0)) = s(\tilde{X}(t+1) = \tilde{A}_{t+1} \mid \tilde{X}(t))$$

则序列 $\tilde{X}(t)$ 称为模糊马尔可夫链。

以 $\boldsymbol{S}'$ 表示一步转移可能性矩阵，从而

$$\boldsymbol{S}' = \begin{bmatrix} s_{0,0} & s_{0,1} & s_{0,2} & \cdots & s_{0,j} & \cdots \\ s_{1,0} & s_{1,1} & s_{1,2} & \cdots & s_{1,j} & \cdots \\ \vdots & \vdots & \vdots & & \vdots & \\ s_{i,0} & s_{i,1} & s_{i,2} & \cdots & s_{i,j} & \cdots \\ \vdots & \vdots & \vdots & & \vdots & \end{bmatrix} \tag{3–16}$$

矩阵 $\boldsymbol{S}'$ 的第 $i+1$ 行就是给定 $\tilde{X}(i) = \tilde{A}_i$ 时，$\tilde{X}(i+1)$ 的条件可能性概率，即 $s_{i,j} = s(\tilde{X}(j) = \tilde{A}_j \mid \tilde{X}(i) = \tilde{A}_i)$。需要注意的是，此处定义的模糊马尔可夫链仍严格遵守“无后效性”。

模糊马尔可夫链与概率空间上的马尔可夫链的区别是构成马尔可夫链的变量的状态空间不同，后者观察的对象为随机变量，其所有可能的状态取值为实数，而模糊马尔可夫链中观察的对象为模糊随机变量，其所有可能的状态取值为模糊数。

3.4.3 区间通过能力模糊值计算

假设突发事件条件下在持续时间 T 内，列车的速度为 Q_{speed} 种，记为 $v^{(1)},v^{(2)},\cdots,v^{(Q_{\text{speed}})}$。将持续时间 T 划分为 Q_{c} 个分时段，其对应的区间通过能力有 Q_{c} 种情况，记为 $\tilde{c}_1,\tilde{c}_2,\cdots,\tilde{c}_i$，$i=1,2,\cdots,Q_{\text{c}}$，构成能力变化马尔可夫过程的所有可能模糊集合 $\tilde{C}$。

首先计算单位时间区间通过能力，如式（3–17）所示。

$$c=(60\times 60-t_{\text{mai}})/I \tag{3–17}$$

式中，c 为单位时间区间通过能力，列；t_{mai} 为综合维修天窗时间，s。若存在不同等级列车可利用列车扣除系数法计算单位时间区间通过能力，具体参见文献[28]。

列车速度变化时，由于受到其他因素的影响，在实际运营环境中，调度员并不能根据列车速度实时地计算区间通过能力，也就是说一段时间内区间通过能力往往对应一组变化的列车速度，故 $Q_{\text{speed}}\neq Q_{\text{c}}$。

记列车速度状态转移矩阵为

$$\boldsymbol{P}=\begin{bmatrix} P_{1,1} & P_{1,2} & \cdots & P_{1,Q_{\text{speed}}} \\ P_{2,1} & P_{2,2} & \cdots & P_{2,Q_{\text{speed}}} \\ \vdots & \vdots & & \vdots \\ P_{Q_{\text{speed}},1} & P_{Q_{\text{speed}},2} & \cdots & P_{Q_{\text{speed}},Q_{\text{speed}}} \end{bmatrix} \tag{3–18}$$

其中 $P_{i,j}$ 为列车速度由 $v^{(i)}$ 转移到 $v^{(j)}$ 的概率。

令可能性测度下的区间通过能力的状态转移矩阵为

$$\boldsymbol{S}=\begin{bmatrix} s_{1,1} & s_{1,2} & \cdots & s_{1,Q_{\text{c}}} \\ s_{2,1} & s_{2,2} & \cdots & s_{2,Q_{\text{c}}} \\ \vdots & \vdots & & \vdots \\ s_{Q_{\text{c}},1} & s_{Q_{\text{c}},2} & \cdots & s_{Q_{\text{c}},Q_{\text{c}}} \end{bmatrix} \tag{3–19}$$

其中 $s_{i,j}$ 为可能性测度下区间通过能力由 $\tilde{c}_i$ 转移到 $\tilde{c}_j$ 的条件概率[29]，即

$$s_{i,j}=\left(\sum_{m=0}^{Q_{\text{speed}}} P_m \mu_{\tilde{c}_i}(m)\sum_{s=0}^{Q_{\text{speed}}} P_{m,s}\mu_{\tilde{c}_j}(s)\right)/P(\tilde{c}_i) \tag{3–20}$$

式中，$\mu_{\tilde{c}_i}(m)$ 为分时段区间通过能力的隶属度函数；$P(\tilde{c}_i)$ 为分时段区间通过能力取模糊值 $\tilde{c}_i$ 的概率；P_m 为列车速度取 $v^{(m)}$ 的概率；$P_{m,s}$ 为列车速度由 $v^{(m)}$ 转移

到 $v^{(s)}$ 的概率。

为了计算方便，定义矩阵 $\boldsymbol{Q}_1$ 和 $\boldsymbol{Q}_2$。

$$\boldsymbol{Q}_1=\begin{bmatrix}\mu_{\tilde{c}_1}(0) & \mu_{\tilde{c}_2}(0) & \cdots & \mu_{\tilde{c}_N}(0)\\ \mu_{\tilde{c}_1}(1) & \mu_{\tilde{c}_2}(1) & \cdots & \mu_{\tilde{c}_N}(1)\\ \vdots & \vdots & & \vdots\\ \mu_{\tilde{c}_1}(N) & \mu_{\tilde{c}_2}(N) & \cdots & \mu_{\tilde{c}_N}(N)\end{bmatrix} \tag{3–21}$$

$$\boldsymbol{Q}_2=\begin{bmatrix}\dfrac{P_0\mu_{\tilde{c}_1}(0)}{P(\tilde{c}_1)} & \dfrac{P_1\mu_{\tilde{c}_1}(1)}{P(\tilde{c}_1)} & \cdots & \dfrac{P_N\mu_{\tilde{c}_1}(N)}{P(\tilde{c}_1)}\\ \dfrac{P_0\mu_{\tilde{c}_2}(0)}{P(\tilde{c}_2)} & \dfrac{P_1\mu_{\tilde{c}_2}(1)}{P(\tilde{c}_2)} & \cdots & \dfrac{P_N\mu_{\tilde{c}_2}(N)}{P(\tilde{c}_2)}\\ \vdots & \vdots & & \vdots\\ \dfrac{P_0\mu_{\tilde{c}_N}(0)}{P(\tilde{c}_N)} & \dfrac{P_1\mu_{\tilde{c}_N}(1)}{P(\tilde{c}_N)} & \cdots & \dfrac{P_N\mu_{\tilde{c}_N}(N)}{P(\tilde{c}_N)}\end{bmatrix} \tag{3–22}$$

其中，$N=Q_c$。

因此，式（3–19）可转化为

$$\boldsymbol{S}=\boldsymbol{Q}_2 P\boldsymbol{Q}_1 \tag{3–23}$$

故在可能性测度下，$\hat{N}_{\mathrm{mix}}^{(1)}$ 为在持续时间 T 内首次限速时对应的区间通过能力，设 $\hat{N}_{\mathrm{mix}}^{(1)}=\tilde{c}_1$。

则有

$$\hat{N}_{\mathrm{mix}}^{(2)}=\begin{cases}\tilde{c}_1, s_{1,1}\\ \tilde{c}_2, s_{1,2}\\ \vdots\\ \tilde{c}_{Q_c}, s_{1,Q_c}\end{cases} \tag{3–24}$$

表示 $\hat{N}_{\mathrm{mix}}^{(2)}$ 取模糊值 $\tilde{c}_i$ 的条件可能性为 $s_{1,i}$，$i=1,2,\cdots,Q_c$。

推广到一般情况，则

$$\hat{N}_{\mathrm{mix}}^{(i)}=\begin{cases}\tilde{c}_1, s_{h,1}\\ \tilde{c}_2, s_{h,2}\\ \vdots\\ \tilde{c}_{Q_c}, s_{h,Q_c}\end{cases}\quad i=h+1 \tag{3–25}$$

所以，突发事件条件下的分时段内的区间通过能力 $\hat{N}_{\text{mix}}^{(i)}$ 为一个模糊随机变量。在突发事件条件下持续时间 T 内的区间通过能力为

$$N_{\text{sec}}=\sum_{i=1}^{Q_c}\tilde{N}_{\text{mix}}^{(i)}=\begin{cases}\sum_{i=1}^{Q_c}\tilde{c}_1,\prod_{i=1}^{Q_c}s_{i,1}\\ \sum_{i=1}^{Q_c-1}\tilde{c}_1+\tilde{c}_2,\prod_{i=1}^{Q_c-1}s_{i,1}\cdot s_{Q_c,2}\\ \sum_{i=1}^{Q_c-1}\tilde{c}_1+\tilde{c}_3,\prod_{i=1}^{Q_c-1}s_{i,1}\cdot s_{Q_c,3}\\ \vdots\\ \sum_{i=1}^{Q_c-1}\tilde{c}_{Q_c}+\tilde{c}_{Q_c-1},\prod_{i=1}^{Q_c-1}s_{i,Q_c}\cdot s_{Q_c,Q_c-1}\\ \sum_{i=1}^{Q_c}\tilde{c}_{Q_c},\prod_{i=1}^{Q_c}s_{i,Q_c}\end{cases} \tag{3–26}$$

可见，在可能性测度下，突发事件条件持续时间 T 内的区间通过能力仍为一个模糊随机变量。

综上所述，突发事件条件下持续时间 T 内的区间通过能力的求解步骤如下。

（1）取突发事件条件下，列车速度的转移概率；

（2）计算不同限速条件下的区间通过能力模糊值；

（3）根据列车速度转移概率，计算区间通过能力的条件转移概率；

（4）取第一个分时段区间通过能力为 $\tilde{N}_{\text{mix}}^{(1)}=\tilde{c}_1$，根据步骤（3）中求得的条件转移概率，依次得到后面所有分时段的区间通过能力；

（5）对步骤（4）中求得的分时段区间通过能力进行加和，得到持续时间 T 内最终的区间通过能力。

3.4.4 参数灵敏度分析

区间通过能力计算方法主要取决于追踪列车间隔时间的模糊值计算和区间通过能力的条件转移概率。在准移动闭塞模式下，追踪列车间隔时间的计算式（3–11）中前两项一般为个位数，第四项中列车舒适驾驶距离（根据列车速度可取 1～2 个闭塞分区长度）相比另外两个长度多一个数量级。此外，列车长度、列车制动减速度和闭塞分区长度等参数一般可测量获得，因此准移动闭塞模式下追踪列车间隔时间主要敏感参数为列车平均运行速度。

在固定闭塞下根据式（3–13）和式（3–14）可知，列车追踪间隔时间的敏感参数同样是列车平均运行速度。此外，区间通过能力的条件转移概率取决于列车速度转移概率。故突发事件条件下对列车平均运行速度及列车速度转移概率的估计是计算区间通过能力的敏感参数。对现实环境中列车的平均运行速度进行统计，速度变化频率就形成了不同速度间的转移概率。该数值可由三种方式获得：① 对历史上已经发生的各类突发事件条件下列车运行状态的记录和统计；② 根据具有多年驾龄的列车司机操作经验和行车调度专家经验进行统计；③ 根据突发事件条件下的行车安全操作规范进行判定，如风速为 25～30 m/s 时列车限速 70 km/h，轨钢轨面上积雪深度为 19～22 cm 时列车限速 160 km/h。

3.5　案例分析

本节以京沪高速铁路为典型案例，说明如何运用本章提出的突发事件条件下的高速铁路区间通过能力计算相关理论及方法，并证明其有效性。

1. 突发事件场景设置

京沪高速铁路作为我国纵横南北的主动脉，对促进全国高速铁路网络的发展具有极其重要的作用，其中上海至南京段（沪宁段）为京沪高铁最繁忙的区段。沪宁段内具体车站设计及列车时刻表见文献［28］。某日上午 8 时，京沪高铁镇江西至无锡东区间由于大风天气实施限速，预计风速以 20 m/s，速度持续 2 h，而后风速持续增强，以 24 m/s 的速度持续 5 h，最后风速迅速减小，并在 2 h 后恢复正常运营环境。

2. 区间通过能力计算

根据突发事件的发展状态，我们可以将区间通过能力变化过程按照风速变化情况划分为 3 个阶段，根据铁路行车安全规范，在上述场景下列车运行速度有 3 种：限速 160 km/h、限速 70 km/h，或者正常行驶。首先计算不同限速条件下的区间通过能力。该时段内只涉及高中速列车，因此当列车恢复运营时，列车的平均运行速度可表示为模糊数 $\tilde{v}_0$ =（330，340，350）；此外，列车的平均运行速度由于外界环境、运营设备条件和司机驾驶水平的差异，往往在一个区间内变化且必须小于限速值，故当限速值为 160 km/h 时，列车平均运行速度可设置为 $\tilde{v}_1$ =（130，140，155），当限速值为 70 km/h 时，可设置为 $\tilde{v}_2$ =（50，60，65）。

1）首先计算不同限速条件下的区间通过能力模糊值

t_{action} 取值为 9.5 s，t_{delay} 为 2.5 s，a 为 0.7 m/s^2，$L_{protect}$ 为 150 m，$L_{comfortable}$ 的取值与列车平均运行速度有很大关系，当列车速度较高时可取两个闭塞分区的长度，约为 4 000 m，当列车平均运行速度较低时可取一个闭塞分区的长度，约为 2 000 m，L_{train} 取保守值 400 m，将上述参数代入式（3–11）得到如下结果。

当列车正常运行时，追踪列车间隔时间 $\tilde{I}_0$ 为（124，127，131）（由于不同限速条件下，列车平均运行速度为三角模糊数，故追踪列车间隔时间也为三角模糊数），由于算例中维修天窗时间为零，一小时单方向通过能力 $\tilde{c}_0$ 为（27，28，29）；当限速为 160 km/h 时，追踪列车间隔时间 $\tilde{I}_1$ 为（143，156，168），一小时单方向通过能力 $\tilde{c}_1$ 为（21，23，25）；当限速为 70 km/h 时，追踪列车间隔时间 $\tilde{I}_2$ 为（163，187，208），一小时单方向通过能力 $\tilde{c}_2$ 为（17，19，22）。

2）计算突发事件条件下区间通过能力的条件转移概率

假设第 1 个阶段列车限速为 160 km/h，调整涉及的列车等级相同，限速后运行速度相近，列车之间一般不会发生越行，可得第 1 个阶段区间通过能力 $\hat{N}_{mix}^{(1)}$ 为 $\hat{N}_{mix}^{(1)}=2\tilde{c}_1=(42,46,50)$。

为了方便计算，令 v_0=330，v_1=340，v_2=350，v_3=130，v_4=140，v_5=155，v_6=50，v_7=60，v_8=65，且各种速度出现的概率 p_{v_i} 相同，即 $p_{v_i}=1/9,\ i=1,2,\cdots,8$；第 2 个阶段和第 3 个阶段的列车速度状态转移矩阵分别为 $\boldsymbol{P}_1$ 和 $\boldsymbol{P}_2$，见式（3–27）和式（3–28）。列车速度状态转移矩阵取值是根据上文提到的第 2 种方式获得的，但实际应用中需要更多数据调查的支持。

$$\boldsymbol{P}_1=\begin{bmatrix} 0.1 & 0.05 & 0.05 & 0.1 & 0.4 & 0.3 & 0 & 0 & 0 \\ 0.05 & 0.1 & 0.05 & 0.2 & 0.3 & 0.3 & 0 & 0 & 0 \\ 0.05 & 0.05 & 0.1 & 0.2 & 0.2 & 0.4 & 0 & 0 & 0 \\ 0.1 & 0.05 & 0 & 0.5 & 0.2 & 0.1 & 0 & 0 & 0.05 \\ 0 & 0 & 0.05 & 0.1 & 0.7 & 0.15 & 0 & 0 & 0 \\ 0.05 & 0.05 & 0.1 & 0.2 & 0.2 & 0.4 & 0 & 0 & 0 \\ 0 & 0 & 0 & 0.05 & 0 & 0 & 0.5 & 0.2 & 0.25 \\ 0 & 0 & 0 & 0.05 & 0.05 & 0 & 0.3 & 0.5 & 0.1 \\ 0.01 & 0 & 0 & 0 & 0.05 & 0.04 & 0.1 & 0.2 & 0.6 \end{bmatrix} \tag{3–27}$$

$$
\boldsymbol{P}_2=\begin{bmatrix}
0.4 & 0.2 & 0.1 & 0.05 & 0.05 & 0.2 & 0 & 0 & 0\\
0.1 & 0.7 & 0.1 & 0 & 0 & 0.1 & 0 & 0 & 0\\
0.1 & 0.1 & 0.8 & 0 & 0 & 0 & 0 & 0 & 0\\
0.2 & 0.2 & 0.2 & 0.1 & 0.2 & 0.1 & 0 & 0 & 0\\
0.3 & 0.2 & 0.15 & 0.1 & 0.25 & 0 & 0 & 0 & 0\\
0.2 & 0.2 & 0.3 & 0 & 0.1 & 0.2 & 0 & 0 & 0\\
0 & 0 & 0 & 0.7 & 0.1 & 0.2 & 0 & 0 & 0\\
0 & 0 & 0 & 0.5 & 0.3 & 0.2 & 0 & 0 & 0\\
0 & 0 & 0 & 0.5 & 0.2 & 0.2 & 0 & 0 & 0.1
\end{bmatrix} \tag{3-28}
$$

根据上述计算的能力模糊值及式（3–21)，计算得到不同速度相对于区间通过能力的隶属度矩阵 $\boldsymbol{Q}_1$ 为

$$
\boldsymbol{Q}_1=\begin{bmatrix}
1 & 0 & 0\\
1 & 0 & 0\\
1 & 0 & 0\\
0 & 0.9 & 0.1\\
0 & 1 & 0\\
0 & 1 & 0\\
0 & 0 & 1\\
0 & 0 & 1\\
0 & 0.2 & 0.8
\end{bmatrix} \tag{3-29}
$$

三种区间通过能力的概率为 $P(\tilde{c}_0)=1/3$， $P(\tilde{c}_1)=3.1/9$， $P(\tilde{c}_2)=2.9/9$。

根据式（3–21）可得矩阵 $\boldsymbol{Q}_2$ 的值。

$$
\boldsymbol{Q}_2=\begin{bmatrix}
\frac{1}{3} & \frac{1}{3} & \frac{1}{3} & 0 & 0 & 0 & 0 & 0 & 0\\
0 & 0 & 0 & \frac{0.9}{3.1} & \frac{1}{3.1} & \frac{1}{3.1} & 0 & 0 & \frac{0.2}{3.1}\\
0 & 0 & 0 & \frac{0.1}{2.9} & 0 & 0 & \frac{1}{2.9} & \frac{1}{2.9} & \frac{0.8}{2.9}
\end{bmatrix} \tag{3-30}
$$

根据式（3–23）可得第 2 个阶段和第 3 个阶段的区间通过能力转移条件概率，将其状态转移矩阵分别记为 $\boldsymbol{S}^1$ 和 $\boldsymbol{S}^2$。

$$\boldsymbol{S}^1=\begin{bmatrix}0.2000 & 0.7833 & 0.0167\\0.1248 & 0.7890 & 0.0861\\0.0079 & 0.1566 & 0.8355\end{bmatrix} \tag{3-31}$$

$$S^2=\begin{bmatrix}0.8667 & 0.1317 & 0.0017\\0.6097 & 0.3758 & 0.0145\\0.0207 & 0.9017 & 0.0776\end{bmatrix} \tag{3-32}$$

3）计算受影响时段内的能力和

根据 3.4.3 节提出的基于模糊马尔可夫链的区间通过能力计算方法，第 2 个和第 3 个阶段的区间通过能力可表示为模糊随机变量，具体形式如下。

$$\hat{N}_{\text{mix}}^{(2)}=\begin{cases}5\tilde{c}_0, s_{1,0}\\5\tilde{c}_1, s_{1,1}\\5\tilde{c}_2, s_{1,2}\end{cases}=\begin{cases}(135,140,145), & 0.1248\\(105,115,125), & 0.7890\\(85,95,110), & 0.0861\end{cases} \tag{3-33}$$

$$\hat{N}_{\text{mix}}^{(3)}=\begin{cases}2\tilde{c}_0, s_{1,0}\\2\tilde{c}_1, s_{1,1}\\2\tilde{c}_2, s_{1,2}\end{cases}=\begin{cases}(54,56,58), & 0.6097\\(42,46,50), & 0.3758\\(34,38,44), & 0.0145\end{cases} \tag{3-34}$$

故 9 个小时的区间通过能力总和为

$$\hat{N}_{\text{sec}}=\sum_{i=1}^{3}\hat{N}_{\text{mix}}^{(i)}=\begin{cases}(231,242,253), & 0.0761\\(219,232,245), & 0.0469\\(211,224,239), & 0.0018\\(201,217,233), & 0.4811\\(189,207,225), & 0.2965\\(181,199,219), & 0.0114\\(181,197,218), & 0.0525\\(169,187,210), & 0.0324\\(161,179,204), & 0.0013\end{cases} \tag{3-35}$$

综合能力的期望值为 215.197。综合能力期望值的计算过程说明，在当前场景下区间通过能力大约是 215，可能的最大值和最小值分别是 242 和 180。这为决策者提供了根据不同偏好进行决策的备选方案。如果选择较激进的安排进行运输组织决策，可取 242；如果调度员倾向保守的策略，以满足基本运输需求为主要目标，可取 180。一般情况下人们更倾向于兼顾不同偏好，采取相对折中的策略，即 215。

本章小结

区间通过能力计算涉及因素多，关系复杂，突发事件条件下区间通过能力计算影响因素呈现动态性、模糊性、随机性和无后效性等特点，而基于模糊马尔可夫链的区间通过能力计算方法更能容错各类因素及其不确定性，以京沪高速铁路为背景验证了该算法在突发事件条件下的有效性。此外，该方法为决策者提供了丰富的选择方案，使得区间通过能力计算可兼顾激进的、保守的、相对折中的各种典型的运输组织策略。

未来的研究方向主要集中在以下两方面：① 列车速度状态转移矩阵是实现区间通过能力计算的一个关键因素，转移矩阵的取值还需要在实际运营环境中进一步确认；② 突发事件条件下运输组织调整的目标、策略、原则与正常条件下存在很大区别，研究特殊条件下车流径路搜索和行车方案的调整模型及方法，以快速恢复行车，疏散滞留旅客，减少突发事件造成的影响，是中国铁路基础设施建设快速发展背景下亟待解决的关键问题。

本章参考文献

[1] 中国铁道百科全书总编辑委员会《运输与经济》编辑委员会. 中国铁道百科全书：运输与经济卷［M］. 北京：中国铁道出版社，2001：415.

[2] 时颢，朱家荷. 高速铁路区间能力的计算分析［J］. 中国铁路，1995，22（5）：26-30.

[3] 纪加伦，杨肇夏. 移动闭塞方式下列车运行组织及区间通过能力计算方法的探讨［J］. 铁道学报，1992，14（1）：38-46.

[4] 杨肇夏，杨宇东，孙全欣，等. 京沪高速铁路区间通过能力计算参数及列车扣除系统的探讨［J］. 北方交通大学学报，1995，19（A01）：1-8.

[5] 赵丽珍. 高速铁路区间通过能力计算与分析［J］. 中国铁道科学，2001，22（6）：54-58.

[6] 苏顺虎，田长海，陈治亚. 客运专线通过能力的分析计算［J］. 中国铁道科学，2008，29（5）：54-58.

［7］胡友生，王进勇. 城际铁路区间通过能力计算方法探讨［J］. 铁道运输与经济，2011，33（2）：1-5.
［8］UIC. UIC 406 capacity [S]. Paris: International Union of Railways. 2004.
［9］HÖLLMÜLLER J, KLAHN V. Implementation of the UIC 406 capacity calculation method at Austrian railways (ÖBB) [C]// HANSEN I A, DEKKING F M, GOVERDE R M P, et al. Proceedings of the 1st International Seminar on Railway Operations Modelling and Analysis. The Netherlands, 2005: 236-247.
［10］ALEX L, ANDERSH K, SCHITTENHELM, B. et al. Practical use of the UIC 406 capacity leaflet by including timetable tools in the investigations [A] // ALLAN C A J, BREBBIA C A, RUMSEY A F, et al. Proceedings of the 10th International conference on Computers in Railways [C]. Prague. 2006.
［11］WAHLBORG M. Banverket experience of capacity calculations according to the UIC capacity leaflet [C] // ALLAN C A J, BREBBIA C A, HILL R J, et al. Proceedings of the 9th International conference on Computers in railways. Dresden, 2004: 665-673.
［12］ALEX L, ANDERS H K, BERND S, et al. Evaluation of railway capacity [C]// Annual Transport Conference at Aalborg University. Aalborg, 2006: 1-22.
［13］ABRIL M, BARBER F, INGOLOTTI L, et al. An assessment of railway capacity [J]. Transportation Research Part E, 2008, 44: 774–806.
［14］ASSAD A. Models for rail transportation [J]. Transportation Research Part A, 1980, 14:205–220.
［15］SZPIGEL B. Optimal train scheduling on a single track railway [J]. Operational Research, 1972（72）：343–352.
［16］JOVANOVIC D, HARKER P. Tactical scheduling of rail operations: the SCAN I system [J]. Transportation Science, 1991（25）：46–64.
［17］CAREY M, LOCKWOOD D. A model, algorithms and strategy for train pathing [J]. Journal of the Operational Research Society, 1995（46）：988–1005.
［18］HIGGINS A, KOZAN E, FERREIRA L. Optimal scheduling of trains on a single line track [J]. Transportation Research Part B, 1996（30）：147–161.
［19］姜兴，吴其刚，杜鹏. 铁路双线自动闭塞区间通过能力计算方法研究［J］. 铁道运输与经济，2008，30（11）：84–87.
［20］Multimodal applied systems, multirail and fasttrack II [EB/OL]. http://

www.multimodalinc.com.

[21] Incontrol Enterprise Dynamics. Simone: simulation model for networks [EB/OL]. http://incontrol.nl/files/simone.pdf.

[22] University of Hannover and RMCon Rail Management Consultants. RailSys. http://www.simpleware.com.cn/en/Product/Product_RailSys.html.

[23] Open track railway technology, railway simulation [EB/OL]. http:// www.opentrack.ch.

[24] 石先明. 对我国客运专线列车追踪间隔时分的研究 [J]. 中国铁路，2005，7（5）：32-35.

[25] 杨浩. 铁路运输组织学 [M]. 北京：中国铁道出版社，2001：281-285.

[26] 张博，钱伟. 自动闭塞区段通过信号机布置方法探讨 [J]. 铁道通信信号，2009，45（11）：1-4.

[27] 刘宝碇，彭锦. 不确定理论教程[M]. 北京：清华大学出版社，2005：178-179.

[28] 王莉. 突发事件条件下铁路行车组织模糊随机优化方法 [D]. 北京：北京交通大学，2012.

[29] PARDO J M, FUENTE D. Fuzzy Markovian decision processes: application to queueing systems [J]. Computers and Mathematics with Applications, 2010，60（9）：2526-2535.

4 突发事件条件下列车径路集生成

车流径路一般分为三种：最短径路、特定径路和迂回径路[1]。最短径路指任意到发站间存在的多条径路中运输距离最短的一条径路，在正常运营条件下，客运列车基本都采用最短径路。特定径路是针对某些货运车流的特定需要（如冷藏车的加冰、宽大货物的运输等）指定的径路。迂回径路是指在日常运输工作中，由于铁路运营条件的变化而临时指定的一些径路。在突发事件条件下，路网能力严重不足，在路网上组织列车运行，需要寻找对突发事件影响区段有替代作用的径路。这样的运行径路构成了迂回径路集（列车径路集），其在运行调整的时间段内能够分流突发事件影响区段的列车。因此，突发事件条件下，在进行列车运行调整之前，需要在确定突发事件影响区段的基础上，搜索其迂回径路集。

目前对列车运行径路的研究一般都归结为不同类型的最短路径问题。按照是否考虑通过时间可分为两类：一类是传统的最短路径搜索，最常用的求解算法为 Dijkstra 算法或者根据其基本原理改进的算法；另一类是时间依赖的最短路径，即弧段的通过时间与抵达该弧段的时刻相关，这一特性使得最短路径的搜索更加复杂。

传统最短路径搜索算法经过多年的发展已经越来越完善。文献［1］于 1959 年提出 Dijkstra 算法，该算法使得每个节点只被搜索一次。与其并驾齐驱的是 Bell_Ford 算法[2-3]，虽然同为标号法，但它的搜索速度相对较慢。文献［4］提出了一个能够适用于上述多种算法的复杂度计算框架。文献［5］和文献［6］将上述算法的思想进行融合，把标号的节点分为两个集合，根据极限因子依次遍历所有节点。

随着计算机科学的发展，并行计算技术也为最短路径搜索带来了新的动力，产生了一系列并行最短路径算法，并根据是否依赖计算机类型分为两类[7]：Tseng[8]、Paige[9] 和 Chandy[10] 等提出的不依赖计算机类型的算法和 Habbal[11] 和 Dey[12] 等提出的针对计算机特性类型的算法。其区别主要在于网络分割方式和基础最短路径方法的选择。

时间依赖网络最短路径（time–dependent shortest path，TDSP）是 SP（shortest path）的衍生问题之一。与传统 SP 相比，TDSP 在通信网络及交通运输网络中更具有实际应用价值[13]。近年来，时间依赖的网络最短路径算法也被广泛应用于实际问题中。文献［14］从最短路径算法的理论基础入手，从理论上证明了传统最短路径算法在时间依赖的网络上不能有效地求解最短路径问题；随后构建了时间依赖的网络模型、理论基础、优化条件，提出了求解该问题的 SPTDN 算法。文献［15］提出了随机时间依赖的网络模型，指出 K 期望是最短路径问题的形式化描述，并针对公交网络推导出网络中节点到达时刻所服从的概率密度函数和路径期望耗费的计算方法，基于随机一致性假设给出了 K 期望最短路径问题的理论基础和求解算法，最后，给出了公交网络的应用实例和试验结果。文献［16］在不对网络中边际成本函数性质做限定的情况下，建立了时间依赖网络最短路径问题的优化模型，给出了求解此类模型的基于网络顶点优先权编码的双层优化智能算法，最后进行了案例分析。

此外，一些智能算法也被用于最短路径搜索中，如文献［16］利用遗传算法解决最短路径问题，文献［17-19］用蚁群算法搜索最短路径。文献［20］则提出具有模糊弧段长度的网络最短路径算法。这些研究都为本章突发事件条件下的列车径路集的生成提供了基础和有益参考。

有别于传统的最短路径搜索算法，突发事件条件下的列车径路集搜索模型首先需要对铁路网络进行抽象建模，然后要明确突发事件条件下的搜索起始点，即确定突发事件条件下的起讫点集合，才能进行下一步的列车可行径路的搜索。因此，本章以该研究思路为基础，建立了突发事件条件下的两种径路搜索模型，分别为基于能力充足的径路搜索模型和基于能力时间密度的径路搜索模型。这两种模型各有侧重，基于能力充足的径路搜索模型充分考虑了突发事件条件下新径路的综合通过能力这一约束，确保了径路集上的列车不受干扰；基于能力时间密度的径路搜索模型则主要侧重突发事件条件下径路集的时间可靠性约束，从时间、速度及能力上保障了径路集上列车运行的可靠性。在实际铁路运行现场，调度员可根据突发事件的发展态势确定适用于现场的径路搜索方案。

4.1 影响因素分析

由上述介绍可知，在突发事件条件下列车运行径路是列车原有最短径路的一个补充，径路的生成可有效利用铁路网其他线路上的能力，提高突发事件条件下的旅客服务水平。

突发事件条件下，影响列车运行径路生成的主要影响因素如下。

（1）列车运行径路的生成是基于路网条件的。在突发事件条件下，如果本线上的某些区间或车站的通过能力下降，不足以运送既定客流，这时为了避免旅客的大量滞留就需要利用路网上的其他车站或区间。

（2）列车运行径路的生成具有空间属性。铁路网本身就是具有空间属性的，每个车站都有空间坐标和中心里程，路网上的区间一般也是由两端车站或公里标标定的，而客流需求一般是 OD（origin-destination）形式给定的，这些因素都体现出列车运行径路的生成具有空间属性。

（3）车站间的联络线。除了正常的列车运行线路，车站间的联络线可为列车提供更多的迂回可能。

（4）列车牵引方式。我国大部分铁路线路已经完成了电气化改造，但仍有部分线路采用内燃机车牵引，列车牵引方式是否相同是列车运行径路生成的一个约束。

（5）旅客绕行的路径长度。不同于一般图论中的路径选择，旅客绕行的路径长度一般都有一个接受限制。在不同突发事件条件下或者说在不同影响程度条件下，不同职业、出行目的和消费层的人群对绕行径路长度的限制可能不同。

（6）绕行线路上的区间通过能力和车站通过能力。除了连通性，可绕行线路的通过能力也是列车运行径路生成的一个重要约束，能力为零的线路可看作不连通。此外，列车运行径路的能力也是计算绕行列车数量的一个重要参数。对于调度员来说，为了尽可能不影响其他线路上列车的正常运行，剩余能力非常小的区间和车站往往也不考虑。

（7）绕行线路上的列车分布。这里强调的是绕行线路上的列车运行时间，就是说列车运行径路上剩余能力的时间分布可影响列车对径路的选择。这一因素的考虑也是为了尽可能不影响其他线路上列车的正常运行。

综上所述，列车运行径路的生成具有空间属性，受牵引方式和最大长度等因素限制。其既不同于普通的拓扑最短路径的搜索过程，也不同于具有明显时段划分和确定运行时间的时间最短路径搜索。

4.2　基于能力充足的径路搜索模型

根据突发事件条件下影响列车运行径路的主要因素可知，突发事件条件下列车径路集搜索有其自身特有的特点。目前，关于网络上最短路径生成的算法可以为铁路运输调度指挥问题的研究提供有力的基础理论支持，因此，基于传统的 *K*–最短路径算法，提出了适应突发事件条件下列车径路集搜索特点的改进的 *K*–最短路径算法，即基于能力充足的径路搜索模型。

4.2.1 路网建模

首先对铁路网进行描述，以车站为节点，以车站之间的区间为弧段，建立全国的路网图。在本节中，建立路网图时，将在同一个城市的不同线路上的车站视为同一个节点。在枢纽内部，如果存在不同线路车站之间的联络线，说明其具备为不同线路的列车提供跨线运行的能力。

因此，本节所建的路网模型中的节点有两类：一类是单个车站构成的节点，此类节点是只与同类铁路线路构成的弧段的连接点，与其他某一节点连接的弧段的数量为 1，如图 4–1（a）所示，v_a、v_b、v_c 均为第一类节点；另一类是由存在联络线的两个及以上的车站构成的枢纽，与此类节点相连的节点集合中，至少存在一个节点与通过两条及以上的弧段相连，如图 4–1（b）所示，v'_a、v'_b、v'_c 均为此类节点。根据其节点内不同车站是否存在联络线，可以将其分为跨线节点与非跨线节点。

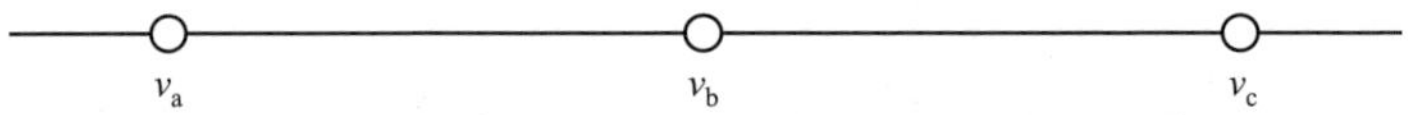

（a）第一类节点

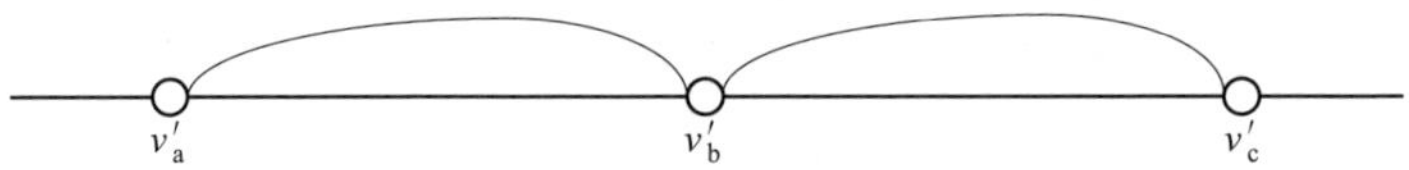

（b）第二类节点

图 4–1 路网模型中两类节点

所以，路网模型描述为 $G(V,E)$，$V=V^0\cup V'$，V^0 为上述第一类节点的集合，V' 为第二类节点的集合。E 为线路弧段集合。

根据上述分析，突发事件对路网拓扑结构的影响体现在两个方面。其一，突发事件对路网上的节点造成影响，即降低车站或枢纽的接发车能力，严重情况下，甚至导致节点完全在路网中失效，那么与其相连的所有弧段都将失效，此时，路网拓扑会发生较大变化。如图 4–2（b）所示，当突发事件发生在节点 v_b 并导致其失效时，导致与 v_b 相连的弧段 (v_a,v_b)、(v_b,v_c)、(v_b,v_d) 在路网中失效。其二，当突发事件影响发生在弧段上时，会导致相应线路区间通过能力下降，严重时导致线路区间限速值为零，即禁止通过，此时弧段失效，图 4–2（c）所示为弧段 (v_b,v_c) 失效的情形。

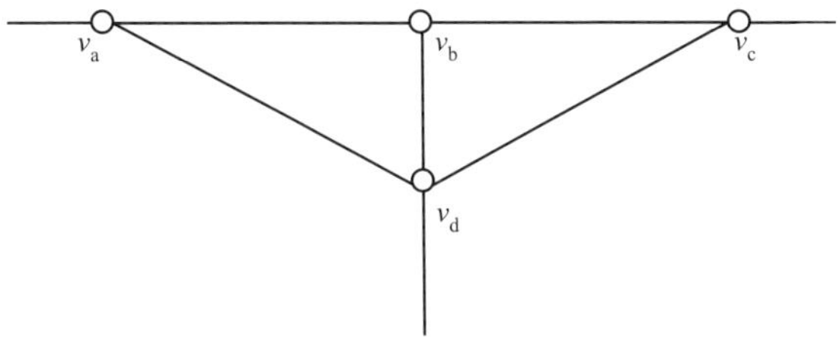

（a）突发事件发生前路网拓扑结构

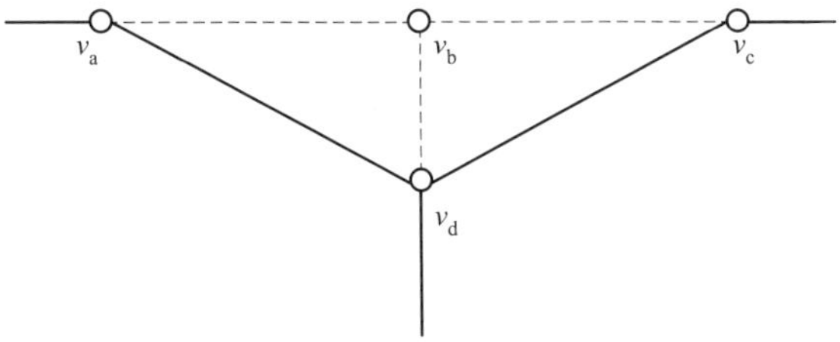

（b）突发事件发生在节点后路网拓扑结构

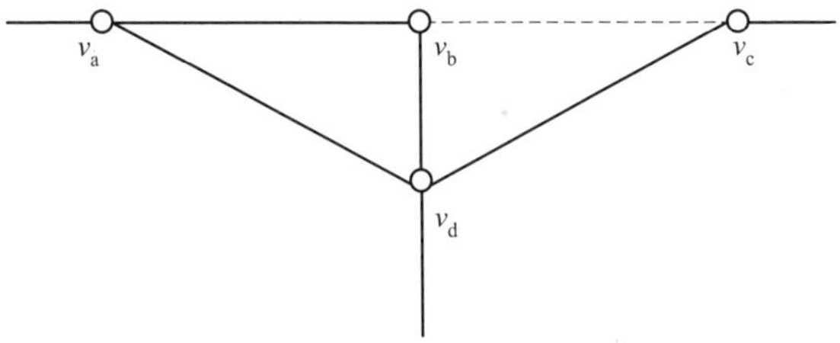

（c）突发事件发生在弧段（v_b，v_c）后路网拓扑结构

图 4–2　突发事件对路网拓扑结构影响示意图

4.2.2　*K*–最短路径算法

设有图 $G(V,E)$，给定两个节点 v_i 、v_j ，p 为 v_i 与 v_j 之间的一条路径，其长度记为 $d(p)$，由 v_i 与 v_j 之间所有互不相同的路径组成的集合 $R(G,v_i,v_j)$ 称为 G 上 v_i 与 v_j 之间的路径集合。即

$$R(G,v_i,v_j)=\{p \mid p\text{为}v_i\text{与}v_j\text{之间的径路}\} \tag{4–1}$$

若存在 $R'\subseteq R$ ，R' 中每一条路径的长度均小于一个阈值 ξ，即

$$R'(G,v_i,v_j)=\{p\,|\,d(p)\leqslant\xi\} \tag{4-2}$$

则称 R' 为 ξ–迂回路径集。将 $R(G,v_i,v_j)$ 中元素以路径长度由小到大的顺序进行排列，得

$$R(G,v_i,v_j)=\{p_1,p_2,\cdots,p_N\,|\,d(p_1)\leqslant d(p_2)\leqslant\cdots\leqslant d(p_N)\} \tag{4-3}$$

其中 p_K 为 v_i 与 v_j 之间第 K 最短路径，则 K–最短路径集为

$$R(G,v_i,v_j)=\{p_1,p_2,\cdots,p_K\,|\,d(p_1)\leqslant d(p_2)\leqslant\cdots\leqslant d(p_K)\} \tag{4-4}$$

即

$$R(G,v_i,v_j)=\{p_l\,|\,l\leqslant K\} \tag{4-5}$$

如此，ξ–迂回路径集的生成问题可以转化为 K–最短路径集问题进行处理。

一般地，图 $G(V,E)$ 上两顶点间的任一路径都必然是它的某一子图 $G'(V,E')$ 上相同顶点的第 1 最短路径，因此可将一个图 $G(V,E)$ 上两顶点间的第 $2,3,\cdots,K$ 最短路径问题转换为第 1 最短路径问题进行求解，即转化为最短路径问题进行求解。根据柴登峰等人的结论，可将第 1 最短路径 p_1 从路径集合 $R(G,v_i,v_j)$ 分离出来，分别将第 1 最短路径的每一条边从图 $G(V,E)$ 上分离出来，得到一系列的子图，这些子图上路径集合的并集等于非第 1 最短路径集合 $\{p_2,p_3,\cdots,p_N\}$，同理，可继续将该路径集合 $\{p_2,p_3,\cdots,p_N\}$ 分为第 1 和非第 1 最短路径集合。如此递归进行可将全部路径转化为某一子图上的第 1 最短路径，然后将所有路径全部求出，根据每条路径的长度进行排序，即可得 K–最短路径问题的解。

基于 Dijkstra 算法的 K–最短路径生成算法步骤如下[22]。

Step1　用 Dijkstra 算法求出最短路径，并将最短路径、各点的最短路径长度及最短路径长度分别存入数组 Paths 、 Dists 与 MinDis 。

Step2　求出最短路径数组里存放的路径的邻点，存入数组 Neirs 。

Step3　计算经过 n 次最短路径经邻近点 v_t 的径路 $v_s-v_t-v_j-v_e$ 的距离，并存入数组 TempDists 中， v_j 是与邻近点相邻的 n 次最短路径上的节点。

Step4　将数组 TempDists 中的距离值进行排序，计算出其中距离最小的相对应的路径并存入数组 Paths 中，最短路径的数目加上 1。

Step5　如果最短路径的数目达到了 K ，则停止计算，否则转 Step2。

4.2.3　突发事件条件下改进的 *K*–最短路径算法

突发事件条件下列车径路集的生成首先要确定径路的起讫点，本节主要包括

起讫点集合搜索，以及基于能力充足的径路搜索。

1. 起讫点集合搜索

突发事件条件下列车径路集生成需要根据事件发生的地点确定径路的起讫点。此时，列车径路集生成主要涉及以下几个问题[23]。

（1）由于突发事件导致失效或者能力降低的节点或边，并不一定具备跨线能力，所以在进行径路搜索时，需要注意车站的性质，即不同种类的线路之间在某枢纽是否有联络线。

（2）列车径路集中可能会包含若干条迂回径路，迂回径路的径路长度设置需要有一定的限制条件，一方面使径路的生成更加迅速有效，另一方面可以尽量避免对突发事件未影响的区段造成影响。

（3）跨线列车应该在可能的情况下尽早恢复既定线路运行，即径路的起讫点确定应以满足各类列车返回其既定径路为原则。

鉴于以上问题的分析，本节针对突发事件条件下列车径路集的生成做以下规定。

（1）当突发事件发生点所在位置出现在枢纽，且该枢纽内部不同种类的线路之间存在联络线时，则设置该节点和下一可跨线节点作为径路的起点和终点。

（2）若突发事件发生点所在位置出现在弧段上或者发生在不具备跨线能力的车站上，则以事件发生点的前一、后一可跨线节点作为径路的起点和终点。

径路搜索起始点的确定必须考虑受突发事件条件影响的节点及边[24]。搜索过程如下。

（1）通过突发事件数据判断发生地，并判断受突发事件影响的是边还是节点，如果是边失效，则转步骤（2），如果是节点失效或受损，则转步骤（3）。

（2）如图 4–3（a）所示，弧段e_i由于突发事件而失效，v_i、v_{i+1}为弧段e_i的两端节点，执行节点条件判断过程，若v_i、v_{i+1}均为可跨线节点时，则$v_i = P$，$v_{i+1} = Q$，其中P为起点车站，Q为终点车站；若v_i、v_{i+1}中至少有一点为不可跨线节点时，则分别向v_i、v_{i+1}两端分别搜索距离v_i、v_{i+1}最近的可跨线的节点v_{i-1}、v_{i+2}，则$v_{i-1} = P$，$v_{i+2} = Q$。

（3）如图 4–3（b）所示，节点v_{i+1}为受突发事件影响的节点。根据节点判断条件，搜索与节点v_{i+1}距离最近的可跨线节点v_i、v_{i+2}。则$v_i = P$，$v_{i+2} = Q$。

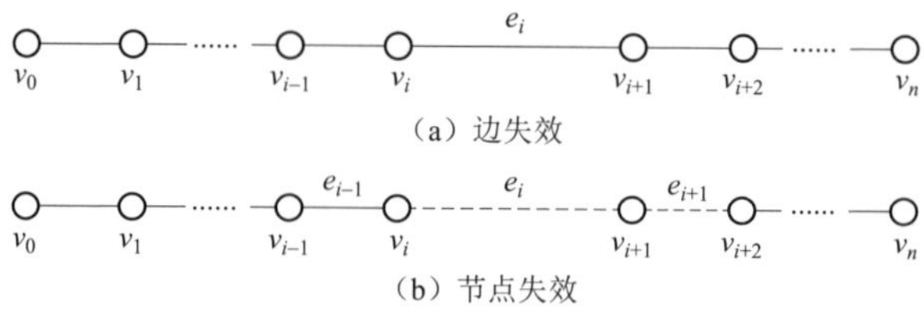

图 4–3　突发事件条件下径路生成起讫点确定示意

2. 基于能力充足的径路搜索

在铁路网络中，既有高速铁路、城际铁路，又有普速铁路，而每种铁路受到突发事件影响后，其区间通过能力会有不同程度的下降。而在突发事件条件下，径路生成的目的是提供列车可选择的径路集，所以，在起点站和终点站之间所有径路的通过能力的总和，应不小于在调整时间段内需要通过该区段的列车的数量。因此，在突发事件条件下，径路的生成不仅要考虑径路长度，还要充分考虑新的径路集的综合通过能力。

定义 4–1　C–充足径路集

设有图 $G(V,E)$，将图中每条弧段 e 赋予广义费用 w，弧段变为 e'，形成图 $G'(V,E')$，给定两个节点 v_i、v_j，p 为 v_i 与 v_j 之间的一条径路，其长度记为 $\mathrm{gd}(p)$，其通过能力记为 c_p，若存在 $R' \subseteq R$，使得 $\sum_{p \in R'} c_p \geqslant N$，$N$ 为设定的目标能力值，称 R' 为 C–充足径路集。

在突发事件条件下，寻找 C–充足径路集仍按照 K–最短路径的方法和步骤进行，但是其循环条件有所变化。K–最短路径集搜索循环停止的条件是，当路径的数量达到所要求的 K 时；而在突发事件条件下，径路搜索循环停止的条件是，生成的径路的通过能力的剩余总和已经达到或超过径路所要分配的列车的数量。

列车径路集生成的过程中，会出现后生成的径路与既有的径路共用区段的现象，这时，后生成的径路的通过能力可能恰好是共用弧段的剩余通过能力（径路的通过能力是组成径路的所有弧段中通过能力最小的弧段的通过能力）。那么，列车径路集的综合通过能力就不是各径路通过能力的简单的加和，而是小于或等于各径路的通过能力的总和[24]。所以，在循环生成径路，进而生成 C–充足径路集的过程中，必须考虑这个问题。

所以 C–充足径路集的生成步骤设计如下。

Step1　参数初始化，包括目标能力 N。

Step2　用 Dijkstra 算法求出最短径路，并将最短径路、各点的最短径路长度及最短径路长度分别存入数组 Paths 、 Dists 与 MinDis 。

Step3　求出最短径路数组里存放的径路的邻点，存入数组 Neirs 。

Step4　计算经过 n 次最短路径经邻近点 v_t 的径路 $v_{\mathrm{s}}-v_t-v_j-v_{\mathrm{e}}$ 的距离，并存入数组 TempDists 中， v_j 是与邻近点相邻的 n 次最短径路上的节点。

Step5　将数组 TempDists 中的距离值进行排序，计算出其中距离最小的相对应的径路 p 并存入数组 Paths 中。

Step6　计算径路 p 的通过能力。取组成径路 p 的各区间的剩余通过能力（区间通过能力计算方法见 3.1 节，剩余通过能力为区间通过能力减去径路上已有的列车数）中最小的弧段，并将该弧段的剩余通过能力作为径路 p 的通过能力，添加至径路集的综合通过能力 C_{sum} 。

Step7　如果径路集的综合通过能力达到了 N ，则停止计算，否则转 Step3。

4.3　基于能力时间密度的径路搜索模型

为了获得更符合实际运营环境的列车径路集，本节除了考虑径路集的能力约束，还将列车运行径路的时间因素考虑在内，提出了基于能力时间密度的径路搜索模型（time credibility based route search model，TCRSA）。

4.3.1　路网建模

本节将径路搜索的时间因素考虑在内，建立时间依赖的网络 $G=(V，E，T)$ ，其中 V 为网络节点的集合，E 为弧段集合，T 为径路搜索的时间范围。

在 G 中，将车站作为网络节点，表示为 $v=(\mathrm{No}_v,\mathrm{Nm}_v,\mathrm{Sn}_v)$ 。其中 No_v 为节点编号， Nm_v 为车站名称， Sn_v 为车站所在枢纽名称。路网中的线路弧段表示为 $e=(\mathrm{No}_e,D_e,A_e,\hat{C}_e,\mathrm{Ty}_e,E_e,\mathrm{Des}_e)$ ，其中 No_e 为弧段编号； D_e 、 A_e 分别为弧段的开始节点（车站）和结束节点（车站）； $\hat{C}_e$ 为弧段的通过能力； Ty_e 表示弧段的类型，如果该弧段为连接属于同一个枢纽内的两个车站之间的联络线，则 $\mathrm{Ty}_e=0$ ，否则， $\mathrm{Ty}_e=1$ ； E_e 为线路的牵引方式， $E_e=0$ 为电力牵引， $E_e=1$ 为内燃牵引； Des_e 为弧段 e 在时间段 T 内的能力时间密度，这是径路搜索中的一个重要参数，下文还将详细描述。

径路搜索的时间范围 $T=\left[t_{\mathrm{s}},t_{\mathrm{e}}\right]$ ，其中 t_{s} 可取突发事件的开始时间， t_{e} 可取突发事件的结束时间，为了更充分地利用网络上的通过能力，也可根据突发事件的类型和级别向后推延一段时间。

在正常条件下，一条径路上的列车运行可靠性通过对通过能力的估计就可获得，但在突发事件条件下，除线路通过能力以外，列车运行径路的长度和列车在运行径路上的运行速度都会对列车运行可靠性产生影响，故本节提出弧段的能力时间强度和密度定义。

定义 4–2 线路弧段的能力时间强度

线路弧段的能力时间强度指在一定置信水平下单位时间内所实现的能力，即区间通过能力与平均通过时间的比值，记为 Tes_e。其中区间通过能力取乐观值时称为乐观能力时间强度，记为Tes_e^{o}，若区间通过能力取悲观值时为悲观能力时间强度，记为Tes_e^{p}，若区间通过能力取期望值时为期望能力时间强度，记为Tes_e^{e}，其计算表达式分别为：

$$\text{Tes}_e^{\text{o}}=\frac{C_e^{\text{o}}(\gamma,\alpha)}{l_e/E(v)} \tag{4–6}$$

$$\text{Tes}_e^{\text{p}}=\frac{C_e^{\text{p}}(\gamma,\alpha)}{l_e/E(v)} \tag{4–7}$$

$$\text{Tes}_e^{\text{e}}=\frac{E(C_e)}{l_e/E(v)} \tag{4–8}$$

式中各符号说明如下：

$C_e^{\text{o}}(\gamma,\alpha)=\sup\{r\,|\,\text{Ch}\{C_e\geqslant r\}(\gamma)\geqslant\alpha\}$ ——区间通过能力的乐观值；

$C_e^{\text{p}}(\gamma,\alpha)=\inf\{r\,|\,\text{Ch}\{C_e\leqslant r\}(\gamma)\geqslant\alpha\}$ ——区间通过能力的悲观值；

$\text{Ch}\{C_e\leqslant r\}(\gamma)=\sup\{\beta\,|\,\text{Pos}\{\omega\in\Omega\,|\,\text{Cr}\{C_e(\omega)\leqslant r\}\geqslant\beta\}\geqslant\alpha\}$ ——事件 $C_e\leqslant r$ 在置信水平 γ 上的机会；

$E(C_e)$——区间通过能力的期望值；

l_e——弧段 e 的长度；

$E(v)$——列车在弧段 e 上的平均速度的期望值。

$\gamma,\alpha\in(0,1]$。

定义 4–3 线路弧段的能力时间密度

线路弧段的能力时间密度指在一定置信水平下实现单位能力所需的时间，即区间平均通过时间与通过能力的比值，记为Des_e，故$\text{Des}_e=1/\text{Tes}_e$。

4.3.2 起讫点集合及可靠径路搜索

首先对算法中用到的符号进行描述：

seq ——受影响区间和车站的对象序列；

seq_s ——径路搜索中起始车站集合；

seq_e ——径路搜索中终点车站集合；

V_{sor} ——具有永久标号的节点集合，集合中的节点都已经找到了到达起始节点的时间可靠径路；

$\lambda(v)$ ——节点 v 距起始节点的各个弧段能力时间密度的和；

Len_v ——节点 v 到达起始节点的路径长度；

w_k ——找到时间可靠径路的节点的标号；

Rs_s ——起讫点车站距离限制；

Rs_c ——突发事件下径路搜索最小能力限制；

Rs_l ——突发事件下绕行径路最大长度限制；

Route ——时间可靠径路集合。

1. 起讫点集合搜索

起讫点集合搜索过程如下。

Step1.1　根据受影响区间和车站的中心里程形成序列 seq 。

Step1.2　从 seq 中取出第一个和最后一个受影响的对象，分别记为 Obj_s 和 Obj_e ，如果受影响线路行别为下行，则 Obj_s 的中心里程小于 Obj_e 的中心里程，否则，Obj_s 的中心里程大于 Obj_e 的中心里程。首先确定起始车站，如果 Obj_s 为车站，则转入 Step1.3；如果 Obj_s 为区间则转入 Step1.4。

Step1.3　如图 4-4（a）所示，Obj_s 为节点 v_{i-1} ，则连接 v_{i-1} 的弧段 e_{i-2} 和 e_{i-1} 也可视为无效，此时需要向 v_{i-1} 的左侧寻找具有跨线能力的节点集合，即如果线路为上行则寻找中心里程比 v_{i-1} 大的节点集合，如果线路为下行则寻找中心里程比 v_{i-1} 小的节点集合。现实运营环境中，调度员不会将所有具有跨线能力的节点都作为绕行径路的起始车站，而是选择几个与 v_{i-1} 临近的车站，因此算法中可以设定起讫点车站距离限制 Rs_s ，在上述集合中选出与 v_{i-1} 的距离小于 Rs_s 的所有跨线节点组成集合 seq_s 。

Step1.4　如图 4-4（b）所示， Obj_s 为边 e_{i-2} ，此时需要向 e_{i-2} 的左侧寻找具有跨线能力的节点集合，与 Step1.3 类似，同样可设定起讫点车站距离限制 Rs_s ，在上述集合中选出与节点 v_{i-2} 的距离小于 Rs_s 的所有跨线节点组成集合 seq_s 。

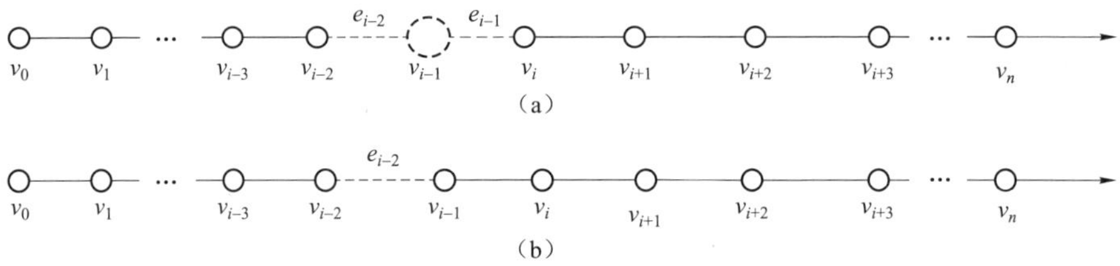

图 4–4　突发事件条件下径路生成起讫点集合示意图

Step1.5　确定终点车站集合，其过程与 Step1.3 和 Step1.4 类似，寻找受影响节点或弧段右侧的可跨线节点组成终点车站集合 $\mathrm{seq_e}$。

2. 可靠度径路搜索

Step2.1　$i=0, j=0$。

Step2.2　取出集合 $\mathrm{seq_s}$ 中的第 i 个元素 ss_i。

Step2.3　取出集合 $\mathrm{seq_e}$ 中的第 j 个元素 se_j。

Step2.4　将起始点 ss_i 放入集合 V_{sor}，即 $V_{\mathrm{sor}}=\{\mathrm{ss}_i\}$；$\lambda(\mathrm{ss}_i)=0$；$\lambda(v)=\infty, \forall v\in V, v\neq \mathrm{ss}_i$；$\bar{V}_{\mathrm{sor}}=V-\{\mathrm{ss}_i\}$；$w_0=\mathrm{ss}_i$；$\mathrm{Len}_{\mathrm{ss}_i}=0$。

Step2.5　对于每一个 v，如果节点 v 的通过能力小于能力限制 $\mathrm{Rs_c}$，则忽略节点 v；如果弧段 (w_k,v) 的通过能力小于能力限制 $\mathrm{Rs_c}$，则忽略边 (w_k,v)；否则 $\lambda(v)=\min\{\lambda(v),\lambda(w_k)+\mathrm{Des}_{(w_k,v)}\}$①。

Step2.6　用 w_{k+1} 为具有最小 $\lambda(v)$ 的点 v_{k+1} 进行标号，并将点 v_{k+1} 放入集合 V_{sor} 中，则 $\bar{V}_{\mathrm{sor}}:=\bar{V}_{\mathrm{sor}}-\{v_{k+1}\}$，$\mathrm{Len}_{w_{k+1}}=\mathrm{Len}_{w_k}+\mathrm{Len}(w_k,v_{k+1})$。

Step2.7　重复 Step2.5 和 Step2.6，直到：① 如果 $\mathrm{Len}_{w_{k+1}}$ 超过了径路最大长度的限制 $\mathrm{Rs_l}$，则转到 Step2.8；② 如果终点 se_j 已经包含于集合 V_{sor} 中，则转到 Step2.10。

Step2.8　$j:=j+1$，重复 Step2.3～Step2.7，直到 $\mathrm{seq_e}$ 中最后一个元素被取出，转到 Step2.9。

Step2.9　$i:=i+1$，重复 Step2.2～Step2.7，直到 $\mathrm{seq_s}$ 中最后一个元素被取出。

Step2.10　一条由 ss_i 至 se_j 的最小能力时间密度（最大能力时间强度）的径路生成，记为 rte，将 rte 加入到集合 Route 中，转到 Step2.8。

如图 4–5 所示，假设在线路 $\mathrm{Line_1}$ 上车站 v_{i-1}^{1} 发生故障，按照一般的径路搜索

① 能力时间密度越小说明该弧段越容易被选中。

算法，首先寻找与 v_{i-1}^1 最近的跨线节点，即 v_{i-2}^1 和 v_{i+1}^1，然后生成绕行径路 $rte_1 = v_{i-2}^1 - v_1^3 - v_2^3 - v_2^4 - v_3^4 - v_4^4 - v_1^5 - v_{i+1}^1$。由于一般算法将径路搜索的起讫点只限定在受影响对象最邻近的跨线节点，故只能生成径路 rte_1 或者比 rte_1 更复杂的径路，在这种情况下，列车需要跨 3 条铁路线，调度员需要协调 4 条线路上的列车，增加了被跨线列车运行的风险。若采用本节提出的算法，则首先寻找跨线起始节点集合 $seq_s = \{v_{i-2}^1, v_{i-3}^1\}$ 和终点集合 $seq_e = \{v_{i+1}^1\}$，则除了径路 rte_1，还可生成径路 $rte_2 = v_{i-2}^1 - v_{i-3}^1 - v_{i-3}^2 - v_{i-2}^2 - v_{i-1}^2 - v_i^2 - v_{i+1}^2 - v_{i+1}^1$。而径路 rte_2 可充分利用枢纽内部车站间的联络线，即本例中的弧段 (v_{i-3}^1, v_{i-3}^2) 和 (v_{i+1}^2, v_{i+1}^1)，且 rte_2 只绕行了 $Line_2$ 一条线路，大大降低了列车绕行的风险。

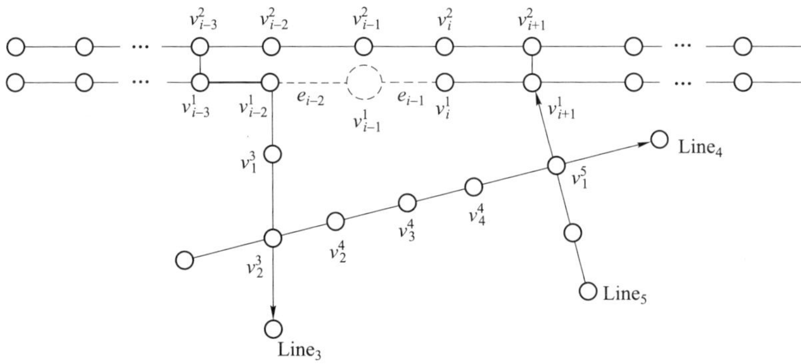

图 4–5　突发事件下径路搜索举例

图 4–5 所示的举例表现出本节提出的基于能力时间密度的径路搜索算法明显优于一般的径路搜索算法。

4.3.3　TCRSA 时间复杂度及特点分析

为进一步证明基于能力时间密度的径路搜索模型的有效性，对该算法的时间复杂度和特点进行分析。

1. TCRSA 时间复杂度分析

由算法步骤可知，针对一对起讫节点进行径路搜索的时间复杂度上界为 $O(n^2)$，n 为网络中的节点个数。而 TCRSA 对一组起讫节点集合进行径路搜索，则 Step2.9 的时间复杂度为 $O(Size_{seq_s})$，Step2.8 的时间复杂度为 $O(Size_{seq_e} \cdot Size_{seq_s})$，其中，$Size_{seq_s}$、$Size_{seq_e}$ 分别为起始节点集合 seq_s 和终点节点集合 seq_e 的元素个数，故 TCRSA 的时间复杂度为$O(\mathrm{Size}_{\mathrm{seq_e}} \bullet \mathrm{Size}_{\mathrm{seq_s}} \bullet n^2)$，又由于起讫点车站距离限制$\mathrm{Rs_S}$，使得$\mathrm{Size}_{\mathrm{seq_s}}$和$\mathrm{Size}_{\mathrm{seq_e}}$的值不会很大，一般为个位数，因此可以认为 TCRSA 的时间复杂度为$O(n^2)$。

2. TCRSA 特点分析

根据上述分析，基于能力时间密度的径路搜索模型有如下特点。

（1）考虑了不同突发事件条件下对绕行径路长度的限制。

（2）加入了最小能力限制，当区间或车站剩余能力很小时，将不参与列车运行径路的生成，以保证被绕行线路上的列车不受干扰，按图运行。

（3）列车的牵引方式被纳入径路的搜索过程，以保证列车到列车运行径路上的正常行驶。

（4）车站间的联络线也作为弧段的一种参与径路搜索。

（5）除了受影响车站和区间相邻的节点，其上游和下游的跨线节点也可作为径路搜索的起讫点。这使得列车绕行的径路有更多的可能，且更符合实际调度规则。

（6）将能力时间密度作为径路搜索的基础，而不是一般径路搜索算法中的最短里程，这一指标将线路长度、列车运行速度和突发事件影响时段内的线路能力综合起来，可获得更符合实际运营环境的列车运行径路。此外，能力时间密度可分别采取乐观值、悲观值和期望值，充分体现了调度员针对突发事件发展态势的不同决策取向。

本章小结

本章首先介绍了现有的径路搜索方法，分析了突发事件条件下列车径路集搜索这一特定问题的基本研究思路及影响因素，提出了两种求解模型。我们首先建立了一种基于能力充足的径路搜索模型，该模型主要是对传统的 Dijkstra 算法进行了改进，使其适应突发事件条件下路网上列车运行径路的生成需求，该模型强调了径路搜索的综合通过能力，避免了搜索所得的新径路集综合通过能力不足的问题。另外，针对列车径路集特有的运行时间敏感、区间通过能力为模糊随机变量且具有空间属性的特点，提出了一种基于能力时间密度的径路搜索模型，该模型重点考虑了在一定置信水平下单位时间内所实现的能力条件下的径路搜索，体现了新径路集的时间可靠性。同时，本章的内容也是编制开行方案的前提，为下一步的研究奠定了基础。

本章参考文献

［1］DIJKSTRA E W. A note on two problems in connexion with graphs [J]. Numerische Mathematik, 1959(1): 269-271.

［2］BELLMAN R E. On a routing problem [J]. Quarterly of Applied Mathematics. 1958(16):87-90.

［3］FORD L R, Jr., FULKERSON D R. Flows in networks [D]. Princeton NJ: Princeton Univ. Press, 1962.

［4］ALLOTTINO S. Shortest-path methods: complexity, interrelations and new propositions [J]. Networks, 1984(14): 257-267.

［5］GLOVER F, GLOVER R, KLINGMAN D. Computational study of an improved shortest path algorithm [J]. Network, 1984(14): 25-37.

［6］GLOVER F, KLINGMAN D, PHILLIPS N. A new polynomially bounded shortest paths algorithm [J]. Oper. Res., 1985(33): 65-73.

［7］倪安宁，隽志才，高林杰. 交通网络最短路径并行算法研究综述［J］. 公路交通科技，2006，23（12）：128-132.

［8］TSENG P, BERTSEKAS D P. Parallel algorithms for network flow and other problems [J]. SIAM Journal on Control and Optimization, 1990，28（3）：678-710.

［9］PAIGE R C, KRUSKAL C P. Parallel algorithms for shortest path problems [C]// Proceedings of the International Conference on Parallel Processing. 1985：14-20.

［10］CHANDY K M, MISRA J. Distributed computation on graphs: shortest path algorithms [J]. Communications of the ACM, 1982，25（11）：833-837.

［11］HABBAL M. A decomposition algorithm for the all-pairs shortest path problem on massively parallel computer architectures [J]. Transportation Science, 1994，28（3）：273-290.

［12］DEY S, SRIMANI P K. Fast parallel algorithm for all pairs shortest path problem and its VLSI implementation [J]. IEE Proceedings Part E: Computers and Digital Techniques, 1989，136（2）：85-89.

［13］何瑞春，李引珍. 时间依赖网络路径模型及双层优化智能算法研究［J］. 铁

道学报，2008，30（1）：32-37.
［14］谭国真，高文. 时间依赖的网络中最小时间路径算法［J］. 计算机学报，2002，25（2）：165-172.
［15］陈京荣，俞建宁，李引珍. 多属性随机事件以来网络路径优化［J］. 西南交通大学学报，2012，47（2）：291-298.
［16］康晓军，王茂才. 基于遗传算法的最短路径问题求解［J］. 计算机工程与应用，2008，44（23）：22-23，35.
［17］宋世杰，刘高峰，周忠友，等. 基于改进蚁群算法求解最短路径和 TSP 问题［J］. 计算机技术与发展，2010，20（4）：144-147.
［18］荆长林. 基于分布式蚁群算法的城市路网动态最短路径搜索研究与实现［D］. 北京：北京交通大学，2012.
［19］GHOSEIRI K, NADJARI B. An ant colony optimization algorithm for the bi-objective shortest path problem [J]. Applied Soft Computing, 2010, 10(4): 1237-1246.
［20］JI X Y, IWAMURA K, SHAO Z. New models for shortest path problem with fuzzy arc lengths [J]. Applied Mathematical Modelling, 2007, 31(2): 259-269.
［21］柴登峰，张登荣. 前 N 条最短路径问题的算法及应用［J］. 浙江大学学报，2002，36（5）：531-534.
［22］白轶多，胡鹏，夏兰芳，等. 关于 K 次短路径问题的分析与求解［J］. 武汉大学学报，2009，34（4）：492-494.
［23］MENG X L, JIA L M. Paths generating in emergency on China new railway network [J]. Journal of Beijing Institute of Technology, 2009, 19(S2): 84-88.
［24］孟学雷. 突发事件条件下列车运行组织理论与方法研究［D］. 北京：北京交通大学，2011.

5 突发事件条件下高速铁路列车开行方案编制

由第 2 章的相关内容可知，不同级别的铁路突发事件采取的运输组织不同，例如，恶性突发事件涉及列车开行方案编制、列车运行计划编制等多个层面的内容。本书为了全面分析突发事件条件下的列车运行调整问题，特意编写了本章，即突发事件条件下高速铁路列车开行方案编制，为研究恶性突发事件条件下的运输组织问题奠定基础。若突发事件的严重程度较小可直接略过本章内容，直接进行下一章突发事件条件下高速铁路行车计划调整。列车开行方案集中体现了高速铁路运力资源配置及运用，是连接运输需求和运力资源的桥梁，也为编制列车运行计划和日常运输生产指挥提供了重要的支撑和依据。编制突发事件条件下适合我国国情的列车开行方案，应该当仁不让地成为当前我国高速铁路快速发展背景下的关键问题。

目前对于列车开行方案制定及优化的研究，主要是考虑列车开行径路、停站方案、旅客换乘方案、OD 客流分配、旅客延误时间等因素对列车开行方案模型与算法的影响。列车开行方案制定的模型多是以铁路部门的收益、旅客出行成本和客运周转量为优化目标的单层或多层目标规划模型，而对算法的研究主要有两种方法，一种为数学计算方法，另一种为启发式算法，如模拟退火算法和遗传算法。

文献［1］在进行社会经济分析的基础上，从铁路运输企业和旅客两方面的利益出发建立了综合优化旅客列车开行方案的双层规划模型。根据问题的规模和特点，设计了基于模拟退火算法的优化算法，可解决大规模的旅客列车开行方案优化问题。文献［2］通过分析与旅客列车开行方案相关的铁路旅客运输需求影响因素，构造旅客运输弹性需求函数关系，将旅客换乘方案的选择归结为弹性需求下的用户平衡分配问题，进而利用铁路企业与旅客之间的 Stackelberg 博弈关系，建立了基于弹性需求的旅客列车开行方案的双层规划模型，并设计了基于模拟退火算法的优化算法。文献［3］从客运专线列车的停站模式出发，建立了列车停站方案优化模型，该模型以最小化旅客出行广义费用及剩余客运周转量为目标，兼顾旅客的经济利益和社会利益，然后以列车停站方案优化模型为基础，引入最大化客运专线运营收益目标和最小化列车运行径路广义阻抗目标，并提出了基于群体多样性保持的和声搜索算法。文献［4］通过分析客运专线列车开行方案的特性及其确定过程，提出了通过车流合并来确定和优化列车开行方案的方法，给出了车流合并的概念，研究了车流合并对运输组织的影响，提出了车流合并的原则，设计了合并车流的数据结构及相关计算机算法，并结合实例进行了验证。文献［5］采用定量和定性分析相结合的办法，根据路网上旅客 OD 流量，以方便旅客旅行为目标，将直通旅客列车开行方案的确定，归结为二分图的最大权匹配问题，通过计算得到一个优化的初始方案。在此基础上，对方案进行经济有利性评价，适当地调整线路，使线路负载分布均匀，减少运载能力的虚糜，从而形成一个较为满意的结果。文献［6］将节点重要度的概念应用于列车开行方案的计划制定上，通过节点重要度评价指标的计算，建立了客运专线沿线城市的节点重要度三级层次结构，在此基础上提出将一级节点作为列车始发终到起讫点、二级节点采取不固定间隔式停站、三级节点采取低等级列车“站站停”的服务方式，建立了列车开行方案的多目标数学规划模型，利用 LINGO 编程求解，实现了列车开行方案的停站优化算法。文献［7］对高速列车停站方案进行了分析，以旅客停站时间最少、列车虚糜最少、未满足要求的旅客数最少为目标，建立了高速列车开行方案的多目标 0–1 规划数学模型。另外，对高速列车停站影响进行了分析，按停站数目设计了多层次 0–1 规划求解方法，并结合有序组合树方法对问题进行求解。根据规划中的京沪高速铁路各区段到发客流量预测，就高速列车开行方案进行了实例优化，得出了满意解。文献［8］建立了符合我国客运专线路网实际、周期运营模式下的客运专线旅客列车开行方案的多目标规划模型，并将之转化为具有优先级结构的单目标规划模型，针对该优先级模型设计了内嵌博弈过程、多变量级联编码的遗传算法，最后通过算例验证了该模型与算法的有效性。文献［9］首先针对任意的列车开行方案，构建费用–容量运行网络，并通过该网络的最小费用流描述最优客流分配方案，用运行网络中的客流分配的最小费用作为个体适应值函数。然后考虑到网络中列车保本定员限制所产生的个体优良遗传信息，设计出求解直线型客运专线单方向旅客列车开行方案优化问题的协同对称群体交叉遗传算法，并进一步将其推广到网状客运专线上。

文献［10］采用模糊数学规划来研究台湾高速铁路列车开行方案，建立了单条铁路线上高速铁路旅客列车开行方案的多目标优化模型，目标函数包括经营者的总体运营成本最少和旅客总旅行时间最少两个方面，由于路网规模小、客流密度大，其开行方案具有公交化运营模式的特点。文献［11-12］建立了开行方案优化的 0–1 规划模型，其用一个 0–1 变量来描述一列固定服务频次和编组的列车是否被选择，利用分支–切割（branch–and–cut）的方法对模型求解。文献［13］通过构造“模式路网”（type graph）将三类路网叠加在一起，建立多类型路网的列车开行方案优化模型。该模型将旅客对列车运行径路的选择行为描述为多商品流问题，以运输能力的合理利用为目标，旅客需求和流量守恒为约束条件，并最终转化为线性规划模型进行求解。文献［14］提出了基于遗传算法的进化优化技术来解决路网中最优换乘路径问题，其提出了径路集合的初始化生成模型，来建立固定数量的路径，以旅客满意度和旅行时间来衡量路径的优劣。博弈论也被用于列车开行方案的优化。文献［15］提出了一种基于博弈论的框架来解决路段失效模式下列车开行方案问题，其认为一旦某个路段失效，其他的路径和运输方式可作为补充完成旅客输运，这样就形成了一种完全信息下的 2 人非合作博弈。文献［16］将不同线路作为博弈主体建立了列车开行方案优化的博弈模型。其中每条线路的目标为最小化自身的晚点时间，综合运输网络的最小晚点时间为最终的均衡状态。

上述已有文献都是针对研究问题的某一因素、单一特点或某种求解方法的研究，没有形成系统的、面向路网和突发事件的、模糊性与随机性混杂的、更符合实际运营环境的行车组织优化理论体系。本章建立了双层规划模型，上层规划（停站优化）模型综合考虑了总的运营费用最小、未服务的旅客数量最小的优化目标，而下层规划（客流分配）模型以旅客服务周转量最大及所有乘客总的旅行时间最小为优化目标。在每一层规划模型中都将突发事件条件下的约束条件考虑在内，实现突发事件条件下的停站优化与客流分配的循环反馈整体优化。相对以往的研究，该模型考虑的因素更加全面，更加具有应用价值。

5.1　列车开行方案编制模型

列车开行方案是铁路运营部门根据一段时期内的 OD 客流量，将列车分配至合适的线路或区间的技术文件[17]。其主要决定了列车与线路之间的空间关系，具体内容包括列车的走行径路、开行区间、开行对数、停靠车站等。本章根据突发事件条件下列车开行方案生成特点，结合突发事件条件下的列车径路集，建立了停站优化与客流分配的双层规划模型，流程如图 5–1 所示。

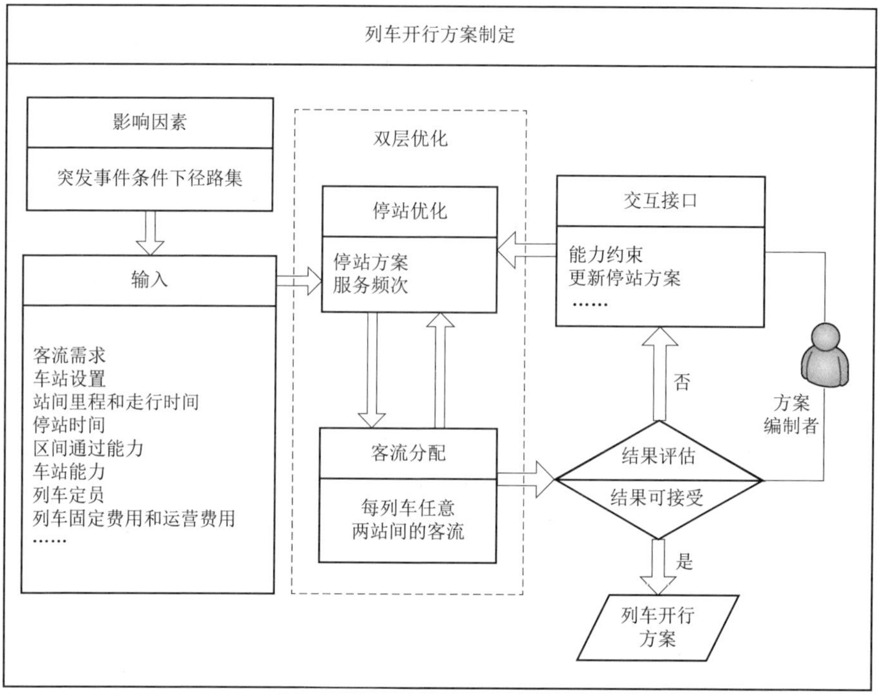

图 5–1 突发事件条件下列车开行方案制定流程

本章双层规划模型涉及的相关参数如下。

T——列车开行方案制定的时间段，例如一天。

S——突发事件条件下迂回径路集中车站数量。

E——突发事件条件下迂回径路集中区间数量。

L——列车类型，本章中涉及高速列车、中速列车等。

$L_{o,d}$——车站 o 和 d 间的路径长度。

$P_{o,d,l}$——在特殊运营时间段 T 内，在车站 o 和 d 间乘坐 l 型列车的客流需求。

$T_{o,d,l}$——车站 o 和 d 间 l 型列车运行时间。

T_i^{s}——车站 i 的停站时间。

C_i^{s}——特殊运营时段 T 内车站 i 的通过能力。

C_j^{E}——特殊运营时段 T 内区间 j 的通过能力。

C_l——l 型列车平均定员。

K——席位利用率，在不超员的情况下，$K<1$，突发事件条件下可适当增加 K 的取值。

C_i^{d}——车站 i 始发、终到能力标识，如果车站 i 具有始发、终到能力，则 $C_i^{\mathrm{d}}=1$；否则，$C_i^{\mathrm{d}}=0$。

D——列车开行的固定费用。

F——车公里费用。

M——停站方案的总服务频次，可以设置为满足旅客需求的足够大的整数。

5.1.1 停站优化

根据问题特点，本节设计上层规划模型——停站优化，具体的决策变量、目标函数和约束条件表述如下。

1. 决策变量

y_j——列车 j 服务标识，如果列车 j 存在于列车开行方案中，则 $y_j=1$；否则 $y_j=0$。

$x_{j,i}$——列车 j 在车站 i 的停站标识，如果列车 j 在车站 i 停站，则 $x_{j,i}=1$；否则 $x_{j,i}=0$。

$o_{j,i}$——列车始发站标识，如果列车 j 的始发车站为 i，则 $o_{j,i}=1$；否则 $o_{j,i}=0$。

$d_{j,i}$——列车终到站标识，如果列车 j 的终到车站为 i，则 $d_{j,i}=1$；否则 $d_{j,i}=0$。

$u_{j,o,d}$——车站 o 和 d 间列车 j 承担的旅客数量。

$z_{j,l}$——列车类型标识，如果列车 j 为 l 型，则 $z_{j,l}=1$；否则 $z_{j,l}=0$。

$s_{j,i}$——车站服务标识，如果车站 i 存在于列车 j 服务的停站方案，则 $s_{j,i}=1$；否则 $s_{j,i}=0$。

$e_{j,i}$——区间服务标识，如果区间 i 存在于列车 j 服务的停站方案，则 $e_{j,i}=1$；否则，$e_{j,i}=0$。

2. 目标函数

（1）总的运营费用最小。

$$C_{\text{cost}}=\min\left(\sum_{j=1}^{M}D\cdot y_j+\sum_{j=1}^{M}\sum_{o=1}^{S-1}\sum_{d=o+1}^{S}(y_j\cdot F\cdot L_{o,d}\cdot o_{j,o}\cdot d_{j,d})\right) \tag{5-1}$$

（2）未服务的旅客数量最小。

$$C_{\text{passenger}}=\min\sum_{l}\sum_{o=1}^{S-1}\sum_{d=o+1}^{S}\left(P_{o,d,l}-\sum_{j=1}^{M}(u_{j,o,d}\cdot z_{j,l}\cdot y_j)\right) \tag{5-2}$$

3. 约束条件

（1）车站始发能力约束。

$$C_i^d \geqslant o_{j,i} \quad i=1,2,\cdots,S-1 \qquad j=1,2,\cdots,M \tag{5-3}$$

（2）车站终到能力约束。

$$C_i^d \geqslant d_{j,i} \quad i=2,3,\cdots,S \qquad j=1,2,\cdots,M \tag{5-4}$$

（3）列车不能途径始发站之前的车站。

$$\sum_{j=1}^{M}\sum_{i=2}^{S-1}\sum_{i1=0}^{i-1}(y_j \bullet o_{j,i} \bullet x_{j,i1})=0 \tag{5-5}$$

$$\sum_{j=1}^{M}\sum_{i=2}^{S-1}\sum_{i1=0}^{i-1}(y_j \bullet o_{j,i} \bullet s_{j,i1})=0 \tag{5-6}$$

（4）列车不能途径终到站之后的车站。

$$\sum_{j=1}^{M}\sum_{i=1}^{S-1}\sum_{i1=i+1}^{S}(y_j \bullet d_{j,i} \bullet x_{j,i1})=0 \tag{5-7}$$

$$\sum_{j=1}^{M}\sum_{i=1}^{S-1}\sum_{i1=i+1}^{S}(y_j \bullet d_{j,i} \bullet s_{j,i1})=0 \tag{5-8}$$

（5）每列车只有一个始发站。

$$\sum_{j=1}^{M}\sum_{i=1}^{S}(y_i \bullet o_{j,i})=1 \tag{5-9}$$

（6）每列车只有一个终到站。

$$\sum_{j=1}^{M}\sum_{i=1}^{S}(y_i \bullet d_{j,i})=1 \tag{5-10}$$

（7）列车在其始发站需停站。

$$o_{j,i} < x_{j,i} \qquad j=1,2,\cdots,M \qquad i=1,2,\cdots,S \tag{5-11}$$

（8）列车在其终到站需停站。

$$d_{j,i} < x_{j,i} \qquad j=1,2,\cdots,M \qquad i=1,2,\cdots,S \tag{5-12}$$

（9）列车需经过其停站的车站。

$$s_{j,i} > x_{j,i} \qquad j=1,2,\cdots,M \qquad i=1,2,\cdots,S \tag{5-13}$$

（10）车站能力约束。

$$C_i^{\mathrm{s}} \geqslant \sum_{j=0}^{M}(y_j \cdot s_{j,i}) \quad i=1,2,\cdots,S \tag{5-14}$$

（11）区间能力约束。

$$C_i^{\mathrm{E}} \geqslant \sum_{j=0}^{M}(y_j \cdot e_{j,i}) \quad k=1,2,\cdots,E \tag{5-15}$$

5.1.2 客流分配

在给定停站方案和服务频次后可进行突发事件条件下的客流分配优化，根据问题特点可建立混合整数规划模型。

1. 目标函数

（1）旅客服务周转量最大。

$$C_{\mathrm{RPK}} = \max \sum_{j=1}^{M}\sum_{o=1}^{S-1}\sum_{d=o+1}^{S}(y_j \cdot u_{j,o,d} \cdot L_{o,d}) \tag{5-16}$$

（2）所有乘客总的旅行时间最小。

$$C_{\mathrm{time}} = \min \sum_{j=1}^{M}\sum_{o=1}^{S-1}\sum_{d=o+1}^{S}(y_j \cdot u_{j,o,d}) \cdot \left(\sum_{l}(T_{o,d,l} \cdot z_{j,l}) + \sum_{o1=o+1}^{d-1}(x_{j,o1} \cdot T_{o1}^{\mathrm{S}})\right) \tag{5-17}$$

2. 约束条件

（1）旅客需求约束。

$$\sum_{o=1}^{S-1}\sum_{d=o+1}^{S}\left(\sum_{j=1}^{M}(y_j \cdot u_{j,o,d} \cdot z_{j,l}) \leqslant P_{o,d,l}\right) \quad l=1,2 \tag{5-18}$$

（2）列车定员约束。

$$\sum_{o=1}^{k}\sum_{d=o+1}^{S}(y_j \cdot u_{j,o,d}) \leqslant \sum_{l}(C_l \cdot K \cdot z_{j,l} \cdot y_j) \quad j=1,2,\cdots,M \quad k=1,2,\cdots,S-1 \tag{5-19}$$

5.2 混合智能求解算法

目前已有大量的文献研究双层规划的求解方法，按照算法机理可分为两种：一种是根据研究问题的特点将双层规划转化为多目标规划[18–19]、单层整数规划[20]、Stackelberg 博弈问题[21]等，其求解算法根据转化后的模型一般采用传统的确定性算法，如分支定界法、极点搜索法、罚函数法、下降法、梯度法等，这类方法依据某一确定性转移策略搜索局部极值点，并试图跳跃已有的局部极值点而达到某个全局最优点。这类算法虽然从理论上能够达到全局最优解，但只适用于对象规模较小的问题。另一种是利用模仿自然界某些生物进化或物理现象内在机制的随机搜索方法，如模拟退火算法、遗传算法、粒子群算法、蚁群算法等，这些算法在搜索过程中加入了随机因素，以一定的概率接近全局最优解[22]，针对大规模组合优化问题的求解具有较大优势。

本节要解决突发事件条件下高速铁路列车开行方案的编制问题，其上层规划为多目标混合整数规划模型，在给定停站方案和服务频次后，下层规划为线性整数规划模型，针对其多目标、离散、非线性、大规模组合优化的特点，本节设计了嵌入分支定界法的植物多向生长模拟混合智能求解算法。

5.2.1 模拟植物生长算法

模拟植物生长算法（plant growth simulation algorithm，PGSA）是一种以植物向光性为启发式准则的智能优化算法[23]，其原理为将整数规划的可行域看作植物的生长环境，将全局最优解当作光源。根据形态素浓度理论，模拟植物的向光性机理，建立枝叶在不同光线强度环境下向光源快速生长的动力机制，以此为基础逐步迭代得到最优解。

1. PGSA 主要流程

为了帮助理解 PGSA 的优缺点及改进内容，本节列出该算法的主要流程，详细的迭代步骤可参考文献［23］。

Step1　首先确定初始可行解，令其为迭代过程的基点 G，确定迭代步长 λ。

Step2　通过 G 作平行于坐标轴的直线，用 λ 截取，获得新的生长点集合 S' 。

Step3　计算所有生长点的目标函数值，替换最好解。

Step4　根据与初始解的距离重新分配所有生长点的形态素浓度。

Step5　根据形态素浓度选择一个生长点作为基点，更新步长，重复上述步骤，直至没有新解出现，则最后一次迭代中的最好解即为最优解。

2. PGSA 的优点

虽然模拟植物生长算法提出时间不长，但其在整数规划、组合优化及实际工程技术领域显示出突出的稳定性、精确性和全局搜索能力[24]。文献［24］的实验结果表明，对于斯坦纳最小树问题的求解，PGSA 相比模拟退火算法和蚁群算法具有更高的计算精度。文献［25］将模拟植物生长算法用于电磁学中的干扰幅度控制领域，分别与 MTACO、BA、BFA 三种智能算法比较，PGSA 均得到了更优的结果，且收敛性和计算速度明显优于其他算法。文献［26］则将 PGSA 用于输电网络的优化，结果表明 PGSA 明显优于遗传算法和粒子群算法，其求得的结果是现有文献当中最好的方案。文献［27］则将其用于电力系统无功优化，与标准遗传算法和粒子群算法相比，具有更好的稳定性。综上所述，PGSA 具有如下优点。

（1）与标准遗传算法、粒子群算法等相比，具有更快的收敛速度和全局搜索能力。

（2）迭代步骤简单，有利于算法编程。

（3）适用于大规模、非线性整数规划问题的求解。

3. PGSA 的缺点

根据上述迭代步骤可以看出 PGSA 存在如下缺点。

（1）不符合植物向光性。

植物是由树根、枝干和节组成的系统，树根可看作规划问题中的初始可行解，枝干可看作迭代过程中跨越可行域的中间解，节（生长点）是具有生长能力的分枝，可产生新的解。当植物有多个节时，根据其形态素浓度决定具体哪个节能生长出新的分枝，形态素的浓度越大，该节长出新枝的机会就越大。当后续新枝产生后，根据新系统所在环境的改变，形态素浓度将重新在各生长点之间进行分配。PGSA 根据节点与最初的根的相对位置确定节点形态素的浓度值，即生长概率。这种计算方式使得算法的每次迭代都依赖于初始解，如果初始解选择不当，则很难产生全局最优解，算法具有很大的局限性。

（2）新枝生长方向单一。

PGSA 将新枝的生长角度定义为 90°，即每一次迭代中，只改变解空间中与坐标轴平行的某一个维度上的数值，这既不符合现实世界中植物的自然属性，又影响了算法的计算速度。

5.2.2　植物多向生长模拟算法

针对 PGSA 的缺点，本节对其进行以下两方面的改进。

（1）改进形态素浓度分配方式。

植物系统中形态素的浓度是根据节点所受光照条件决定的，虽然在迭代过程中并不知道光源（最优解）的位置，但可以根据更接近光源的、迭代中产生的新的最好解决定具有生长能力的节点及其形态素浓度，相比 PGSA，这更符合植物生长的自然机理。

（2）增加新的生长方向。

现实世界中，新枝的生长角度并非固定在某个角度，而是根据其所在的位置随机变化。因此，本节将新枝的生长方向引入随机选择机制，使算法在迭代中可增加其他的搜索方向，提高算法的全局搜索能力。

本节将改进后的算法称为植物多向生长模拟算法（plant multi-direction growth simulation algorithm，PMGSA）。相比 PGSA 而言，PMGSA 更符合植物生长的自然机理，不仅会增加解的多样性，而且会加快算法收敛速度。

1. PMGSA 主要流程

以整数规划为例，阐述 PMGSA 的具体步骤。

$$\begin{cases}\min f(\boldsymbol{x}) \\ \text{s.t.} \\ \boldsymbol{x}\in X, \boldsymbol{x}=(x_1,x_2,\cdots,x_n) \\ \boldsymbol{x}\text{为整数向量}\end{cases}$$

Step1　确定初始基点 $\boldsymbol{x}^0 \in X$，步长 λ 为正整数，令 $\boldsymbol{x}_{\min}=\boldsymbol{x}^0$，$f_{\min}=f(\boldsymbol{x}^0)$。对于极小值求解问题，令 F 为能够接受光照的最大值，即只有函数值小于 F 的节点才具有生长能力。令迭代次数 $k=0$，此时初始基点 $\boldsymbol{x}^0$ 可看作具有生长能力的节点（生长点），令 $\boldsymbol{x}^G=\boldsymbol{x}^0$，解空间集合 $S=\{\boldsymbol{x}^0\}$，解的个数为 $\Omega(S)=1$。

Step2　根据不同的旋转角度产生新节点。

根据新枝之间的旋转角度为 90°，可通过 $\boldsymbol{x}^G$ 做平行于坐标轴的直线段，这些直线段可看作树干。然后以 $\boldsymbol{x}^G$ 为中心，按照坐标轴的正负方向以步长 λ^0 截取树干上的节点 $s'_{i_1,j_1}, i_1=1,2,\cdots,2n, j_1=1,2,\cdots,m_{i_1}$，$s'_{i_1,j_1}$ 表示第 i_1 个树干上第 j_1 个节的值，m_{i_1} 表示第 i_1 个树干上节点的个数。

除了上述旋转角度外，一些物种（如葡萄）根据节所在的位置不同，可能出现与 3 个枝干相对称的旋转方向，故可从 n 个方向中随机选取 3 个，与这 3 个分枝对称的方向形成一个新的树干，然后以 $\boldsymbol{x}^G$ 为中心，同样以步长 λ 截取树干上的节点$s'_{i_{2n+1},j_1}, j_1=1,2,\cdots,m_{i_{2n+1}}$，根据问题规模的大小，可重复这个过程$n$次，产生$n$个新的生长方向。

至此，产生新节点的集合S'。

Step3 保存最优解。

求新的节的函数值，令$s'_{p,q}$为当前具有最小函数值的节点，即

$$f^*(s'_{p,q})=\min\{f(s'_{i_1,j_1}),i_1=1,2,\cdots,3n,j_1=1,2,\cdots,m_{i_1}\}$$

若$f^*(s'_{p,q})<f_{\min}$，则令$\boldsymbol{x}_{\min}=s'_{p,q}$，$f_{\min}=f^*(s'_{p,q})$。

若$f^*(s'_{p,q})=f_{\min}$，则令$\boldsymbol{x}_{\min}:=\boldsymbol{x}_{\min}\cup\{s'_{p,q}\}$。

Step4 计算节点生长概率。

令$S:=S\cup S'$，$F=f_{\min}+\sum(f(s)-f_{\min})/\varOmega(S)$。

对于每一个$s\in S$：

若$F\leqslant f(s)$，则$P_s=0$，$S:=S\setminus\{s\}$。

若$F>f(s)$，则$P_s=(F-f(s))/\left(\sum\limits_{s\in S}(F-f(s))\right)$。

利用F替代 PGSA 中的初始解，不但更符合植物向光性的自然机理，且规避了 PGSA 每一次迭代都依赖初始解的缺点，此外，保证了增加n个新的枝干后的生长概率仍然满足$\sum\limits_{s\in S}P_s=1$。

Step5 选择新的基点。

产生一个随机数$\eta\in(0,1)$，选择满足$\sum\limits_{s}^{t-1}P_s<\eta<\sum\limits_{s}^{t}P_s,t\in[1,\varOmega(S)]$的节$s_t$为新的基点。令$x^G=s_t$，$k=k+1$，步长$\lambda^k\leqslant\lambda^{k-1},\lambda^k$为正整数，重复 Step2～Step5。

Step6 迭代终止。

根据问题的规模和性质，可设置如下终止条件。

（1）达到指定的迭代次数或计算时间。

（2）达到指定的计算精度。

（3）达到最优解保持不变的迭代次数。

（4）已经没有新枝产生。

（5）上述几种情况的综合。

2. 算法收敛性分析

植物多向生长模拟算法在搜索过程中，新生长点的选择仅仅依赖于当前的生长点集合，因此从一个给定的基点达到特定生长点的搜索过程的条件概率，在任何时刻都不会受到前一代产生的生长点的影响，故植物多向生长模拟算法的搜索过程满足马尔可夫性，本节将利用马尔可夫链对节点最优选择过程进行理论分析，得到 PMGSA 收敛性方面的重要结论。

由于植物多向生长模拟算法的生长方向、新的生长点的选择都是独立且随机进行的，其产生新一代节点时仅与当前的枝干相关，而与之前的各代解无关，即生长点具有无后效性，并且各代节点之间的转换概率与时间起点无关，因此，可以将生长点所处的各种可能状态假设为E，它可以分为两类：一类是节点包括最优值的状态，设为E_0；另一类是节点不包括最优值的状态，设为E_n，它们满足下列条件：

（1）$E=E_0\bigcup E_n$；

（2）$E_0\bigcap E_n=\varnothing$。

根据上述 PMSGA 步骤的描述，其每一次迭代都可划分为三个部分。第一个是生长点的选择过程，第二个是生长点随机选择生长方向产生新枝的过程（生长方向选择过程），第三个是节点形态素浓度重新分配的过程，就是解空间的选择。故每次迭代时，节点空间从某一个状态$i\in E$转移至另一个状态$j\in E$，需经历三次选择过程，将选择过程的转移概率分别记为：$g_{i,j}$，$d_{i,j}$，$h_{i,j}$，其相应的随机转移矩阵为$\boldsymbol{G}=\{g_{i,j}\}$，$\boldsymbol{D}=\{d_{i,j}\}$，$\boldsymbol{H}=\{h_{i,j}\}$，则 PMGSA 的生长点状态变换矩阵为$\boldsymbol{P}=\boldsymbol{D}\bullet\boldsymbol{G}\bullet\boldsymbol{H}=\{p_{i,j}\}$。

由上述 PMGSA 过程可知，经过生长点选择过程的转移概率$g_{i,j}>0$，而且生长方向选择过程产生的转移概率$d_{i,j}>0$，而在节点形态素浓度重新分配的过程中，需计算节点的函数值，其中当$F\leqslant f(s)$时，节点的生长概率$P_s=0$，$S:=S\setminus\{s\}$，此时得到的节点形态素浓度分配的转移概率为$h_{i,j}=0$；当$F>f(s)$时，节点的生长概率为$P_s=(F-f(s))\Big/\left(\sum\limits_{s\in S}(F-f(s))\right)$，故转移概率$h_{i,j}>0$。

由此可知节点空间序列构成的齐次马尔可夫链$\{S(k),k\geqslant 0\}$具有如下性质：

$$S(k)=S(0)\bullet(p)^k \tag{5-20}$$

$$S_j(k)=\sum_{i\in E}[S_i(0)\bullet(p_{i,j})^k]\quad k=0,1,2,\cdots \tag{5-21}$$

此前我们假设节点集合状态中包含最优值的状态为E_0，不包含最优值的状态为E_n，则该随机过程的状态转移概率为

$$p_{i,j} > 0 \quad i \in E \quad j \in E_0 \tag{5-22}$$

$$p_{i,j} = 0 \quad i \in E_0 \quad j \in E_n \tag{5-23}$$

故对于$\forall i \in E, \forall j \in E_n$，总存在一个正整数 M，使得当迭代次数 $k>M$ 时，$(p_{i,j})^k \to 0$ 成立，因此可以得到以下结论：

$$\lim_{k\to\infty} S_j(k) = \lim_{k\to\infty}\sum_{i\in E}[S_i(0)\cdot(p_{i,j})^k] = 0 \tag{5-24}$$

当迭代次数 $k>M$ 时，节点集合不包括最优生长点的概率为 0，所以算法总能够以概率 1 找到最优生长点，即算法总能够以概率 1 找到最优解，M 的取值可根据规划问题的性质和规模确定，因此本节可得出定理 5–1。

定理 5–1 针对不同的非线性整数规划问题，总存在一个正整数 M，使得当迭代次数 $k>M$ 时，PMGSA 收敛于最优解的概率为 1。

3. 案例

对有约束和无约束两类非线性整数规划进行实例分析，以验证改进后的 PMGSA 具有更好的全局收敛性和收敛速度。

1）算例 1

求解无约束非线性整数规划问题。

$$\min\sum_{i=1}^{n}(x_i^4 - 4.9x_i^2) \tag{5-25}$$

$$\text{s.t.} \quad |x_i| \leqslant 5 \quad x_i\text{为整数} \tag{5-26}$$

文献［28］利用改进的填充函数法对 n=2 和 n=4 的情况进行求解，迭代次数分别为 57 次和 265 次，其算法过程决定了最优解的个数为 1，目标函数值为–11.7。文献［23］利用 PGSA 对 n=3 的情况进行求解，经过 51 次迭代之后得到 3 个全局最优解：$\boldsymbol{x}^* = (-1,-1,1)$，$\boldsymbol{x}^* = (1,1,1)$ 和 $\boldsymbol{x}^* = (-1,1,1)$，目标函数值为–11.7。利用改进的 PMGSA 经过 10 次迭代得到 8 个全局最优解：$\boldsymbol{x}^* = (1,-1,-1)$，$\boldsymbol{x}^* = (-1,-1,-1)$，$\boldsymbol{x}^* = (-1,1,1)$，$\boldsymbol{x}^* = (-1,-1,1)$，$\boldsymbol{x}^* = (1,1,-1)$，$\boldsymbol{x}^* = (-1,1,-1)$，$\boldsymbol{x}^* = (1,1,1)$，$\boldsymbol{x}^* = (1,-1,1)$，目标函数值为–11.7，其植物生长过程可见图 5–2，迭代过程见表 5–1。

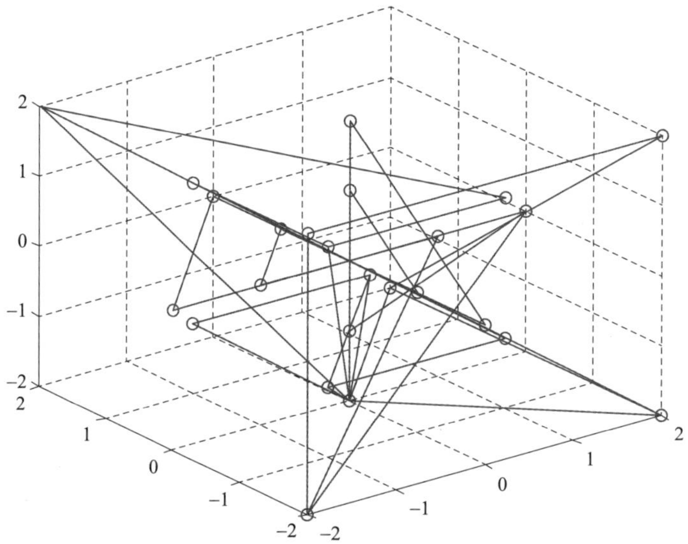

图 5–2　算例 1 植物生长过程

表 5–1　算例 1 迭代过程

步骤	生长点	目标函数值	生长概率	状态空间	随机数
0	0，0，0	0	1.0	1.0	
1	2，2，2	−10.8	0.2	0.2	0.615 6
	−2，2，−2	−10.8	0.2	0.4	
	−2，−2，−2	−10.8	0.2	0.6	
	2，0，0	−3.6	0.066 7	0.666 7	
	−2，0，0	−3.6	0.066 7	0.733 3	
	0，2，0	−3.6	0.066 7	0.8	
	0，−2，0	−3.6	0.066 7	0.866 7	
	0，0，2	−3.6	0.066 7	0.933 3	
	0，0，−2	−3.6	0.066 7	1	
2	−2，−2，2	−10.8	0.142 8	0.142 8	0.276 0
	2，−2，−2	−10.8	0.142 8	0.285 7	
	2，2，2	−10.8	0.142 8	0.428 5	
	−2，2，−2	−10.8	0.142 8	0.571 4	
	−2，−2，−2	−10.8	0.142 8	0.714 2	

续表

步骤	生长点	目标函数值	生长概率	状态空间	随机数
2	2，0，0	−3.6	0.047 6	0.761 9	0.276 0
	−2，0，0	−3.6	0.047 6	0.809 5	
	0，2，0	−3.6	0.047 6	0.857 1	
	0，−2，0	−3.6	0.047 6	0.904 7	
	0，0，2	−3.6	0.047 6	0.952 3	
	0，0，−2	−3.6	0.047 6	1	
3	2，2，−2	−10.8	0.125 0	0.125 0	0.314 4
	−2，−2，2	−10.8	0.125 0	0.250 0	
	2，−2，−2	−10.8	0.125 0	0.375 0	
	2，2，2	−10.8	0.125 0	0.500 0	
	−2，2，−2	−10.8	0.125 0	0.625 0	
	−2，−2，−2	−10.8	0.125 0	0.750 0	
	2，0，0	−3.6	0.041 6	0.791 6	
	−2，0，0	−3.6	0.041 6	0.833 3	
	0，2，0	−3.6	0.041 6	0.875 0	
	0，−2，0	−3.6	0.041 6	0.916 6	
	0，0，2	−3.6	0.041 6	0.958 3	
	0，0，−2	−3.6	0.041 6	1	
4	2，2，−2	−10.8	0.125 0	0.125 0	0.229 1
	−2，−2，2	−10.8	0.125 0	0.250 0	
	2，−2，−2	−10.8	0.125 0	0.375 0	
	2，2，2	−10.8	0.125 0	0.500 0	
	−2，2，−2	−10.8	0.125 0	0.625 0	
	−2，−2，−2	−10.8	0.125 0	0.750 0	
	2，0，0	−3.6	0.041 6	0.791 6	
	−2，0，0	−3.6	0.041 6	0.833 3	
	0，2，0	−3.6	0.041 6	0.875 0	

续表

步骤	生长点	目标函数值	生长概率	状态空间	随机数
4	0，−2，0	−3.6	0.041 6	0.916 6	0.229 1
	0，0，2	−3.6	0.041 6	0.958 3	
	0，0，−2	−3.6	0.041 6	1	
5	1，1，−1	−11.7	0.087 8	0.087 8	0.424 2
	−1，−1，−1	−11.7	0.087 8	0.175 6	
	2，2，−2	−10.8	0.081 0	0.256 7	
	−2，−2，2	−10.8	0.081 0	0.337 8	
	2，−2，−2	−10.8	0.081 0	0.418 9	
	2，2，2	−10.8	0.081 0	0.5	
	−2，2，−2	−10.8	0.081 0	0.581 0	
	−2，−2，−2	−10.8	0.081 0	0.662 1	
	1，0，0	−3.9	0.029 2	0.691 4	
	−1，0，0	−3.9	0.029 2	0.720 7	
	0，1，0	−3.9	0.029 2	0.75	
	0，−1，0	−3.9	0.029 2	0.779 3	
	0，0，1	−3.9	0.029 2	0.808 6	
	0，0，−1	−3.9	0.029 2	0.837 8	
	2，0，0	−3.6	0.027 0	0.864 9	
	−2，0，0	−3.6	0.027 0	0.891 9	
	0，2，0	−3.6	0.027 0	0.918 9	
	0，−2，0	−3.6	0.027 0	0.945 9	
	0，0，2	−3.6	0.027 0	0.973 0	
	0，0，−2	−3.6	0.027 0	1	
6	−1，1，1	−11.7	0.074 7	0.074 7	0.478 5
	1，−1，−1	−11.7	0.074 7	0.149 4	
	1，1，−1	−11.7	0.074 7	0.224 1	

续表

步骤	生长点	目标函数值	生长概率	状态空间	随机数
6	−1，−1，−1	−11.7	0.074 7	0.298 9	0.478 5
	2，2，−2	−10.8	0. 069 0	0.367 8	
	−2，−2，2	−10.8	0. 069 0	0.436 8	
	2，−2，−2	−10.8	0. 069 0	0.505 7	
	2，2，2	−10.8	0. 069 0	0.574 7	
	−2，2，−2	−10.8	0. 069 0	0.643 7	
	−2，−2，−2	−10.8	0.069 0	0.712 6	
	⋮	⋮	⋮	⋮	
	0，0，−2	−3.6	0.023 0	1	
7	−1，1，−1	−11.7	0.069 5	0.069 5	0.041 0
	−1，1，1	−11.7	0.069 5	0.139 0	
	1，−1，−1	−11.7	0.069 5	0.208 5	
	1，1，−1	−11.7	0.069 5	0.278 1	
	−1，−1，−1	−11.7	0.069 5	0.347 6	
	⋮	⋮	⋮	⋮	
	0，0，−2	−3.6	0.021 4	1	
8	−1，−1，1	−11.7	0.065 0	0.065 0	0.345 0
	−1，1，−1	−11.7	0.065 0	0.130 0	
	−1，1，1	−11.7	0.065 0	0.195 0	
	1，−1，−1	−11.7	0.065 0	0.260 0	
	1，1，−1	−11.7	0.065 0	0.325 0	
	−1，−1，−1	−11.7	0.065 0	0.390 0	
	⋮	⋮	⋮	⋮	
	0，0，−2	−3.6	0.020 0	1	
9	1，1，1	−11.7	0.061 0	0.061 0	0.388 7
	−1，−1，1	−11.7	0.061 0	0.122 1	
	−1，1，−1	−11.7	0.061 0	0.183 1	
	−1，1，1	−11.7	0.061 0	0.244 1	

续表

步骤	生长点	目标函数值	生长概率	状态空间	随机数
9	1，−1，−1	−11.7	0.061 0	0.305 2	0.388 7
	1，1，−1	−11.7	0.061 0	0.366 2	
	−1，−1，−1	−11.7	0.061 0	0.427 2	
	⋮	⋮	⋮	⋮	
	0，0，−2	−3.6	0.018 8	1	
10	1，−1，1	−11.7	0.057 5	0.057 5	
	1，1，1	−11.7	0.057 5	0.115 0	
	−1，−1，1	−11.7	0.057 5	0.172 6	
	−1，1，−1	−11.7	0.057 5	0.230 1	
	−1，1，1	−11.7	0.057 5	0.287 6	
	1，−1，−1	−11.7	0.057 5	0.345 1	
	1，1，−1	−11.7	0.057 5	0.402 7	
	−1，−1，−1	−11.7	0.057 5	0.460 2	
	⋮	⋮	⋮	⋮	
	0，0，−2	−3.6	0.017 7	1	

2）算例 2

求解有约束非线性整数规划问题：

$$\min \quad (x_1-1)^2+(x_2-2)^2+(x_3-4)^2 \tag{5–27}$$

$$\text{s.t.} \quad -x_1+x_2+x_3 \leqslant 3.5 \tag{5–28}$$

$$x_1+x_2-x_3 \leqslant 6 \tag{5–29}$$

$$x_1,x_2,x_3 \geqslant 0 \quad x_1,x_2,x_3\text{为整数} \tag{5–30}$$

文献［29］利用改进的罚函数法进行求解，最终得到两个全局最优解：$\boldsymbol{x}^*=(1,1,3)$ 和 $\boldsymbol{x}^*=(2,2,3)$，目标函数值为 2。文献［23］利用 PGSA 进行求解，经过 37 次迭代之后得到 3 个全局最优解：$\boldsymbol{x}^*=(2,1,4)$，$\boldsymbol{x}^*=(1,1,3)$ 和 $\boldsymbol{x}^*=(2,2,3)$，目标函数值为 2。利用改进后的 PMGSA 经过 8 次迭代得到 3 个最优解：$\boldsymbol{x}^*=(2,1,4)$，$\boldsymbol{x}^*=(1,1,3)$，$\boldsymbol{x}^*=(2,2,3)$，目标函数值为 2。其植物生长过程见图 5–3，迭代过程见表 5–2。

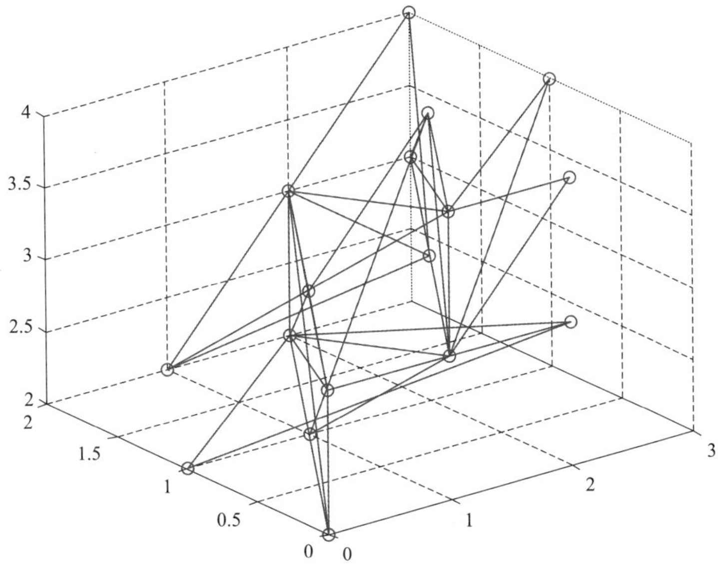

图 5–3　算例 2 植物生长过程

表 5–2　算例 2 迭代过程

步骤	生长点	目标函数值	生长概率	状态空间	随机数
0	0，0，0	0	1.0	1.0	
1	0，0，3	6.0	1.0	1.0	0.809 8
2	2，2，2	5.0	0.472 2	0.472 2	0.583 4
	0，0，3	6.0	0.388 8	0.861 1	
	0，0，2	9.0	0.138 8	1.0	
3	2，2，3	2.0	0.461 5	0.461 5	0.717 3
	2，2，2	5.0	0.230 7	0.692 3	
	2，0，3	6.0	0.153 8	0.846 1	
	0，0，3	6.0	0.153 8	1.0	
4	2，2，3	2.0	0.391 3	0.391 3	0.957 0
	1，0，4	4.0	0.217 3	0.608 6	
	1，0，3	5.0	0.130 4	0.739 1	
	2，2，2	5.0	0.130 4	0.869 5	
	0，1，2	6.0	0.043 4	0.913 0	

续表

步骤	生长点	目标函数值	生长概率	状态空间	随机数
4	2，0，3	6.0	0.043 4	0.956 5	0.957 0
	0，0，3	6.0	0.043 4	1.0	
5	1，1，3	2.0	0.317 3	0.317 3	0.518 2
	2，2，3	2.0	0.317 3	0.634 6	
	1，0，4	4.0	0.163 4	0.798 0	
	1，0，3	5.0	0.086 5	0.884 6	
	2，2，2	5.0	0.086 5	0.971 1	
	0，1，2	6.0	0.009 6	0.980 7	
	2，0，3	6.0	0.009 6	0.990 3	
	0，0，3	6.0	0.009 6	1.0	
6	1，1，3	2.0	0.285 7	0.285 7	0.865 9
	2，2，3	2.0	0.285 7	0.571 4	
	1，2，2	4.0	0.142 8	0.714 2	
	1，0，4	4.0	0.142 8	0.857 1	
	1，0，3	5.0	0.071 4	0.928 5	
	2，2，2	5.0	0.071 4	1.0	
7	1，1，3	2.0	0.349 9	0.349 9	0.048 4
	2，2，3	2.0	0.349 9	0.699 9	
	2，1，3	3.0	0.200 0	0.899 9	
	1，2，2	4.0	0.050 0	0.950 0	
	1，0，4	4.0	0.050 0	1.0	
8	2，1，4	2.0	0.223 2	0.223 2	
	1，1，3	2.0	0.223 2	0.446 4	
	2，2，3	2.0	0.223 2	0.669 6	
	2，1，3	3.0	0.142 8	0.812 4	
	3，2，4	4.0	0.062 4	0.874 9	
	1，2，2	4.0	0.062 4	0.937 4	
	1，0，4	4.0	0.062 4	1.0	

3）算例 3

求解有约束非线性整数规划问题：

$$\min \quad x_1^2 + 2x_2^2 + x_3^2 + 2x_4^2 - 27x_1 - 31x_2 - 41x_3 - 34x_4 \tag{5-31}$$

$$\text{s.t.} \quad x_1^2 + 2x_2^2 + 2x_3^2 + x_4^2 - x_1 + x_2 - x_3 \leqslant 61 \tag{5-32}$$

$$2x_1^2 + 3x_2^2 + 3x_3^2 + x_4^2 - x_2 - 2x_3 + x_4 \leqslant 90 \tag{5-33}$$

$$x_1^2 + 2x_2^2 + 2x_4^2 + 2x_1 - x_2 + 3x_4 \leqslant 43 \tag{5-34}$$

$$0 \leqslant x_i \geqslant 20 \quad i = 1, \cdots, 4 \quad x_i 为整数 \tag{5-35}$$

文献［30］首先利用改进的遗传算法搜索离散的局部最优解，然后将这些解作为初始点，再利用填充函数法寻找更好的局部最优解（基于遗传算法的混合算法），最终得到全局最优解为：$\boldsymbol{x}^*$=（3，4，3，2），目标函数值为–338。文献［31］利用 PGSA 进行求解，经过 33 次迭代同样得到上述解。而利用 PMGSA 经过 22 次迭代可得到 1 个更优的解：$\boldsymbol{x}^*$=（2，2，5，2），目标函数值为–344。其迭代过程见表 5–3。

表 5–3　算例 3 迭代过程

步骤	生长点	目标函数值	生长概率	状态空间	随机数
1	0，2，2，2	–192	0.442 4	0.442 4	0.379 6
	0，0，2，0	–78	0.179 7	0.622 1	
	0，0，0，2	–60	0.138 2	0.760 4	
	0，2，0，0	–54	0.124 4	0.884 8	
	2，0，0，0	–50	0.115 2	1.000 0	
2	0，2，2，2	–192	0.356 9	0.356 9	0.875 9
	2，2，0，0	–104	0.193 3	0.550 2	
	0，0，2，0	–78	0.145 0	0.695 2	
	0，0，0，2	–60	0.111 5	0.806 7	
	0，2，0，0	–54	0.100 4	0.907 1	
	2，0，0，0	–50	0.092 9	1.000 0	
3	0，2，2，2	–192	0.191 2	0.191 2	0.396 8
	0，2，2，0	–132	0.131 5	0.322 7	
	2，0，2，0	–128	0.127 5	0.450 2	
	0，2，0，2	–114	0.113 5	0.563 7	

续表

步骤	生长点	目标函数值	生长概率	状态空间	随机数
3	2，2，0，0	−104	0.103 6	0.667 3	0.396 8
	0，4，0，0	−92	0.091 6	0.759 0	
	0，0，2，0	−78	0.077 7	0.836 7	
	0，0，0，2	−60	0.059 8	0.896 4	
	0，2，0，0	−54	0.053 8	0.950 2	
	2，0，0，0	−50	0.049 8	1.000 0	
4	2，0，4，0	−198	0.108 4	0.108 4	0.902 5
	0，2，2，2	−192	0.105 1	0.213 6	
	2，0，2，2	−188	0.103 0	0.316 5	
	2，2，2，0	−182	0.099 7	0.416 2	
	4，0，2，0	−170	0.093 1	0.509 3	
	0，2，2，0	−132	0.072 3	0.581 6	
	2，0，2，0	−128	0.070 1	0.651 7	
	0，2，0，2	−114	0.062 4	0.714 1	
	2，2，0，0	−104	0.057 0	0.771 1	
	0，4，0，0	−92	0.050 4	0.821 5	
	0，0，0，3	−84	0.046 0	0.867 5	
	0，0，2，0	−78	0.042 7	0.910 2	
	0，0，0，2	−60	0.032 9	0.943 0	
	0，2，0，0	−54	0.029 6	0.972 6	
	2，0，0，0	−50	0.027 4	1.000 0	
5	2，0，4，0	−198	0.086 0	0.086 0	0.268 6
	0，2，2，2	−192	0.083 4	0.169 5	
	2，0，2，2	−188	0.081 7	0.251 2	
	2，2，2，0	−182	0.079 1	0.330 3	
	4，0，2，0	−170	0.073 9	0.404 2	
	0，2，2，0	−132	0.057 4	0.461 5	
	2，0，2，0	−128	0.055 6	0.517 2	
	0，0，3，0	−114	0.049 5	0.566 7	

续表

步骤	生长点	目标函数值	生长概率	状态空间	随机数
5	0，2，0，2	–114	0.049 5	0.616 3	0.268 6
	0，0，2，1	–110	0.047 8	0.664 1	
	0，1，2，0	–107	0.046 5	0.710 6	
	1，0，2，0	–104	0.045 2	0.755 8	
	2，2，0，0	–104	0.045 2	0.801 0	
	0，4，0，0	–92	0.040 0	0.840 9	
	0，0，0，3	–84	0.036 5	0.877 4	
	0，0，2，0	–78	0.033 9	0.911 3	
	0，0，0，2	–60	0.026 1	0.937 4	
	0，2，0，0	–54	0.023 5	0.960 9	
	2，0，0，0	–50	0.021 7	0.982 6	
	0，0，1，0	–40	0.017 4	1.000 0	
6	2，2，3，0	–218	0.053 2	0.053 2	0.969 9
	2，2，2，1	–214	0.052 2	0.105 4	
	3，2，2，0	–204	0.049 8	0.155 2	
	2，3，2，0	–203	0.049 5	0.204 7	
	2，0，4，0	–198	0.048 3	0.253 1	
	2，3，1，1	–197	0.048 1	0.301 1	
	0，2，2，2	–192	0.046 9	0.348 0	
	2，0，2，2	–188	0.045 9	0.393 9	
	2，2，2，0	–182	0.044 4	0.438 3	
	4，0，2，0	–170	0.041 5	0.479 7	
	1，1，3，0	–169	0.041 2	0.521 0	
	1，2，2，0	–158	0.038 6	0.559 5	
	2，1，2，0	–157	0.038 3	0.597 9	
	2，2，1，0	–144	0.035 1	0.633 0	
	1，1，2，0	–133	0.032 5	0.665 4	
	0，2，2，0	–132	0.032 2	0.697 7	
	2，0，2，0	–128	0.031 2	0.728 9	

续表

步骤	生长点	目标函数值	生长概率	状态空间	随机数
6	0，0，3，0	–114	0.027 8	0.756 7	0.969 9
	0，2，0，2	–114	0.027 8	0.784 5	
	0，0，2，1	–110	0.026 8	0.811 4	
	0，1，2，0	–107	0.026 1	0.837 5	
	1，0，2，0	–104	0.025 4	0.862 9	
	2，2，0，0	–104	0.025 4	0.888 2	
	0，4，0，0	–92	0.022 4	0.910 7	
	0，0，0，3	–84	0.020 5	0.931 2	
	0，0，2，0	–78	0.019 0	0.950 2	
	0，0，0，2	–60	0.014 6	0.964 9	
	0，2，0，0	–54	0.013 2	0.978 0	
	2，0，0，0	–50	0.012 2	0.990 2	
	0，0，1，0	–40	0.009 8	1.000 0	
⋮	⋮	⋮	⋮	⋮	⋮
21	1，2，5，2	–320	0.018 1	0.018 1	0.184 2
	2，1，5，2	–319	0.018 1	0.036 2	
	2，1，5，1	–291	0.016 5	0.052 7	
	2，1，4，2	–287	0.016 3	0.068 9	
	2，2，5，0	–284	0.016 1	0.085 0	
	⋮	⋮	⋮	⋮	
	0，1，0，0	–29	0.001 6	1.000 0	
22	2，2，5，2	–344	0.017 9	0.017 9	
	2，1，5，3	–343	0.017 8	0.035 7	
	3，1，4，3	–333	0.017 3	0.053 0	
	1，2，5，2	–320	0.016 6	0.069 6	
	⋮	⋮	⋮	⋮	
	0，1，0，0	–29	0.001 5	1.000 0	

将上述三个算例的计算结果汇总，见表 5–4。

表 5–4 算例结果汇总

问题	求解算法	最优值	迭代次数	最优解个数
算例 1	文献［28］的填充函数法	–11.7	≥57	1
	文献［23］的 PGSA	–11.7	51	3
	PMGSA	–11.7	10	8
算例 2	文献［29］的罚函数法	2	—	2
	文献［23］的 PGSA	2	37	3
	PMGSA	2	8	3
算例 3	文献［30］的基于遗传算法的混合算法	–338	—	1
	文献［31］的 PGSA	–338	33	1
	PMGSA	–344	22	1

PGSA 在每一步迭代时，生长点上长出新枝的方向只选择平行于坐标轴的方向，使每一次迭代解空间只能更新某一个维度上的值，且完全依赖初始解的选择；而 PMGSA 添加了生长方向随机选择机制，即可同时改变解空间中多个维度上的值，这使得 PGSA 需要多次迭代才能获得的解，PMGSA 经过 1 次就可得到，同时增加了每一次迭代过程中解的多样性。此外，PMGSA 规避了 PGSA 中形态素浓度分配依赖初始解的缺点，改为距离光源的远近进行分配，更符合植物生长的自然机理。经过上述改进后的 PMGSA 收敛速度和全局寻优能力都有了很大提升，更适应于突发事件条件下列车开行方案编制双层规划这一大规模复杂问题的求解。

5.2.3 基于 PMGSA 的列车开行方案编制算法的实现

根据问题特点，本节设计了一个嵌套分支定界法的植物多向生长模拟混合智能算法，以此来求解突发事件条件下列车开行方案编制双层规划问题。

1. 建立停站方案集

分析双层规划模型特点可知，上层规划模型中列车停站、始发、终到和服务频次等产生了大量的 0–1 变量，这种设计方法虽然可清晰地描述列车停站、始发、终到和是否开行等情况，但是会大大增加变量的维数，同时产生大量的唯一性约束，这使得迭代过程中容易产生大量的不可行解，影响算法求解效率，甚至有时无法找到最优解。而现实运营环境中只有少数枢纽车站具有始发、终到能力。按照中国铁路运输组织的特点，其停站设置也有相应的规则。因此在问题求解过程中，本节设计不同类型停站方案的服务频次为变量集，这样使得变量维数大大降低，并减少了大量的始发和终到能力约束。

根据目前中国铁路运输组织特点，一般设置四类停站方案[32]：（1）一站直达列车方案（non–stopping–schedule，NSS），列车在两个枢纽站间或跨一个以上枢纽站运行，沿途不停站。当列车在两个枢纽站间运行时一般采用高速短编组；若列车跨一个以上枢纽站运行，则采用高速长编组。这种方案旅行时间最短，级别最高。假设共有 A_1 种 NSS 方案。（2）大站停靠列车方案（stop at major stations，SMS），列车跨一个以上枢纽站运行，只在枢纽大站停靠，一般采用高速长编组运行，这种方案旅行时间次短，级别较高。假设共有 A_2 种 SMS 方案。（3）交错停站列车方案（stop at staggered stations，SSS），列车跨一个以上枢纽站运行，除在枢纽大站停靠外，还在沿途的中间站交错停站，采用长编组运行。这类方案可以满足大部分中等级别旅客需求。假设共有 A_3 种 SSS 方案。（4）站站停列车方案（stop at all stations，SAS），列车只在相邻两个枢纽站间运行，沿途各站均停靠，这类方案可满足短途旅客的需求，级别最低。假设共有 A_4 种 SAS 方案。假设以上共有 N 种停站方案，即 $N=A_1+A_2+A_3+A_4$，故上层规划模型的变量个数为 N。相应地，算法中各生长点的维度为 N。

图 5–4 举例说明了基于 PMGSA 的列车开行方案编制算法中停站方案及其服务频次的设置关系。图 5–4 中涉及 K 个车站，所有可能的停站方案描述为一个 $K\times N$ 的二维矩阵 $\boldsymbol{X}$，其中每一行代表一种停站方案，每一列代表相应的车站。矩阵中的元素可取值为 1 或者 0，当停站方案 j 在车站 i 有停站时，$X_{j,i}=1$，否则 $X_{j,i}=0$。左侧 U 个生长点代表 U 种可能的服务频次组合，每个生长点是维度为 N 的向量，其中每个元素取值为整数且对应一种停站方案，若取值为 0 则代表不采用该停站方案。值得注意的是，在算法的每次迭代中生长点的个数是不定的，故 U 的值是变化的。

2. 基于 PMGSA 的求解流程

基于 PMGSA 求解突发事件条件下列车开行方案编制双层规划模型，具体步骤如下。

Step1　输入客流需求、车站设置、区间长度、运行时间等信息，设计决策变量 $\boldsymbol{x}$，确定变量取值与停站方案的对应关系。

Step2　选取决策变量的初始解 $\boldsymbol{x}^0$，令 $\boldsymbol{x}_{\min}=\boldsymbol{x}^0$，计算 $\boldsymbol{x}^0$ 的目标函数值，令

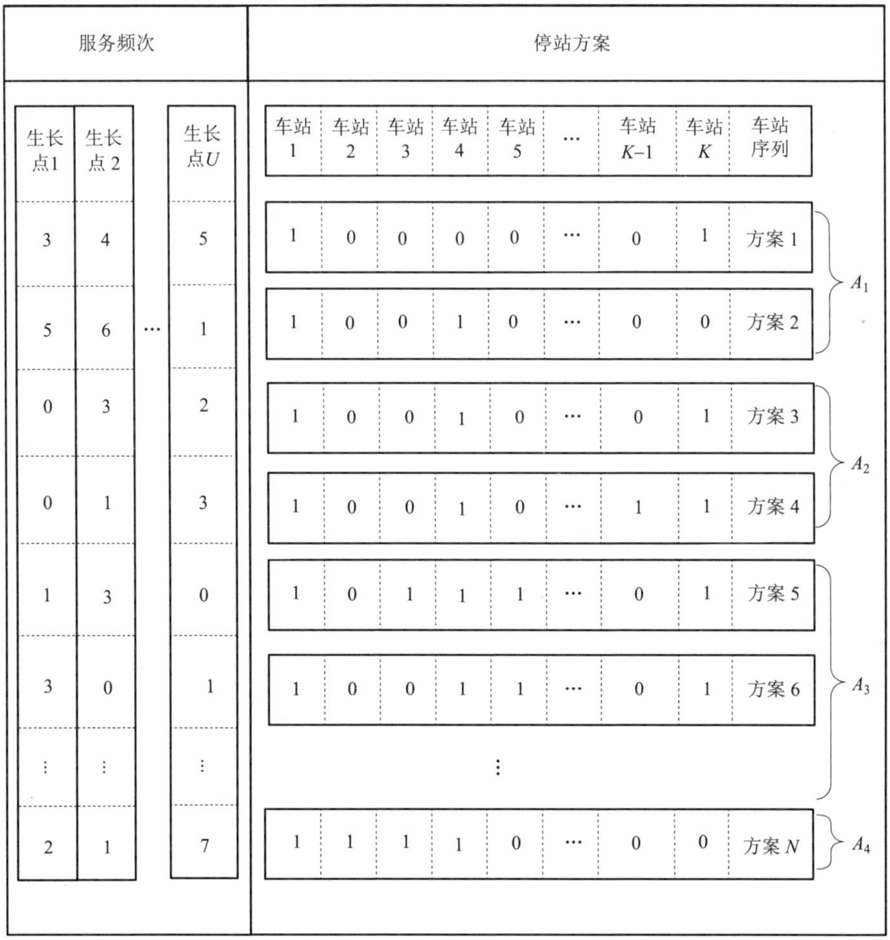

图 5–4　停站方案及服务频次描述

$f_{\min}=f(\boldsymbol{x}^0)$，此时初始基点 $\boldsymbol{x}^0$ 可看作具有生长能力的节点，$\boldsymbol{x}^G=\boldsymbol{x}^0$；令 F 为能够接受光照的最大值，迭代次数 $k=0$；解空间集合 $S=\{\boldsymbol{x}^0\}$，解的个数为 $\Omega(S)=1$。

值得注意的是，$f(\boldsymbol{x}^0)$ 的组成不但包含停站方案的各项费用，还包括在 $\boldsymbol{x}^0$ 策略下，下层规划（客流分配）结果的反馈，因此该步骤需要调用 Step7。

Step3　产生新枝干。

Step3.1　垂直生长方向。

首先将新枝之间的旋转角度设为 90°，通过 $\boldsymbol{x}^G$ 作平行于各个数轴的直线段，以 $\boldsymbol{x}^G$ 为中心，按照坐标轴的正负方向以步长 λ（正整数）截取树干上的节点

s'_{i_1,j_1}，$i_1=1,2,\cdots,2n$，$j_1=1,2,\cdots,m_{i_1}$。

Step3.2　随机生长方向。

从n个方向中随机选取 3 个，与这 3 个分枝对称的方向形成一个新的树干，然后以$\boldsymbol{x}^G$为中心，同样以步长λ截取树干上的节点s'_{i_{2n+1},j_1}，$j_1=1,2,\cdots,m_{i_{2n+1}}$，重复这个过程$n$次，产生$n$个新的生长方向。

由于本问题中决策变量的取值代表不同的停站方案的服务频次，为了保证解空间的多样性，根据问题特点可设置λ最大取值为 H，则上述步骤中的步长λ可在可行域$(0,H]$中随机选择。此外，对于每一个解判断能力约束，若不满足，则重新选择方向或者步长，长出新枝。

至此，产生新节点的集合S'。

Step4　更新最优节点。

首先根据 Step7 求新的生长点的函数值，令$s'_{p,q}$为当前具有最小函数值的节点，即$f^*(s'_{p,q})=\min\{f(s'_{i_1,j_1})$，$i_1=1,2,\cdots,3n$，$j_1=1,2,\cdots,m_{i_1}\}$。

若$f^*(s'_{p,q})<f_{\min}$，则令$\boldsymbol{x}_{\min}=s'_{p,q}$，$f_{\min}=f^*(s'_{p,q})$。

若$f^*(s'_{p,q})=f_{\min}$，则令$\boldsymbol{x}_{\min}:=\boldsymbol{x}_{\min}\cup\{s'_{p,q}\}$。

Step5　计算节点生长概率。

令$S:=S\cup S'$，$F=f_{\min}+\sum(f(s)-f_{\min})/\Omega(S)$。

对于每一个$s\in S$：

若$F\leqslant f(s)$，则$P_s=0$，$S:=S\setminus\{s\}$；

若$F>f(s)$，则$P_s=(F-f(s))/\left(\sum\limits_{s\in S}(F-f(s))\right)$。

Step6　选择新的基点。

产生一个随机数$\eta\in(0,1)$，选择满足$\sum\limits_{s}^{t-1}P_s<\eta<\sum\limits_{s}^{t}P_s$，$t\in[1,\Omega(S)]$的节$s_t$为新的基点。令$\boldsymbol{x}^G=\boldsymbol{s}_t$，$k=k+1$，重复 Step3。

Step7　利用分支定界法分配客流。

传统的分支定界法往往需要遍历所有可能的分支来获取全局最优解，但是在现实世界中，特别是突发事件条件下的客流分配问题涉及大量的决策变量，可根据客流特性来选择分支，替代传统方法无规则遍历分支的方式，提高问题求解效率。具体步骤如下。

UB 为优化结果的上界，NF 为待求解问题的下标集，$S(P_i)$为混合整数规划每一个分支问题P_i的可行集，P_0表示原有客流分配问题，$S(\overline{P}_i)$为松弛问题$\overline{P}_i$的可行集，$\bar{\boldsymbol{x}}$为$S(P_i)$的可行解。

Step7.1 令$\mathrm{NF}=\{0\}$，$\bar{\boldsymbol{x}}=\varnothing$，$\mathrm{UB}=+\infty$。

Step7.2 选择下标$v\in\mathrm{NF}$，求解松弛问题$\bar{P}_v$，设最优解为$\boldsymbol{x}^v$，最优值为f_v，若$f_v\geqslant\mathrm{UB}$，则令$\mathrm{NF}:=\mathrm{NF}\setminus\{v\}$，转至Step7.5，否则执行Step7.3。

Step7.3 若$f_v<\mathrm{UB}$且$\boldsymbol{x}^v\in S(P_0)$，则令$\mathrm{UB}=f_v$，$\bar{\boldsymbol{x}}=\boldsymbol{x}^v$，$\mathrm{NF}:=\mathrm{NF}\setminus\{v\}$，转至Step7.5，否则执行Step7.4。

Step7.4 若$f_v<\mathrm{UB}$且$\boldsymbol{x}^v\notin S(P_0)$，需将问题进行分支。由于本节解决突发事件条件下的客流分配问题，因此可优先选择高等级、开行距离最长的停站方案的客流进行分支，将$S(P_v)$分解成两个子集$S(P_{v_1})$和$S(P_{v_2})$。令$\mathrm{NF}:=(\mathrm{NF}\setminus\{v\})\cup\{v_1,v_2\}$，转至Step7.2。

上述做法替代了传统方法无规则遍历分支的方式，不但加快了问题的求解速度，而且优先满足高等级、长距离旅客的运输需求。

Step7.5 若待求解分支集合NF全部遍历求解，则终止计算，$\bar{x}$为下层规划模型的最优解，否则转入Step7.2。

Step8 迭代终止。

根据问题的规模，设置当最优解保持不变的迭代次数达到一定数量时，终止计算，输出最优列车开行方案。其算法流程图见图5–5。

5.2.4 算法特点

（1）根据中国铁路运输组织的特点设计所有可能的停站方式，将不同停站方案的服务频次作为决策变量，大大减少了原问题中变量的个数，同时满足了大量的始发和终到唯一性约束，使得算法迭代中只需判断能力约束即可，简化了问题规模和求解难度。

（2）新的搜索方向的引入，使得每一次迭代中可同时改变解空间中3个维度上的值，大大加快了算法的收敛速度，增加了解空间的多样性，避免算法陷入局部最优解。

（3）改进后的PMGSA根据每次迭代的最优解（接近光源）决定具有生长能力的节点及其形态素浓度，而不是PGSA中根据节点对于根的相对位置来确定，从而更真实地反映了植物具有向光性的自然特性，并且规避了PGSA中每次迭代完全依赖初始解的缺点。

（4）针对突发事件条件下列车开行方案生成问题的特点，将算法迭代中的步长由固定的值变为随机数的方式，能够以更快的速度产生更加丰富的策略集合，

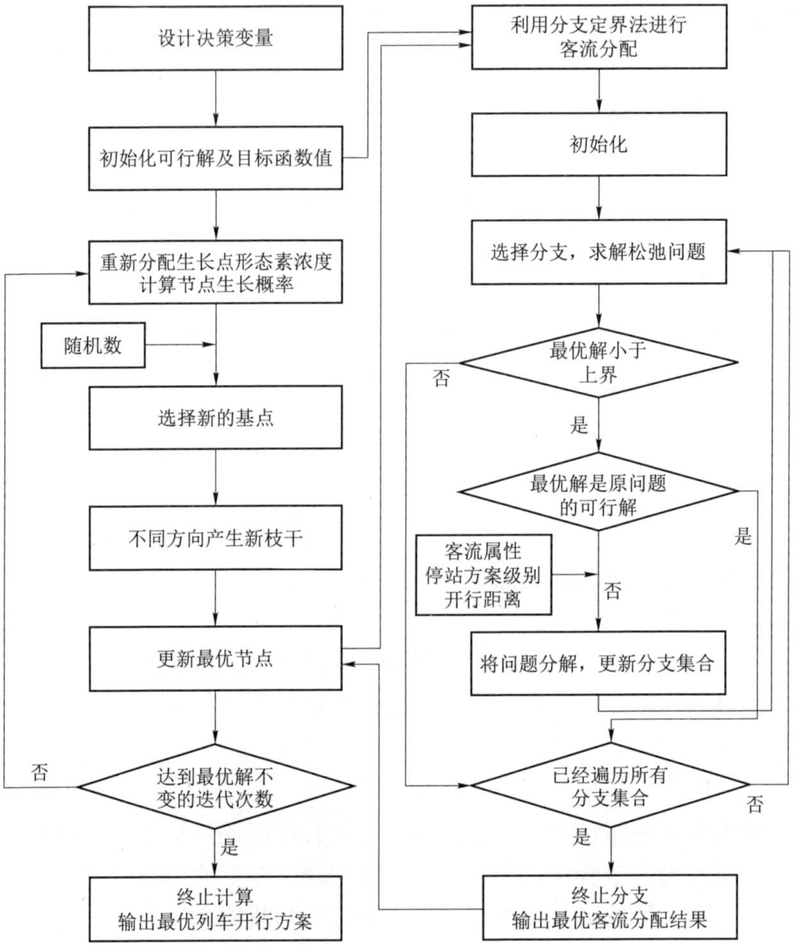

图 5–5　基于 PMGSA 的算法流程图

从而使双层规划更加稳定地收敛于全局最优解。

（5）下层规划算法中改变了传统算法中无规则遍历所有分支的方式，而是选择高等级、长距离旅客需求进行分支，这不仅确保了优先满足高等级旅客需求原则的实施，而且提高了问题的求解速度。

（6）通过嵌入分支定界法的植物多向生长模拟混合智能算法，实现了突发事件条件下的停站优化与客流分配的循环反馈整体优化，该算法适应突发事件条件下列车开行方案编制系统结构复杂、对象关系复杂及环境复杂、行为多样等特点。

5.3 案例分析

本节分别以中国台湾高铁和京沪高铁为典型案例，说明如何运用本章所提出的相关理论及方法，并证明了其有效性。

5.3.1 中国台湾高铁

以文献［33］中的算例进行对比试验，中国台湾高铁里程 340 km，连接台北和高雄两个主要城市，全线有 7 个车站，其中 3 个车站具有始发和终到能力。

按照本章提出的模型，我们首先获取所有可能的停站方案。根据其线路特点设置 NSS 方案为 3 种，SMS 方案为 1 种，SSS 方案为 14 种，SAS 方案为 3 种。因此算法中植物生长点的维度为 21，客流分配中对于长距离的旅客优先分支。根据本章提出的嵌入分支定界法的植物多向生长模拟混合智能算法求解。图 5-6 描述了最优解的迭代过程，经过 40 次分支后，最优解集中于 18 277，此时的列车开行方案可见图 5-7。该方案可满足所有旅客的运输需求，总的服务频次为 11 列，即一共开行 11 列车，其中最后一列车从第 4 个车站发车，规避了文献［33］中所有

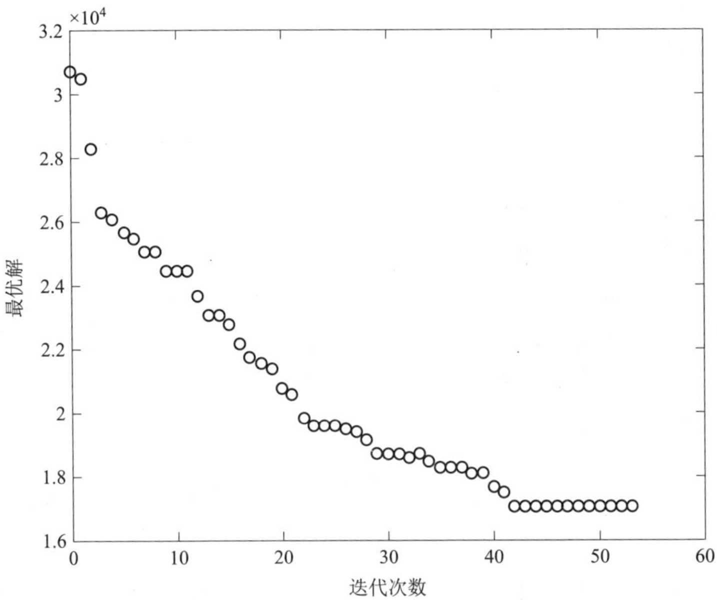

图 5-6 中国台湾高铁算法迭代过程

列车只能从第 1 个车站发车的缺点，减少了能力浪费。此算法的计算时间为 67 s。该算例说明了本章提出的列车开行方案编制双层规划模型及算法的可行性。

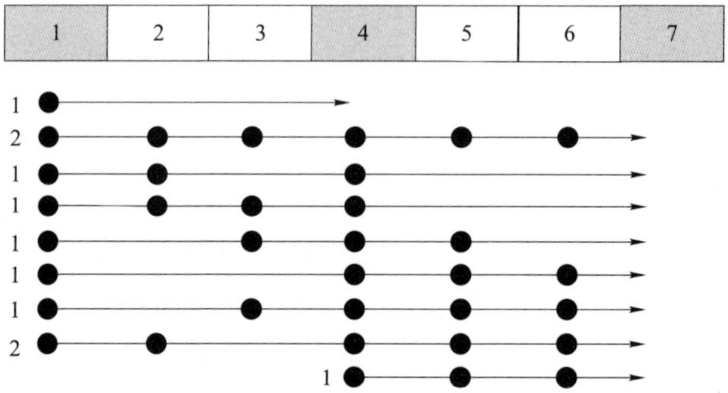

图 5–7　中国台湾高铁最优列车开行方案

5.3.2　京沪高铁

中国台湾高铁的对比实验说明了列车开行方案编制双层规划模型及算法是行之有效的，本节为了证明该模型与算法的广泛应用，选用运输组织模式复杂的京沪高铁进行综合实验。

1. 基础试验环境

京沪高铁全长 1 318 km，纵贯北京、天津、上海三大直辖市和冀、鲁、皖、苏四省，连接环渤海和长江三角洲两大经济区。作为我国纵横南北的主动脉，它对促进全国高速铁路网络的发展具有极其重要的作用。图 5–8 绘制了京沪高铁及周边铁路示意图，与其相邻最近的两条铁路线分别为沪宁城际铁路和京沪既有普速铁路。图 5–8 中由三种铁路线路组成，分别是既有普速铁路（实线）、城际铁路（点画线）与新建高速铁路（虚线）。在由若干铁路车站构成的区域性枢纽内部各车站之间一定存在连接线路，比如上海枢纽的上海西站与虹桥站之间一定存在联络线。由于京沪高铁为双线运营，本节仅考虑从北京至上海方向的运输组织问题。

京沪高铁有 23 个车站，分别为北京南站（BJ，1）、廊坊站（LF，2）、天津西站（TJ，3）、沧州西站（CZ，4）、德州东站（DZ，5）、济南西站（JN，6）、泰安站（TA，7）、曲阜东站（QF，8）、滕州东站（TZ，9）、枣庄站（ZZ，10）、徐州东站（XZ，11）、宿州东站（SZ，12）、蚌埠南站（BB，13）、定远站（DY，

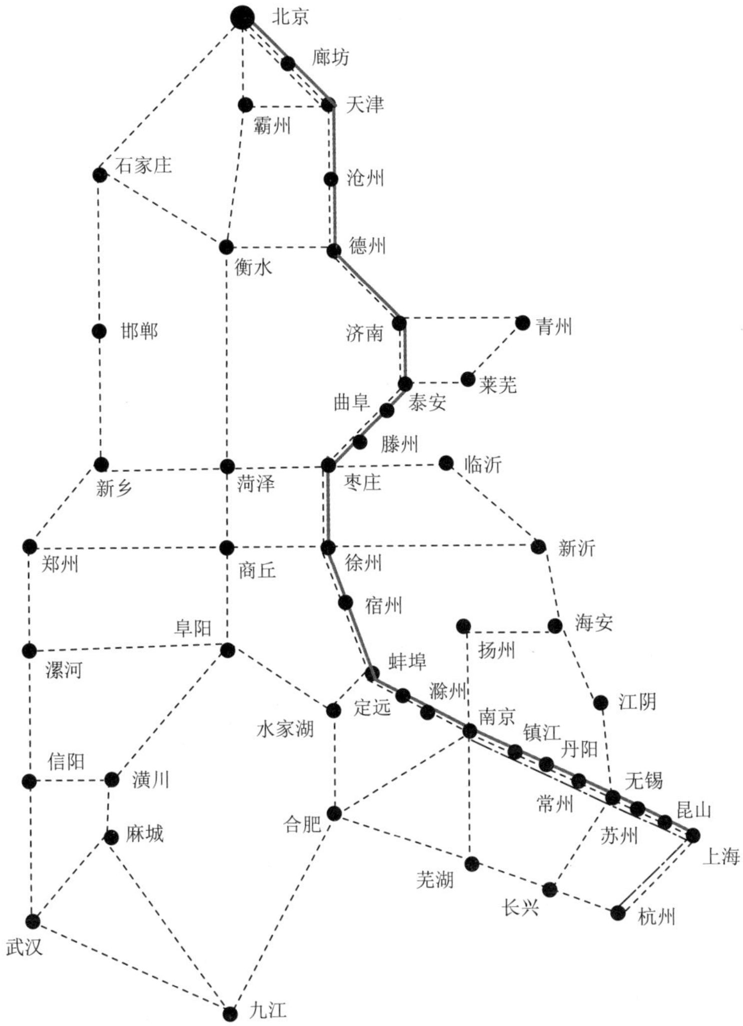

图 5-8 京沪高铁及周边铁路示意图

14)、滁州站（CHZ，15)、南京南站（NJ，16)、镇江南站（ZJ，17)、丹阳北站（DAY，18)、常州北站（CHAZ，19)、无锡东站（WX，20)、苏州北站（SUZ，21)、昆山南站（KS，22)、上海虹桥站（SH，23)，22 个区间长度分别为 59 km、72 km、88 km、108 km、79 km、56 km、71 km、58 km、36 km、65 km、75 km、77 km、53 km、62 km、64 km、64 km、25 km、32 km、57 km、26 km、41 km、50 km。始发站有 5 个，分别为北京南站、天津西站、济南西站、南京南站和上海

虹桥站。其他参数设置如下。

（1）区间运行时间。按列车运行速度折算。列车平均运行速度为 300 km/h。

（2）最小停站时间。高速铁路停站时间一般很短，通常取值为 2～5 min，对于具有始发、终到能力的大型枢纽站点，停站时间可增加至 10 min。

（3）追踪列车间隔时间。在实际的列车运行过程中，追踪列车间隔时间包含很多不同情况，我们主要对占用同一资源的相邻作业最小间隔时间进行控制，在高峰时期最短可达到 5 min。

（4）列车定员与编组。京沪高铁列车实行 16 节车厢编组，定员 1 004 人。突发事件条件下上座率可取 1.0。

（5）试验硬件环境。CPU 为 Intel Core 2 Duo E7500，2 GB 内存的计算机。

2. 突发事件场景设置

某日，无锡至昆山段由于恶劣天气影响引起设备故障，列车只能限速运行，这使得该区段日通过能力下降到 50 列，预计恢复正常行车需 5 天时间。由于突发事件影响时间长，线路能力损失严重，需首先进行列车运行径路集的搜索，然后根据客流需求生成列车开行方案。

表 5–5 描述了京沪高铁的 OD 客流需求。其中高等级旅客需求占 52%，倾向于选择 NSS 和 SMS 停站方式，中等级旅客需求占 28%，倾向于选择 SMS 和 SSS 停站方式，低等级旅客需求占 28%，倾向于选择 SSS 和 SAS 停站方式。

3. 列车径路集生成

由于其他区间及各车站没有受到突发事件影响，可直接查定其他线路的剩余通过能力，我们假设在受影响时段内，图 5–8 中既有普速铁路和城际铁路的剩余通过能力分别约为 $\tilde{N}_{JY}$ =（24，25，26）和 $\tilde{N}_{CJ}$ =（46，50，53）。由于沪宁段全长约为 300 km，故设置起讫点车站距离限制 Rs_s 为 300 km；最小能力限制 Rs_c 为 3，绕行径路最大长度限制 Rs_l 为 600 km。

首先生成起讫点集合。

根据图 5–8 可知，与苏州北站之间的距离符合 Rs_s 限制的具有跨线能力的车站为无锡东站、常州北站、南京南站，可得径路搜索中起始车站集合 seq_s = {无锡，常州，南京}；同理，搜索与昆山南站之间的距离符合 Rs_s 限制的具有跨线能力的车站，可得终点车站集合 seq_e = {昆山，上海}。

计算可绕行弧段的能力时间强度（Tes）和能力时间密度（Des），见表 5–6。

表 5–5　京沪高铁的 OD 客流需求

车站	LF	TJ	CZ	DZ	JN	TA	QF	TZ	ZZ	XZ	SZ	BB	DY	CHZ	NJ	ZJ	DAY	CHAZ	WX	SUZ	KS	SH
BJ	135	792	297	213	741	306	429	96	99	438	81	132	118	63	783	84	209	120	114	105	99	1 263
LF		141	93	60	66	15	34	60	25	30	21	23	23	21	84	13	68	11	24	17	13	87
TJ			225	246	366	105	222	132	57	360	45	168	98	39	219	48	106	51	54	42	45	297
CZ				42	75	18	18	45	12	36	9	21	22	6	72	12	37	21	21	18	15	87
DZ					147	54	66	39	45	42	24	33	12	0	78	21	20	27	27	24	24	96
JN						207	210	187	192	171	30	51	96	21	339	54	61	72	75	69	75	390
TA							51	36	48	123	15	21	55	0	90	18	36	27	27	27	24	96
QF								42	36	42	12	18	16	6	111	30	40	39	39	36	42	138
TZ									38	63	51	32	21	0	86	68	87	23	45	39	21	94
ZZ										72	15	57	9	6	48	51	24	36	36	45	81	102
XZ											75	147	115	105	297	87	137	108	147	147	258	357
SZ												99	82	132	141	45	61	51	51	30	48	183
BB													56	108	162	114	112	120	123	126	120	396
DY														49	175	142	81	67	53	88	32	109
CHZ															72	30	42	39	84	96	60	240
NJ																102	237	111	114	171	108	1 281
ZJ																	106	120	114	168	150	183
DAY																		103	88	77	136	154
CHAZ																			81	300	120	255
WX																				450	261	429
SUZ																					288	435
KS																						315

表 5–6　所有区间的能力时间强度和能力时间密度

编号	区间	长度/km	平均速度/（km/h）	Tes	Des
1	南京—镇江（城际）	71	（250，265，300）	186.33	0.005 367
2	镇江—常州（城际）	72	（250，265，300）	183.75	0.005 442
3	常州—无锡（城际）	39	（250，265，300）	339.23	0.002 948
4	无锡—苏州（城际）	42	（250，265，300）	315.00	0.003 175
5	苏州—昆山（城际）	34	（250，265，300）	389.11	0.002 570
6	昆山—上海（城际）	50	（250，265，300）	264.60	0.003 779
7	镇江—常州（既有）	72	（160，170，200）	53.47	0.018 702
8	常州—无锡（既有）	39	（160，170，200）	98.71	0.010 131
9	无锡—苏州（既有）	42	（160，170，200）	91.66	0.010 910
10	苏州—昆山（既有）	35	（160，170，200）	110.00	0.009 091
11	昆山—上海（既有）	49	（160，170，200）	78.57	0.012 728
12	无锡—长兴（既有）	59	（160，170，200）	65.25	0.015 326
13	长兴—杭州（既有）	126	（160，170，200）	30.00	0.033 333
14	杭州—上海（城际）	160	（250，265，300）	82.68	0.012 095
15	杭州—上海（既有）	188	（160，170，200）	20.47	0.048 852
16	南京—芜湖（既有）	125	（160，170，200）	30.80	0.032 468
17	芜湖—长兴（既有）	178	（160，170，200）	21.62	0.046 253
18	南京—合肥（城际）	166	（250，265，300）	79.69	0.012 549
19	合肥—芜湖（既有）	144	（160，170，200）	26.73	0.037 411

然后按照能力时间密度进行迂回径路的搜索，迂回径路集见表 5–7，其中 D 为迂回径路能力时间密度的和，C 表示城际铁路，E 表示既有普速铁路。

表 5–7　迂回径路集

编号	迂回径路	长度/km	D
1	常州（C）—无锡（C）—苏州（C）—昆山	115	0.008 6
2	常州（C）—无锡（C）—苏州（C）—昆山（C）—上海	165	0.012 3
3	南京（C）—镇江（C）—常州（C）—无锡（C）—苏州（C）—昆山	166	0.019 5
4	常州（E）—无锡（E）—苏州（C）—昆山	115	0.023 6

续表

编号	迂回径路	长度/km	D
5	常州（C）—无锡（C）—苏州（E）—昆山（E）—上海	165	0.027 9
6	常州（E）—无锡（E）—苏州（E）—昆山（E）—上海	165	0.042 8
7	南京（C）—镇江（E）—常州（E）—无锡（E）—苏州（C）—昆山	144	0.047 6
8	无锡（E）—长兴（E）—杭州（C）—上海	381	0.060 7
9	无锡（E）—长兴（E）—杭州（E）—上海	409	0.097 5
10	南京（E）—芜湖（E）—长兴（E）—杭州（C）—上海	589	0.124 1

分析表 5–7 可知，虽然无锡东站是距离苏州北站最近的车站，但选取该站为起始点时绕行径路长、能力时间密度高，因此径路 8 和径路 9 明显劣于前 7 条径路。由于表 5–7 中任何一条径路的剩余通过能力都可满足受影响列车的绕行需求，且径路 1 和径路 4 分别是径路 2、径路 3 和径路 7 的组成部分，因此我们选择长度短、能力时间密度小且跨线数量少的径路，即径路 1 和径路 4。此外也可调整限制条件，然后重复上述步骤，如设置 Rs_s 为 100 km；Rs_l 为 300 km，则径路搜索中起始车站集合变为 seq_s = {无锡，常州}，终点车站设为 seq_e={昆山}，此时可直接获得径路 1 和径路 4。

故当前环境下，列车运行径路有三条，第一条是京沪高铁；第二条是从北京出发沿京沪高铁运行至常州，而后绕行沪宁城际铁路，之后从昆山上线继续沿京沪高铁运行至终点；第三条与第二条相似，只是在常州至无锡段走行京沪既有普速铁路。此时的三条径路可充分利用路网上其他线路能力，以满足突发事件条件下的客流需求。

4. 列车开行方案生成

首先得到 4 类停站方案集，NSS、SMS、SSS 和 SAS4 种方案可能的数量分别为 9、36、75 和 6，共 126 种停站方案，故算法中生长点的维度为 126。图 5–9 描述了列车开行方案优化的迭代过程，当算法迭代次数超过 103 次之后，优化目标集中在 42 671.38，计算时间为 316 s。图 5–10 描述了最终的列车开行方案信息，图 5–10 中，车站 1、3、6、16 和 23 是具有始发和终到能力的大站，分别为北京南站、天津西站、济南西站、南京南站和上海虹桥站。其中圆点表示列车采取第一条径路在京沪高铁本线运行，方块表示列车采取第三条径路绕行京沪既有普速铁路，三角表示列车采取第二条径路绕行沪宁城际铁路。这时总的服务频次为 143，满足了所有乘客的运输需求。

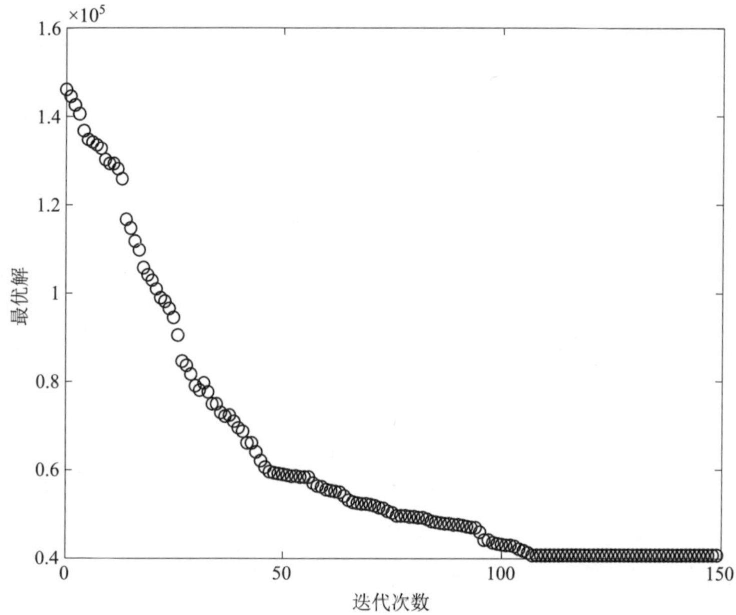

图 5–9 列车开行方案优化的迭代过程

本章小结

本章首先建立了突发事件条件下高速铁路列车开行方案编制的双层规划模型。上层规划模型以减少列车运营费用和满足的旅客运输需求为目标进行停站方案和服务频次优化。在给定上层优化结果后，下层规划模型进行客流分配优化，使得旅客服务周转量量最大，同时旅客总旅行时间最小，并为上层规划模型提供优化的客流分配方案，实现突发事件条件下的停站优化与客流分配的循环反馈整体优化。然后，针对突发事件条件下编制列车开行方案双层规划模型的特点，设计了嵌入分支定界法的植物多向生长模拟混合智能算法，并给出了详细的计算步骤，同时确保优先满足高等级旅客需求的目标。最后，以中国台湾高铁和京沪高铁为背景进行实例分析，进行了列车径路的搜索，解决了停站方案与客流分配的双层规划问题，实证了植物多向生长模拟算法对解决突发事件条件下高速铁路列车开行方案编制问题是可行、有效的。本章设计的求解模型及算法解决了列车开行方案的编制问题，为下一章突发事件条件下高速铁路行车计划调整工作奠定基础。

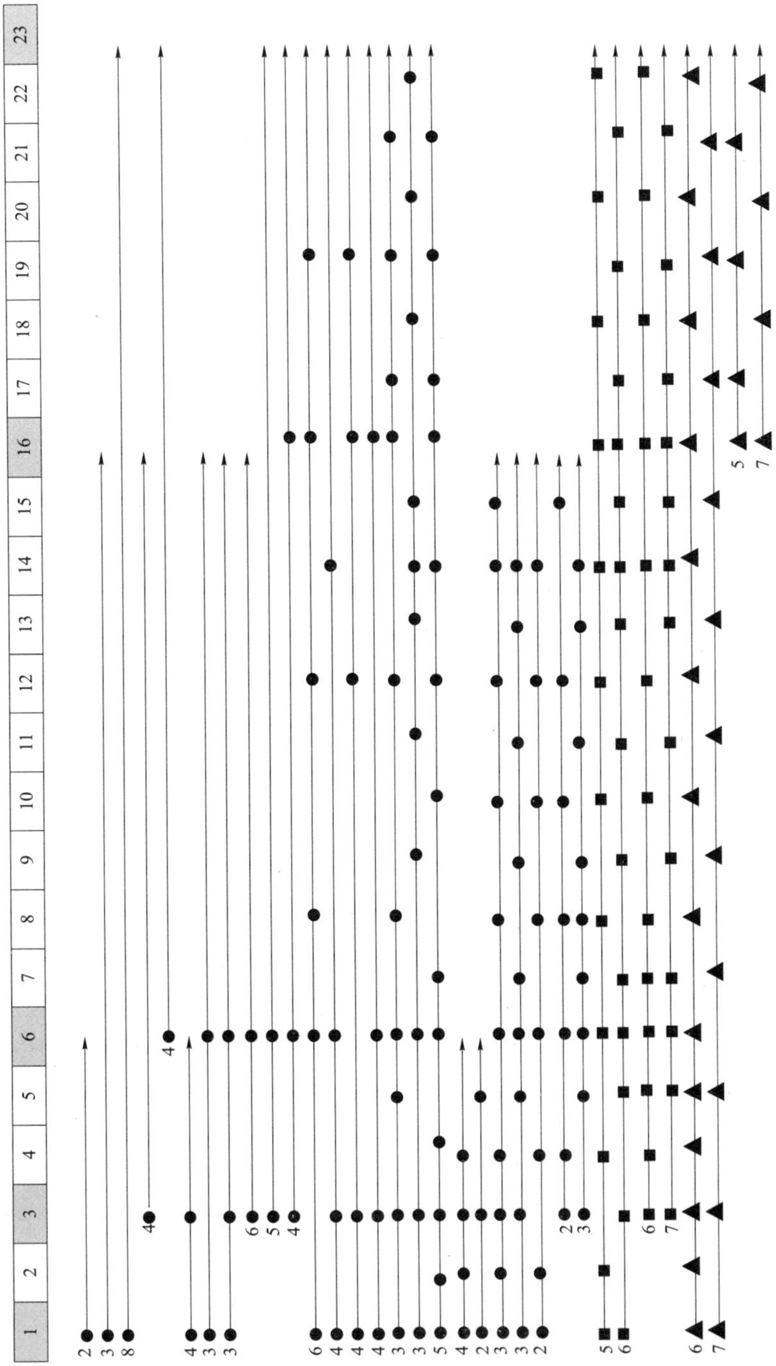

图5-10 列车开行方案信息

本章参考文献

［1］邓连波. 客运专线相关旅客列车开行方案优化研究［D］. 长沙：中南大学，2007.

［2］史峰，周文梁，陈彦，等. 基于弹性需求的旅客列车开行方案优化研究［J］. 铁道学报，2008（3）：150.

［3］黄鉴. 基于客流动态调整的客运专线网络列车开行方案优化研究［D］. 成都：西南交通大学，2013.

［4］徐瑞华，邹晓磊. 客运专线列车开行方案的优化方法研究［J］. 同济大学学报（自然科学版），2005（12）：1608-1703.

［5］查伟雄，符卓. 直通旅客列车开行方案优化方法的研究［J］. 铁道学报，2000（5）：1-5.

［6］杜欣，牛永涛，韩宝明，等. 基于节点重要度的客运专线旅客列车开行方案［J］. 北京交通大学学报，2010. 34（6）：5-10.

［7］张拥军，任民，杜文. 高速列车开行方案研究［J］. 西南交通大学学报（自然科学版），1998（4）：400-404.

［8］贾晓秋，关晓宇. 客运专线网络列车开行方案模型与算法研究［J］. 系统工程学报，2011，26（2）：216-221.

［9］董守清，闫海峰，李群仁. 基于运行网络配流的客专列车开行方案遗传优化研究［J］. 中国铁道科学，2012，33（4）：105-111.

［10］CHANG Y H, YEH C H, SHEN C C. A multiobjective model for passenger train services planning: application to Taiwan's high–speed rail line [J]. Transportation Research Part B, 2000，34(2): 91-106.

［11］GOOSSENS J W, VAN HOESEL S, KROON L. A branch-and-cut approach for solving railway line-planning problems [J]. Transportation Science, 2004, 38(3): 379-393.

［12］GOOSSENS J W, VAN HOESEL S, KROON L. Optimizing halting station of passenger railway lines [EB/OL] (2014-09-01) [2016-03-08]. http://arno.unimaas.nl/show.cgi?fid=803.

［13］GOOSSENS J W, VAN HOESEL S, KROON L. On solving multi-type railway line planning problems [J]. European Journal of Operational Research, 2006，

168（2）：403-424.

［14］CHAKROBORTY P, WIVEDI T. Optimal route network design for transit systems using genetic algorithms [J]. Engineering Optimization, 2000，34（1）：83-100.

［15］LAPORTE G, MESA J A, PEREA F. A game theoretic framework for the robust railway transit network design problem [J]. Transportation Research Part B, 2000，44（4）：447-459.

［16］SCHŎEBEL A, SCHWARZE S. A game-theoretic approach to line planning [EB/OL] (2011-09-01) [2016-03-08]. http://drops.dagstuhl.de/ opus/volltexte/2006/688/pdf/06002.SchoebelAnita.

［17］WANG L, JIA L M. A two-layer optimization model for high-speed railway line planning [J]. Journal of Zhejiang University Science A, 2011，12（12）：902-913.

［18］FLIEGE J, VICENTE L N. A multicriteria approach to bilevel optimization [J]. Journal of Optimization Theory and Applications, 2006，131（2）：209-225.

［19］GLACKIN J A. Solving bilevel linear programming using multiple objective linear programming [D]. Troy, New York: Rensselaer Polytechnic Institute, 2006.

［20］AUDET C, HANSEN P, JAUMARD B. Links between linear bilevel and mixed 0–1 programming problem [J]. Journal of Optimization Theory and Applications, 1997，（93）：273-300.

［21］邓建. 双层规划若干问题的新解法［D］. 吉林：吉林大学，2009.

［22］高永超. 智能优化算法的性能及搜索空间研究［D］. 济南：山东大学，2007.

［23］李彤. 基于模拟植物生长的二级整数规划算法研究［D］. 天津：天津大学，2005.

［24］李彤，王众托. 模拟植物生长算法与知识创新的几点思考［J］. 管理科学学报，2010，13（3）：87-96.

［25］GUNEY K, DURMUS A. BASBUG S. A plant growth simulation algorithm for pattern nulling of linear antenna arrays by amplitude control [J]. Progress in Electromagnetics Research B, 2009（17）：69-84.

［26］王淳，程浩忠. 模拟植物生长算法及其在输电网规划中的应用［J］. 电力系统自动化，2007，31（7）：24- 28.

［27］杨丽徙，王锴，黄训诚，等. 应用模拟树木生长算法求解无功优化问题［J］.

郑州大学学报（工学版），2008，29（2）：69-72.

［28］朱文兴. 整数规划的一类填充函数算法［J］. 应用数学学报，2000，23（4）：486-487.

［29］孟志青，胡奇英，杨晓琪. 一种求解整数规划与混合整数规划的非线性罚函数方法［J］. 控制与决策，2002，17（3）：310-314.

［30］肖建，张志宏. 一种求非线性整数规划全局最小解的算法［J］. 石家庄学院学报，2006，8（6）：49-53.

［31］罗伟强，于建涛，黄家栋. 一种求非线性整数规划最优解的仿生算法［J］. 计算机工程与应用，2008，44（7）：57-59，68.

［32］王海志. 客运专线旅客列车开行方案研究［D］. 北京：中国铁道科学研究院，2006.

［33］CHANG Y H, YEH C H, SHEN C C. A multiobjective model for passenger train services planning: application to Taiwan's high-speed rail line [J]. Transportation Research Part B, 2000, 34(2): 91-106.

6 突发事件条件下高速铁路行车计划调整

高速铁路行车计划调整是指当列车实际运行状态偏离列车运行计划而造成列车运行紊乱时，列车调度员通过重新规划列车运行时刻表，尽快恢复列车有序运行的过程。突发事件条件下高速铁路行车计划调整是一项十分复杂且非常重要的工作，建立一套完整的运输组织相关理论、方法及策略，会对突发事件条件下的高速铁路列车运行起到指导作用。

目前，关于列车运行调整的文献很多。列车运行调整算法的研究主要分为两类：基于运筹学优化理论的方法和基于人工智能的方法。

基于运筹学优化理论的方法主要是采用数学规划的方法研究优化调度算法，这种方法相对成熟，研究成果较多，缺点是在车站与列车数较大的情况下，实时性比较差，调度人员的调度经验难于有效利用。文献［1］构造了单线区段列车运行调整混合 0–1 线性优化模型，该模型综合考虑了列车运行计划调整和车站到发线的利用。鉴于列车运行计划调整为 NPC 问题，提出了一种有效的大系统分解算法，即动态区域局部优化算法。该算法通过构造列车状态空间树，应用分支定界法实现局部问题的优化。文献［2］建立了以选择最佳越行和会让站为目标的单线区段列车运行调整线性规划模型，采用运筹学优化理论中的分支定界法实现模型的求解。文献［3］将列车运行调整问题视为复杂的 Job Shop 问题，以总晚点时间最小为目标建立了优化模型，同样采用分支定界法进行求解。文献［4］以列车总晚点时间最小为目标建立了列车运行调整的规划模型，并利用穷举法对此规划模型进行求解。文献［5］利用分支定界法对建立的目标规划模型进行求解，该规划模型考虑了旅客模糊需求对单线铁路列车运行图编制的影响。文献［6］运用了运筹学理论中的层次分析法原理，对列车运行调整过程中的主要影响因素进行比较分析，构造判断矩阵，运用简单加权平均数的处理方法得出 3 种开行列车的相对比例关系，最后以既有跨线列车为参照对象得出其他客运专线列车在运行调整目标函数中的权重值大小。文献［7］建立了双线铁路列车运行调整问题“约束可选”的线性规划模型，并利用对偶算法求解。文献［8］借助对列车优先级、节点、替代弧和替代对等参数的定义，建立基于替代图的列车运行调整模型，采用本地搜索算法对模型进行了求解。文献［9］建立了双线区段列车运行调整的“约束规划模型”，以总晚点时间最小为目标，采用了分支定界法求解。文献［10］采用转换极大代数方法建立高速列车运行过程模型，通过更新列车运行过程模型中的状态矩阵形成不同的调整方案。将所有调整方案输入基于序优化方法的列车运行调整方案优化模型中，通过仿真计算得到总延误时间最少的列车运行调整方案。文献［11］以有向弧和有向列车为主线，构造了基于路网的列车运行图优化的数学模型，并提出了采用求解原问题各子问题并逐步得出网络列车运行图整体解的分解算法。文献［12］以列车旅行时间最少作为优化目标，在建立复杂路网列车运行调整模型的基础上，引入序优化理论和方法进行求解。文献［13］以列车运行总效益最大为目标建立了单线区间列车运行调整的线性规划模型，采用了拉格朗日–启发式方法求解。

基于人工智能的方法是采用专家系统、神经网络、遗传算法、Petri 网理论等方法对行车调度进行优化，这些方法结合调度员丰富的经验性知识，通过人工智能的启发式搜索机制解决列车调度优化中大规模组合问题，使调度算法优化研究取得长足进步。文献［14］提出以减少列车运行时间、提高列车运行能力为目标，建立了列车调整优化的双层模型，其中第一层的优化模型设计决定适当的停靠站点及列车数量，第二层的优化模型设计合理安排列车运行的站间时间以达到能源消耗最小，采用遗传算法解决此问题，最后通过对长途线中部分线段上高效节能的列车运行的案例研究，证明了双层列车调整优化模型及算法的有效性。文献［15］考虑列车调度的灵活性，利用遗传算法对问题进行求解。文献［16］很好地结合了蚁群算法和极大代数法对列车运行调整优化模型求解。作者将列车运行调整问题归并为大规模 Job Shop 调度问题，借助引入的列车径路矩阵、列车通过顺序矩阵，构建了列车运行调整的优化模型。针对模型解空间大、约束条件复杂的特点，提出了先利用蚁群算法优化列车铺画顺序，后运用极大代数法安排列车到发时刻的求解方法。文献［17］针对应用计算机进行列车运行调整问题的研究远不能满足实用要求的现实，提出了应用离散事件动态系统理论，建立列车调整事件驱动的状态空间模型新方法。然后用分层决策和滚动优化的方法设计了适合中国各种铁路区段列车运行计划与调整的通用算法。文献［18］结合了模糊理论，在分析离散事件动态系统模型的分层滚动调整算法的基础上，对分层处理、冲突疏解等关键环节进行模糊处理，以改善此算法。文献［19］根据列车运行调整的原则和基本方法，设计了双线区段列车运行调整的数学模型，并利用三群协同粒子群算法进行求解，提高了模型求解的时效性，可为铁路行车调度调整起到很好的辅助决策作用。文献［20］针对列车运行的特点，将降低列车群的总晚点时间和提高相邻列车对客流的吸纳水平作为性能指标，通过对复线列车运行控制优化模型的分析，引入基于选择的遗传算法对列车运行调整问题进行优化。文献［21］结合目前铁路运输工作组织实际，通过在可行解空间内部搜索待调整列车最优铺画顺序的方法求解铁路列车运行调整问题，建立了以列车晚点率最小为优化目标的混合 0–1 线性规划模型，利用禁忌搜索算法调整列车优化铺画顺序，并验证了模型及算法的有效性和可靠性。文献［22］使用列车秩序熵来描述列车在调整计划与基本图中运行秩序的差别程度，在此基础上建立基于最小列车秩序熵的列车运行调整模型。模型求解时将待调整列车集分成具有不同调整优先权的子列车集，然后按照优先权的高低顺序依次求解各子列车集内的优化方案，最后将子列车集运行方案进行合并获得最终解。文献［23］提出了一种人工智能的基于列车运行状态推导图的列车运行调整算法，将列车运行调整问题分解为单列车运行线的推算问题，通过构造列车运行状态推导图，实现了列车运行调整中过程性知识的表示，并通过引入占用记录表，优化了算法效率。文献［24］采用了启发式算法对构建的列车运行调整图论模型进行求解，其实质是贪婪算法的一种改进。文献［25］以总晚点时间最少为目标建立了双线区段列车运行调整模型，借助了模糊 Petri 网技术对模型进行求解。文献［26］设计了网状线路条件和多条列车径路条件下列车运行时刻表规划的网络分层并行算法。该方法首先提出了路网结构的分层节点表示法和列车时刻表的序列事件表示法，将列车事件序列按车站和区间进行归并分组，提出一种统一布点、按列车优先级分层、并行触发区间列车事件状态转移的列车运行计划调整方法。文献［27］利用遗传算法对构建的列车运行调整满意优化模型求解。文献［28］基于粗糙集理论的知识表达和粗糙集决策规则的提取过程，提出一种相应的行车指挥决策评价体系，并以此为基础实现列车运行计划的调整。文献［29］建立了双线区段列车运行调整的混合整数规划模型，其优化目标是列车晚点造成的总费用最小，并设计了求解该问题的遗传算法。文献[30]建立了双线调度区段的列车运行调整模型，在模型的求解过程中，运用大系统理论将列车进行分层分级，从而将待解的原始问题分解成若干个子问题，在对分解后的问题进行求解时，设计了微粒群算法。文献［31］重点分析了列车晚点情况、调整策略和调整过程，构建列车运行调整模型，利用双重启发式动态规划算法对列车运行调整模型进行了求解。

本章中涉及的列车运行调整有别于正常条件下列车运行调整，我们综合考虑了列车的总晚点时间少、严重晚点的列车数量少、运行计划稳定性等目标，有较强的应对突发事件带来的继发干扰的能力。本章重点研究了列车运行调整的模型及其求解算法，建立了突发事件条件下的行车调度优化和列车运行调整双层规划模型。同时考虑到突发事件条件下不同目标取向的特点，建立了两个考虑不同目标的列车运行调整求解模型，并分别设计了算法对模型进行求解。随后为了证明本章提出的两种算法的可行性，分别设置了突发事件综合场景，验证了本章所提出的突发事件条件下列车运行调整问题的有效性。

6.1 突发事件条件下高速铁路行车规则

高速铁路具有高速度、高密度的运行特性，突发事件一旦发生，损失严重。因此，高速铁路对行车安全保障体系的要求相对较高，不仅要保证线路、机车车辆、牵引供电及通信信号等设备的高安全性，还要针对突发的自然灾害（如强风、暴雨、暴雪、地震及其他灾害），及时采取紧急处置措施，而制定全面的突发事件条件下高速铁路行车规则是保证紧急处置措施高效、准确实施的前提。突发事件条件下高速铁路行车规则需要根据突发事件的性质和级别来制定，通常包括改变运行模式、实施预警、限速运行或中止行车等规则。我国突发事件条件下高速铁路行车规则有着自身的特点，本节首先根据《铁路技术管理规程（高速铁路部分）》的规定，列举了我国高速铁路在大风、大雨、冰雪、异物侵限、地震等突发事件条件下的行车规则。其次，考虑到兰新客运专线特殊的运行环境，着重分析了大风天气时兰新客运专线的行车规则。由于自然环境、地理条件及运营方式的不同，国外突发事件条件下高速铁路行车规则也存在较大差异，故以日本新干线为例，分析了日本新干线在强风、暴雨和洪水、暴雪、地震、高温等突发事件条件下的行车规则[32]。进一步完善突发事件条件下高速铁路行车规则是提高我国高速铁路运输安全的重点。

6.1.1 突发事件条件下我国高速铁路行车规则

为避免突发事件给我国铁路行车安全造成影响，根据突发事件的种类，我国《铁路技术管理规程（高速铁路部分）》制定了针对灾害环境下的行车规则。在高速铁路突发事件条件下铁路行车应严格按照其要求执行。

1. 大风

大风是影响铁路运输安全的主要气象灾害之一，不仅影响列车运行稳定性，还可能损坏铁路设备，导致铁路网瘫痪，甚至造成人员伤亡。

我国高速铁路区间大风天气下的行车规则如表 6–1 所示。

表 6–1 我国高速铁路区间大风天气下的行车规则

环境风速/（m/s）	行车规则
15 以下	正常速度
15～20	运行速度不大于 300 km/h
20～25	运行速度不大于 200 km/h
25～30	运行速度不大于 120 km/h
30 以上	严禁动车组列车进入风区

在线路中心线距站台边缘为 1 750 mm 的正线、到发线办理动车组列车通过时，行车规则如表 6–2 所示。

表 6–2 我国高速铁路车站大风天气下的行车规则

环境风速/（m/s）	行车规则
15 以下	速度不得超过 80 km/h
15 以上	速度不得超过 45 km/h

特别情况下，由于兰新客运专线是位于我国高原、高海拔、高寒地区的高速铁路，突发事件条件下兰新客运专线的行车规则有其自身的特点。兰新客运专线无挡风墙区段，列车遇大风天气行车规则执行《铁路技术管理规程（高速铁路部分）》的规定，有挡风墙区段和了墩北—红层南区间，列车遇大风天气需限速行驶，如表 6–3 所示。

表 6–3 兰新客运专线大风天气下的行车规则

<table>
<tr><th>线别</th><th>环境风速/（m/s）</th><th>无挡风墙</th><th>有挡风墙</th><th>了墩北—红层南区间</th></tr>
<tr><td rowspan="3">兰新客运专线</td><td>20 以下</td><td rowspan="3">执行《铁路技术管理规程（高速铁路部分）》的规定</td><td>正常速度运行</td><td>正常速度运行</td></tr>
<tr><td>20～25</td><td>运行速度不大于 200 km/h</td><td>运行速度不大于 160 km/h</td></tr>
<tr><td>25～30</td><td>运行速度不大于 160 km/h</td><td>运行速度不大于 120 km/h</td></tr>
</table>

续表

线别	环境风速/（m/s）	无挡风墙	有挡风墙	了墩北—红层南区间
兰新客运专线	30～35		运行限制速度 80 km/h	运行速度不大于 80 km/h
	35 以上		严禁列车进入风区	严禁列车进入风区

2. 大雨

大雨常常造成行车中断，严重时危及铁路运输的安全。

我国高速铁路大雨条件下的行车规则如表 6–4 所示。

表 6–4　我国高速铁路大雨条件下的行车规则

1 h 降雨量/mm	行车规则	解除限速条件
45～60	列车限速 120 km/h	当 1 h 降雨量降至 20 mm 及以下，且持续 30 min 以上，可逐步解除限速
60 以上	列车限速 45 km/h	

3. 冰雪

在冰雪灾害情况下，铁路牵引供电设备、接触网的安全稳定及道岔的正常转换等都会受到影响，且制动效果不佳，对运输效率及运输安全带来不利影响。

我国高速铁路冰雪天气下的行车规则如表 6–5 所示。

表 6–5　我国高速铁路冰雪天气下的行车规则

雪情地点	冰雪条件	轨道类型	行车规则	备注
区间	中雪、积雪	无砟轨道	限速 250 km/h 及以下	无砟轨道区段轨枕板积雪厚度 100 mm 以上时，限速 200 km/h 及以下
		有砟轨道	限速 200 km/h 及以下	
	大雪、暴雪	无砟轨道	限速 200 km/h 及以下	
		有砟轨道	限速 160 km/h 及以下	有砟轨道区段道砟面积雪厚度 50 mm 以上时，限速 160 km/h 及以下
动车组转向架	结冰（需要列车限速时）	无砟轨道	限速 250 km/h 及以下	
		有砟轨道	限速 200 km/h 及以下	

续表

雪情地点	冰雪条件	轨道类型	行车规则	备注
接触网导线	结冰（受电弓取流不畅时）	无砟、有砟轨道	限速 160 km/h 及以下	

注：中雪、大雪、暴雪的界定，以气象部门公布或观测为准。

4. 异物侵限

列车调度员接到异物侵限子系统异物侵限灾害报警信息后，应立即通知区间内已进入报警地点及尚未经过报警地点的列车立即停车，不再向该区间放行列车，同时向调度所值班主任（值班副主任）汇报，值班主任（值班副主任）应立即通知设备管理单位赶赴现场检查处理。

在设备管理单位检查人员到达报警点前，列车调度员通过视频监控系统查看现场情况，有异状或不能确认时，必须经设备管理单位检查处理并具备放行列车条件后，方可组织列车运行。无异状时，调度员口头通知司机逐列恢复运行，司机应以遇到障碍物随时停车的速度行车，即动车组列车最高不超过 40 km/h，其他列车最高不超过 20 km/h。

5. 地震

列车调度员接到地震监测子系统地震监控报警信息或接到现场地震报告后，应立即关闭有关信号（车站控制时，通知车站值班员关闭有关信号），通知相关列车停车。列车司机组织列车乘务人员根据现场实际情况，采取应急处置措施。

列车调度员立即报告调度所值班主任（值班副主任），通知工务、电务、供电、通信、房建等设备管理单位检查。设备管理单位检查处理后，根据设备管理单位登记的行车限制条件组织行车。

6. 其他

火灾、天气恶劣难以辨认信号行车，列车故障等条件下应依据现场实际情况进行停车处理。

6.1.2 突发事件条件下日本新干线高速列车行车规则

日本是一个灾害多发国家，台风、暴雨、大雪、地震等自然灾害频繁。但是日本新干线自 1964 年 10 月运营至今无一乘客伤亡，列车发车间隔时间最短为 5 min，其铁路行车规范也相对完善。

1. 强风

在极端条件下，自然风的风向、风速，车重，外形，轨道路基结构，列车运行速度等均影响到列车倾覆极限风速，危害列车运行安全。

强风还可能对接触网造成破坏。

强风条件下日本东北、上越、长野新干线高速列车的行车规则如表 6–6 所示。

表 6–6　强风条件下日本东北、上越、长野新干线高速列车的行车规则

风速/（m/s）	一般区间	设置一定标准的挡风墙区间
20～25	列车限速 160 km/h	不限速
25～30	列车限速 70 km/h，也可视具体情况停运	列车限速 160 km/h
30～35	停运	列车限速 70 km/h，也可视具体情况停运
35 以上	停运	停运

注：风速指的是瞬时风速。

2. 暴雨和洪水

暴雨和洪水造成铁路线路淹没、路基不稳、泥石流、滑坡等灾害。

暴雨和洪水条件下日本东海道新干线高速列车的行车规则如表 6–7 所示。

表 6–7　暴雨和洪水条件下日本东海道新干线高速列车的行车规则

<table>
<tr><th colspan="3">运行管制</th><th>24 h 累计连续雨量/mm</th><th>时雨量/mm</th><th>连续雨量+时雨量/mm</th><th>雨量报告</th><th>备注</th></tr>
<tr><td rowspan="3">警戒</td><td colspan="2">第 3 种</td><td>100～110</td><td>25</td><td>—</td><td>1 次/h</td><td></td></tr>
<tr><td colspan="2">第 2 种</td><td>120～130</td><td>30</td><td>110+20</td><td rowspan="2">2 次/h</td><td>每 3～4 h 巡检 1 次</td></tr>
<tr><td colspan="2">第 1 种</td><td>140</td><td>35</td><td>120+25</td><td>每 2 h 巡检 1 次</td></tr>
<tr><td rowspan="3">限速运行</td><td rowspan="2">170 km/h</td><td>B 区域</td><td>—</td><td>40</td><td>140+30 或 160+2</td><td rowspan="3">2 次/h</td><td rowspan="3">实时地面巡检，适当添乘巡检</td></tr>
<tr><td>A 区域</td><td>—</td><td>45</td><td>150+30 或 180+2</td></tr>
<tr><td>70 km/h</td><td>B 区域</td><td>—</td><td>45</td><td>152+30 或 180+2</td></tr>
</table>

续表

运行管制		24 h 累计连续雨量/mm	时雨量/mm	连续雨量+时雨量/mm	雨量报告	备注
停止运行	一般区间	—	50	150+40	6 次/h	连续降雨时，B 区域紧急巡检，如一时集中暴雨，要注意地点紧急巡检
	高架桥 无渣桥	—	70	150+60		

注：(1) 第 3 种警戒是指在预先确定的区间，以及指定在设备保养上要注意的地点进行定时的巡检警戒。

(2) 第 2 种警戒是指在第 3 种警戒对象以外的土工结构物和隧道洞口附近进行周期性的巡检警戒。

(3) 第 1 种警戒是指在第 2 种警戒对象以外的预先指定的区间或认为有可能受灾的地点进行周期性的巡检警戒。

(4) 警戒：雨量达到颁布标准，基本没有发生灾害的可能，能预测出灾害的部分前兆，需要警戒。

(5) 限速运行：雨量达到颁布标准，经验表明没有灾害的发生，无异常降雨，有发生轻微灾害的可能性，要考虑限速运行。

(6) 停止运行：雨量达到颁布标准，有发生灾害的可能性，需要停止运行。

(7) B 区域：连续雨量 150 mm 以上，并且时雨量达 40 mm 的巡检区间；其他的 A 区域。

(8) 时雨量达 50 mm 时的巡检区间称之为“要注意地点”。

3. 暴雪

日本是多雪的国家之一，暴雪对铁路运行安全有较大危害，例如，暴风雪形成的雪堆，过高时影响行车安全。雪还会影响道岔正常工作，可能造成供电设备损坏。

暴雪条件下 JR 东日本公司高速列车的行车规则如表 6–8 所示。

表 6–8 暴雪条件下 JR 东日本公司高速列车的行车规则

积雪深度（轨面上）/cm	行车规则
9～17	列车限速 245 km/h
17～19	列车限速 210 km/h
19～22	列车限速 160 km/h
22～30	列车限速 110 km/h
30 以上	行车终止

4. 地震

地震对于铁路路基造成剧烈影响，尤其对震区的桥梁和隧道破坏程度较大。

1）地震条件下的行车规则

地震条件下日本山阳新干线高速列车的行车规则如表 6–9 所示。

表 6–9 地震条件下日本山阳新干线高速列车的行车规则

<table>
<tr><th rowspan="2">感震器最大值/Gal</th><th rowspan="2">判定震度</th><th colspan="2">运行规则</th><th colspan="2">紧急巡检</th><th colspan="3">提速</th></tr>
<tr><th>停车</th><th>限速</th><th>地面巡检</th><th>添乘巡检</th><th>30 km/h</th><th>70 km/h</th><th>70 km/h</th></tr>
<tr><td rowspan="2">40～80</td><td>3 以下*</td><td></td><td>感震器监管范围内限速 70 km/h，但判定震度未明确前限速 30 km/h，特例限速 30 km/h</td><td></td><td>无；特例时同“限速”区间</td><td></td><td>设备电气</td><td>设备</td></tr>
<tr><td>4 以上</td><td></td><td>感震器监管范围内限速 30 km/h，但有设备及电气人员添乘限速 70 km/h，特例限速 30 km/h</td><td></td><td>特例时同“限速”区间</td><td>设备电气</td><td>设备电气</td><td>设备</td></tr>
<tr><td rowspan="3">80～120</td><td>3 以下</td><td></td><td>同上</td><td></td><td>同上</td><td>设备电气</td><td>设备电气</td><td>设备</td></tr>
<tr><td>4</td><td>感震器监管范围内</td><td>感震器监管范围内，有设备、电气人员添乘限速 70 km/h，特例限速 30 km/h</td><td>停车区间的特定地点</td><td>同上</td><td>设备电气</td><td>设备电气</td><td>设备</td></tr>
<tr><td>5 以上</td><td>同上</td><td>同上</td><td>停车区间</td><td>同上</td><td>设备电气</td><td>设备电气</td><td>设备</td></tr>
<tr><td>120 以上</td><td></td><td>同上</td><td>同上</td><td>同上</td><td>同上</td><td>设备电气</td><td>设备电气</td><td>设备</td></tr>
</table>

注：（1）“设备电气”指提速时有设备及电气人员添乘。

（2）“特例”是指下列情况之一：

① 连续雨量达 120 mm 以上降雨时发生地震；

② 日落以后（包括浓雾）发生地震，但“*”行的情况除外；

③ 气温上升，轨温达 50 ℃以上时发生地震。

2）地震条件下列车停车后的行车规则

地震条件下日本东北、上越、长野新干线高速列车停车后的行车规则如表 6–10 所示。

表 6–10 地震条件下日本东北、上越、长野新干线高速列车停车后的行车规则

<table>
<tr><th rowspan="2">感震器最大值/Gal（沿线）</th><th colspan="2">行车规则</th><th colspan="2">紧急巡检</th></tr>
<tr><th>停车</th><th>限速</th><th>徒步巡检</th><th>添乘巡检</th></tr>
<tr><td>80 以下</td><td colspan="2">根据调度员的命令恢复运行</td><td>无</td><td>无</td></tr>
</table>

续表

感震器最大值/Gal（沿线）	行车规则		紧急巡检	
	停车	限速	徒步巡检	添乘巡检
80～120		超过 80 Gal 的感震器点两端 12 km 范围内，开始供电后限速 30 km/h；有设备、电力人员添乘限速 70 km/h。但下列情况限速 30 km/h：① 有碴轨道区间钢轨温度 55 ℃以上时发生地震；② 日落（包括浓雾、大雪）后发生地震时特别规定的区间（实行地面巡检的除外）	无	对限速区间进行添乘巡检
120 以上	超过 120 Gal 时，在感震器与相邻感震器间	超过 120 Gal 的感震器与相邻感震器间，地面巡检完后限速 70 km/h，但下列情况限速 30 km/h：有碴轨道轨温 55℃以上时发生地震	对停车区间进行徒步巡检	对限速区间进行添乘巡检

5. 高温

高温造成无缝线路长钢轨保持稳定的安全性降低，而且还会造成钢轨锁定温度发生变化或道床阻力下降。

高温时日本新干线行车规则分为两类：一类是一般区间，另一类是无砟桥梁。每一类又根据实测的道床横向阻力大小分别按轨温高低进行行车管制。

1）一般区间

高温条件下日本新干线一般区间高速列车行车规则如表 6–11 所示。

表 6–11 高温条件下日本新干线一般区间高速列车行车规则

轨温/℃	测定道床横向阻力/（N/每枕）	行车规则
64 以上	12 748 以下	停止运行
60～64	8 826 以下	停止运行
	8 826 以上	70 km/h 慢行
58～60	8 826 以下	根据特别巡检确定是否以 70 km/h 慢行
	8 826 以上	温度观测
53～58	8 826 以下	特别巡检
	8 826 以上	温度观测
48～53	8 826 以下	温度观测
45～48	8 826 以下	A 区间特别巡检

2）无砟桥梁

高温条件下日本新干线无砟桥梁高速列车行车规则如表 6–12 所示。

表 6–12　高温条件下日本新干线无砟桥梁高速列车行车规则

轨温/℃	测定道床横向阻力/（N/每枕）	行车规则
64 以上	12 748 以下	停止运行
60～64	10 787 以下	停止运行
	10 787 以上	70 km/h 慢行
58～60	10 787 以下	根据特别巡检确定是否以 70 km/h 慢行
	10 787 以上	温度观测
53～58	10 787 以下	特别巡检
	10 787 以上	温度观测
48～53	10 787 以下	温度观测
45～48	10 787 以下	B 区间特别巡检

注：（1）特别巡检是指在轨温达到该规定时，由工区派人到可能出现危险的地点（如路肩狭窄处、路桥过渡段等），进入第一道防护栅，在邻近线路防护栅外巡检，目测线路方向、水平等。

（2）A、B 区间是指有轨缝线路地段纵向稳定系数不同的地点。

6. 其他

火灾、列车故障、接触网故障应依据现场实际情况进行停车处理。

6.2　突发事件条件下行车调度优化模型

根据第 2 章对突发事件条件下列车运行组织问题的描述，本章研究行车调度优化和列车运行调整构成的组合问题。本节详细分析了实施行车调度的影响因素，考虑列车迂回、列车重联和列车停运等调度策略，建立了突发事件条件下的行车调度优化模型，然后分析了模型中存在的不确定因素，根据决策者的不同偏好建立了行车调度优化期望值模型和机会约束模型。

6.2.1　不确定双层规划

现实世界中存在大量的多层或双层优化问题，多层规划为研究分层决策问题提供了数学建模基础。一般情况下，多层规划中的各层都有各自的决策变量和优化目标，其本质是上层决策者通过决策来影响下层决策者的决策行为，但又不直接参与下层的决策；下层决策者把上层的决策作为约束，并有充分的权限自由决定如何对自身的目标进行优化，同时将结果反馈给上层。各层之间决策结果的传递与反馈是多层规划实现的重要机制。如果一个决策问题只存在上下两层，则成为双层规划，这是多层规划应用最广泛的形式。

随着不确定理论的发展，多层规划中，各层自有的约束条件和目标函数中的变量和参数通常伴随着固有的随机或者模糊等不确定性，而且各层之间的传递和反馈信息也可能带有一定程度的不确定性，故不确定多层规划应运而生。Liu 根据不确定变量的不同测度，建立了期望值双层规划模型和机会约束双层规划模型[33]。

1. 经典双层规划

双层规划模型的普适数学表达式为：

$$\begin{aligned}&\max_{x} F(x,y)\\&\text{s.t.}\\&\qquad G(x,y)\leqslant 0\end{aligned}\tag{6-1}$$

其中，$y=y(x)$ 是如下规划的解：

$$\begin{aligned}&\max_{y} f(x,y)\\&\text{s.t.}\\&\qquad g(x,y)\leqslant 0\end{aligned}\tag{6-2}$$

双层规划模型由上层规划模型式（6–1）和下层规划模型式（6–2）组成。上层规划问题的解 x 作为下层规划的输入，为下层决策提供约束；下层规划问题的解 y 反馈给上层规划，是上层优化的一项依据。

2. 期望值双层规划

如果上层或下层规划中存在某些不确定参数，则上述经典模型将变为：

$$\begin{aligned}&\max_{x} F(x,y,\xi)\\&\text{s.t.}\\&\qquad G(x,y,\xi)\leqslant 0\end{aligned}\tag{6-3}$$

其中，$y=y(x)$ 是如下规划的解：

$$\max_{y} f(x,y,\xi) \quad \text{s.t.} \quad g(x,y,\xi) \leqslant 0 \tag{6-4}$$

其中，ξ 为模糊、随机或多维不确定变量。

如果上述规划的可行解由期望约束界定，即将原规划中含有不确定变量的目标函数和约束处理为期望，则可得到期望值双层规划，其形式如下：

$$\max_{x} E[F(x,y,\xi)] \quad \text{s.t.} \quad E[G(x,y,\xi) \leqslant 0] \tag{6-5}$$

其中，$y = y(x)$ 是如下规划的解：

$$\max_{y} E[f(x,y,\xi)] \quad \text{s.t.} \quad E[g(x,y,\xi) \leqslant 0] \tag{6-6}$$

3. 机会约束双层规划

如果决策者希望极大化机会约束条件下的乐观收益，则可建立乐观值机会约束双层规划：

$$\begin{aligned} &\max_{x} \max_{\bar{F}} \bar{F} \\ &\text{s.t.} \\ &\quad \mathrm{Ch}\{F(x,y,\xi) \geqslant \bar{F}\} \geqslant \beta \\ &\quad \mathrm{Ch}\{G(x,y,\xi) \leqslant 0\} \geqslant \alpha \end{aligned} \tag{6-7}$$

其中，$y = y(x)$ 是如下规划的解：

$$\begin{aligned} &\max_{x} \max_{\bar{f}} \bar{f} \\ &\text{s.t.} \\ &\quad \mathrm{Ch}\{f(x,y,\xi) \geqslant \bar{f}\} \geqslant \eta \\ &\quad \mathrm{Ch}\{g(x,y,\xi) \leqslant 0\} \geqslant \delta \end{aligned} \tag{6-8}$$

其中，α、β、η、δ 为决策者给定的置信水平。

如果决策者希望极大化机会约束条件下的悲观收益，则可建立悲观值机会约束双层规划：

$$
\begin{aligned}
&\max_{x}\min_{\bar{F}} \bar{F}\\
&\text{s.t.}\\
&\quad \text{Ch}\{F(x,y,\xi)\leqslant \bar{F}\}\geqslant \beta\\
&\quad \text{Ch}\{G(x,y,\xi)\leqslant 0\}\geqslant \alpha
\end{aligned}
\tag{6-9}
$$

其中， $y=y(x)$ 是如下规划的解：

$$
\begin{aligned}
&\max_{x}\max_{\bar{f}} \bar{f}\\
&\text{s.t.}\\
&\quad \text{Ch}\{f(x,y,\xi)\leqslant \bar{f}\}\geqslant \eta\\
&\quad \text{Ch}\{g(x,y,\xi)\leqslant 0\}\geqslant \delta
\end{aligned}
\tag{6-10}
$$

上述不确定双层规划模型为不确定环境下的双层规划问题提供了建模基础，但在现实环境中由于系统结构参数、所处环境不同，往往需要针对问题的特点进行改进。本章中的双层规划包括行车调度优化和列车运行调整两层，其结构见图 6–1。上下两层的规划中都会涉及一些不确定变量，本章将对此双层规划进行详细分析。

1）行车调度优化

行车调度优化为双层规划中的上层规划，它是指突发事件条件下，对受影响线路上的列车是否采取列车迂回、列车重联、列车停运等调度策略进行优化[①]，减少对受影响线路的能力依赖，并充分利用网络上其他线路的能力，尽量完成旅客输送的过程。其优化结果为下层规划所需的列车的运行径路、列车数量、停站方案等信息，同时获取下层规划的优化结果作为行车调度优化的输入。

2）列车运行调整

列车运行调整为双层规划中的下层规划，它是指突发事件条件下，在给定上层优化结果后，通过采取减少列车区间运行时间、列车停站时间，改变列车越行方式等策略，尽量减少列车晚点，恢复按图行车的过程，并为上层规划提供调整后的列车运行图。

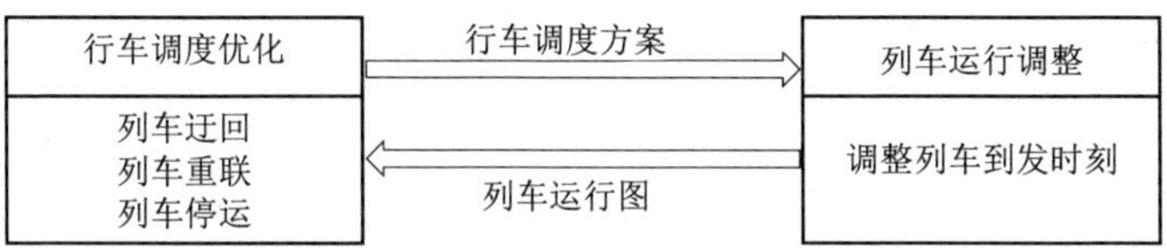

图 6–1　突发事件条件下行车组织双层规划结构

① 由于本章主要讨论突发事件导致能力下降的情况，故不考虑加开列车的策略。

6.2.2 影响因素分析

1. 列车迂回影响因素分析

突发事件发生后，如何充分利用路网上的能力，弥补受影响线路的能力损失，是提高旅客服务水平的关键。因此列车绕行其他径路（列车迂回）是调度员最常用的行车调度策略之一，其主要的影响因素如下。

（1）列车迂回是基于路网条件的。突发事件的不同类型和级别对基础路网的影响范围和时间长短有很大区别，比如线路故障或者列车故障一般只影响一条线路，且修复时间较快，但如果发生大范围的自然灾害，如暴雪、地震等，往往会影响一个较大区域内的几条线路。突发事件发生后，路网结构的变化是实施列车迂回策略的基础。

（2）迂回径路的选择。根据第 4 章的分析，突发事件发生后会根据路网实际情况生成多条径路，每一列车如何选取合适的迂回径路是行车调度优化考虑的关键。

（3）迂回径路上的列车分布。迂回径路上的列车空间和时间分布决定了径路上的剩余通过能力和绕行列车上下线的时间，并从微观层次影响着列车对迂回径路的选择。

（4）迂回列车的既定停站方案。列车绕行到其他径路上之后，根据列车等级和停站方式，仍然要为中途上下车的乘客提供服务。因此，经停的车站要尽量包含既定的车站，或者与既定的车站在同一个城市。

（5）迂回列车的图定运行计划。绕行到其他径路上的列车的最终调整目标仍是尽量按图运行，应最小化列车迂回对旅客出行的影响。

（6）迂回径路的能力时间密度。根据第 4 章的分析，能力时间密度是迂回径路上列车运行可靠性的一种量度，相比单纯地考虑迂回径路长度更有意义。

2. 列车重联影响因素分析

列车重联指由于自然灾害或铁路事故等突发事件发生或者大型节假日时，线路通过能力下降或者客流显著增加，将计划开行的 8 编组列车改为 16 编组，或者将两列或多列列车进行合并的行车调度策略。本节主要考虑突发事件条件下将计划开行的两列列车进行合并，以减少对线路通过能力的利用。列车重联的影响因素如下。

（1）列车静态属性。列车的静态属性包括列车的类型、列车编组辆数、列车长度等，一般情况下，只有同类型短编组的两列列车才可能重联，这是决定两列列车是否可重联的基础属性。

（2）列车运行计划。一般情况下，停站方案相似、到发时间相近的两列短编组列车才可重联，在减少能力利用的同时尽量减少列车晚点。因此，图定列车运行计划也是列车重联策略的基础。

（3）车站到发线。列车重联后，要求列车长度应小于经停车站的到发线长度，以保证列车停站时不持续占用咽喉、道岔能力，而且旅客能够正常上下车。

（4）线路通过能力。突发事件条件下区间通过能力和车站通过能力都可能受到不同程度的损失，这是采取列车重联策略的主要原因。

（5）车站摘解线。用来办理列车重联和摘解作业的到发线称为摘解线。当车站的重联、摘解作业频繁时，摘解线可专门用来办理此项作业，其他时间摘解线一般作为到发线使用[34]。与到发线不同的是，摘解线除了有长度的要求外，还需要有信号装置，以保证列车重联与摘解的安全实现。

3. 列车停运影响因素分析

列车停运指自然灾害或铁路事故等突发事件发生，致使客流显著减少或者线路通过能力下降，将计划开行的列车取消的行车调度策略。本节主要考虑线路通过能力下降的情况对列车的取消策略。列车停运的影响因素如下。

（1）列车等级。列车停运是三种行车调度策略中影响最恶劣的，在相同情况下停运长途高等级列车往往会带来更大的损失，因此，列车等级是确定某一列车是否停运的一个重要因素。

（2）列车运行计划。与列车重联影响因素分析类似，如何确定某一列车是否停运，使调整后的列车尽量按图运行是列车停运策略优化的关键。

（3）线路通过能力。与列车重联影响因素分析类似，线路损失的通过能力也是列车停运策略优化的基础。

（4）旅客。与列车迂回和列车重联不同，列车停运会对旅客造成严重影响，使其无法到达目的地，受影响的旅客要么换乘其他交通方式，要么换乘其他车次的列车，因此在取消列车时要考虑旅客换乘的方便性。

6.2.3 突发事件条件下行车调度优化模型构建

1. 相关参数

行车调度优化问题是建立在路网基础上的，为了保持本书的统一性，本节中的网络模型与前面章节中定义相同。

1）迂回径路集

利用第 4 章基于能力时间密度的径路搜索模型，可以得到多条迂回径路，记 $\text{Route}=\{\text{rte}_i \mid i=1,2,\cdots,N_{\text{Route}}\}$，其中 Route 为迂回径路集合，$N_{\text{Route}}$ 为集合 Route 的大小，即 Route 中可行迂回径路的条数，rte_i 为根据能力时间密度排序的第 i 条径路，记为 $\text{rte}_i=\{v_{\text{s}},v_1,\cdots,v_{\text{t}}\}$，表示由 v_{s} 至 v_{t} 的一条径路。这里需要注意的是，Route 中的多条径路往往会同时占用路网中的某些节点或弧段，这些节点和弧段的能力将相应地分配给多条径路。图 6–2 中对起讫点 v_1^1 和 v_6^1 共产生 3 条径路：

（1）$\text{rte}_1=\{v_1^1,v_2^1,v_3^1,v_4^1,v_5^1,v_6^1\}$，此为本线上原有的径路，由于弧段 (v_3^1,v_4^1) 受损，需要寻找迂回径路。

（2）$\text{rte}_2=\{v_1^1,v_2^1,v_2^2,v_3^2,v_4^2,v_5^2,v_5^1,v_6^1\}$。

（3）$\text{rte}_3=\{v_1^1,v_1^2,v_2^2,v_3^2,v_4^2,v_5^2,v_5^1,v_6^1\}$。

可见弧段 $(v_2^2,v_3^2),(v_3^2,v_4^2),(v_4^2,v_5^2)$ 被径路 rte_2 和 rte_3 同时占用，弧段 (v_5^1,v_6^1) 被 3 条径路同时占用。

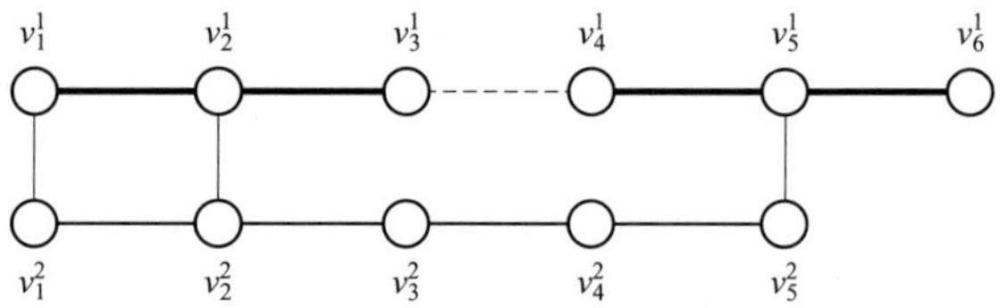

图 6–2 迂回径路集示意图

2）惩罚费用

上述三种调度策略中都对旅客的出行造成影响，其中列车迂回虽然改变了旅客的出行径路，增加了旅客的旅行时间，但能够有效利用路网上的能力，完成旅客的输送服务，故列车迂回是突发事件条件下最常用的调度策略，相比其他两种调度策略惩罚费用较小。

列车重联虽然不会改变列车的运行径路，但将两列车在中间车站进行重联操作时，前方车需等待后方车的到来，也会增加旅客的旅行时间，此外进行列车重联涉及复杂的列车进出站调度，需要通信信号系统、牵引供电系统等配合进行，相对列车迂回调度策略风险性增加。

列车停运将无法完成旅客的输送服务，此时除了退票造成的经济损失外，也降低了旅客的服务满意度和社会效益。因此列车停运调度策略产生的惩罚费用最多。

3）其他相关参数

其他相关参数如下：

$\mathrm{Inid}_{i,j}$——列车 i 在 j 站的图定发车时间；

$\mathrm{Inia}_{i,j}$——列车 i 在 j 站的图定到车时间；

$x_{i,j}$——列车 i 在 j 站的实际发车时间，此为下层规划的计算结果；

$y_{i,j}$——列车 i 在 j 站的实际到站时间，此为下层规划的计算结果；

c_i^{delay}——列车 i 单位晚点时间的费用；

c_i^{run}——列车 i 单位里程的运行费用；

g_i——列车 i 编组类型；只有当列车为短编组（8 编组）时，才可能跟另外一个短编组列车进行重联；

c_i^{cancel}——列车 i 被停运产生的惩罚费用；

c_i^{reroute}——列车 i 迂回到其他径路上的惩罚费用；

$c_{i,j}^{\mathrm{merge}}$——列车 i 被列车 j 重联的惩罚费用；

ΔC_e——在时间段 T 内，路网上弧段 e 的剩余通过能力；

δ——本线能力损失造成的需要进行行车调度的列车数；

Trn——在突发事件影响的时间段 T 内受影响的列车集合：

Stn——在突发事件影响的时间段 T 内受影响的车站集合；

len_e——弧段 e 的长度。

2. 决策变量

突发事件条件下行车调度优化模型的决策变量如下。

（1）列车迂回标识。

$$\mathrm{rrt}_{i,\mathrm{rte}}=\begin{cases}1 & \text{如果列车 } i \text{ 迂回到径路 rte上}\\ 0 & \text{其他}\end{cases}$$

（2）列车重联标识。

$$\mathrm{meg}_{i,j}=\begin{cases}1 & \text{如果列车 } i \text{ 被列车 } j \text{ 重联}\\ 0 & \text{其他}\end{cases}$$

如果列车 i 被列车 j 重联，在列车到发时刻调整时可以认为这两列车在逻辑上成为一列车，共同拥有列车 j 的车次。

（3）列车停运标识。

$$\mathrm{cal}_i = \begin{cases} 1 & \text{如果列车 } i \text{ 停运} \\ 0 & \text{其他} \end{cases}$$

3. 目标函数

建立的行车调度优化模型目标函数主要考虑列车迂回惩罚、列车重联惩罚、列车停运惩罚。

（1）列车迂回惩罚。

$$Z_{\mathrm{rrt}}^{\mathrm{p}} = \min \sum_{i \in \mathrm{Trn}} c_i^{\mathrm{reroute}} \mathrm{rrt}_{i,\mathrm{rte}} \tag{6–11}$$

$$Z_{\mathrm{rrt}}^{\mathrm{r}} = \min \sum_{i \in \mathrm{Trn}} c_i^{\mathrm{run}} \mathrm{rrt}_{i,\mathrm{rte}} \sum_{e \in \mathrm{rte}} \mathrm{len}_e \tag{6–12}$$

列车迂回惩罚由两部分组成：$Z_{\mathrm{rrt}}^{\mathrm{p}}$ 表示由社会效益影响造成的列车迂回惩罚费用，$Z_{\mathrm{rrt}}^{\mathrm{r}}$ 表示迂回径路上的列车运行费用。后者的设计是为了让列车选取绕行长度相对较短的径路。

（2）列车重联惩罚。

$$Z_{\mathrm{meg}}^{\mathrm{p}} = \min \sum_{i \in \mathrm{Trn}} c_{i,j}^{\mathrm{merge}} \sum_{j \in \mathrm{Trn}} \mathrm{meg}_{i,j} \tag{6–13}$$

$$Z_{\mathrm{meg}}^{\mathrm{t}} = \min \sum_{i \in \mathrm{Trn}} \sum_{j \in \mathrm{Trn}} \sum_{v \in \mathrm{Stn}} \left(\left| \mathrm{Inid}_{i,v} - \mathrm{Inid}_{j,v} \right| + \left| \mathrm{Inia}_{i,v} - \mathrm{Inia}_{j,v} \right| \right) \mathrm{meg}_{i,j} \tag{6–14}$$

列车重联惩罚由两部分组成：$Z_{\mathrm{meg}}^{\mathrm{p}}$ 为列车重联造成的惩罚费用，$Z_{\mathrm{meg}}^{\mathrm{t}}$ 表示重联的两列车的到发站时间差异，这一目标选取的目的是尽量选择到发站时间差异较小的两列车进行重联，以减少对旅客出行时间的影响。而列车重联造成的其他时间损失由下层规划中的晚点时间统一控制。

（3）列车停运惩罚。

$$Z_{\mathrm{cal}}^{\mathrm{p}} = \min \sum_{i \in \mathrm{Trn}} c_i^{\mathrm{cancle}} \mathrm{cal}_i \tag{6–15}$$

这里只考虑列车停运的社会效益惩罚。

4. 运行调整结果反馈

$$Z_{\text{delay}}^{\text{low}} \tag{6–16}$$

$Z_{\text{delay}}^{\text{low}}$表示下层规划的优化结果，其中包括列车晚点时间惩罚、车站晚点时间惩罚和严重晚点列车数量。下层规划优化结果的反馈也是衡量上层规划优化结果的一项重要内容，以达到上下层整体优化的目的。

5. 约束条件

突发事件条件下行车调度模型的约束条件如下。

1）唯一性约束

（1）迂回列车只能绕行到一条径路上。

$$\sum_{\text{rte}\in\text{Route}} \text{rrt}_{i,\text{rte}} \leqslant 1 \quad i \in \text{Trn} \tag{6–17}$$

（2）停运的列车不能迂回到其他径路。

$$\text{cal}_i + \sum_{\text{rte}\in\text{Route}} \text{rrt}_{i,\text{rte}} \leqslant 1 \quad i \in \text{Trn} \tag{6–18}$$

（3）如果某一列车符合重联的条件，则最多只能与其他一列列车重联。

$$\sum_{i=j} \text{meg}_{i,j} = 0 \quad i, j \in \text{Trn} \tag{6–19}$$

$$\text{meg}_{i,j} + \text{meg}_{j,i} \leqslant 1 \quad i, j \in \text{Trn} \tag{6–20}$$

（4）重联的列车不能被停运。

$$\sum_{j\in\text{Trn}} \text{meg}_{i,j} + \text{cal}_i \leqslant 1 \quad i \in \text{Trn} \tag{6–21}$$

$$\sum_{i\in\text{Trn}} \text{meg}_{i.j} + \text{cal}_j \leqslant 1 \quad j \in \text{Trn} \tag{6–22}$$

（5）重联的列车不能被绕行。

$$\sum_{j\in\text{Trn}} \text{meg}_{i,j} + \sum_{\text{rte}\in\text{Route}} \text{rrt}_{i,\text{rte}} \leqslant 1 \quad i \in \text{Trn} \tag{6–23}$$

$$\sum_{i\in\text{Trn}} \text{meg}_{i,j} + \sum_{\text{rte}\in\text{Route}} \text{rrt}_{i,\text{rte}} \leqslant 1 \quad j \in \text{Trn} \tag{6–24}$$

2）能力约束

（1）需要迂回、重联和停运的列车总数不小于本线能力损失造成的需要进行行车调度的列车数。

$$\sum_{i\in \mathrm{Trn}}\sum_{j\in \mathrm{Trn}}\mathrm{meg}_{i,j}+\sum_{i\in \mathrm{Trn}}\mathrm{cal}_i+\sum_{i\in \mathrm{Trn}}\sum_{\mathrm{rte}\in \mathrm{Route}}\mathrm{rrt}_{i,\mathrm{rte}}\geqslant \delta \tag{6-25}$$

（2）路网上所有区间的剩余通过能力不能小于所有迂回路径上绕行列车数的总和。

$$\sum_{i\in \mathrm{Trn}}\sum_{\mathrm{rte}\in \mathrm{Route}}\mathrm{rrt}_{i,\mathrm{rte}}\leqslant \Delta C_e \quad e\in \mathrm{rte} \quad \mathrm{rte}\in \mathrm{Route} \tag{6-26}$$

（3）路网上所有车站的剩余接发车能力不能小于所有迂回路径上绕行列车数的总和。

$$\sum_{i\in \mathrm{Trn}}\sum_{\mathrm{rte}\in \mathrm{Route}}\mathrm{rrt}_{i,\mathrm{rte}}\leqslant \Delta C_v \quad v\in \mathrm{rte} \quad \mathrm{rte}\in \mathrm{Route} \tag{6-27}$$

3）列车迂回约束

将列车 i 的图定停站集合记为 Sts_i，即

$$\mathrm{Sts}_i=\{\mathrm{sts}_{i,1},\mathrm{sts}_{i,2},\cdots,\mathrm{sts}_{i,N_{\mathrm{sts}}}\}=\{\mathrm{sts}_{i,n}\mid n=1,2,\cdots,N_{\mathrm{sts}}\} \tag{6-28}$$

其中，N_{sts} 为列车图定停站的个数。

列车 i 改变径路后新的停站集合记为 Stsn_i，即

$$\mathrm{Stsn}_i=\{\mathrm{stsn}_{i,1},\mathrm{stsn}_{i,2},\cdots,\mathrm{stsn}_{i,N_{\mathrm{stsn}}}\}=\{\mathrm{stsn}_{i,n}\mid n=1,2,\cdots,N_{\mathrm{stsn}}\} \tag{6-29}$$

其中，N_{stsn} 为列车改变径路后的停站个数。

列车迂回到其他径路时，要求仍然满足旅客的乘降需求，则列车在迂回径路上的停站要包含列车的原有停站，则有如下约束：

$$\mathrm{Stsn}_i\supseteq \mathrm{Sts}_i \quad i\in \mathrm{Trn} \tag{6-30}$$

或者对于所有不包含于 Stsn_i 的停站 $\mathrm{Sts}_{i,k}$，其所在枢纽与 $\mathrm{Stsn}_{i,k}$ 相同，即

$$\mathrm{Sn}_{\mathrm{Sts}_{i,k}}=\mathrm{Sn}_{\mathrm{Stsn}_{i,k}} \quad \forall \mathrm{Sts}_{i,k}\notin \mathrm{Stsn}_i \quad i\in \mathrm{Trn} \tag{6-31}$$

其中，Sn_v 为车站 v 所在枢纽。

4）列车重联约束

（1）旅客乘降车站约束。

如果列车 i 被列车 j 重联，共同拥有列车 j 的车次，为了满足列车 i 上旅客的乘降需求，则列车 j 的停站集合需包含列车 i 的停站集合。

$$\mathrm{Sts}_j=\{\mathrm{sts}_{j,1},\mathrm{sts}_{j,2},\cdots,\mathrm{sts}_{j,N_{\mathrm{sts}_j}}\}\supseteq \mathrm{Sts}_i=\{\mathrm{sts}_{i,1},\mathrm{sts}_{i,2},\cdots,\mathrm{sts}_{i,N_{\mathrm{sts}_i}}\} \quad i\in \mathrm{Trn} \quad j\in \mathrm{Trn} \tag{6-32}$$

如果列车 i 的某个停站 $\mathrm{sts}_{i,k}$ 不属于列车 j 的停站集合，则要求列车 j 的新停站

序列包含 $\mathrm{sts}_{i,k}$。

$$\mathrm{Stsn}_j = \mathrm{Sts}_j \cup \{\mathrm{sts}_{i,k} \mid \forall \mathrm{sts}_{i,k} \notin \mathrm{Sts}_j, k = 1,2,\cdots,N_{\mathrm{sts}_i}\} \quad i \in \mathrm{Trn} \quad j \in \mathrm{Trn} \tag{6-33}$$

（2）重联列车类型约束。

如果列车 i 被列车 j 重联，则要求列车 i 与列车 j 为相同类型，且都为短编组列车。

$$\mathrm{Ty}_i = \mathrm{Ty}_j \tag{6-34}$$

其中，Ty_i 为列车 i 的类型。

$$\mathrm{Len}_i = \mathrm{Len}_j = \mathrm{Len}_{\mathrm{G}} \tag{6-35}$$

其中，Len_i 为列车 i 的编组长度，$\mathrm{Len}_{\mathrm{G}}$ 表示 8 编组长度。

6.2.4 行车调度优化模型不确定因素分析

1. 目标函数中不确定因素分析

1）列车迂回惩罚

c_i^{reroute} 表示列车 i 绕行到其他径路上的惩罚费用。这一惩罚费用的确定与突发事件的类型和级别相关，由于突发事件造成的等级不同，旅客对列车迂回接受的程度也不同，如在小范围、短时间的突发事件影响下，本线上的列车并未受到很大的干扰，此时旅客是不希望自己所乘坐的列车绕行到其他径路上的。当发生大范围、长时间的自然灾害，或者严重的铁路事故，线路能力损失较大，线路修复需要较长时间时，旅客则以能够达到目的地为首要目标，此时对列车绕行的接受程度就会增大。因此随着突发事件的类型和级别的变化，c_i^{reroute} 也应在一个范围内变化。

此外，列车迂回惩罚主要反映该策略对旅客满意度的影响和社会效益的损失，而这些都是人的心理感觉，与旅客的出行目的、职业、消费层次，甚至整个社会的经济发展水平等因素相关，在大众心中往往是一种模糊概念，很难用精确的数值描述。因此将 c_i^{reroute} 表示为一种模糊数，能够更真实地反映突发事件条件下人们对列车迂回的接受程度，故目标函数（6–11）可转化为

$$Z_{\mathrm{rrt}}^{\mathrm{p}} = \min \sum_{i \in \mathrm{Trn}} \tilde{c}_i^{\mathrm{reroute}} \mathrm{rrt}_{i,\mathrm{rte}} \tag{6-36}$$

2）迂回径路上列车运行费用

c_i^{run} 表示列车 i 单位里程的运行费用。这一费用与线路特征、列车类型、机

车电力（燃料）消耗等相关[35-37]。由于线路基础特征的区别（如桥梁、隧道、涵洞等），以及内燃机车、电力机车、动车组等列车类型的区别，列车在不同区段上的单位里程运行费用在一个范围内变化，很难用一个确定值表示，其更符合模糊变量的特性，故目标函数（6–12）可转化为

$$Z_{\mathrm{rrt}}^{\mathrm{r}}=\min\sum_{i\in\mathrm{Trn}}\tilde{c}_i^{\mathrm{run}}\mathrm{rrt}_{i,\mathrm{rte}}\sum_{e\in\mathrm{rte}}\mathrm{len}_e \tag{6–37}$$

3）列车重联惩罚

$c_{i,j}^{\mathrm{merge}}$表示列车 i 被列车 j 重联的惩罚费用，其取值同样与突发事件的类型和级别相关，也更适合用模糊变量表达，故目标函数（6–13）可转化为

$$Z_{\mathrm{meg}}^{\mathrm{p}}=\min\sum_{i\in\mathrm{Trn}}\tilde{c}_{i,j}^{\mathrm{merge}}\sum_{j\in\mathrm{Trn}}\mathrm{meg}_{i,j} \tag{6–38}$$

4）列车停运惩罚

同理，列车 i 被停运产生的惩罚费用 c_i^{cancel} 也适合用模糊变量表达，故目标函数（6–15）可转化为

$$Z_{\mathrm{cal}}^{\mathrm{p}}=\min\sum_{i\in\mathrm{Trn}}\tilde{c}_i^{\mathrm{cancle}}\mathrm{cal}_i \tag{6–39}$$

2. 约束条件中不确定因素分析

1）区间通过能力

根据第 3 章的分析，区间通过能力随着限速值的改变而改变，同时具有模糊和随机的双重属性，第 3 章已经详细描述了区间通过能力的推导过程，这里不再叙述。

2）车站接发列车能力

车站的接发列车能力由车站不同等级列车可用到发线数量、到发线占用时间、咽喉道岔作业时间决定。车站作业占用到发线时间越少，咽喉道岔作业时间越短，则车站的接发车能力越强，而到发线占用时间、咽喉道岔作业时间由列车运行速度、设备使用状况和人工操作熟练程度确定，存在一定的变化范围，具有模糊性。此外，在突发事件条件下，车站的接发车能力与区间通过能力类似，随着突发事件影响的变化和维修恢复工作的进行，它也具有一定的随机性，故由模糊随机变量描述更符合实际运营环境。

因此模型中的能力约束转化为：

（1）本线上损失的能力约束。

$$\sum_{i\in \text{Trn}}\sum_{j\in \text{Trn}}\text{meg}_{i,j}+\sum_{i\in \text{Trn}}\text{cal}_i+\sum_{i\in \text{Trn}}\sum_{\text{rte}\in \text{Route}}\text{rrt}_{i,\text{rte}}\geqslant \hat{\delta} \tag{6-40}$$

（2）迂回径路上剩余的区间通过能力约束。

$$\sum_{i\in \text{Trn}}\sum_{\text{rte}\in \text{Route}}\text{rrt}_{i,\text{rte}}\leqslant \Delta\hat{C}_e \quad e\in \text{rte} \quad \text{rte}\in \text{Route} \tag{6-41}$$

（3）迂回径路上车站剩余的接发车能力约束。

$$\sum_{i\in \text{Trn}}\sum_{\text{rte}\in \text{Route}}\text{rrt}_{i,\text{rte}}\leqslant \Delta\hat{C}_v \quad v\in \text{rte} \quad \text{rte}\in \text{Route} \tag{6-42}$$

6.2.5 不确定环境下行车调度优化模型

根据前面的分析，期望值模型和机会约束模型是不确定规划中应用最广泛的两种方法，其核心思想都是利用不确定变量的相关测度将带有随机或模糊参数的问题转化为确定性规划，故本节将分别建立行车调度优化的期望值模型和机会约束模型。

1. 行车调度优化期望值模型

将原问题中的不确定变量取期望值，可得到行车调度优化期望值模型，具体描述如下。

1）目标函数

$$\begin{aligned}\min Z &= w_1E[Z_{\text{rrt}}^{\text{p}}]+w_2E[Z_{\text{rrt}}^{\text{r}}]+w_3E[Z_{\text{meg}}^{\text{p}}]+w_4E[Z_{\text{cal}}^{\text{p}}]+w_5Z_{\text{meg}}^{\text{t}}+w_6Z_{\text{delay}}^{\text{low}}\\
&= w_1E\left[\sum_{i\in \text{Trn}}\tilde{c}_i^{\text{reroute}}\text{rrt}_{i,\text{rte}}\right]+w_2E\left[\sum_{i\in \text{Trn}}\tilde{c}_i^{\text{run}}\text{rrt}_{i,\text{rte}}\sum_{e\in \text{rte}}\text{len}_e\right]+w_3E\left[\sum_{i\in \text{Trn}}\tilde{c}_{i,j}^{\text{merge}}\sum_{j\in \text{Trn}}\text{meg}_{i,j}\right]+\\
&\quad w_4E\left[\sum_{i\in \text{Trn}}\tilde{c}_i^{\text{cancle}}\text{cal}_i\right]+w_5\sum_{i\in \text{Trn}}\sum_{j\in \text{Trn}}\sum_{v\in \text{Stn}}\left(\left|\text{Inid}_{i,v}-\text{Inid}_{j,v}\right|+\left|\text{Inia}_{i,v}-\text{Inia}_{j,v}\right|\right)\text{meg}_{i,j}+\\
&\quad w_6Z_{\text{delay}}^{\text{low}}\\
&= w_1\sum_{i\in \text{Trn}}E[\tilde{c}_i^{\text{reroute}}]\text{rrt}_{i,\text{rte}}+w_2\sum_{i\in \text{Trn}}E[\tilde{c}_i^{\text{run}}]\text{rrt}_{i,\text{rte}}\sum_{e\in \text{rte}}\text{len}_e+w_3\sum_{i\in \text{Trn}}E[\tilde{c}_{i,j}^{\text{merge}}]\sum_{j\in \text{Trn}}\text{meg}_{i,j}+\\
&\quad w_4\sum_{i\in \text{Trn}}E[\tilde{c}_i^{\text{cancle}}]\text{cal}_i+w_5\sum_{i\in \text{Trn}}\sum_{j\in \text{Trn}}\sum_{v\in \text{Stn}}\left(\left|\text{Inid}_{i,v}-\text{Inid}_{j,v}\right|+\left|\text{Inia}_{i,v}-\text{Inia}_{j,v}\right|\right)\text{meg}_{i,j}+\\
&\quad w_6Z_{\text{delay}}^{\text{low}}\end{aligned} \tag{6-43}$$

其中，w_i 为第 i 个子目标的权重。

2）约束条件

（1）本线上能力损失的约束。

$$\sum_{i\in \mathrm{Trn}}\sum_{j\in \mathrm{Trn}}\mathrm{meg}_{i,j}+\sum_{i\in \mathrm{Trn}}\mathrm{cal}_i+\sum_{i\in \mathrm{Trn}}\sum_{\mathrm{rte}\in \mathrm{Route}}\mathrm{rrt}_{i,\mathrm{rte}}\geqslant E[\hat{\delta}] \tag{6–44}$$

（2）迂回径路上剩余的区间通过能力约束。

$$\sum_{i\in \mathrm{Trn}}\sum_{\mathrm{rte}\in \mathrm{Route}}\mathrm{rrt}_{i,\mathrm{rte}}\leqslant E[\Delta\hat{C}_e]\quad e\in \mathrm{rte}\qquad \mathrm{rte}\in \mathrm{Route} \tag{6–45}$$

（3）迂回径路上剩余的车站接发车能力约束。

$$\sum_{i\in \mathrm{Trn}}\sum_{\mathrm{rte}\in \mathrm{Route}}\mathrm{rrt}_{i,\mathrm{rte}}\leqslant E[\Delta\hat{C}_v]\quad v\in \mathrm{rte}\qquad \mathrm{rte}\in \mathrm{Route} \tag{6–46}$$

其他确定性约束条件不变。

对于模糊变量和模糊随机变量的期望值，一些学者提出了不同的定义，本章采用文献［33］中的定义，描述如下。

在模糊理论中，Pos｛A｝表示事件 A 发生的可能性测度，Nec｛A｝表示事件 A 发生的必要性测度，Cr｛A｝表示事件 A 发生的可信性测度，A^c 表示事件 A 的补集。三者之间的关系为：Nec｛A｝=1–Pos｛A｝，$\mathrm{Cr}\{A\}=\frac{1}{2}(\mathrm{Pos}\{A\}+\mathrm{Nec}\{A\})$。

若 ξ 为模糊变量，则 ξ 的期望为

$$E[\xi]=\int_0^{+\infty}\mathrm{Cr}\{\xi\geqslant r\}\mathrm{d}r-\int_{-\infty}^0\mathrm{Cr}\{\xi\leqslant r\}\mathrm{d}r \tag{6–47}$$

若 ξ 为模糊随机变量，则 ξ 的期望为

$$E[\xi]=\int_0^{+\infty}\mathrm{Pos}\{\omega\in\Omega\mid E[\xi(\omega)]\geqslant r\}\mathrm{d}r-\int_{-\infty}^0\mathrm{Pos}\{\omega\in\Omega\mid E[\xi(\omega)]\leqslant r\}\mathrm{d}r \tag{6–48}$$

2. 行车调度优化机会约束模型

有时候人们并不总是关心期望收益的最大化或者期望费用的最小化，而是更关注行车调整造成风险的机会，机会约束规划则以置信水平的方式来控制系统的可靠性，其根据所取的目标不同，可分为悲观值模型、乐观值模型和 Hurwicz 标准模型。

1）行车调度优化悲观值模型

如果利用不确定变量的悲观值和机会测度，可得到行车调度优化悲观值模型，描述如下。

目标函数：

$$\min \min_{\bar{Z}} \bar{Z} \tag{6–49}$$

约束条件：

$$\mathrm{Cr}\{w_1 Z_{\mathrm{rrt}}^{\mathrm{p}} + w_2 Z_{\mathrm{rrt}}^{\mathrm{r}} + w_3 Z_{\mathrm{meg}}^{\mathrm{p}} + w_4 Z_{\mathrm{cal}}^{\mathrm{p}} + w_5 Z_{\mathrm{meg}}^{\mathrm{t}} + w_6 Z_{\mathrm{delay}}^{\mathrm{low}} \leqslant \bar{Z}\} \geqslant \alpha \tag{6–50}$$

$$\mathrm{Ch}\left\{\sum_{i\in\mathrm{Trn}}\sum_{j\in\mathrm{Trn}} \mathrm{meg}_{i,j} + \sum_{i\in\mathrm{Trn}} \mathrm{cal}_i + \sum_{i\in\mathrm{Trn}}\sum_{\mathrm{rte}\in\mathrm{Route}} \mathrm{rrt}_{i,\mathrm{rte}} \geqslant \hat{\delta}\right\} \geqslant \beta \tag{6–51}$$

$$\mathrm{Ch}\left\{\sum_{i\in\mathrm{Trn}}\sum_{\mathrm{rte}\in\mathrm{Route}} \mathrm{rrt}_{i,\mathrm{rte}} \leqslant \Delta\hat{C}_e\right\} \geqslant \delta \tag{6–52}$$

$$\mathrm{Cr}\{\sum_{i\in\mathrm{Trn}}\sum_{\mathrm{rte}\in\mathrm{Route}} \mathrm{rrt}_{i,\mathrm{rte}} \leqslant \Delta\tilde{C}_v\} \geqslant \eta \tag{6–53}$$

其他确定性约束条件不变，这样目标函数转化为最小化各种惩罚的悲观值，能力约束也转化为在一定置信水平（α,β,δ,η）上的机会。

2）行车调度优化乐观值模型

如果利用不确定变量的乐观值和机会测度，可得到行车调度优化乐观值模型，描述如下。

目标函数：

$$\min \max_{\bar{Z}} \bar{Z} \tag{6–54}$$

约束条件：

$$\mathrm{Cr}\{w_1 Z_{\mathrm{rrt}}^{\mathrm{p}} + w_2 Z_{\mathrm{rrt}}^{\mathrm{r}} + w_3 Z_{\mathrm{meg}}^{\mathrm{p}} + w_4 Z_{\mathrm{cal}}^{\mathrm{p}} + w_5 Z_{\mathrm{meg}}^{\mathrm{t}} + w_6 Z_{\mathrm{delay}}^{\mathrm{low}} \geqslant \bar{Z}\} \geqslant \alpha \tag{6–55}$$

$$\mathrm{Ch}\left\{\sum_{i\in\mathrm{Trn}}\sum_{j\in\mathrm{Trn}} \mathrm{meg}_{i,j} + \sum_{i\in\mathrm{Trn}} \mathrm{cal}_i + \sum_{i\in\mathrm{Trn}}\sum_{\mathrm{rte}\in\mathrm{Route}} \mathrm{rrt}_{i,\mathrm{rte}} \geqslant \hat{\delta}\right\} \geqslant \beta \tag{6–56}$$

$$\mathrm{Ch}\left\{\sum_{i\in\mathrm{Trn}}\sum_{\mathrm{rte}\in\mathrm{Route}} \mathrm{rrt}_{i,\mathrm{rte}} \leqslant \Delta\hat{C}_e\right\} \geqslant \delta \tag{6–57}$$

$$\mathrm{Cr}\left\{\sum_{i\in\mathrm{Trn}}\sum_{\mathrm{rte}\in\mathrm{Route}} \mathrm{rrt}_{i,\mathrm{rte}} \leqslant \Delta\tilde{C}_v\right\} \geqslant \eta \tag{6–58}$$

其他确定性约束条件不变。

3）Hurwicz 标准模型

如果同时考虑悲观值和乐观值，可引入参数 $\mu \in (0,1)$ 表示决策者对悲观值和乐观值的选择倾向，建立 Hurwicz 标准模型，描述如下。

目标函数：

$$\min(\mu \max_{\bar{M}} \bar{M} + (1-\mu) \min_{\bar{Z}} \bar{Z}) \tag{6–59}$$

约束条件：

$$\text{Cr}\{w_1 Z_{\text{rrt}}^{\text{p}} + w_2 Z_{\text{rrt}}^{\text{r}} + w_3 Z_{\text{meg}}^{\text{p}} + w_4 Z_{\text{cal}}^{\text{p}} + w_5 Z_{\text{meg}}^{\text{t}} + w_6 Z_{\text{delay}}^{\text{low}} \geqslant \bar{M}\} \geqslant \alpha \tag{6–60}$$

$$\text{Cr}\{w_1 Z_{\text{rrt}}^{\text{p}} + w_2 Z_{\text{rrt}}^{\text{r}} + w_3 Z_{\text{meg}}^{\text{p}} + w_4 Z_{\text{cal}}^{\text{p}} + w_5 Z_{\text{meg}}^{\text{t}} + w_6 Z_{\text{delay}}^{\text{low}} \leqslant \bar{Z}\} \geqslant \alpha \tag{6–61}$$

$$\text{Ch}\left\{\sum_{i\in\text{Trn}}\sum_{j\in\text{Trn}} \text{meg}_{i,j} + \sum_{i\in\text{Trn}} \text{cal}_i + \sum_{i\in\text{Trn}}\sum_{\text{rte}\in\text{Route}} \text{rrt}_{i,\text{rte}} \geqslant \hat{\delta}\right\} \geqslant \beta \tag{6–62}$$

$$\text{Ch}\left\{\sum_{i\in\text{Trn}}\sum_{\text{rte}\in\text{Route}} \text{rrt}_{i,\text{rte}} \leqslant \Delta\hat{C}_e\right\} \geqslant \delta \tag{6–63}$$

$$\text{Cr}\left\{\sum_{i\in\text{Trn}}\sum_{\text{rte}\in\text{Route}} \text{rrt}_{i,\text{rte}} \leqslant \Delta\tilde{C}_v\right\} \geqslant \eta \tag{6–64}$$

其他确定性约束条件不变。

通过上述模型的建立，原问题可转化为确定性规划，其求解算法见 6.4 节和 6.5 节。

6.3 突发事件条件下列车运行调整模型

在上层规划完成后，确定了列车的走行径路、经停车站、列车运行速度等信息，下层规划集中在列车时刻表的调整上，并将调整结果反馈至上层规划，实现行车调度优化和列车运行调整的反馈滚动优化，最终得到突发事件条件下行车组织方案。

6.3.1 影响因素分析

本层的研究内容是在列车开行方案确定的情况下，依据突发事件下的运输组织原则和策略，进行列车到发时刻的调整，其主要影响因素如下。

1. 基于路网条件

突发事件条件下的运输组织优化是基于路网条件的，作为下层优化的列车运行调整也不例外，因此，下层调整的对象是上层优化中所有径路上的列车。

2. 晚点容忍程度

在突发事件条件下，由于列车限速值较低甚至发生断路，引发路网拓扑结构变化，能力损失较大，往往造成突发事件影响时间段内的所有列车都会发生晚点，此时再讨论晚点的列车数量已没有意义，针对这种情况可以设置一个晚点容忍程度来标识严重晚点的列车。在突发事件条件下，尽量减少严重晚点的列车更有现实意义。

3. 列车作业

列车运行计划描述了列车在区间运行及车站到发或通过时刻，这是进行列车运行调整的基本依据。而列车不论是在区间上运行，还是在车站停站进行旅客上下车服务、上水、等待等车站作业，都可看作是列车对线路设备的占用，因此可采用文献［38］的方式，将列车的各种作业都视为时间接续的离散事件。当某列车在某车站不停车直接通过时，可认为该事件的持续时间为零。

4. 大型枢纽站点

大型枢纽站点一般位于人口密集、经济发达的大城市，在整个运输系统中，承担着绝大多数旅客出行的任务，相比一些旅客乘降数量较少的车站，这些枢纽站点的晚点会造成更恶劣的影响。因此，突发事件条件下应尽量减少大型枢纽站点的晚点时间。

5. 不确定环境

同上层规划相似，突发事件条件下的列车运行调整同样涉及了大量的不确定变量，其目标函数和约束条件也存在模糊性或随机性，这使得模型求解更加复杂。

6.3.2 突发事件条件下列车运行调整模型构建

1. 相关参数

列车运行调整模型涉及的相关参数如下。

p ——列车的某个作业（离散事件），按照列车作业的地点不同，可分别表示区间作业或者车站作业；

inis_p ——作业 p 的图定开始时间，可表示为区间作业的图定开始时间或车站作业的图定开始时间（到站时间）；

inie_p——作业 p 的图定结束时间，可表示为图定到站时间，即车站作业的图定结束时间，其同时也是下一个区间作业的图定开始时间；

zt_p——列车在 p 上的最小作业时间。如果 p 为车站作业，则 zt_p 表示车站最小作业时间；如果 p 为区间作业，则 zt_p 表示区间最小运行时分；

w_i——列车 i 的晚点容忍程度；

$$\lambda_{p,j}=\begin{cases}1 & \text{如果作业 } p \text{ 占用径路 } j, \text{其中 } p\in \mathrm{Itv}, j\in \mathrm{Rte} \\ 0 & \text{否则}\end{cases};$$

$$h_p=\begin{cases}1 & \text{如果作业 } p \text{ 为图定的车站停站作业, 且 } p\in \mathrm{Itv} \\ 0 & \text{否则}\end{cases};$$

c_i^{trnd}——列车 i 单位晚点时间的惩罚；

c_k^{stnd}——枢纽车站 k 单位晚点时间的惩罚；

M——辅助参数，表示一个非常大的整数。

此外，表 6–13 描述了一些集合的定义。为了便于表达，将车站和区间统一称为区段，即一个区段可能表示某个车站，也可能表示列车运行的某个区间。

表 6–13　模型中的集合定义

集合名称	描　　述	大小	元素索引
Trn	所有的列车	T	i
Rte	所有受影响的径路集合，包括原有径路和迂回径路	R	j
Seg	所有区段的集合，即车站与区间的和	S	k
$\mathrm{Stn}\subseteq \mathrm{Seg}$	所有车站	N	n
$\mathrm{Sec}\subseteq \mathrm{Seg}$	所有区间	$S-N$	—
Itv	列车所有作业的集合，即车站作业与区间作业的和	—	p
$\mathrm{Itv}_i\subseteq \mathrm{Itv}$	列车 i 的图定作业集合	—	—
$\mathrm{Itv}_i^{\mathrm{stn}}\subseteq \mathrm{Itv}_i$	列车 i 的图定车站作业集合	—	—
$\mathrm{Itv}_k\subseteq \mathrm{Itv}$	区段 k 的图定作业集合	—	—
$\mathrm{Itv}_i^{\mathrm{sec}}\subseteq \mathrm{Itv}_i$	列车 i 的图定区间作业集合	—	—
Trk_k	车站 k 的到发线集合	L_k	l

表 6–13 对模型中集合的定义有如下解释：

（1）为了便于理解，用 p 表示所有与列车作业相关的集合（例如：Itv，Itv_i，$\mathrm{Itv}_i^{\mathrm{stn}}$，$\mathrm{Itv}_i^{\mathrm{sec}}$ 和 Itv_k）中元素的标识。

（2）在所有与列车作业相关的集合中，$p+1$ 表示径路 j 上 p 之后的第一个作业，$\tilde{p}$ 表示 p 之后的所有作业。

2. 决策变量

列车运行调整模型中涉及的决策变量如下。

1）作业时间相关变量

s_p——调整后作业 p 的开始时间。

e_p——调整后作业 p 的结束时间。

d_p——作业 p 的晚点时间，即调整后作业 p 的结束时间或开始时间与图定时间之差。

2）附加变量

$$b_i=\begin{cases}1 & \text{如果列车 } i \text{ 到达最后一个车站的晚点时间超过了晚点容忍程度 } w_i,\ i\in\mathrm{Trn}\\0 & \text{否则}\end{cases}$$

$$\eta_{p,l}=\begin{cases}1 & \text{如果车站作业 } p \text{ 占用到发线 } l, \text{其中 } p\in\mathrm{Itv}_k, l\in\mathrm{Trk}_k, k\in\mathrm{Stn}\\0 & \text{否则}\end{cases}$$

$$\alpha_{p,\tilde{p}}=\begin{cases}1 & \text{作业 } p \text{ 早于作业 } \tilde{p}, \text{其中 } p,\tilde{p}\in\mathrm{Itv}_k, k\in\mathrm{Seg}\\0 & \text{否则}\end{cases}$$

$$\beta_{p,\tilde{p}}=\begin{cases}1 & \text{作业 } p \text{ 调整为晚于 } \tilde{p}, \text{其中 } p,\tilde{p}\in\mathrm{Itv}_k, k\in\mathrm{Seg}\\0 & \text{否则}\end{cases}$$

3. 目标函数

突发事件条件下列车运行调整模型的目标函数主要考虑晚点惩罚、列车运行计划稳定性、严重晚点的列车数量。

1）晚点惩罚

$$z_{\mathrm{delay}}^{\mathrm{train}}=\min\sum_{i\in\mathrm{Trn}}\left(c_i^{\mathrm{trnd}}\cdot\left(\sum_{p\in\mathrm{Itv}_i^{\mathrm{sec}}}(d_p\cdot h_{p+1})+\sum_{p\in\mathrm{Itv}_i^{\mathrm{stn}}}(d_p\cdot h_p)\right)\right) \tag{6–65}$$

$$z_{\text{delay}}^{\text{stn}} = \min \sum_{k \in \text{Stn}} \left(c_k^{\text{stnd}} \cdot \sum_{p \in \text{Itv}_k} d_p \right) \tag{6-66}$$

$z_{\text{delay}}^{\text{train}}$ 表示列车在各站到达和出发的晚点惩罚。由于不同级别的列车晚点会对旅客造成不同程度的影响，因此本节设计的目标函数不是简单地将列车晚点时间进行加和，而是对不同类型的列车单位时间的晚点给予不同程度的惩罚。其中，式（6–65）中 $\sum_{p \in \text{Itv}_i^{\text{sec}}} (d_p \cdot h_{p+1})$ 表示列车 i 的到站晚点惩罚，$\sum_{p \in \text{Itv}_i^{\text{stn}}} (d_p \cdot h_p)$ 表示列车 i 的发车晚点惩罚。

此外，式（6–65）中应注意以下两点。

（1）对于迂回到其他径路上的列车，其停站可能不再是原始车站而是与原始车站位于同一个交通枢纽的其他车站。

（2）对于重联的两列车的晚点统计只针对重联后的列车进行，其图定到发时刻取后续列车的图定到发时刻。

$z_{\text{delay}}^{\text{stn}}$ 表示列车在不同等级车站的晚点惩罚。在我国铁路运输中，像北京、上海等少数大型枢纽站点的上下车旅客数量在全路铁路客运中占据了很大比重；一些经济较发达的中等城市也是旅客的集散地，而对于大量的低等级车站，其上下车旅客数量则相对较少。因此针对不同等级的车站设置不同的晚点惩罚，以尽量减少列车在高等级车站的晚点时间，避免对大量旅客出行产生影响。

2）列车运行计划稳定性

（1）列车运行计划稳定性定义。

近几年，列车运行计划的稳定性分析受到了学术界越来越多的重视，出现了若干研究列车运行计划稳定性的方法。这些方法多是基于 Petri 网理论或是极大代数方法[39-41]。对列车运行计划稳定性的研究主要集中在以下几个方面。

① 当列车在运行过程中受到干扰时，所有列车恢复按图运行所需要的时间，如文献［39］。

② 列车在运行过程中受到干扰以后，其可调整的裕度是多大，即运行图为其准备的可调整时间是多少，如文献［40］。

③ 假设列车在运行过程中受到了干扰，造成的初始晚点所带来的晚点传播的统计[42]。文献［42］设计了模拟方法进行了统计。

另外，文献［43-52］研究了评价列车运行图的方法，但是目前所做的研究多停留在评估层面。文献［53］定义了列车运行图的稳定性概念，以定性的方式给出了列车运行计划稳定性的定义。文献[54]分别从列车运行计划的冲突、结构、聚簇三个方面来刻画其稳定性，给出了冲突稳定性、结构稳定性和聚簇稳定性三个定义。但是在衡量列车运行计划是否是稳定时，无一例外地要求给出一个参照值。在实际评价中，这种参照值是很难给出的。文献［55］规定在系统理想状态下，列车运行不偏离假定条件下，列车运行图在不超过阈值条件下的系统敏感性和恢复力称为列车运行图的稳定性，并给出了评价列车运行图稳定性的若干指标。本节根据目前对列车运行图稳定性的研究现状，提出了适应突发事件条件下的列车运行计划稳定性的概念。

定义 6–1 列车运行计划稳定性

列车运行计划稳定性是指列车运行受干扰后，列车运行计划使列车恢复按原计划行车的能力。

（2）列车运行计划稳定性量化。

影响列车运行计划稳定性的因素主要有两个。其一为列车区间运行及停站作业的缓冲时间，如图 6–3 所示。

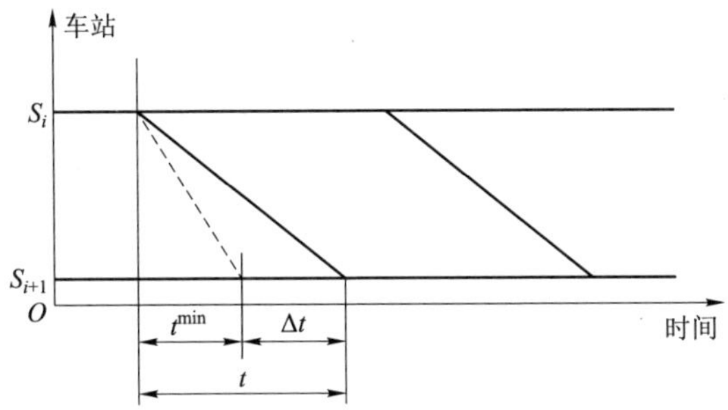

（a）列车区间运行缓冲时间

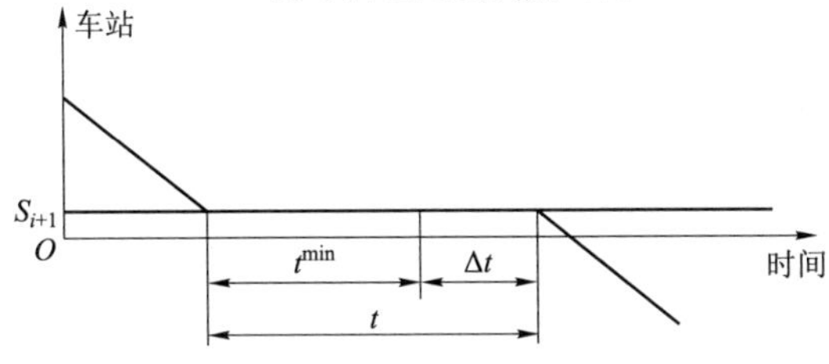

（b）列车停站作业缓冲时间

图 6–3 列车区间运行及停站作业缓冲时间

其二为列车区间运行及停站作业受到干扰的概率。突发事件发生在不同区间的概率是不同的。

为了将列车运行计划稳定性作为优化目标引入列车运行调整模型，必须对其进行量化。下面列车对运行计划稳定性进行量化处理[56]。

首先研究列车区间运行相关概念。设研究的径路 j 上共有 M 列车，$N+1$ 个车站，在该区段内存在 N 个区间。定义调整后列车在径路 j 上的作业结束时间矩阵为 $\boldsymbol{E}=\{e_p\}_{M\times N}$、出发时间矩阵为 $\boldsymbol{S}=\{s_p\}_{M\times N}$。

那么当 $\lambda_{p,j}=1$，$p\in \text{Itv}_i^{\text{sec}}$ 时，则 M 列车在 N 个区间运行的时分矩阵 $\boldsymbol{T}^{j,\text{r}}$ 为

$$\boldsymbol{T}^{j,\text{r}}=\{t_p^{j,\text{r}}\}_{M\times N}=\{s_p-e_p\}_{M\times N} \tag{6–67}$$

M 列车在 N 个区间运行的最短时分矩阵 $(\boldsymbol{T}^{j,\text{r}})^{\min}$ 为

$$(\boldsymbol{T}^{j,\text{r}})^{\min}=\{(t_p^{j,\text{r}})^{\min}\}_{M\times N} \tag{6–68}$$

区间运行时分裕度矩阵 $\Delta\boldsymbol{T}^{j,\text{r}}$ 为

$$\Delta\boldsymbol{T}^{j,\text{r}}=\{\Delta t_p^{j,\text{r}}\}_{M\times N}=\{t_p^{j,\text{r}}-(t_p^{j,\text{r}})^{\min}\}_{M\times N} \tag{6–69}$$

列车运行可调性矩阵 $\boldsymbol{A}^{j,\text{r}}$ 为

$$\boldsymbol{A}^{j,\text{r}}=\{a_p^{j,\text{r}}\}_{M\times N}=\{\Delta t_p^{j,\text{r}}/t_p^{j,\text{r}}\}_{M\times N} \tag{6–70}$$

由于突发事件条件所产生的干扰在各区间上出现的概率是不同的，所以在研究列车运行计划动态性能指标时，必须予以考虑。设在各区间干扰产生的概率向量 $\boldsymbol{R}^{j,\text{r}}$ 为

$$\boldsymbol{R}^{j,\text{r}}=\{r_k^{j,\text{r}}\}_N=[r_1^{j,\text{r}},r_2^{j,\text{r}},\dots,r_N^{j,\text{r}}] \tag{6–71}$$

列车运行相对可调性 $(\boldsymbol{A}^{j,\text{r}})^{\text{Re}}$ 为

$$(\boldsymbol{A}^{j,\text{r}})^{\text{Re}}=\{(a_p^{j,\text{r}})^{\text{Re}}\}_{M\times N}=\{a_p^{j,\text{r}}/r_k^{j,\text{r}}\}_{M\times N} \tag{6–72}$$

$r((\boldsymbol{A}^{j,\text{r}})^{\text{Re}})$ 为矩阵 $(\boldsymbol{A}^{j,\text{r}})^{\text{Re}}$ 的秩。

讨论：

① 如果 $r((\boldsymbol{A}^{j,\text{r}})^{\text{Re}})<M$，那么列车相对可调性强。$r((\boldsymbol{A}^{j,\text{r}})^{\text{Re}})$ 越小，表明相对于干扰出现的概率，列车的运行裕度分配越为均衡，列车运行计划的相对可调性越大。

② 一列车在所有区间相对可调性的方差揭示了列车在所有区间运行能力的分配，其值越小，表明其运行能力在所有区间上相对于干扰越均衡。同理，在同一区间上，所有列车的相对可调性的方差揭示了区间的服务能力在各列车上的分配，其值越小，表明区间的服务能力在不同的列车上分配越均衡。

列车运行计划的区间运行计划稳定性量化值 S^{r} 为

$$S^{\mathrm{r}}=1/\{\boldsymbol{\alpha}^{j,\mathrm{r}}[\mathrm{dev}((a_p^{j,\mathrm{r}})^{\mathrm{Re}}\mid p=1),\mathrm{dev}((a_p^{j,\mathrm{r}})^{\mathrm{Re}}\mid p=2),\cdots,\mathrm{dev}((a_p^{j,\mathrm{r}})^{\mathrm{Re}}\mid p=N)]^{\mathrm{T}}+$$
$$\boldsymbol{\beta}^{j,\mathrm{r}}[\mathrm{dev}((a_p^{j,\mathrm{r}})^{\mathrm{Re}}\mid p=1),\mathrm{dev}((a_p^{j,\mathrm{r}})^{\mathrm{Re}}\mid p=2),\cdots,\mathrm{dev}((a_p^{j,\mathrm{r}})^{\mathrm{Re}}\mid p=M)]^{\mathrm{T}}\}$$
$$\boldsymbol{\alpha}^{j,\mathrm{r}}=(\alpha_1^{j,\mathrm{r}},\alpha_2^{j,\mathrm{r}},\cdots,\alpha_N^{j,\mathrm{r}}),\boldsymbol{\beta}^{j,\mathrm{r}}=(\beta_1^{j,\mathrm{r}},\beta_2^{j,\mathrm{r}},\cdots,\beta_M^{j,\mathrm{r}})$$
（6–73）

其中，向量$\boldsymbol{\alpha}^{j,\mathrm{r}}$表示各区间的权重，向量$\boldsymbol{\beta}^{j,\mathrm{r}}$表示各列车的权重。

同理，列车停站作业的概念有

当$h_p=1$，$p\in \mathrm{Itv}_i^{\mathrm{stn}}$时，$M$列车在$N$个车站停站时分矩阵$\boldsymbol{T}^{j,\mathrm{w}}$为

$$\boldsymbol{T}^{j,\mathrm{w}}=\{t_p^{j,\mathrm{w}}\}_{M\times N}=\{e_p-s_p\}_{M\times N} \tag{6–74}$$

M列车在N个车站的最短停站时分矩阵$(\boldsymbol{T}^{j,\mathrm{w}})^{\min}$为

$$(\boldsymbol{T}^{j,\mathrm{w}})^{\min}=\{(t_p^{j,\mathrm{w}})^{\min}\}_{M\times N} \tag{6–75}$$

列车停站时分裕度矩阵$\Delta\boldsymbol{T}^{j,\mathrm{w}}$为

$$\Delta\boldsymbol{T}^{j,\mathrm{w}}=\{\Delta t_p^{j,\mathrm{w}}\}_{M\times N}=\{t_p^{j,\mathrm{w}}-(t_p^{j,\mathrm{w}})^{\min}\}_{M\times N} \tag{6–76}$$

列车停站可调性矩阵$\boldsymbol{A}^{j,\mathrm{w}}$为

$$\boldsymbol{A}^{j,\mathrm{w}}=\{a_p^{j,\mathrm{w}}\}_{M\times N}=\{\Delta t_p^{j,\mathrm{w}}/t_p^{j,\mathrm{w}}\}_{M\times N} \tag{6–77}$$

同样，突发事件条件所产生的干扰在各车站上出现的概率也是不同的。设在各车站的干扰产生的概率向量$\boldsymbol{R}^{j,\mathrm{w}}$为

$$R^{j,\mathrm{w}}=\{r_k^{j,\mathrm{w}}\}_N=[r_1^{j,\mathrm{w}},r_2^{j,\mathrm{w}},\cdots,r_N^{j,\mathrm{w}}] \tag{6–78}$$

列车停站相对可调性矩阵$(\boldsymbol{A}^{j,\mathrm{w}})^{\mathrm{Re}}$为

$$(\boldsymbol{A}^{j,\mathrm{w}})^{\mathrm{Re}}=\{(a_p^{j,\mathrm{w}})^{\mathrm{Re}}\}_{M\times N}=\{a_p^{j,\mathrm{w}}/r_k^{j,\mathrm{w}}\}_{M\times N} \tag{6–79}$$

$r((\boldsymbol{A}^{j,\mathrm{w}})^{\mathrm{Re}})$为矩阵$(\boldsymbol{A}^{j,\mathrm{w}})^{\mathrm{Re}}$的秩。

列车运行计划的列车停站计划稳定性量化值S^{w}为

$$S^{\mathrm{w}}=1/\{\boldsymbol{\alpha}^{j,\mathrm{w}}[\mathrm{dev}((a_p^{j,\mathrm{w}})^{\mathrm{Re}}\mid p=1),\mathrm{dev}((a_p^{j,\mathrm{w}})^{\mathrm{Re}}\mid p=2),\cdots,\mathrm{dev}((a_p^{j,\mathrm{w}})^{\mathrm{Re}}\mid p=N)]^{\mathrm{T}}+$$
$$\boldsymbol{\beta}^{j,\mathrm{w}}[\mathrm{dev}((a_p^{j,\mathrm{w}})^{\mathrm{Re}}\mid \mathrm{p}=1),\mathrm{dev}((a_p^{j,\mathrm{w}})^{\mathrm{Re}}\mid p=2),\cdots,\mathrm{dev}((a_p^{j,\mathrm{w}})^{\mathrm{Re}}\mid p=M)]^{\mathrm{T}}\}$$
$$\boldsymbol{\alpha}^{j,\mathrm{w}}=(\alpha_1^{j,\mathrm{w}},\alpha_2^{j,\mathrm{w}},\cdots,\alpha_N^{j,\mathrm{w}}),\boldsymbol{\beta}^{j,\mathrm{w}}=(\beta_1^{j,\mathrm{w}},\beta_2^{j,\mathrm{w}},\cdots,\beta_M^{j,\mathrm{w}})$$
（6–80）

其中，向量$\boldsymbol{\alpha}^{j,\mathrm{w}}$表示各车站的权重，向量$\boldsymbol{\beta}^{j,\mathrm{w}}$表示各列车的权重。

综上所述，列车运行计划稳定性量化值S为

$$S=S^{\mathrm{r}}\times S^{\mathrm{w}} \tag{6–81}$$

3）严重晚点的列车数量

$$z_{\text{delay}}^{\text{trncount}} = \min \sum_{i \in \text{Trn}} b_i \tag{6–82}$$

由于本章所研究的严重突发事件条件下的运输组织具有线路能力损失较大、突发事件影响时间较长等特点，在突发事件影响的时间段内几乎所有列车都会发生晚点，因此以减少严重晚点的列车为目标更具现实意义。

4. 约束条件

1）作业时分约束

（1）列车最小作业时分约束。

$$e_p \geqslant s_p + \text{zt}_p \quad p \in \text{Itv} \tag{6–83}$$

若 p 为车站作业，则式（6–83）表示列车车站最小作业时分约束；如果 p 为区间运行作业，则式（6–83）表示列车区间最小运行时分约束。

（2）列车最早发车时间约束。

$$e_p \geqslant \text{inis}_p \quad p \in \text{Itv} \quad h_p = 1 \tag{6–84}$$

规定列车运行调整时列车的发车时间不能早于图定发车时间。

（3）列车晚点约束。

$$e_p - \text{inie}_p = d_p \quad p \in \text{Itv} \tag{6–85}$$

（4）列车作业接续约束。

$$e_p = s_{p+1} \quad p \in \text{Itv}_i \quad p \neq \text{last}(\text{Itv}_i) \quad i \in \text{Trn} \tag{6–86}$$

其中，$\text{last}(\text{Itv}_i)$ 表示最后一项图定作业。根据本书对列车作业的定义可知，前一项作业的结束时间等于后一项作业的开始时间。

2）车站约束

（1）车站到发线约束。

$$\sum_{l \in \text{Trk}_k} \eta_{p,l} = 1 \quad p \in \text{Itv}_k \quad k \in \text{Stn} \tag{6–87}$$

列车进行车站作业时，只能占用车站内的一条到发线。

（2）两列车占用一条到发线约束。

除了进行列车重联作业外，不考虑两列车同时占用一条到发线的情况，则对于每一个车站，如果有两个列车作业同时占用一条到发线，则 α 和 β 至少一个取值为 1，且满足车站内到发线接发列车间隔 f_k。

$$\eta_{p,l}+\eta_{\tilde{p},l}-1\leqslant\alpha_{p,\tilde{p}}+\beta_{p,\tilde{p}}\quad p,\tilde{p}\in \mathrm{Itv}_k\quad p<\tilde{p}\quad l\in \mathrm{Trk}_k\quad k\in \mathrm{Stn}\tag{6-88}$$

若两列车前后进入车站内的同一条到发线，车站接发列车间隔时间示意图如图 6–4 所示。

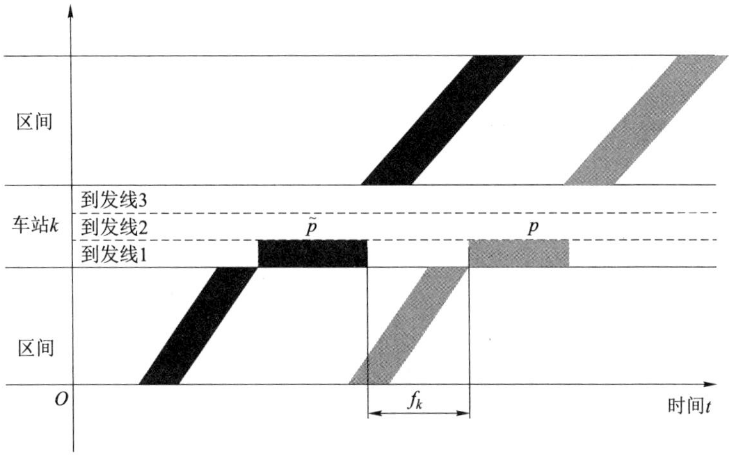

图 6–4 车站接发列车间隔时间示意图

此时，需满足如下约束。

$$s_{\tilde{p}}-e_p\geqslant f_k\alpha_{p,\tilde{p}}-M(1-\alpha_{p,\tilde{p}})\quad p,\tilde{p}\in \mathrm{Itv}_k\quad k\in \mathrm{Stn}\tag{6-89}$$

$$s_p-e_{\tilde{p}}\geqslant f_k\beta_{p,\tilde{p}}-M(1-\beta_{p,\tilde{p}})\quad p,\tilde{p}\in \mathrm{Itv}_k\quad k\in \mathrm{Stn}\tag{6-90}$$

（3）同方向列车不同时发到间隔时间约束条件。

在禁止办理同时接发同方向列车的车站上，自一列车由车站出发至同方向另一列车到达该站之时止的最小间隔时间，称为同方向列车不同时发到间隔时间，记为 fd_k。其传统描述方式见图 6–5，按照本章提出的模型，可表示为图 6–6 的形式。

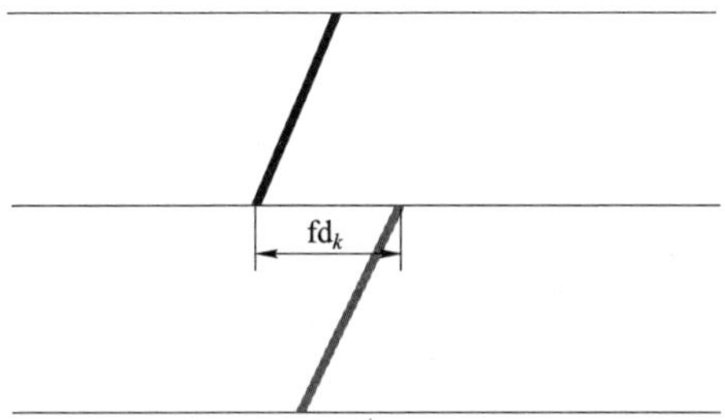

图 6–5 同方向列车不同时发到间隔时间示意图（传统描述方式）

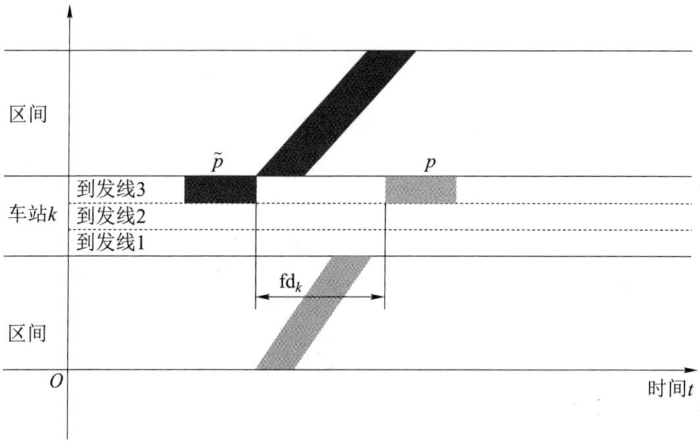

图 6–6　同方向列车不同时发到间隔时间示意图

其约束可描述为

$$s_p - e_{\tilde{p}} \geqslant \mathrm{fd}_k \beta_{p,\tilde{p}} - M(1-\beta_{p,\tilde{p}}) \quad p,\tilde{p} \in \mathrm{Itv}_k \quad k \in \mathrm{Stn} \tag{6–91}$$

（4）同方向列车不同时到发间隔时间约束条件。

在禁止办理同时接发同方向列车的车站上，自一列车到达车站之时至该车站发出同一方向另一列车时止的最小间隔时间，称为同方向列车不同时到发间隔时间，记为df_k。其传统描述方式见图 6–7，按照本章提出的模型，可表示为图 6–8 的形式。

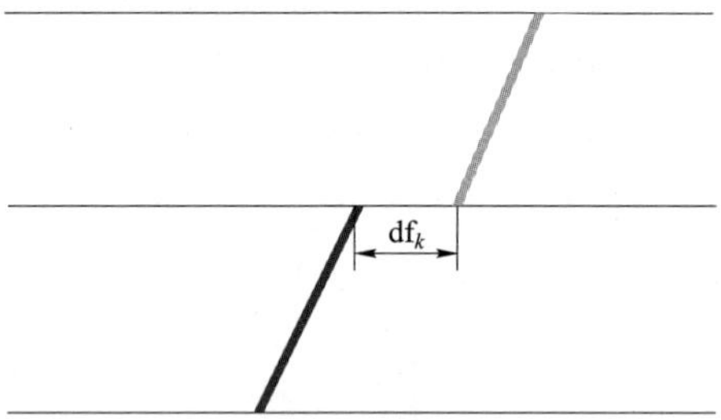

图 6–7　同方向列车不同时到发间隔时间示意图（传统描述方式）

其约束可描述为

$$e_{\tilde{p}} - s_p \geqslant \mathrm{df}_k \alpha_{p,\tilde{p}} - M(1-\alpha_{p,\tilde{p}}) \quad p,\tilde{p} \in \mathrm{Itv}_k \quad k \in \mathrm{Stn} \tag{6–92}$$

（5）不同时到达间隔时间约束条件。

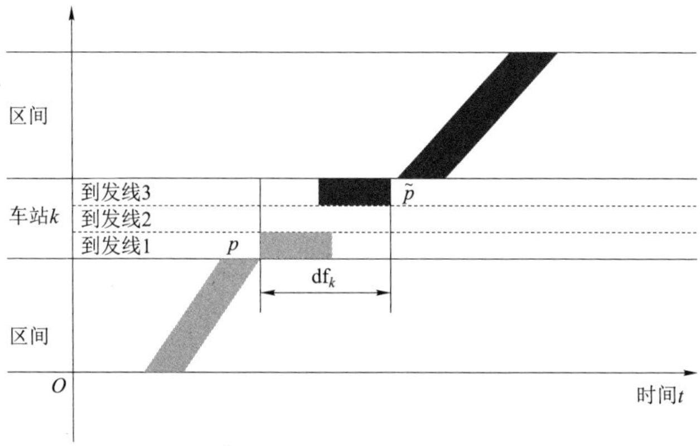

图 6–8 同方向列车不同时到发间隔时间示意图

在单线区间，来自相对方向的两列车在车站交会时，从某一方向列车到达车站时起，至相对方向列车到达或通过该站时止的最小间隔时间，称为不同时到达间隔时间，记为 fds_k。一列车停站另一列车通过时，其传统描述方式见图 6–9，按照本章提出的模型，可表示为图 6–10 的形式。

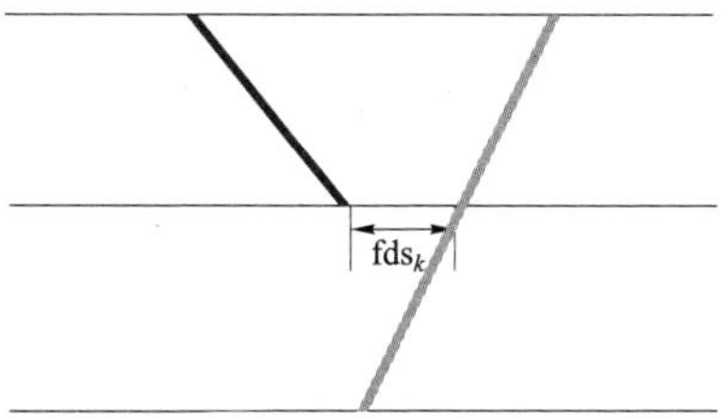

图 6–9 不同时到达间隔时间示意图（一列车停站另一列车通过，传统描述方式）

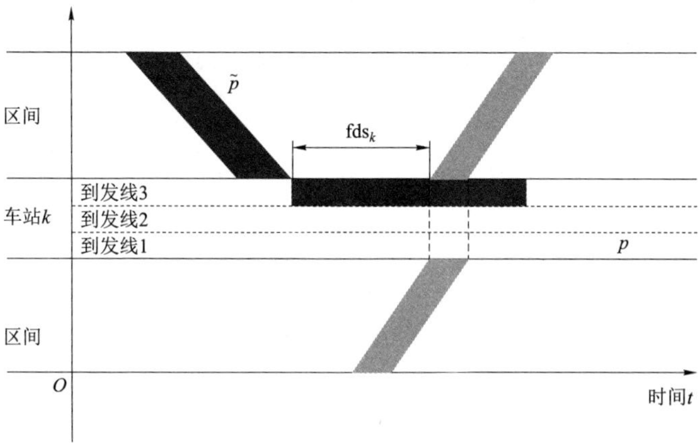

图 6–10 不同时到达间隔时间示意图（一列车停站另一列车通过）

两列车均停站时，其传统描述方式见图 6–11，按照本章提出的模型，可表示为图 6–12 的形式。

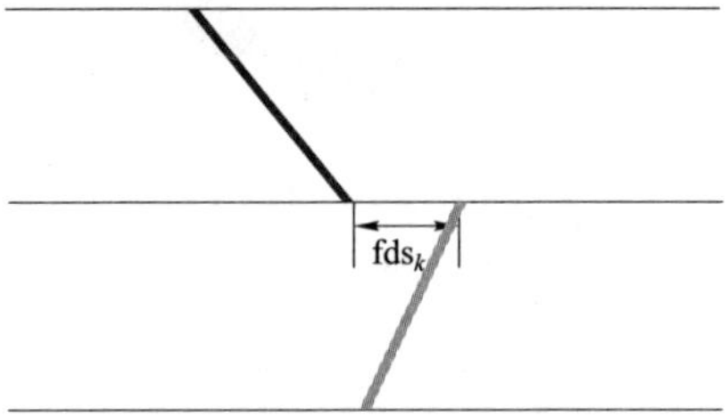

图 6–11　不同时到达间隔时间示意图
（两列车均停站，传统描述方式）

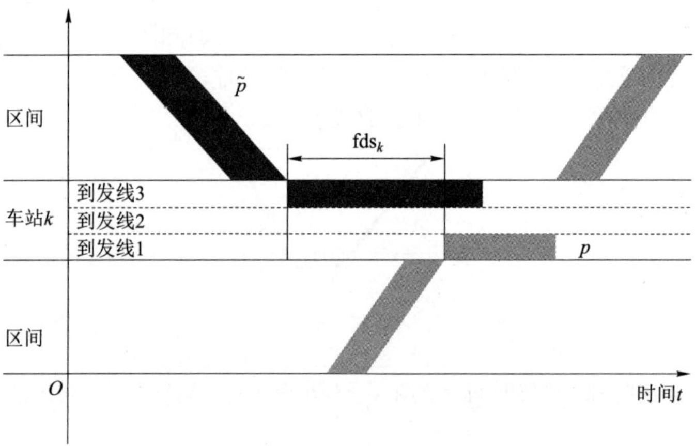

图 6–12　不同时到达间隔时间示意图（两列车均停站）

其约束可描述为

$$s_p - e_{\tilde{p}} \geqslant \text{fds}_k \beta_{p,\tilde{p}} - M(1-\beta_{p,\tilde{p}}) \quad p,\tilde{p} \in \text{Itv}_k \quad k \in \text{Seg} \tag{6–93}$$

（6）会车间隔时间约束条件。

在单线区间，自列车到达或通过车站时起，至由该站向同一区间发出另一对向列车时止的最小间隔时间，称为会车间隔时间，记为 fdh_k。一列车停站一列车通过时，其传统描述方式见图 6–13，按照本章提出的模型，可表示为图 6–14 的形式。

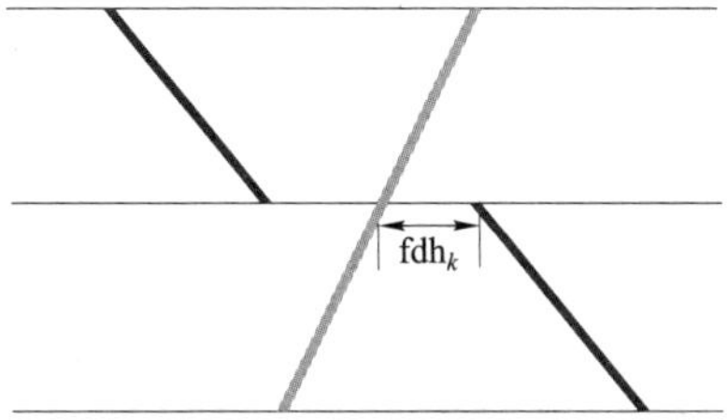

图 6–13　会车间隔时间示意图
（一列车停站另一列车通过，传统描述方式）

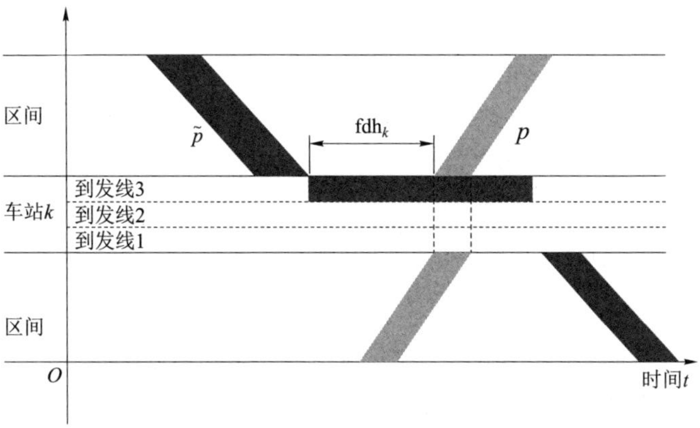

图 6–14　会车间隔时间示意图（一列车停站另一列车通过）

两列车均停站时，其传统描述方式见图 6–15，按照本章提出的模型，可表示为图 6–16 的形式。

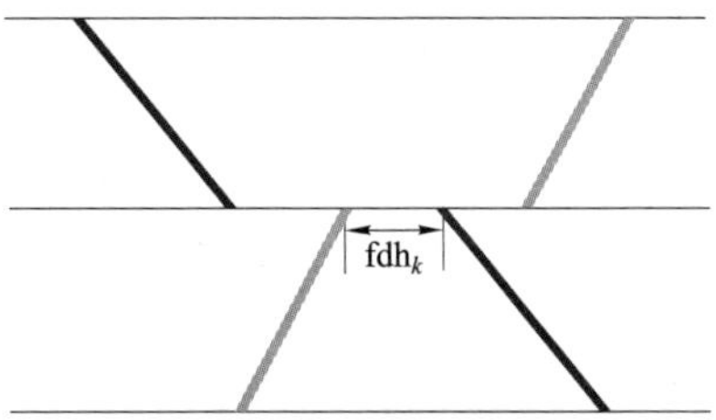

图 6–15　会车间隔时间示意图
（两列车均停站，传统描述方式）

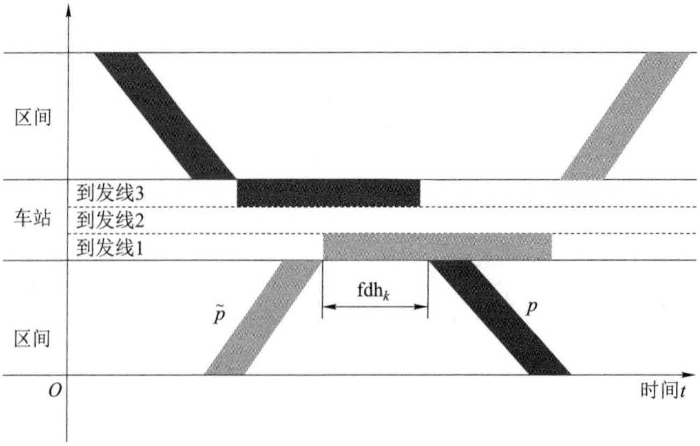

图 6–16　会车间隔时间示意图（两列车均停站）

其约束可描述为

$$s_p - e_{\tilde{p}} \geqslant \mathrm{fdh}_k \beta_{p,\tilde{p}} - M(1-\beta_{p,\tilde{p}}) \quad p,\tilde{p} \in \mathrm{Itv}_k \quad k \in \mathrm{Sec} \tag{6–94}$$

3）区间约束

（1）区间占用约束。

$$\alpha_{p,\tilde{p}} + \beta_{p,\tilde{p}} = 1 \quad p,\tilde{p} \in \mathrm{Itv}_k \quad k \in \mathrm{Sec} \tag{6–95}$$

当列车在区间运行时，列车的两个作业不可能同时占用同一个闭塞区间。

（2）追踪列车间隔时间约束。

对于固定闭塞条件下的一个站间区间内同一个方向有两个以上列车以闭塞分区为间隔运行，或者移动闭塞条件下两个以上列车以目标距离控制模式运行时，追踪运行的两列车之间的最小间隔时间，称为追踪列车间隔时间，记为 hw_k 。按照追踪的列车是否停站，可将其分为以下 4 类。

① 两个列车都是在车站停车后发车。

追踪列车间隔时间示意图的传统描述方式见图 6–17，按照本章提出的模型，可表示为图 6–18 的形式。

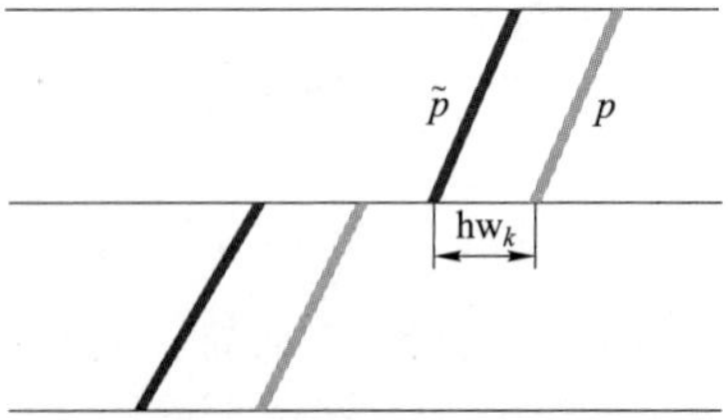

图 6–17　追踪列车间隔时间示意图（两列车均停站，传统描述方式）

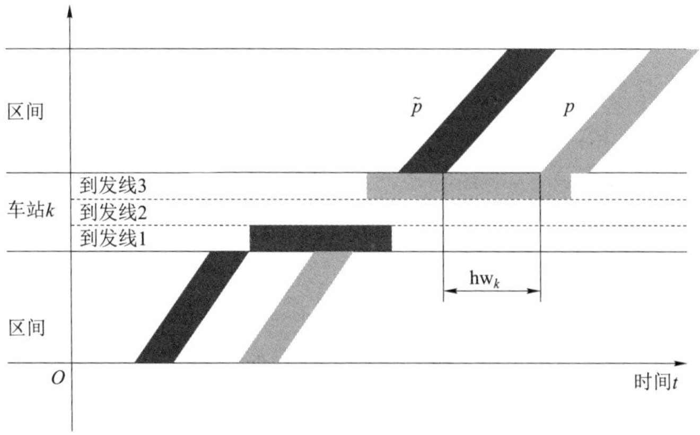

图 6–18　追踪列车间隔时间示意图（两列车均停站）

约束条件可表示为

$$s_p - s_{\tilde{p}} \geqslant hw_k \tag{6–96}$$

② 两个列车都是直接在车站通过。

其传统描述方式见图 6–19，按照本章提出的模型，可表示为图 6–20 的形式。

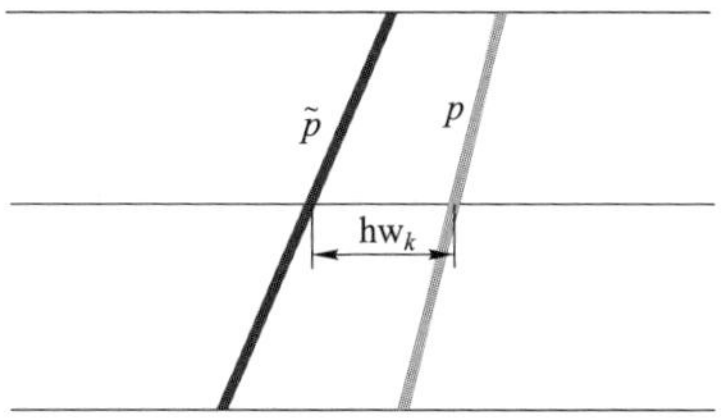

图 6–19　追踪列车间隔时间示意图（两列车均直接通过，传统描述方式）

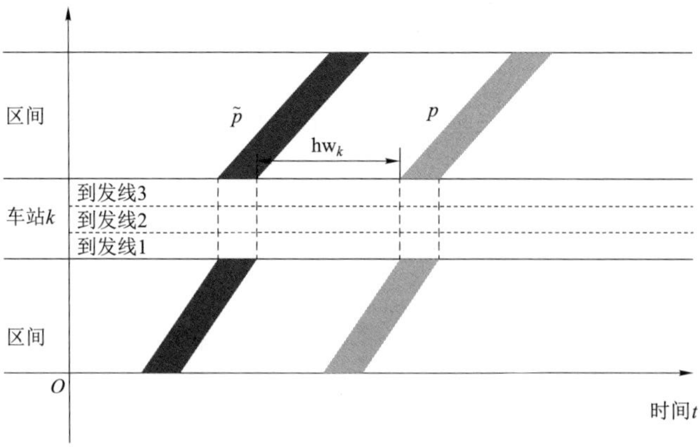

图 6–20　追踪列车间隔时间示意图（两列车均直接通过）

约束条件可表示为

$$s_p - s_{\tilde{p}} \geqslant \text{hw}_k \tag{6-97}$$

③ 到通间隔时间。

自前行列车到达车站之时起，至同方向的后行列车通过该站之时止的最小间隔时间，称为到通间隔时间。其传统描述方式见图 6–21，按照本章提出的模型，可表示为图 6–22 的形式。

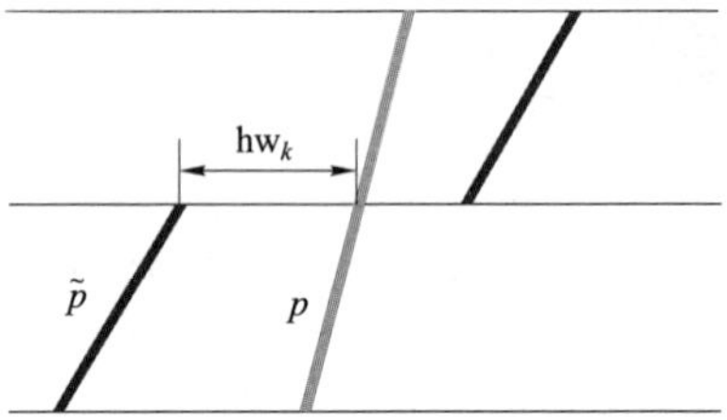

图 6–21　到通间隔时间示意图（传统描述方式）

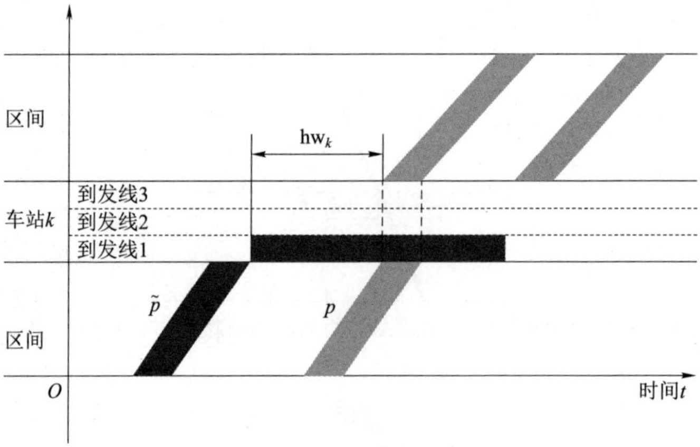

图 6–22　到通间隔时间示意图

约束条件可表示为

$$e_p - e_{\tilde{p}} \geqslant \text{hw}_k \tag{6-98}$$

④ 通发间隔时间。

自前行列车通过车站之时起，至同方向的后行列车再通过该站时止的最小间隔时间，称为通发间隔时间。其传统描述方式见图 6–23，按照本章提出的模型，可表示为图 6–24 的形式。

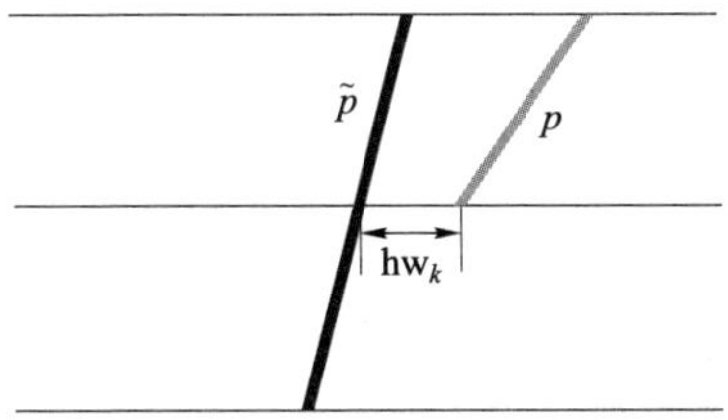

图 6–23 通发间隔时间示意图（前车直接通过，后车停站，传统描述方式）

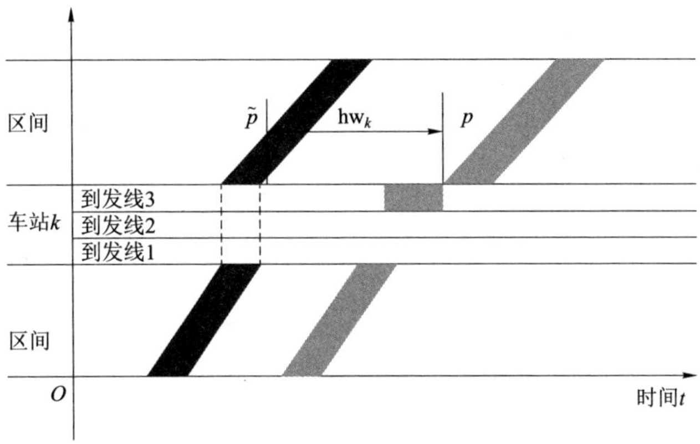

图 6–24 通发间隔时间示意图（前车直接通过，后车停站）

约束条件可表示为

$$s_p - s_{\tilde{p}} \geqslant hw_k \tag{6–99}$$

由于列车运行调整后，可能会出现新的越行，故引入参数$\alpha_{p,\tilde{p}}$和$\beta_{p,\tilde{p}}$，将上述约束统一描述为

$$s_{\tilde{p}} - s_p \geqslant hw_k \alpha_{p,\tilde{p}} - M(1-\alpha_{p,\tilde{p}}) \quad p,\tilde{p} \in \mathrm{Itv}_k \quad k \in \mathrm{Sec} \tag{6–100}$$

$$s_p - s_{\tilde{p}} \geqslant hw_k \beta_{p,\tilde{p}} - M(1-\beta_{p,\tilde{p}}) \quad p,\tilde{p} \in \mathrm{Itv}_k \quad k \in \mathrm{Sec} \tag{6–101}$$

$$e_{\tilde{p}} - e_p \geqslant hw_k \alpha_{p,\tilde{p}} - M(1-\alpha_{p,\tilde{p}}) \quad p,\tilde{p} \in \mathrm{Itv}_k \quad k \in \mathrm{Sec} \tag{6–102}$$

$$e_p - e_{\tilde{p}} \geqslant hw_k \beta_{p,\tilde{p}} - M(1-\beta_{p,\tilde{p}}) \quad p,\tilde{p} \in \mathrm{Itv}_k \quad k \in \mathrm{Sec} \tag{6–103}$$

4）列车严重晚点约束

$$d_{\mathrm{last}(\mathrm{Itv}_i)} - w_i \leqslant Mb_i \tag{6–104}$$

此约束与严重晚点列车数量的目标函数相关，当列车到达终点站的晚点时间超过晚点容忍程度时，b_i取值为 1。

5）越行约束

低等级列车在同一个车站最多可被三列高等级车越行。

$$\sum_{\tilde{p}\in \mathrm{Itv}_k} \beta_{p,\tilde{p}} \leqslant 3 \quad \forall p \in \mathrm{Itv}_k \quad k \in \mathrm{Seg} \tag{6-105}$$

6.3.3 列车运行调整模型特点分析

1. 有效表达列车追踪

一般传统的列车运行调整模型都是将追踪列车间隔时间表示为带有绝对值的约束，如$|p-\tilde{p}|\geqslant I$，表示任意两列车之间的追踪间隔时间要大于I。但在现实运营环境中常常会涉及几十列甚至上百列列车，很难确定任意两列车的任意两个作业的前后顺序，特别是突发事件条件下的列车运行调整，会涉及多条径路上的列车，这些列车也可能在某个区段或者车站进行追踪运行，这更增加了列车追踪约束的复杂度，而追踪列车间隔时间约束又是保证列车安全运行的重要参数，这种带有绝对值的约束在实际计算过程中很难化简，因此这类传统的运行调整模型往往很难求解，只能借助一些遗传算法、粒子群算法等启发式算法，而且求解的过程也是先忽略模型中的各种约束，然后对不符合约束的解进行调整，重新求解。虽然理论上这是一种可行的方法，但在实际运营环境中涉及多条径路和大量列车的情况往往会让程序进入死循环，无法找到满足约束的解，或者消耗大量的时间生成可行解，模型求解效率低。

本节中$\alpha_{p,\tilde{p}}$变量将图定列车作业的先后顺序明确表达出来，$\beta_{p,\tilde{p}}$变量则描述了调整后列车作业的前后顺序，这种设计使得追踪列车间隔时间的约束不再带有绝对值的麻烦，而是转化成一种线性约束，降低了模型求解的难度。此外列车的离散事件p本身就是不区分径路的，因此，针对突发事件下多条径路的情况也同样适用。再进一步，$\beta_{p,\tilde{p}}$变量的设计使得列车是否越行一目了然，模型的物理意义更加明确，通过对$\beta_{p,\tilde{p}}$进行设置就能灵活地控制列车之间的越行方式。因此，基于离散事件的列车运行调整模型不但简化了传统模型的约束表达，更能体现列车运行调整的原则和策略。

2. 有效简化能力约束

传统的列车运行调整模型对于车站能力的约束是规定在任意时刻车站上停站的列车数目不能大于其到发线数目，即需要对任意时刻车站上的列车数目进行约束，该约束的表达方式一般是含有连续时间 t 的不等式。例如：$\sum_{k=1}^{n}[\mu(x_{i,k},t)-\mu(y_{i,k},t)]\leqslant \mathrm{Nl}_i$，其中 $\mu(x,t)=\begin{cases}1 & x\leqslant t\\0 & x>t\end{cases}$，$\mathrm{Nl}_i$ 为车站 i 的到发线数目，$x_{i,k}$、$y_{i,k}$ 分别为列车 k 在 i 站的到达和出发时刻。但连续时间 t 的出现给模型求解带了很大困难，传统的最优化方法都无法处理这个约束，因此模型求解时，只能采用与追踪列车间隔时间约束相同的处理办法，或者干脆把这个约束忽略。

将列车的各类作业定义为时间接续的离散事件 p，既具有对资源占用的空间属性又具有时间属性，因此可利用对离散事件 p 的线性组合（见 6.3.2 节“车站约束”）就能实现车站到发线的空间和时间的双重约束，省去了传统模型中连续时间 t 的烦恼，大大简化了模型的求解。

6.3.4 列车运行调整模型不确定因素分析

1. 目标函数中不确定因素分析

1）列车晚点惩罚

c_i^{tmd} 表示列车 i 单位晚点时间的惩罚。c_i^{tmd} 的取值与突发事件的类型、级别、列车类型及列车承载的旅客数量等因素相关，当突发事件级别较低，影响范围相对较小，持续时间相对较短时，旅客对列车晚点会产生强烈的反感，此时单位晚点时间的惩罚就应该设置较大的值；如果突发事件的级别较高，影响范围相对较大且持续时间较长，此时旅客的期望会转变为尽快到达目的地，其对列车的晚点时间就变得不太敏感，此时单位晚点时间的惩罚就应该设置较小的值。此外，如果列车等级较高，运行里程较长，承载的旅客数量较多，则 c_i^{tmd} 应设置为较大的值；如果列车等级较低，运行里程较短，承载旅客数量较少，则 c_i^{tmd} 应设置为较小的值。

另外，该参数的引入是为了描述列车晚点对旅客出行造成的影响，而不是晚点时间的简单加和。旅客对列车晚点的感受是人类的一种心理活动，与人们职业、消费水平、生活质量及社会经济文化发展水平等相关，在大众心中，其往往是一种模糊概念，很难用精确的数值表达。因此将 c_i^{tmd} 表示为一种模糊数，能够更真实地反映在突发事件条件下人们对不同类型列车晚点的惩罚，故式（6–65）可转化为

$$z_{\text{delay}}^{\text{train}} = \min \sum_{i \in \text{Trn}} \left(\tilde{c}_i^{\text{trnd}} \cdot \left(\sum_{p \in \text{Itv}_i^{\text{sec}}} (d_p \cdot h_{p+1}) + \sum_{p \in \text{Itv}_i^{\text{stn}}} (d_p \cdot h_p) \right) \right) \tag{6-106}$$

2）车站晚点惩罚

c_k^{stnd} 表示枢纽车站 k 单位晚点时间的惩罚。c_k^{stnd} 的取值同样与突发事件的类型、级别、车站等级及车站通过的旅客数量等因素相关，与列车单位晚点时间惩罚相似，当突发事件级别较低，影响范围相对较小，持续时间相对较短，车站等级较高时，c_k^{stnd} 应该设置较大的值；反之，c_k^{stnd} 应该设置较小的值。

此外，该参数的引入也是为了描述列车晚点对旅客出行造成的影响，由于不同等级的车站上下车旅客数量有很大区别，其在铁路运输系统中的重要程度不同。由于一些大型枢纽站点常常分布于人口密集的大城市，其站场规模较大、基础设施更完备，从而使得这些站点的旅客服务能力远远大于一般的车站，因此，旅客对这些大型车站也具有较大的期望，列车在这些车站发生晚点往往会造成更严重的影响。因此将 c_k^{stnd} 表示为一种模糊数，能够更真实地反映在突发事件条件下人们对不同等级车站的晚点惩罚，故式（6–66）可转化为

$$z_{\text{delay}}^{\text{stn}} = \min \sum_{k \in \text{Stn}} \left(\tilde{c}_k^{\text{stnd}} \cdot \sum_{p \in \text{Itv}_k} d_p \right) \tag{6-107}$$

2. 约束条件中不确定因素分析

1）列车作业时分

zt_p 表示列车区间运行时分或者车站作业时分。列车区间运行时分由区间纯运行时分和起停附加时分组成。运行区间长度、线路特征、列车类型和列车运行速度决定了 zt_p 的大小。在现实运营环境中，特别是突发事件条件下，由于桥梁、隧道、涵洞等线路特性的不同，列车的速度往往不是一个定值，而是在某个范围内变化。此外自然气候、司机的驾驶行为和驾驶技术水平，以及铁路运营的电力、信号等相关设备状态，也会给列车区间运行时分增加不确定性。

列车车站作业时分一般包括车站纯作业时分、旅客上下车时间、司机和乘务员整备时间及其他附加时分。车站作业类型、车站等级和列车类型等因素共同决定了车站作业时分。在现实运营环境中，自然气候、司机的驾驶行为和驾驶技术水平，以及信号、道岔等相关设备状态，同样也会给车站作业时分增加不确定性。因此将 zt_p 表示为一种模糊数，能够更真实地反映列车的车站作业时分。式（6–83）可转化为

$$e_p \geqslant s_p + \widetilde{\mathrm{zt}}_p, \quad p \in \mathrm{Itv} \tag{6–108}$$

2）车站接发列车间隔时间

车站接发列车间隔时间与到发线长度、列车进出站速度、列车长度等因素相关，同样自然气候、司机的驾驶行为及车站接发列车相关设备状态也会为其增加不确定性。因此本节将各类接发列车间隔时间表示为模糊参数，式（6–89）～式（6–94）可转化为

$$s_{\tilde{p}} - e_p \geqslant \tilde{f}_k \alpha_{p,\tilde{p}} - M(1-\alpha_{p,\tilde{p}}) \quad p,\tilde{p} \in \mathrm{Itv}_k \quad k \in \mathrm{Stn} \tag{6–109}$$

$$s_p - e_{\tilde{p}} \geqslant \tilde{f}_k \beta_{p,\tilde{p}} - M(1-\beta_{p,\tilde{p}}) \quad p,\tilde{p} \in \mathrm{Itv}_k \quad k \in \mathrm{Stn} \tag{6–110}$$

$$s_p - e_{\tilde{p}} \geqslant \widetilde{\mathrm{fd}}_k \beta_{p,\tilde{p}} - M(1-\beta_{p,\tilde{p}}) \quad p,\tilde{p} \in \mathrm{Itv}_k \quad k \in \mathrm{Stn} \tag{6–111}$$

$$e_{\tilde{p}} - s_p \geqslant \widetilde{\mathrm{df}}_k \alpha_{p,\tilde{p}} - M(1-\alpha_{p,\tilde{p}}) \quad p,\tilde{p} \in \mathrm{Itv}_k \quad k \in \mathrm{Stn} \tag{6–112}$$

$$s_p - e_{\tilde{p}} \geqslant \widetilde{\mathrm{fds}}_k \beta_{p,\tilde{p}} - M(1-\beta_{p,\tilde{p}}) \quad p,\tilde{p} \in \mathrm{Itv}_k \quad k \in \mathrm{Seg} \tag{6–113}$$

$$s_p - e_{\tilde{p}} \geqslant \widetilde{\mathrm{fdh}}_k \beta_{p,\tilde{p}} - M(1-\beta_{p,\tilde{p}}) \quad p,\tilde{p} \in \mathrm{Itv}_k \quad k \in \mathrm{Sec} \tag{6–114}$$

3）追踪列车间隔时间

hw_k 表示在区间 k 上的追踪列车间隔时间。根据第 3 章对追踪列车间隔时间的分析，准移动闭塞条件下的追踪列车间隔时间由 t_{action}（制动命令发出到列控车载设备接收到的时间及司机采取制动措施的反应时间）、t_{delay}（列车制动系统起动的延迟时间）、a（列车制动减速度）、v（列车的平均速度）等多个因素决定；固定闭塞条件下的列车追踪间隔时间由列车长度、闭塞区间长度和列车平均速度决定。由于受到线路条件、司机驾驶行为、设备状态、外界环境等众多因素的影响，hw_k 具有一定的模糊性，因此式（6–100）～式（6–103）可转化为

$$s_{\tilde{p}} - s_p \geqslant \widetilde{\mathrm{hw}}_k \alpha_{p,\tilde{p}} - M(1-\alpha_{p,\tilde{p}}) \quad p,\tilde{p} \in \mathrm{Itv}_k \quad k \in \mathrm{Sec} \tag{6–115}$$

$$s_p - s_{\tilde{p}} \geqslant \widetilde{\mathrm{hw}}_k \beta_{p,\tilde{p}} - M(1-\beta_{p,\tilde{p}}) \quad p,\tilde{p} \in \mathrm{Itv}_k \quad k \in \mathrm{Sec} \tag{6–116}$$

$$e_{\tilde{p}} - e_p \geqslant \widetilde{\mathrm{hw}}_k \alpha_{p,\tilde{p}} - M(1-\alpha_{p,\tilde{p}}) \quad p,\tilde{p} \in \mathrm{Itv}_k \quad k \in \mathrm{Sec} \tag{6–117}$$

$$e_p - e_{\tilde{p}} \geqslant \widetilde{\mathrm{hw}}_k \beta_{p,\tilde{p}} - M(1-\beta_{p,\tilde{p}}) \quad p,\tilde{p} \in \mathrm{Itv}_k \quad k \in \mathrm{Sec} \tag{6–118}$$

4）列车晚点容忍程度

w_i 表示列车 i 的晚点容忍程度。根据上述分析，在突发事件条件下，减少严重晚点的列车数目比直接将目标设置为减少晚点列车的数目更有意义。这就使得晚点容忍程度的取值与突发事件的类型、级别等属性相关。此外旅客对列车晚点

的接受程度是人们心里的一种模糊感受，很难用精确的数值表达。因此，将 w_i 表示为一种模糊数，能够更真实地反映在突发事件条件下旅客对不同类型列车晚点的接受程度，故式（6–104）可转化为

$$d_{\text{last}(\text{Itv}_i)} - \tilde{w}_i \leqslant Mb_i \tag{6–119}$$

6.4 基于容差法的模糊列车运行调整

根据 6.3.4 节对列车运行调整模型不确定因素的分析，本节设计容差法，以便使该模型在约束条件尽量不松弛或者较少松弛的条件下，获得目标函数的改进。

6.4.1 模糊线性规划

模糊线性规划根据模糊参数出现的位置不同，可分为模糊目标–资源型、右端项系数模糊型、价格系统模糊型和全系数模糊型。本章采用 Zimmermann 对称模型进行求解[57]。

一个全系数的模糊线性规划可表示为

$$\begin{aligned} &\max z = \tilde{\boldsymbol{c}}^{\mathrm{T}} \boldsymbol{x} \\ &\text{s.t.} \quad \tilde{\boldsymbol{A}}\boldsymbol{x} \,\tilde{\leqslant}\, \tilde{\boldsymbol{b}} \\ &\qquad \boldsymbol{x} \geqslant \boldsymbol{0} \end{aligned} \tag{6–120}$$

其中，$\tilde{\boldsymbol{c}}$、$\tilde{\boldsymbol{A}}$、$\tilde{\boldsymbol{b}}$ 为模糊数。

对于约束条件带模糊数的线性规划可表示为[58]

$$\begin{aligned} &\max z = \boldsymbol{c}^{\mathrm{T}} \boldsymbol{x} \\ &\text{s.t.} \quad \boldsymbol{A}\boldsymbol{x} \,\tilde{\leqslant}\, \tilde{\boldsymbol{b}} \\ &\qquad \boldsymbol{x} \geqslant \boldsymbol{0} \end{aligned} \tag{6–121}$$

其中，$\boldsymbol{A} = (a_{ij})_{m \times n}$，$\boldsymbol{b}$、$\boldsymbol{c}$ 和 $\boldsymbol{x}$ 有相应的维数，且假设 $r(\boldsymbol{A}) = m$。

设第 i 个资源约束的最大容差为 p_i，其隶属度函数定义为

$$\mu_i(\boldsymbol{x}) = \begin{cases} 1 & (\boldsymbol{Ax})_i < b_i \\ 1 - \dfrac{(\boldsymbol{Ax})_i - b_i}{p_i} & b_i \leqslant (\boldsymbol{Ax})_i \leqslant b_i + p_i \\ 0 & b_i + p_i < (\boldsymbol{Ax})_i \end{cases} \tag{6–122}$$

其隶属度函数示意图如图 6–25 所示。

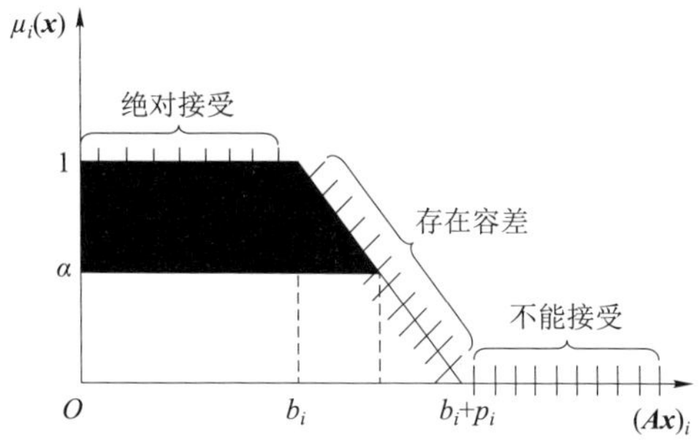

图 6–25 约束条件隶属度函数示意图

基于 Zimmermann 对称模型的思想，约束条件的模糊性必然导致目标函数的模糊性[59]。用线性规划问题的求解方法，求出约束条件无松弛时的解 Z_1 和松弛到最大范围时的解 Z_0，目标的伸缩性可表示为式（6–123），容差指标记为 d_0，则

$$Z = \boldsymbol{c}^{\mathrm{T}}\boldsymbol{x} \gtrsim Z_1 \tag{6–123}$$

$$d_0 = Z_0 - Z_1 \tag{6–124}$$

$$Z_1 = \max_{\boldsymbol{x}\in X_{\mathrm{L}}} z(\boldsymbol{x}) \tag{6–125}$$

$$Z_0 = \max_{\boldsymbol{x}\in X_{\mathrm{U}}} z(\boldsymbol{x}) \tag{6–126}$$

$$X_{\mathrm{L}} = \{\boldsymbol{x}\in\mathbf{R} \mid a_{i1}x_1 + a_{i2}x_2 + \cdots a_{in}x_n \leqslant b_i\} \tag{6–127}$$

$$X_{\mathrm{U}} = \{\boldsymbol{x}\in\mathbf{R} \mid a_{i1}x_1 + a_{i2}x_2 + \cdots a_{in}x_n \leqslant b_i + p_i\} \tag{6–128}$$

则定义此时的隶属度函数为

$$\mu_0(\boldsymbol{x}) = \begin{cases} 1 & \boldsymbol{c}^{\mathrm{T}}\boldsymbol{x} > Z_0 \\ 1 - \dfrac{Z_0 - \boldsymbol{c}^{\mathrm{T}}\boldsymbol{x}}{d_0} & Z_1 \leqslant \boldsymbol{c}^{\mathrm{T}}\boldsymbol{x} \leqslant Z_0 \\ 0 & \boldsymbol{c}^{\mathrm{T}}\boldsymbol{x} < Z_1 \end{cases} \tag{6–129}$$

其隶属度函数示意图如图 6–26 所示。

定义资源约束的 α –截集为

$$X_\alpha = \{\boldsymbol{x}\in\mathbf{R}_+^n \mid \mu_i(\boldsymbol{x}) \geqslant \alpha, \forall i = 1,2,\cdots,m\} \tag{6–130}$$

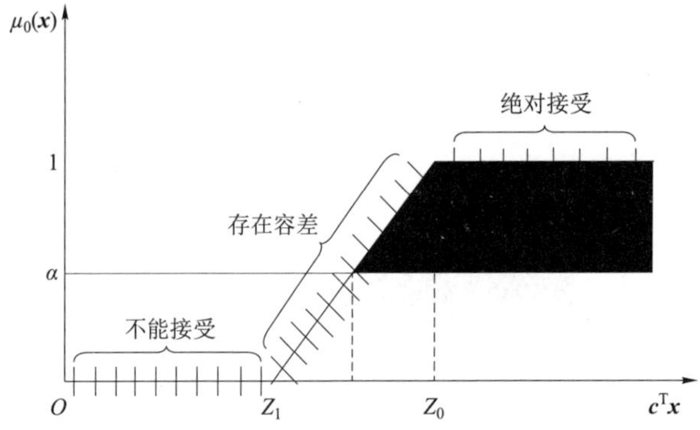

图 6–26　目标函数的隶属度函数示意图

其中，μ_1，μ_2，…，μ_m 为资源约束的隶属度，此时最优决策为

$$\boldsymbol{x}^* = \arg(\max_x \mu_D(\boldsymbol{x})) \tag{6–131}$$

实际上由于 $\mu_D(\boldsymbol{x}) = \min\{\mu_0(\boldsymbol{x}), \mu_1(\boldsymbol{x}), \cdots, \mu_m(\boldsymbol{x})\}$，可将问题转化成以下清晰的线性规划[60]。

$$\max \quad \alpha \tag{6–132}$$

$$\text{s.t.} \quad \mu_0(\boldsymbol{x}) \geqslant \alpha \tag{6–133}$$

$$\mu_i(\boldsymbol{x}) \geqslant \alpha \quad \forall i = 1, 2, \cdots, m \tag{6–134}$$

$$\alpha \in [0,1] \quad x \geqslant 0 \tag{6–135}$$

将目标函数和资源约束的隶属度函数按上述描述展开，于是得到如下所描述的清晰线性规划（LP）。

$$\max \quad \alpha \tag{6–136}$$

$$\text{s.t.} \quad \boldsymbol{c}^T\boldsymbol{x} \geqslant Z_1 + \alpha(Z_0 - Z_1) \tag{6–137}$$

$$(\boldsymbol{Ax})_i \leqslant b_i + (1-\alpha)p_i \quad \forall i = 1, 2, \cdots, m \tag{6–138}$$

$$\alpha \in [0,1] \quad x \geqslant 0 \tag{6–139}$$

其最优解便是达到最大隶属度 α^* 的最优决策 $\boldsymbol{x}^*$，记为

$$S^* = \{(\boldsymbol{x}^*, \alpha^*) \mid \alpha \in [0,1], \boldsymbol{x}^* \text{是LP的解}\} \tag{6–140}$$

6.4.2　基于容差法的模糊列车运行调整模型

上述模糊线性规划的方法，是希望在目标函数和约束条件中寻找一个折中，在对约束条件进行较小松弛的条件下使目标函数得到较大的改进。列车运行调整模型是带有 0–1 变量的，目标价格系数和约束条件右端系数都具有模糊性的多目

标混合整数规划，因此将采用对称性思想对问题进行求解。

基于容差法的模糊列车运行调整建模步骤如下。

（1）确定系统中模糊系数的容差。

根据决策者的偏好或系统的稳定性需求，设置原列车运行计划调整模型中模糊系数的容差，变量说明如下：

$H_{c_i^{\mathrm{trnd}}}$——列车 i 单位晚点时间惩罚的容差；

$H_{c_k^{\mathrm{stnd}}}$——枢纽车站 k 单位晚点时间惩罚的容差；

H_{zt_p}——列车区间运行时分或者车站作业时分的容差；

H_{f_k}——车站接发列车间隔时间容差；

H_{fd_k}——同方向列车不同时发到间隔时间的容差；

H_{df_k}——同方向列车不同时到发间隔时间的容差；

H_{fds_k}——不同时到达间隔时间的容差；

H_{fdh_k}——会车间隔时间的容差；

H_{hw_k}——区间 k 上追踪列车间隔时间的容差；

H_{w_i}——列车 i 的晚点容忍程度的容差。

（2）求解无松弛约束条件下的清晰模型。

约束条件不进行松弛的条件下，列车运行调整模型就转化为一个含有 0–1 变量和连续变量的混合整数规划，可以利用传统的分支定界法或割平面法求解，详细求解过程可参考 5.2 节。本节将晚点惩罚及严重晚点的列车数量作为目标函数，此时模型描述如下。

目标函数：

$$
\begin{aligned}
\min Z^* &= w_1 z_{\mathrm{delay}}^{\mathrm{train}} + w_2 z_{\mathrm{delay}}^{\mathrm{stn}} + w_3 z_{\mathrm{delay}}^{\mathrm{trncount}} \\
&= w_1 \sum_{i\in \mathrm{Trn}} \left(c_i^{\mathrm{trnd}} \cdot \left(\sum_{p\in \mathrm{Itv}_i^{\mathrm{sec}}} (d_p \cdot h_{p+1}) + \sum_{p\in \mathrm{Itv}_i^{\mathrm{stn}}} (d_p \cdot h_p) \right) \right) + w_2 \sum_{k\in \mathrm{Stn}} \left(c_k^{\mathrm{stnd}} \cdot \sum_{p\in \mathrm{Itv}_k} d_p \right) + w_3 \sum_{i\in \mathrm{Trn}} b_i
\end{aligned}
\tag{6–141}
$$

其中，w_i 为第 i 个子目标的权重。

带有模糊性的约束条件：

$$g_1 = e_p - s_p \geqslant \mathrm{zt}_p \qquad p \in \mathrm{Itv} \tag{6–142}$$

$$g_2 = Mb_i - d_{\mathrm{last}(\mathrm{Itv}_i)} \geqslant -w_i \tag{6–143}$$

$$g_3 = s_{\tilde{p}} - e_p \geqslant f_k \alpha_{p,\tilde{p}} - M(1-\alpha_{p,\tilde{p}}) \quad p,\tilde{p} \in \text{Itv}_k \quad k \in \text{Stn} \tag{6-144}$$

$$g_4 = s_p - e_{\tilde{p}} \geqslant f_k \beta_{p,\tilde{p}} - M(1-\beta_{p,\tilde{p}}) \quad p,\tilde{p} \in \text{Itv}_k \quad k \in \text{Stn} \tag{6-145}$$

$$g_5 = s_p - e_{\tilde{p}} \geqslant fd_k \beta_{p,\tilde{p}} - M(1-\beta_{p,\tilde{p}}) \quad k \in \text{Stn} \tag{6-146}$$

$$g_6 = e_{\tilde{p}} - s_p \geqslant \text{df}_k \alpha_{p,\tilde{p}} - M(1-\alpha_{p,\tilde{p}}) \quad p,\tilde{p} \in \text{Itv}_k \quad k \in \text{Stn} \tag{6-147}$$

$$g_7 = s_p - e_{\tilde{p}} \geqslant \text{fds}_k \beta_{p,\tilde{p}} - M(1-\beta_{p,\tilde{p}}) \quad p,\tilde{p} \in \text{Itv}_k \quad k \in \text{Seg} \tag{6-148}$$

$$g_8 = s_p - e_{\tilde{p}} \geqslant \text{fdh}_k \beta_{p,\tilde{p}} - M(1-\beta_{p,\tilde{p}}) \quad p,\tilde{p} \in \text{Itv}_k \quad k \in \text{Sec} \tag{6-149}$$

$$g_9 = s_{\tilde{p}} - s_p \geqslant \text{hw}_k \alpha_{p,\tilde{p}} - M(1-\alpha_{p,\tilde{p}}) \quad p,\tilde{p} \in \text{Itv}_k \quad k \in \text{Sec} \tag{6-150}$$

$$g_{10} = s_p - s_{\tilde{p}} \geqslant \text{hw}_k \beta_{p,\tilde{p}} - M(1-\beta_{p,\tilde{p}}) \quad p,\tilde{p} \in \text{Itv}_k \quad k \in \text{Sec} \tag{6-151}$$

$$g_{11} = e_{\tilde{p}} - e_p \geqslant \text{hw}_k \alpha_{p,\tilde{p}} - M(1-\alpha_{p,\tilde{p}}) \quad p,\tilde{p} \in \text{Itv}_k \quad k \in \text{Sec} \tag{6-152}$$

$$g_{12} = e_p - e_{\tilde{p}} \geqslant \text{hw}_k \beta_{p,\tilde{p}} - M(1-\beta_{p,\tilde{p}}) \quad p,\tilde{p} \in \text{Itv}_k \quad k \in \text{Sec} \tag{6-153}$$

清晰型约束条件：

$$\eta_{p,l} + \eta_{\tilde{p},l} - 1 \leqslant \alpha_{p,\tilde{p}} + \beta_{p,\tilde{p}} \quad p,\tilde{p} \in \text{Itv}_k \quad p < \tilde{p} \quad l \in \text{Trk}_k \quad k \in \text{Stn} \tag{6-154}$$

$$e_p \geqslant \text{inis}_p \quad p \in \text{Itv} \quad h_p = 1 \tag{6-155}$$

$$e_p - \text{inie}_p = d_p \quad p \in \text{Itv} \tag{6-156}$$

$$e_p = s_{p+1} \quad p \in \text{Itv}_i \quad p \neq \text{last}(\text{Itv}_i) \quad i \in \text{Trn} \tag{6-157}$$

$$\sum_{l \in \text{Trk}_k} \eta_{p,l} = 1 \quad p \in \text{Itv}_k \quad k \in \text{Stn} \tag{6-158}$$

$$\alpha_{p,\tilde{p}} + \beta_{p,\tilde{p}} = 1 \quad p,\tilde{p} \in \text{Itv}_k \quad k \in \text{Sec} \tag{6-159}$$

$$\sum_{\tilde{p} \in \text{Itv}_k} \beta_{p,\tilde{p}} \leqslant 3 \quad \forall p \in \text{Itv}_k \quad k \in \text{Seg}$$

（3）求解松弛约束条件下的清晰模型。

需要注意目标函数中晚点惩罚也具有模糊性，故模型中惩罚系数要减去相应的容差。

目标函数：

$$\begin{aligned} \min Z^0 = {} & w_1 \sum_{i \in \text{Trn}} \left((c_i^{\text{trnd}} - H_{c_i^{\text{trnd}}}) \cdot \left(\sum_{p \in \text{Itv}_i^{\text{sec}}} (d_p \cdot h_{p+1}) + \sum_{p \in \text{Itv}_i^{\text{stn}}} (d_p \cdot h_p) \right) \right) + \\ & w_2 \sum_{k \in \text{Stn}} \left((c_k^{\text{stnd}} - H_{c_k^{\text{stnd}}}) \cdot \sum_{p \in \text{Itv}_k} d_p \right) + w_3 \sum_{i \in \text{Trn}} b_i \end{aligned} \tag{6-160}$$

带有模糊性的约束条件：

$$g_1 = e_p - s_p \geqslant \mathrm{zt}_p - H_{\mathrm{zt}_p}\text{，}\quad p \in \mathrm{Itv} \tag{6-161}$$

$$g_2 = Mb_i - d_{\mathrm{last}(\mathrm{Itv}_i)} \geqslant -w_i - H_{w_i} \tag{6-162}$$

$$g_3 = s_{\tilde{p}} - e_p \geqslant (f_k - H_{f_k})\alpha_{p,\tilde{p}} - M(1-\alpha_{p,\tilde{p}}) \quad p,\tilde{p} \in \mathrm{Itv}_k \quad k \in \mathrm{Stn} \tag{6-163}$$

$$g_4 = s_p - e_{\tilde{p}} \geqslant (f_k - H_{f_k})\beta_{p,\tilde{p}} - M(1-\beta_{p,\tilde{p}}) \quad p,\tilde{p} \in \mathrm{Itv}_k \quad k \in \mathrm{Stn} \tag{6-164}$$

$$g_5 = s_p - e_{\tilde{p}} \geqslant (\mathrm{fd}_k - H_{\mathrm{fd}_k})\beta_{p,\tilde{p}} - M(1-\beta_{p,\tilde{p}}) \quad p,\tilde{p} \in \mathrm{Itv}_k \quad k \in \mathrm{Stn} \tag{6-165}$$

$$g_6 = e_{\tilde{p}} - s_p \geqslant (\mathrm{df}_k - H_{\mathrm{df}_k})\alpha_{p,\tilde{p}} - M(1-\alpha_{p,\tilde{p}}) \quad p,\tilde{p} \in \mathrm{Itv}_k \quad k \in \mathrm{Stn} \tag{6-166}$$

$$g_7 = s_p - e_{\tilde{p}} \geqslant (\mathrm{fds}_k - H_{\mathrm{fds}_k})\beta_{p,\tilde{p}} - M(1-\beta_{p,\tilde{p}}) \quad p,\tilde{p} \in \mathrm{Itv}_k \quad k \in \mathrm{Seg} \tag{6-167}$$

$$g_8 = s_p - e_{\tilde{p}} \geqslant (\mathrm{fdh}_k - H_{\mathrm{fdh}_k})\beta_{p,\tilde{p}} - M(1-\beta_{p,\tilde{p}}) \quad p,\tilde{p} \in \mathrm{Itv}_k \quad k \in \mathrm{Sec} \tag{6-168}$$

$$g_9 = s_{\tilde{p}} - s_p \geqslant (\mathrm{hw}_k - H_{\mathrm{hw}_k})\alpha_{p,\tilde{p}} - M(1-\alpha_{p,\tilde{p}}) \quad p,\tilde{p} \in \mathrm{Itv}_k \quad k \in \mathrm{Sec} \tag{6-169}$$

$$g_{10} = s_p - s_{\tilde{p}} \geqslant (\mathrm{hw}_k - H_{\mathrm{hw}_k})\beta_{p,\tilde{p}} - M(1-\beta_{p,\tilde{p}}) \quad p,\tilde{p} \in \mathrm{Itv}_k \quad k \in \mathrm{Sec} \tag{6-170}$$

$$g_{11} = e_{\tilde{p}} - e_p \geqslant (\mathrm{hw}_k - H_{\mathrm{hw}_k})\alpha_{p,\tilde{p}} - M(1-\alpha_{p,\tilde{p}}) \quad p,\tilde{p} \in \mathrm{Itv}_k \quad k \in \mathrm{Sec} \tag{6-171}$$

$$g_{12} = e_p - e_{\tilde{p}} \geqslant (\mathrm{hw}_k - H_{\mathrm{hw}_k})\beta_{p,\tilde{p}} - M(1-\beta_{p,\tilde{p}}) \quad p,\tilde{p} \in \mathrm{Itv}_k \quad k \in \mathrm{Sec} \tag{6-172}$$

清晰型约束条件不变。

（4）计算目标函数和具有模糊属性的约束条件的隶属度函数，建立基于容差法的模糊运行调整模型。

首先计算目标函数的隶属度函数：

$$\mu_0 = \begin{cases} 1 & Z < Z^* \\ 1 - \dfrac{Z - Z^*}{Z^0 - Z^*} & Z^* \leqslant Z \leqslant Z^0 \\ 0 & Z > Z^0 \end{cases} \tag{6-173}$$

其隶属度函数示意图如图 6–27 所示。

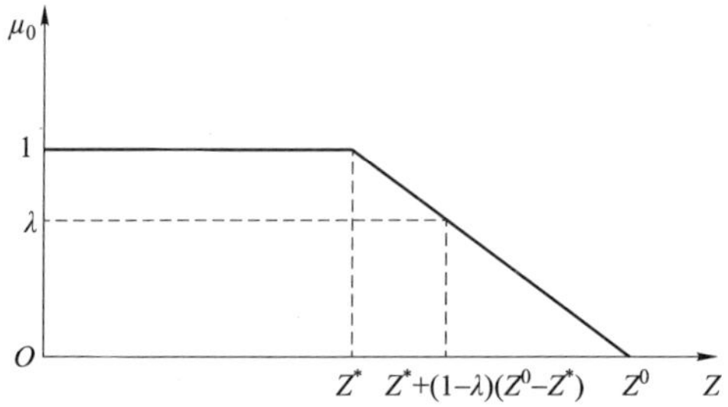

图 6–27 目标函数的隶属度函数示意图

列车作业时分约束条件的隶属度函数为

$$\mu_1=\begin{cases}1 & g_1>\mathrm{zt}_p\\ 1-\dfrac{\mathrm{zt}_p-g_1}{H_{\mathrm{zt}_p}} & \mathrm{zt}_p-H_{\mathrm{zt}_p}\leqslant g_1\leqslant \mathrm{zt}_p\\ 0 & g_1<\mathrm{zt}_p-H_{\mathrm{zt}_p}\end{cases}\tag{6–174}$$

其隶属度函数示意图如图 6–28 所示。

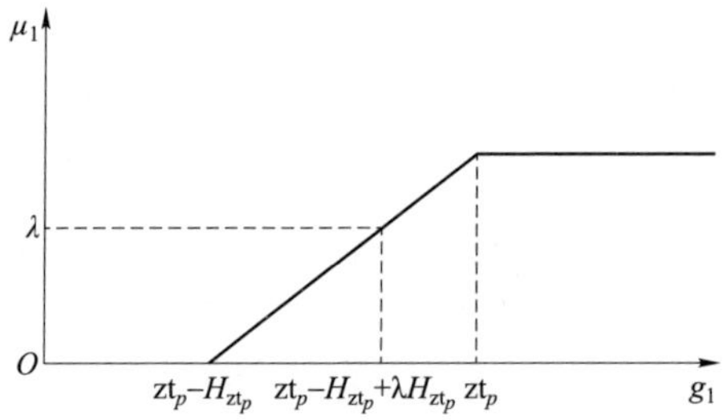

图 6–28 列车作业时分约束条件的隶属度函数示意图

其他约束条件隶属度函数形式与式（6–174）相似，只列出公式描述，不再画示意图。

列车晚点容忍程度约束的隶属度函数为

$$\mu_2=\begin{cases}1 & g_2>-w_i\\ 1-\dfrac{-w_i-g_2}{H_{w_i}} & -w_i-H_{w_i}\leqslant g_2\leqslant -w_i\\ 0 & g_2<-w_i-H_{w_i}\end{cases}\tag{6–175}$$

车站内接发列车约束隶属度函数

$$\mu_3=\begin{cases}1 & g_3>f_k\\ 1-\dfrac{f_k-g_3}{H_{f_k}} & f_k-H_{f_k}\leqslant g_3\leqslant f_k\\ 0 & g_3<f_k-H_{f_k}\end{cases}\tag{6-176}$$

$$\mu_4=\begin{cases}1 & g_4>f_k\\ 1-\dfrac{f_k-g_4}{H_{f_k}} & f_k-H_{f_k}\leqslant g_4\leqslant f_k\\ 0 & g_4<f_k-H_{f_k}\end{cases}\tag{6-177}$$

$$\mu_5=\begin{cases}1 & g_5>\mathrm{fd}_k\\ 1-\dfrac{\mathrm{fd}_k-g_5}{H_{\mathrm{fd}_k}} & \mathrm{fd}_k-H_{\mathrm{fd}_k}\leqslant g_5\leqslant \mathrm{fd}_k\\ 0 & g_5<\mathrm{fd}_k-H_{\mathrm{fd}_k}\end{cases}\tag{6-178}$$

$$\mu_6=\begin{cases}1 & g_6>\mathrm{df}_k\\ 1-\dfrac{\mathrm{df}_k-g_3}{H_{\mathrm{df}_k}} & \mathrm{df}_k-H_{\mathrm{df}_k}\leqslant g_6\leqslant \mathrm{df}_k\\ 0 & g_6<\mathrm{df}_k-H_{\mathrm{df}_k}\end{cases}\tag{6-179}$$

$$\mu_7=\begin{cases}1 & g_7>\mathrm{fds}_k\\ 1-\dfrac{\mathrm{fds}_k-g_7}{H_{\mathrm{fds}_k}} & \mathrm{fds}_k-H_{\mathrm{fds}_k}\leqslant g_7\leqslant \mathrm{fds}_k\\ 0 & g_7<\mathrm{fds}_k-H_{\mathrm{fds}_k}\end{cases}\tag{6-180}$$

$$\mu_8=\begin{cases}1 & g_8>\mathrm{fdh}_k\\ 1-\dfrac{\mathrm{fdh}_k-g_8}{H_{\mathrm{fdh}_k}} & \mathrm{fdh}_k-H_{\mathrm{fdh}_k}\leqslant g_8\leqslant \mathrm{fdh}_k\\ 0 & g_8<\mathrm{fdh}_k-H_{\mathrm{fdh}_k}\end{cases}\tag{6-181}$$

$$\mu_9=\begin{cases}1 & g_9>\mathrm{hw}_k\\ 1-\dfrac{\mathrm{hw}_k-g_9}{H_{\mathrm{hw}_k}} & \mathrm{hw}_k-H_{\mathrm{hw}_k}\leqslant g_9\leqslant \mathrm{hw}_k\\ 0 & g_9<\mathrm{hw}_k-H_{\mathrm{hw}_k}\end{cases} \tag{6-182}$$

约束 g_{10}、g_{11}、g_{12} 的隶属度函数形式与式（6–182）相同，将约束条件和目标函数的隶属度记为λ，则得到如下确定规划。

目标函数：

$$\mathrm{Max}\ \ \lambda \tag{6-183}$$

约束条件：

原问题的目标约束：

$$w_1\sum_{i\in\mathrm{Trn}}\left(c_i^{\mathrm{trnd}}\cdot\left(\sum_{p\in\mathrm{Itv}_i^{\mathrm{sec}}}(d_p\cdot h_{p+1})+\sum_{p\in\mathrm{Itv}_i^{\mathrm{stn}}}(d_p\cdot h_p)\right)\right)+w_2\sum_{k\in\mathrm{Stn}}\left(c_k^{\mathrm{stnd}}\cdot\sum_{p\in\mathrm{Itv}_k}d_p\right)+$$
$$w_3\sum_{i\in\mathrm{Trn}}b_i\leqslant Z^*+(1-\lambda)(Z^0-Z^*) \tag{6-184}$$

其他约束：

$$e_p-s_p\geqslant \mathrm{zt}_p+(\lambda-1)H_{\mathrm{zt}_p}\qquad p\in\mathrm{Itv} \tag{6-185}$$

$$Mb_i-d_{\mathrm{last}(\mathrm{Itv}_i)}\geqslant -w_i+(\lambda-1)H_{w_i} \tag{6-186}$$

$$s_{\tilde p}-e_p\geqslant (f_k+(\lambda-1)H_{f_k})\alpha_{p,\tilde p}-M(1-\alpha_{p,\tilde p})\qquad p,\tilde p\in\mathrm{Itv}_k\qquad k\in\mathrm{Stn} \tag{6-187}$$

$$s_p-e_{\tilde p}\geqslant (f_k+(\lambda-1)H_{f_k})\beta_{p,\tilde p}-M(1-\beta_{p,\tilde p})\qquad p,\tilde p\in\mathrm{Itv}_k\qquad k\in\mathrm{Stn} \tag{6-188}$$

$$s_p-e_{\tilde p}\geqslant (\mathrm{fd}_k+(\lambda-1)H_{\mathrm{fd}_k})\beta_{p,\tilde p}-M(1-\beta_{p,\tilde p})\qquad p,\tilde p\in\mathrm{Itv}_k\qquad k\in\mathrm{Stn} \tag{6-189}$$

$$e_{\tilde p}-s_p\geqslant (\mathrm{df}_k+(\lambda-1)H_{\mathrm{df}_k})\alpha_{p,\tilde p}-M(1-\alpha_{p,\tilde p})\qquad p,\tilde p\in\mathrm{Itv}_k\qquad k\in\mathrm{Stn} \tag{6-190}$$

$$s_p-e_{\tilde p}\geqslant (\mathrm{fds}_k+(\lambda-1)H_{\mathrm{fds}_k})\beta_{p,\tilde p}-M(1-\beta_{p,\tilde p})\qquad p,\tilde p\in\mathrm{Itv}_k\qquad k\in\mathrm{Seg} \tag{6-191}$$

$$s_p-e_{\tilde p}\geqslant (\mathrm{fdh}_k+(\lambda-1)H_{\mathrm{fdh}_k})\beta_{p,\tilde p}-M(1-\beta_{p,\tilde p})\qquad p,\tilde p\in\mathrm{Itv}_k\qquad k\in\mathrm{Sec} \tag{6-192}$$

$$s_{\tilde{p}}-s_p \geqslant (\mathrm{hw}_k+(\lambda-1)H_{\mathrm{hw}_k})\alpha_{p,\tilde{p}}-M(1-\alpha_{p,\tilde{p}}) \quad p,\tilde{p}\in \mathrm{Itv}_k \quad k\in \mathrm{Sec} \tag{6–193}$$

$$s_p-s_{\tilde{p}} \geqslant (\mathrm{hw}_k+(\lambda-1)H_{\mathrm{hw}_k})\beta_{p,\tilde{p}}-M(1-\beta_{p,\tilde{p}}) \quad p,\tilde{p}\in \mathrm{Itv}_k \quad k\in \mathrm{Sec} \tag{6–194}$$

$$e_{\tilde{p}}-e_p \geqslant (\mathrm{hw}_k+(\lambda-1)H_{\mathrm{hw}_k})\alpha_{p,\tilde{p}}-M(1-\alpha_{p,\tilde{p}}) \quad p,\tilde{p}\in \mathrm{Itv}_k \quad k\in \mathrm{Sec} \tag{6–195}$$

$$e_p-e_{\tilde{p}} \geqslant (\mathrm{hw}_k+(\lambda-1)H_{\mathrm{hw}_k})\beta_{p,\tilde{p}}-M(1-\beta_{p,\tilde{p}}) \quad p,\tilde{p}\in \mathrm{Itv}_k \quad k\in \mathrm{Sec} \tag{6–196}$$

其他清晰型约束条件不变。由于 M 为一个取值极大的整数，则式（6–187）～式（6–196）可转化为如下线性约束。

$$s_{\tilde{p}}-e_p \geqslant f_k+(\lambda-1)H_{f_k}-M(1-\alpha_{p,\tilde{p}}) \quad p,\tilde{p}\in \mathrm{Itv}_k \quad k\in \mathrm{Stn} \tag{6–197}$$

$$s_p-e_{\tilde{p}} \geqslant f_k+(\lambda-1)H_{f_k}-M(1-\beta_{p,\tilde{p}}) \quad p,\tilde{p}\in \mathrm{Itv}_k \quad k\in \mathrm{Stn} \tag{6–198}$$

$$s_p-e_{\tilde{p}} \geqslant \mathrm{fd}_k+(\lambda-1)H_{\mathrm{fd}_k}-M(1-\beta_{p,\tilde{p}}) \quad p,\tilde{p}\in \mathrm{Itv}_k \quad k\in \mathrm{Stn} \tag{6–199}$$

$$e_{\tilde{p}}-s_p \geqslant \mathrm{df}_k+(\lambda-1)H_{\mathrm{df}_k}-M(1-\alpha_{p,\tilde{p}}) \quad p,\tilde{p}\in \mathrm{Itv}_k \quad k\in \mathrm{Stn} \tag{6–200}$$

$$s_p-e_{\tilde{p}} \geqslant \mathrm{fds}_k+(\lambda-1)H_{\mathrm{fds}_k}-M(1-\beta_{p,\tilde{p}}) \quad p,\tilde{p}\in \mathrm{Itv}_k \quad k\in \mathrm{Seg} \tag{6–201}$$

$$s_p-e_{\tilde{p}} \geqslant \mathrm{fdh}_k+(\lambda-1)H_{\mathrm{fdh}_k}-M(1-\beta_{p,\tilde{p}}) \quad p,\tilde{p}\in \mathrm{Itv}_k \quad k\in \mathrm{Sec} \tag{6–202}$$

$$s_{\tilde{p}}-s_p \geqslant \mathrm{hw}_k+(\lambda-1)H_{\mathrm{hw}_k}-M(1-\alpha_{p,\tilde{p}}) \quad p,\tilde{p}\in \mathrm{Itv}_k \quad k\in \mathrm{Sec} \tag{6–203}$$

$$s_p-s_{\tilde{p}} \geqslant \mathrm{hw}_k+(\lambda-1)H_{\mathrm{hw}_k}-M(1-\beta_{p,\tilde{p}}) \quad p,\tilde{p}\in \mathrm{Itv}_k \quad k\in \mathrm{Sec} \tag{6–204}$$

$$e_{\tilde{p}}-e_p \geqslant \mathrm{hw}_k+(\lambda-1)H_{\mathrm{hw}_k}-M(1-\alpha_{p,\tilde{p}}) \quad p,\tilde{p}\in \mathrm{Itv}_k \quad k\in \mathrm{Sec} \tag{6–205}$$

$$e_p-e_{\tilde{p}} \geqslant \mathrm{hw}_k+(\lambda-1)H_{\mathrm{hw}_k}-M(1-\beta_{p,\tilde{p}}) \quad p,\tilde{p}\in \mathrm{Itv}_k \quad k\in \mathrm{Sec} \tag{6–206}$$

经过上述步骤的转化，原来带有模糊参数的列车运行调整问题就转化为一个清晰型混合整数线性规划，原理示意图如图 6–29 所示，求隶属度 λ 的最大值，使得在约束条件较少松弛的条件下，目标函数获得较大的改进。

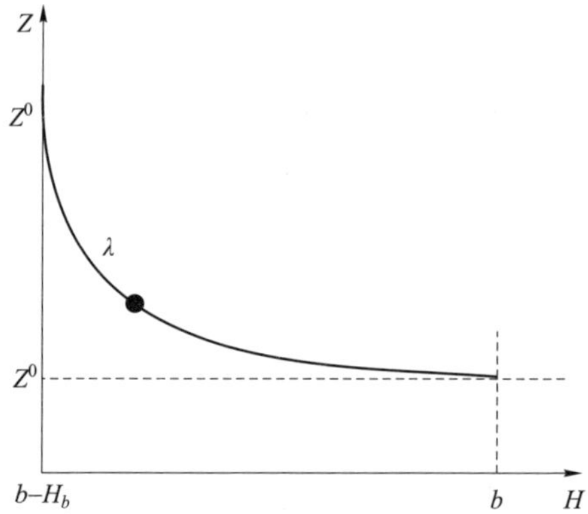

图 6–29 模糊运行调整模型的容差原理示意图

6.4.3 突发事件条件下行车组织双层规划算法

在给定行车调度规则之后，经过上节对不确定参数的处理，下层规划就转化为一个列车运行调整的混合整数规划，因此本节利用嵌入分支定界法的植物多向生长模拟混合智能算法来求解突发事件条件下的行车组织双层规划问题。

1. 决策变量设计

原规划中设计了 0–1 变量描述列车的调度策略，这种设计方法虽然可清晰地描述列车之间及列车与迂回径路的关系，但是会大大增加变量的维数，同时产生大量的唯一性约束，这使得迭代过程中容易产生大量的不可行解，影响算法求解效率，甚至有时无法找到最优解。因此在问题求解过程中，设计受影响的列车为变量集，变量所取的各种整数值代表列车可采取的各种策略，这使得变量维数大大降低，并可同时满足唯一性约束。决策变量设计的具体描述如下。

假设突发事件条件下受影响的列车共有 m 列，可绕行的径路有 n 个，则设计变量 $\boldsymbol{x}=(x_1,x_2,\cdots,x_m)$，$\boldsymbol{x}$ 为整数变量，当列车 i 采取原径路运行策略时，$x_i=0$；当列车 i 采取与列车 j 合并策略时，$x_i=j,i\neq j$；当列车 i 采取绕行径路 k 策略时，$x_i=m+k$；当列车 i 采取停运策略时，$x_i=m+n+1$。这种设计方案中，变量的维度为 m，变量的可行解集为 0 至 $m+n+1$ 中的整数，即 $x_i\in[0,m+n+1]$；而原问题中变量的维度为 $m+mn+m(m-1)$，远远大于改后的数量。

2. 求解流程

求解突发事件条件下行车组织双层规划模型的具体步骤如下。

Step1 输入受影响的列车数量、可迂回的径路、列车种类、编组数量、列车时刻表等信息，设计决策变量$\boldsymbol{x}$，确定变量取值与其所采取策略的对应关系。

Step2 选取决策变量的初始解$\boldsymbol{x}^0$，令$\boldsymbol{x}_{\min}=\boldsymbol{x}^0$，计算$\boldsymbol{x}^0$的目标函数值，令$f_{\min}=f(\boldsymbol{x}^0)$，此时初始基点$\boldsymbol{x}^0$可看作具有生长能力的节，$\boldsymbol{x}^G=\boldsymbol{x}^0$；令$F$为能够接受光照的最大值，迭代次数$k=0$；解空间集合$S=\{\boldsymbol{x}^0\}$，解的个数为$\Omega(S)=1$。

值得注意的是，$f(\boldsymbol{x}^0)$的组成不但包含各项调度策略的惩罚费用，还包括在$\boldsymbol{x}^0$策略下，下层规划调整结果的反馈，因此该步骤需要调用Step7。

Step3 产生新枝干。

Step3.1 垂直生长方向。

首先将新枝之间的旋转角度设为$90°$，通过$\boldsymbol{x}^G$做平行于各个数轴的直线段，以$\boldsymbol{x}^G$为中心，按照坐标轴的正负方向以步长λ截取树干上的节点s'_{i_1,j_1}，$i_1=1,2,\cdots,2n,\ j_1=1,2,\cdots,m_{i_1}$。

Step3.2 随机生长方向。

从n个方向中随机选取3个，与这3个分枝对称的方向形成一个新的树干，然后以$\boldsymbol{x}^G$为中心，同样以步长λ截取树干上的节点s'_{i_{2n+1},j_1}，$j_1=1,2,\cdots,m_{i_{2n+1}}$，重复这个过程$n$次，产生$n$个新的生长方向。

由于本问题中决策变量的取值代表不同的调度策略，但策略之间没有必然的联系，为了保证解空间的多样性，上述步骤中的步长λ可在可行域$(0,m+n]$中随机选择。

当列车i采取与列车j合并策略时，$x_i=j$，此时要求$x_j=i$，因此当任意解s_i取值于$[1,m]$中时，即$s_i=j$，$i\neq j$，$j\in[1,m]$，需判断列车i与列车j的停站是否相同，列车类型是否满足重联约束，若都满足，则直接令$s_j=i$；若不满足则重新选择步长λ，长出新枝。

此外，对于每一个解判断能力约束，若不满足，则重新选择方向或者步长，长出新枝。

至此，产生新节点的集合S'。

Step4 更新最优节点。

首先根据 Step7 求新的生长点的函数值，令$s'_{p,q}$为当前具有最小函数值的节点，即$f^*(s'_{p,q})=\min\{f(s'_{i_1,j_1}),i_1=1,2,\cdots,3n,j_1=1,2,\cdots,m_{i_1}\}$。

若 $f^*(s'_{p,q}) < f_{\min}$，则令 $\boldsymbol{x}_{\min} = s'_{p,q}$， $f_{\min} = f^*(s'_{p,q})$。

若 $f^*(s'_{p,q}) = f_{\min}$，则令 $\boldsymbol{x}_{\min} := \boldsymbol{x}_{\min} \cup \{s'_{p,q}\}$。

Step5 计算节点生长概率。

令 $S := S \cup S'$， $F = f_{\min} + \sum (f(s) - f_{\min}) / \Omega(S)$

对于每一个 $s \in S$，

若 $F \leqslant f(s)$，则 $P_s = 0$， $S := S \setminus \{s\}$；

若 $F > f(s)$，则 $P_s = (F - f(s)) / \left(\sum\limits_{s \in S} (F - f(s)) \right)$。

Step6 选择新的基点。

产生一个随机数 $\eta \in (0,1)$，选择满足 $\sum\limits_{s}^{t-1} P_s < \eta < \sum\limits_{s}^{t} P_s, t \in [1, \Omega(S)]$ 的节 s_t 为新的基点。令 $\boldsymbol{x}^G = \boldsymbol{s}_t$， $k = k+1$，重复 Step3。

Step7 利用分支定界法调整列车到发时刻。

传统的分支定界法往往需要遍历所有可能的分支来获取全局最优解，但是在现实世界中，特别是突发事件条件下的列车运行调整问题，往往会涉及大量的决策变量，且约束复杂，因此可根据列车运行调整问题的特性来选择分支，替代传统方法无规则遍历分支的方式，提高问题求解效率。具体步骤如下。

UB 为优化结果的上界，NF 为待求解问题的下标集， $S(P_i)$ 为混合整数规划每一个分支问题 P_i 的可行集，P_0 表示原有列车运行调整问题，$S(\bar{P}_i)$ 为松弛问题 $\bar{P}_i$ 的可行集， $\bar{\boldsymbol{x}}$ 为 $S(P_i)$ 的可行解。

Step7.1 令 $\mathrm{NF} = \{0\}$，$\bar{\boldsymbol{x}} = \varnothing$，$\mathrm{UB} = +\infty$。

Step7.2 选择下标 $v \in \mathrm{NF}$，求解松弛问题 $\bar{P}_v$，设最优解为 $\boldsymbol{x}^v$，最优值为 f_v，若 $f_v \geqslant \mathrm{UB}$，则令 $\mathrm{NF} := \mathrm{NF} \backslash \{v\}$，转至 Step7.5，否则执行 Step7.3。

Step7.3 若 $f_v < \mathrm{UB}$ 且 $\boldsymbol{x}^v \in S(P_0)$，则令 $\mathrm{UB} = f_v$， $\bar{\boldsymbol{x}} = \boldsymbol{x}^v$， $\mathrm{NF} := \mathrm{NF} \backslash \{v\}$，转至 Step7.5，否则执行 Step7.4。

Step7.4 若 $f_v < \mathrm{UB}$ 且 $\boldsymbol{x}^v \notin S(P_0)$，需将问题进行分支。由于列车运行调整问题中最关键的整数变量为代表列车之间越行关系的附加变量 $\alpha_{p,\tilde{p}}$ 和 $\beta_{p,\tilde{p}}$，因此选择高等级列车中开始时间最早的作业进行分支，将 $S(P_v)$ 分解成两个子集 $S(P_{v_1})$ 和 $S(P_{v_2})$。令 $\mathrm{NF} := (\mathrm{NF} \backslash \{v\}) \cup \{v_1, v_2\}$，转至 Step7.2。

上述做法替代了传统方法无规则遍历分支的方式，不但加快了问题的求解速度，而且满足了低等级列车不能越行高等级列车的调整原则。

Step7.5 若待求解分支集合 NF 全部遍历求解，则终止计算， $\bar{\boldsymbol{x}}$ 为下层规划的最优解，否则转入 Step7.2。

Step8 迭代终止。

根据问题的规模，设置当最优解保持不变的迭代次数达到一定数量时，终止计算，输出最优行车方案。

算法流程图见图 6–30。

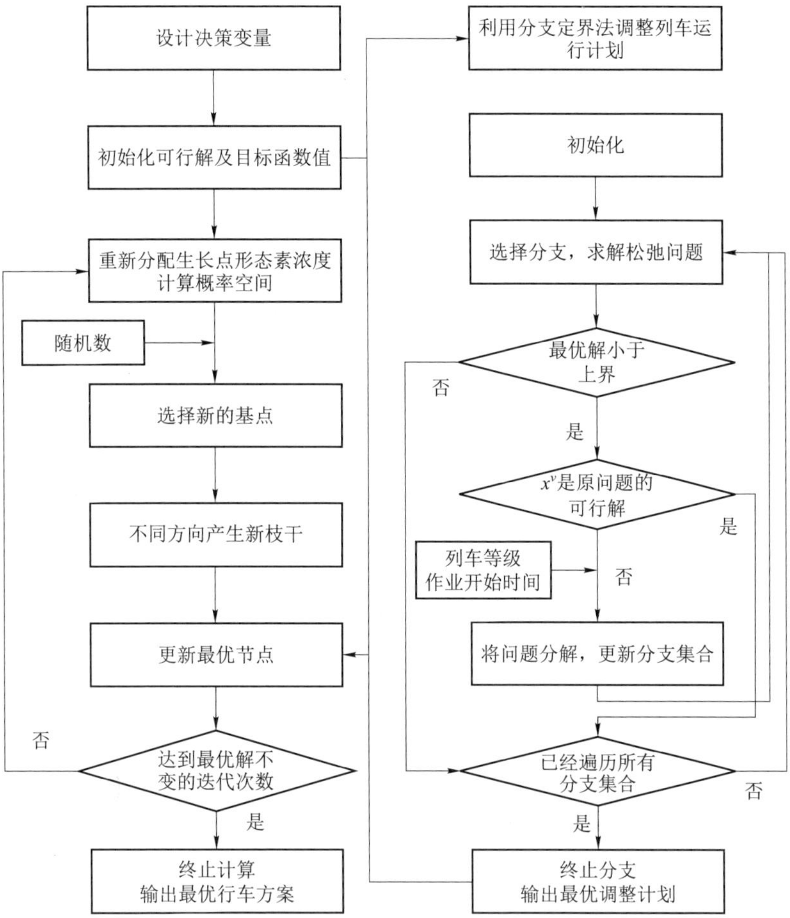

图 6–30 算法流程图

6.4.4 案例分析

根据上述章节的描述，突发事件条件下的行车计划调整是一个突发事件触发的包含双层规划的多阶段闭环不确定优化过程，其中关键环节为双层规划的闭环反馈优化和模糊随机模型的求解，而其中任何一个都是一个复杂的问题。为了证明本书提出的相关理论及方法的可行性，本节将以循序渐进的方式进行实验分析，首先不考虑模糊随机因素，验证双层规划模型的有效性；然后不考虑上层规划，验证基于容差法的模糊列车运行调整模型的有效性；最后在上述两种实验可行且求解效率较高的前提下，设置突发事件综合场景，实现突发事件触发的包含双层规划的多阶段闭环模糊随机优化全过程，最终证明本节研究内容的有效性和可行性。

1. 试验环境设置

本节截取京沪高铁沪宁段（南京至上海区段）的数据进行实验，沪宁段为京沪高铁最繁忙的区段，与其相邻最近的两条铁路线分别为沪宁城际铁路和京沪既有普速铁路。图 6–31 绘制了沪宁段周边部分铁路网络示意图，作为本节中 3 个实证分析的基础线路网络，其由三种铁路线路组成，分别是既有普速铁路（实线）、城际铁路（点画线）与新建高速铁路（虚线）。由于京沪高铁为双线运营，本节仅考虑从南京至上海方向的运输组织问题，且不考虑车站内部作业的调整。沪宁段列车运行图可见图 6–32。

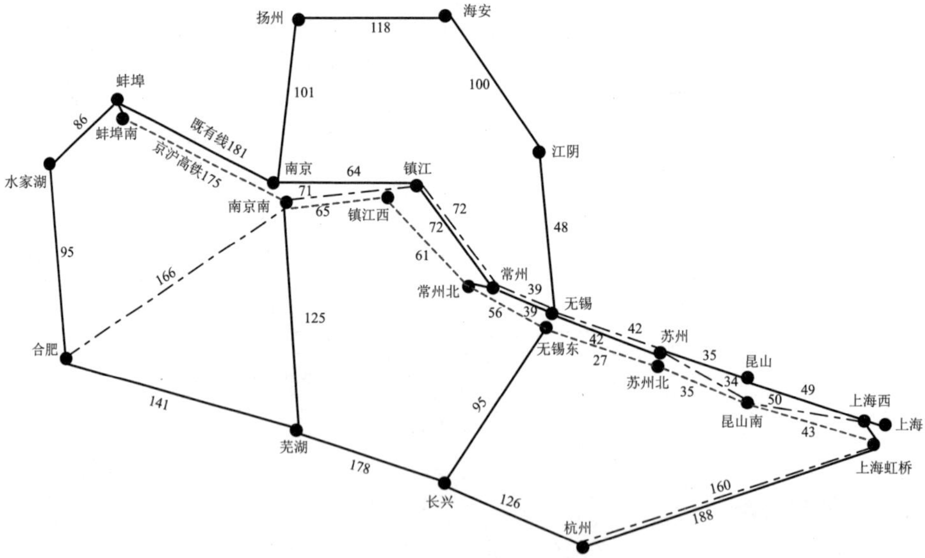

图 6–31 沪宁段周边部分铁路网络示意图

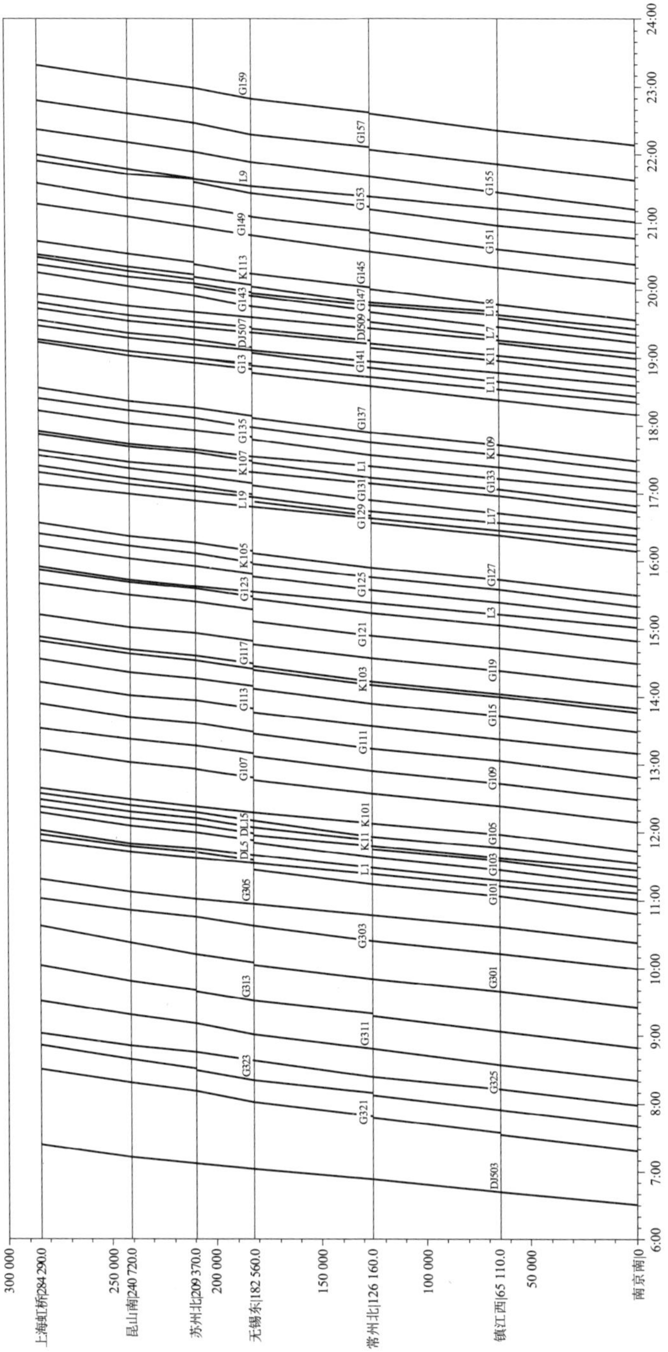

图 6-32 沪宁段列车运行图

京沪高铁沪宁段有 7 个车站，分别为南京南站、镇江西站、常州北站、无锡东站、苏州北站、昆山南站及上海虹桥站，6 个区间长度分别为 65 110 m、61 050 m、56 400 m、26 810 m、31 350 m 及 43 570 m。根据文献［15］中的列车时刻表数据，沪宁段的运营起止时间 6 点 30 分至 23 点 30 分，该时段内区间共运行 60 列列车，包含 14 列高速列车和 46 列中速列车，其中 L、DJ 代表高速列车，G 代表中高速列车，K 代表跨线运行中高速列车，L、DJ 列车的运行速度区间设置在 380～360 km/h，G 列车的运行速度区间设置在 330～350 km/h。K 列车的运行速度区间设置在 250～300 km/h，其他运行参数设定如下。

（1）区间运行时间。按列车运行速度进行折算。

（2）最小停站时间。高速铁路停站时间一般很短，通常取值为 1～2 min，但在列车运行扰动较大的情况下，可缩短列车停站时间，故统一将其设定为 1 min。

（3）追踪列车间隔时间。在实际的列车运行过程中，追踪列车间隔时间包含很多不同情况，本节主要对占用同一资源的相邻作业最小间隔时间进行控制，并统一设定为 2.5～3 min。

（4）列车最晚到达时间。按照列车运行图（见图 6–32），列车最晚到达时间不到 24 点。

（5）车站站线约束。南京南站与上海虹桥站的到发线数目分别为 28 条和 32 条，其他车站的到发线数目都为 6 条。

（6）试验硬件环境。CPU 为 Intel Core 2 Duo E7500，2 GB 内存的计算机。

2. 双层规划模型的实例分析

本实例研究的目的是验证双层规划模型及算法的有效性。假设京沪高速沪宁段发生灾害性天气，在 50～300 km/h 不同限速条件下进行列车运行调整实验。首先进行下层规划，其调整结果见表 6–14。其中 η_1 表示晚点超过 30 min 的列车数，η_2 为晚点超过 60 min 的列车数，η_3 为超过最晚到达时刻的列车数，η_4 为本线上晚点的列车数。

表 6–14　下层规划调整结果

限速区间	限速值/（km/h）	η_1	η_2	η_3	η_4	总晚点时间/min	计算时间/s
第一个区间	300	0	0	0	1	3.81	4.83
	200	0	0	0	25	98.21	5.24
	150	0	0	0	47	384.81	18.69

续表

限速区间	限速值/（km/h）	η_1	η_2	η_3	η_4	总晚点时间/min	计算时间/s
第一个区间	100	0	0	0	52	1 158.81	9.22
	80	23	0	0	52	1 743.31	6.63
	50	**40**	**20**	**1**	**52**	**3 501.31**	**6.69**
第一个和第二个区间	300	0	0	0	4	7	5.22
	200	0	0	0	47	383.13	8.13
	150	0	0	0	52	1 125.28	6.19
	100	60	0	0	52	2 640.14	5.28
	80	**18**	**42**	**1**	**52**	**3 776.15**	**5.81**
	50	**0**	**60**	**3**	**52**	**7 180.28**	**5.67**
所有区间	300	0	0	0	15	54.05	5.13
	200	11	0	0	52	1 359.95	3.7
	150	51	9	0	52	3 065.95	3.72
	100	**0**	**60**	**2**	**52**	**6 476.95**	**4.27**
	80	**0**	**60**	**4**	**52**	**9 035.95**	**3.67**
	50	**0**	**60**	**11**	**52**	**16 716.15**	**4.14**

由表 6–14 可以看出，当限速为第一个区间或第一个和第二个区间，且限速值高于 100 km/h 时，晚点时间超过 30 min 的列车数为 0。通过不同区间限速的对比可知，限速区间数量越多，限速值越低，说明突发事件的等级越高，对列车造成的影响越严重，列车晚点的程度就越大。

此外，当列车限速值很低时，η_3 的值大于零，这意味着有一些列车在运营时间内无法完成全部的作业，此时只进行下层规划时刻表的调整已不能提供合适的行车方案，而需要进行行车调度优化和列车运行调整的双层规划。针对表 6–14 中的加粗数据进行双层规划，假设在突发事件影响较大的情况下，京沪既有普速铁路和沪宁城际铁路可供列车绕行，其可提供的剩余通过能力分别为 3 列车和 2 列车。为了描述清楚，将沪宁段上需要采取调度策略的列车数量由 1 至 13 进行迭代。每一次迭代都会产生一张新的运行图，由于篇幅限制，仅将根据各项指标总结后的结果汇总，见表 6–15。

表 6–15　双层规划行车方案

调度列车数	限速区间	限速值/（km/h）	重联列车	绕行列车	停运列车	η_1	η_2	η_3	η_4	总晚点时间/min	计算时间/s
δ=1,…,5	第一个区间	50		G157，G159，K113，K105，K103		35	20	0	50	3 217.6	15.27
	第一个和第二个区间	80		G153，G155，G157，G159，K113		14	41	0	48	3 484.91	15.87
		50		G153，G155，G157，G159，K113		0	55	0	48	6 608.88	16.64
	所有区间	100		G151，G153，G155，G157，G159		0	55	0	47	5 971.05	14.85
		80		G153，L9，G155，G157，G159		0	55	0	47	8 300.7	14.88
		50		G153，L9，G155，G157，G159		0	55	6	47	15 467.03	16.32
δ=6	第一个区间	50	G141–DJ507	G157，G159，K113，K105，K103		34	20	0	49	3 160.98	16.25
	第一个和第二个区间	80	G141–DJ507	G153，G155，G157，G159，K113		14	41	0	47	3 424.73	15.17
		50	G141–DJ507	G153，G155，G157，G159，K113		0	54	0	47	6 491.93	14.37
	所有区间	100	G141–DJ507	G151，G153，G155，G157，G159		0	54	0	46	5 866.53	15.66
		80	G141–DJ507	G153，L9，G155，G157，G159		0	54	0	46	8 153.53	13.26
		50	G141–DJ507	G153，L9，G155，G157，G159		0	54	5	46	15 211.93	14.29
δ=7	第一个区间	50	DJ505–G103，G141–DJ507	G157，G159，K113，K115，K103		35	18	0	48	3 098.01	16.33
	第一个和第二个区间	80	DJ505–G103，G141–DJ507	G153，G155，G157，G159，K113		13	40	0	46	3 362.55	15.81
		50	DJ505–G103，G141–DJ507	G153，G155，G157，G159，K113		0	53	0	46	6 366.15	15.73
	所有区间	100	DJ505–G103，G141–DJ507	G151，G153，G155，G157，G159		0	53	0	45	5 750.48	14.39
		80	DJ505–G103，G141–DJ507	G153，L9，G155，G157，G159		0	53	0	45	7 994.83	15.88

续表

调度列车数	限速区间	限速值/（km/h）	重联列车	绕行列车	停运列车	η_1	η_2	η_3	η_4	总晚点时间/min	计算时间/s
δ=7	所有区间	50	G141–DJ507	G151，G153，L9，G155，G157	G159	0	53	4	45	14 978.83	13.24
δ=8	第一个区间	50	DJ505–G103，G141–DJ507，G145–G143	G157，G159，K109，K115，K101		35	17	0	47	3 037.26	15.58
	第一个和第二个区间	80	DJ505–G103，G141–DJ507，G145–G143	G153，G155，G157，G159，K113		12	40	0	45	3 302.73	15.71
		50	DJ505–G103，G141–DJ507，G145–G143	G153，G155，G157，G159，K113		0	52	0	45	6 250.73	15.23
	所有区间	100	DJ505–G103，G141–DJ507	G151，G153，G155，G157，G159	K113	0	52	0	45	5 648.96	13.55
		80	DJ505–G103，G141–DJ507	G153，L9，G155，G157，G159	G151	0	52	0	44	7 850.66	14.93
		50	DJ505–G103，G141–DJ507	G151，G153，L9，G155，G157	G159	0	52	3	44	14 650.2	16.65
δ=9	第一个区间	50	DJ505–G103，G141–DJ507，G145–G143，G129–G131	G157，G159，K101，K115，K103		34	17	0	46	2 983.88	15.35
	第一个和第二个区间	80	DJ505–G103，G141–DJ507，G145–G143	G153，G155，G157，G159，K103	K111	13	38	0	45	3 227.95	16.46
		50	DJ505–G103，G141–DJ507，G145–G143	G153，G155，G157，G159，K103	K105	0	51	0	45	6 128.98	13.85
	所有区间	100	DJ505–G103，G141–DJ507，G145–G143	G151，G153，G155，G157，G159	K113	0	51	0	44	5 552.45	14.98
		80	DJ505–G103，G141–DJ507	G153，L9，G155，G157，G159	G151，K113	0	51	0	44	7 706.5	13.61
		50	DJ505–G103，G141–DJ507	G151，L9，G155，G157，G159	G149，G153	0	51	2	43	14 233.3	14.82
δ=10	第一个区间	50	DJ505–G103，G141–DJ507，G145–G143，G129–G131	G157，G159，K101，K115，K103	K113	33	17	0	46	2 923.53	14.65

续表

调度列车数	限速区间	限速值/（km/h）	重联列车	绕行列车	停运列车	η_1	η_2	η_3	η_4	总晚点时间/min	计算时间/s
δ=10	第一个和第二个区间	80	DJ505–G103，G141–DJ507，G145–G143	G153，G155，G157，G159，K103	K111，K109	13	37	0	45	3 164.76	14.82
		50	DJ505–G103，G141–DJ507，G145–G143	G153，G155，G157，G159，K103	K105，K111	0	50	0	45	5 996.68	15.40
	所有区间	100	DJ505–G103，G141–DJ507，G145–G143	G151，L9，G155，G157，G159	G153，K113	0	50	0	43	5 434.83	13.88
		80	DJ505–G103，G141–DJ507	G151，G159，L9，G155，G157	G153，G149，K113	0	50	0	43	7 562.33	13.19
		50	DJ505–G103，G141–DJ507	G149，G151，G153，L9，G157	G155，G159，K113	0	50	1	43	13 959.0	13.83
δ=11	第一个区间	50	DJ505–G103，G141–DJ507，G145–G143，G129–G131	G157，G159，K105，K115，K103	K113，K111	32	17	0	46	2 866.5	14.70
	第一个和第二个区间	80	DJ505–G103，G141–DJ507，G145–G143	G153，G155，G157，G159，K115	K111，K109，K113	12	37	0	45	3 106.78	13.38
		50	DJ505–G103，G141–DJ507，G145–G143	G153，G155，G157，G159，K101	K105，K111，K113	0	49	0	45	5 876.9	14.21
	所有区间	100	DJ505–G103，G141–DJ507，G145–G143	G151，L9，G155，G157，G159	G153，K113，K115	0	49	0	42	5 332.31	15.73
		80	DJ505–G103，G141–DJ507，G145–G143	G149，G155，G159，L9，G157	K113，G153，G151	0	49	0	43	7 423.16	13.49
		50	DJ505–G103，G141–DJ507，G145–G143	G151，G153，L9，G155，G157	G159，G149，K113	0	49	1	43	13 697.9	15.50
δ=12	第一个区间	50	DJ505–G103，G141–DJ507，G145–G143，G129–G131	G157，G159，K105，K115，K103	K113，K111，K109	31	17	0	46	2 807.6	15.27

续表

调度列车数	限速区间	限速值/（km/h）	重联列车	绕行列车	停运列车	η_1	η_2	η_3	η_4	总晚点时间/min	计算时间/s
δ=12	第一个和第二个区间	80	DJ505–G103，G141–DJ507，G145–G143	G153，G155，G157，G159，K101	K111，K109，K113，K115	12	36	0	45	3 036.18	14.53
		50	DJ505–G103，G141–DJ507，G145–G143	G153，G155，G157，G159，K103	K105，K109，K111，K113	0	48	0	45	5 763.36	14.54
	所有区间	100	DJ505–G103，G141–DJ507，G145–G143	G151，L9，G155，G157，G159	G153，K113，K115，K109	0	48	0	42	5 224.8	13.71
		80	DJ505–G103，G141–DJ507，G145–G143	G149，G155，G159，L9，G157	K101，K113，G153，G151	0	48	0	42	7 265.58	13.48
		50	DJ505–G103，G141–DJ507，G145–G143	G149，G151，G153，L9，G157	K105，K113，G155，G159	0	48	0	42	13 413.8	14.51
δ=13	第一个区间	50	DJ505–G103，G141–DJ507，G145–G143，G129–G131	G157，G159，K105，K115，K103	K113，K111，K109，K107	31	16	0	46	2 741.58	14.85
	第一个和第二个区间	80	DJ505–G103，G141–DJ507，G145–G143	G153，G155，G157，G159，K103	K111，K109，K113，K115，K101	12	35	0	45	2 972.0	15.53
		50	DJ505–G103，G141–DJ507，G145–G143	G153，G155，G157，G159，K103	K105，K109，K111，K113，K115	0	47	0	45	5 647.45	15.14
	所有区间	100	DJ505–G103，G141–DJ507，G145–G143	G151，G153，L9，G155，G157	K115，K109，K113，K101，G159	0	47	0	43	5 109.86	15.85

续表

调度列车数	限速区间	限速值/（km/h）	重联列车	绕行列车	停运列车	η_1	η_2	η_3	η_4	总晚点时间/min	计算时间/s
δ=13	所有区间	80	DJ505–G103，G141–DJ507，G145–G143	G149，G151，L9，G157，G159	K115，K101，K113，G153，G155	0	47	0	42	7 120.41	15.27
		50	DJ505–G103，G141–DJ507，G145–G143	G151，G153，L9，G155，G157	K115，K105，K113，G149，G159	0	47	0	42	12 .918.6	15.22

由表 6–15 可知，当迭代至 12，所有限速情况的调整结果都可接受。在相同情况下列车迂回策略具有较高的优先权，列车重联策略次之，而列车停运策略的优先权最低，这体现出突发事件条件下行车调度的调整原则。以 K 开头的车（K101，K103，K105，K107，K109，K111，K113 和 K115）被绕行或者停运是因为其为京沪高速铁路上的跨线车，列车等级较低。在不同限速条件和调度能力条件下，绕行列车集合与停运列车集合发生了变化（如所有区间限速值为 80 km/h 且调度列车数量小于 10 列时，L9 代替 G151 采取绕行策略），这是由于上层规划不仅考虑了列车本身的等级，而且将突发事件的等级（限速值）和列车对运营环境的影响都考虑进来，使所有列车在运营时间内完成全部作业。

此外，通过计算时间的统计可以看出，嵌入分支定界法的植物多向生长模拟混合智能算法适应突发事件条件下行车调度优化和列车运行调整的双层规划问题的特点，能够在现实复杂环境中以较快的速度得到丰富的行车组织方案，同时证明了行车调度优化与列车运行调整双层规划模型的可行性，为进一步展开模糊随机环境下的综合实验提供了基础。

3. 基于容差法的模糊列车运行调整模型的实例分析

上层规划中，如果对模糊随机参数取期望或相关机会，即可转化成确定模型进行求解，因此，本实例研究的目的是验证不确定环境下容差法列车运行调整模型的有效性。为了验证容差法在列车受到较大扰动（限速）和较小扰动（某列车晚点）时，均能理想地处理不确定参数，获得满意的最优解，本实例将进行 6 组实验。

1）单列车单区间晚点

假设列车 G103 在南京南—镇江西区间内晚点 20 min。首先不放松约束条件，即列车的运行速度取最小值，各项作业时间取最大值，求得结果为：3 列车的晚点时间在 10～20 min，1 列车的晚点时间在 20～30 min，总晚点时间为 47.5 min，目标函数值为 368 784，计算时间为 2.38 s。然后将约束条件放松至最大，即列车的运行速度取最大值，各项作业时间取最小值，求得结果为：晚点在 0～10 min 内的列车有 1 列，晚点在 10～20 min 内的列车有 2 列，总晚点时间为 31.5 min，目标函数值为 350 449，计算时间为 2.49 s。对比两项结果可以发现，将约束条件松弛到最大程度时，调整结果有了很大改进，但同时也极大地增加了列车的运行风险和运营成本。故将上述结果代入容差模型，求得最大隶属度值为 0.86 392，即此时高速列车和中高速列车的行驶速度分别为 365 km/h 和 335 km/h，追踪列车间隔时间为 2.9 min，晚点在 0～10 min 内的列车有 1 列，晚点在 10～20 min 内的列车有 2 列，总晚点时间为 33.55 min，计算时间为 5.78 s。调整策略为 K115 和 K101 于常州北站延长停站时间，并分别被 L15 和 G105 越行，体现出高等级列车优先的原则。由于篇幅限制本书只绘制了容差法的模糊列车运行调整模型（以下简称容差模型）的调整结果，见图 6–33。上述实验详细的列车时刻表见附录 A 表 A–1～A–3。

2）两列车多区间晚点

假设 G305 在南京南—镇江西区间晚点 30 min，后续列车 G103 在镇江西—常州北区间在受 G305 晚点影响条件下，又因列车自身因素晚点 20 min。实验过程与上述单列车单区间晚点相似。不放松约束条件时的结果为：晚点在 0～10 min 内的列车有 2 列，晚点在 10～20 min 内的列车有 3 列，晚点在 20～30 min 内的列车有 3 列，总晚点时间为 122.43 min，目标函数值为 860 720，计算时间为 3.48 s。将约束条件放松至最大时，结果为：晚点在 0～10 min 内的列车有 2 列，晚点在 10～20 min 内的列车有 2 列，晚点在 20～30 min 的列车有 3 列，总晚点时间为 109.18 min，目标函数值为 848 871，计算时间为 3.36 s。将上述结果代入容差模型，求得的最大隶属度值为 0.894 25，即此时高速列车和中高速列车的行驶速度分别为 363 km/h 和 334 km/h，追踪列车间隔时间为 2.95 min，晚点在 0～10 min 内的列车有 2 列，晚点在 10～20 min 内的列车有 2 列，晚点 20～30 min 的列车有 3 列，总晚点时间为 114.29 min，计算时间为 5.95 s。调整策略为 K115 分别在镇江西站和常州北站被 L15、K101 和 G015 列车越行。容差模型调整结果见图 6–34。上述实验详细的列车时刻表见附录 A 表 A–4～A–6。

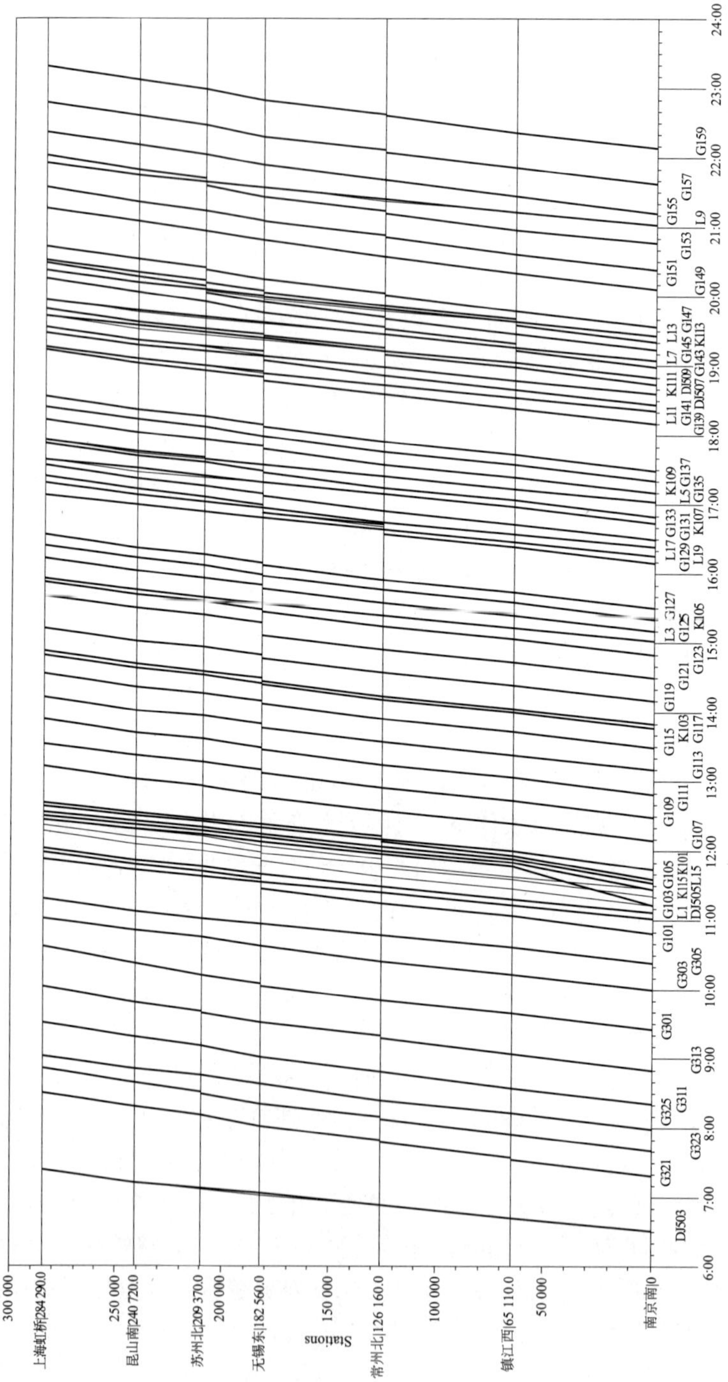

图 6-33 单列车单区间晚点情况一的容差模型调整结果

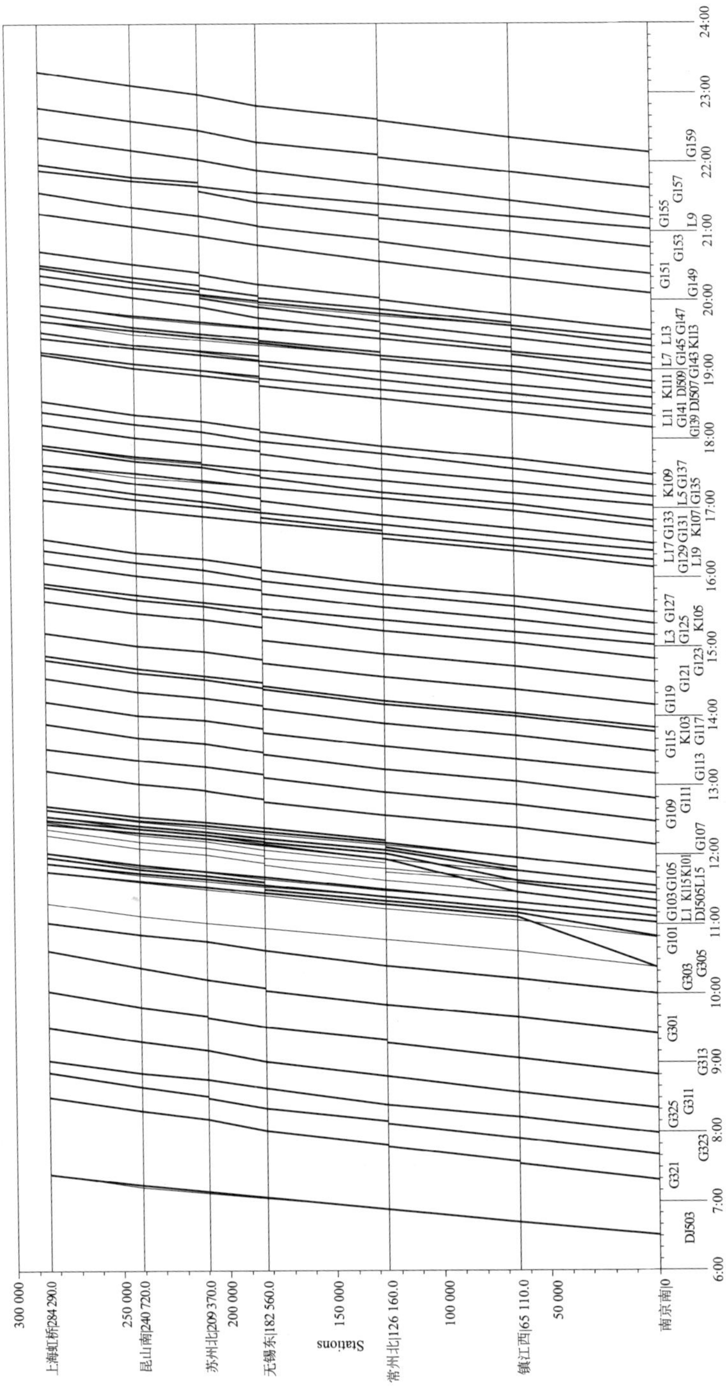

图6-34 两列车多区间晚点情况下的容差模型调整结果

3）单区间限速

假定南京南—镇江西区间由于受自然灾害影响进行限速，列车运行速度为50～60 km/h。不放松约束条件时的结果为：晚点在40～50 min内的列车有19列，晚点在50～60 min内的列车有30列，晚点超过60 min的列车有11列，总晚点时间为3 269.32 min，目标函数值为9 294 339，计算时间为3.36 s。放松约束条件后，设定列车运行速度为60 km/h，追踪列车间隔时间为2.5 min，车站停站时间为1 min，求得结果为：晚点在30～40 min内的列车有20列，晚点在40～50 min内的列车有37列，晚点在50～60 min内的列车有3列，无晚点超过60 min的列车，总晚点时间为2 486.32 min，目标函数值为8 577 661，计算时间为3.39 s。将上述结果代入容差模型，求得的最大隶属度值为0.706 06，此时列车运行速度为53 km/h，追踪列车间隔时间为2.85 min，晚点在30～40 min内的列车有5列，晚点在40～50 min内的列车有39列，晚点在50～60 min内的列车有16列，无晚点超过60 min的列车，总晚点时间为2 753.17 min，计算时间为4.38 s。此时的容差模型调整结果见图6–35。由于限速条件下涉及大量列车的调整，则省略限速条件下的详细时刻表。

4）全区间限速

假定沪宁段全部区间进行限速，列车运行速度为150～170 km/h。不放松约束条件时的结果为：晚点在30～40 min内的列车有2列，晚点在40～50 min内的列车有18列，晚点在50～60 min内的列车有34列，晚点超过60 min的列车有2列，总晚点时间为3 052.95 min，目标函数值为7 969 213，计算时间为3.38 s。放松约束条件后求得结果为：晚点在20～30 min内的列车有5列，晚点在30～40 min内的列车有38列，晚点在40～50 min内的列车有17列，无晚点在50～60 min内的列车和晚点超过60 min的列车，总晚点时间为2 248.26 min，目标函数值为7 473 849，计算时间为3.32 s。将上述结果代入容差模型，求得最大隶属度值为0. 689 117，此时列车运行速度为156 km/h，追踪列车间隔时间为2.80 min，晚点在30～40 min内的列车有19列，晚点在40～50 min内的列车有25列，晚点在50～60 min内的列车有16列，而无晚点超过60 min的列车，而总晚点时间为2 655.16 min，计算时间为4.13 s。此时的容差模型调整结果见图6–36。

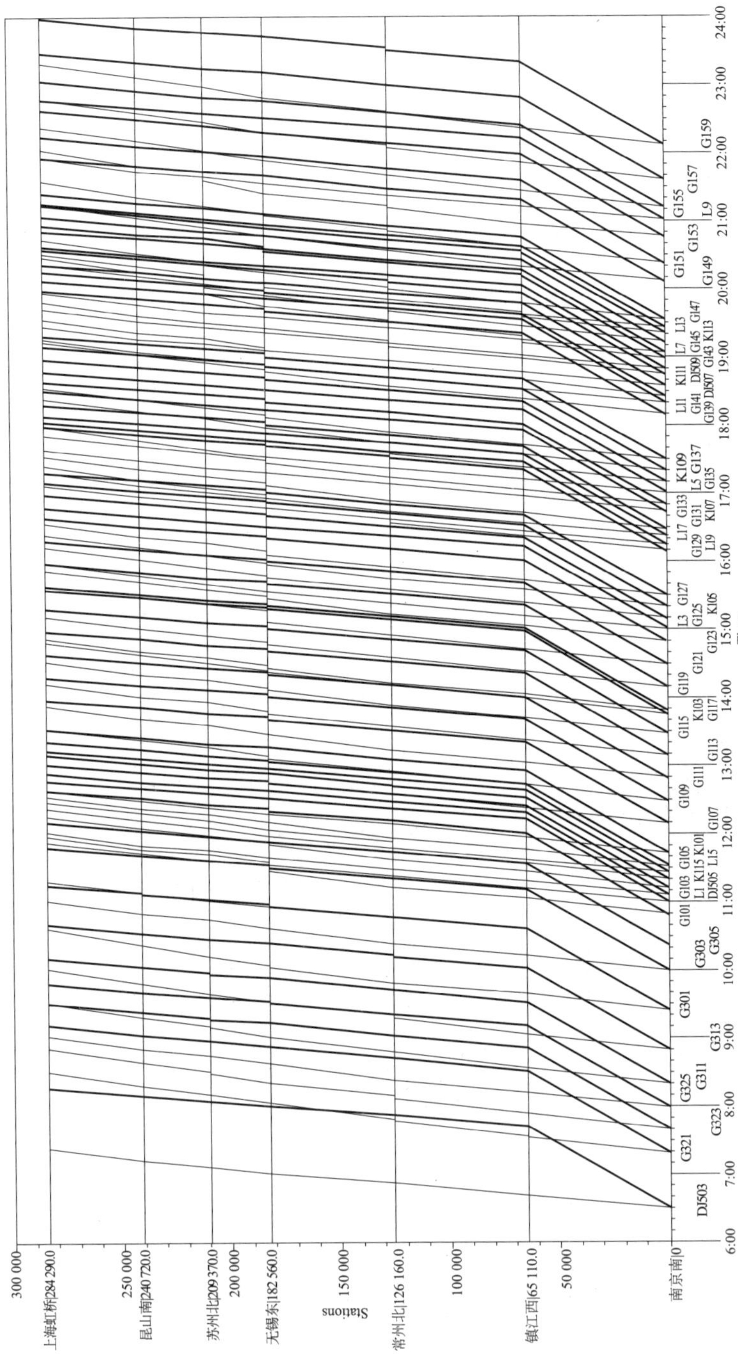

图6-35 单区间限速情况下的容差模型调整结果

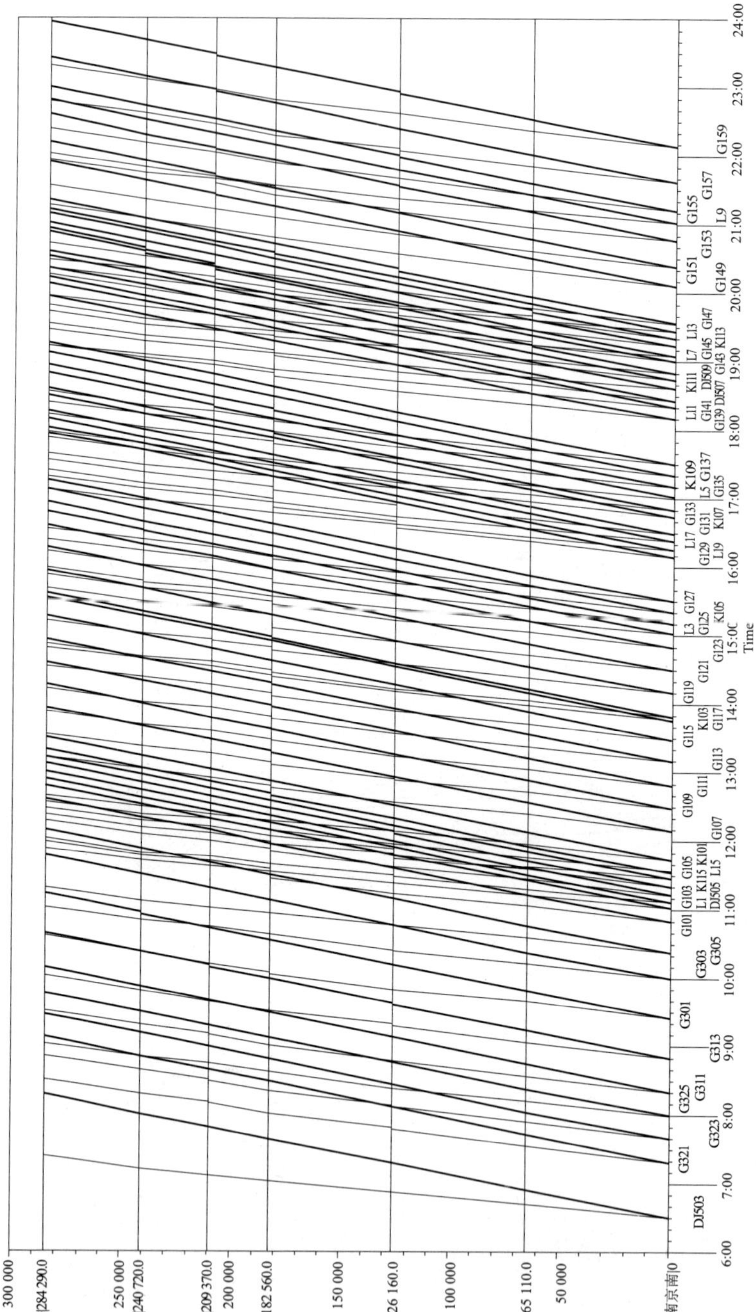

图 6-36　全区间限速情况下的容差模型调整结果

5）单列车晚点和单区间限速

假设南京南—镇江西区间内限速为 50～60 km/h，其余区间可以正常行驶，同时 G103 次列车在第一区间限速晚点的基础上，在镇江西—常州北区间内又晚点 30 min，其他参数与前述实验相同。不放松约束条件时的结果为：晚点在 40～50 min 内的有 19 列，晚点在 50～60 min 的有 24 列，晚点超过 60 min 的列车有 17 列，总晚点时间为 3 305.19 min，目标函数值为 9 367 637，计算时间为 8.05 s。将约束条件放松至最大时，结果为：晚点在 20～30 min 内的列车有 3 列，晚点在 30～40 min 内的列车有 34 列，晚点在 40～50 min 内的列车有 17 列，晚点在 50～60 min 的有 1 列车，晚点超过 60 min 的有 5 列，总晚点时间为 2 557.32 min，目标函数值为 8 671 072，计算时间为 8.31 s。将上述结果代入容差模型，求得最大隶属度值为 0.740 856，即此时限速区段内列车运行速度为 52 km/h，高速列车和中高速列车的行驶速度分别为 368 km/h 和 339 km/h，追踪列车间隔时间为 2.87 min。晚点在 30～40 min 内的列车有 17 列，晚点在 40～50 min 内的列车有 23 列，晚点在 50～60 min 的列车有 15 列，晚点超过 60 min 的有 5 列，总晚点时间为 2 823.34 min，计算时间为 10.48 s。调整策略为 K115 次列车在常州北站被 L15、K101 和 G105 相继越行，而后 K101 在无锡东站被 G105 越行。其容差模型调整结果见图 6–37。上述实验的列车时刻表见附录 A 表 A–7～A–9。

6）多列车晚点和全区间限速

假定沪宁段全部区间进行限速，列车运行速度为 150～170 km/h，此外列车 G305 在南京南—镇江西区间晚点 30 min，G103 在镇江西—常州北区间内晚点 15 min。其他参数与上文相同。不放松约束条件时的结果为：晚点在 30～40 min 内的列车有 1 列，晚点在 40～50 min 内的列车有 17 列，晚点在 50～60 min 的有 27 列车，晚点超过 60 min 的列车有 15 列，总晚点时间为 3 197.86 min，目标函数值为 8 086 249，计算时间为 8.47 s。将约束条件放松至最大时，结果为：晚点在 20～30 min 内的列车有 5 列，晚点在 30～40 min 内的列车有 35 列，晚点在 40～50 min 内的列车有 14 列，晚点在 50～60 min 的列车有 3 列，晚点超过 60 min 的列车有 3 列，总晚点时间为 2 397.15 min，目标函数值为 7 588 658，计算时间为 8.48 s。将上述结果代入容差模型，求得最大隶属度值为 0. 792 877，即此时限速区段内列车运行速度为 155 km/h，追踪列车间隔时间为 2.89 min。晚点在 30～40 min 内的列车有 17 列，晚点在 40～50 min 内的列车有 23 列，晚点在 50～60 min 的列车有 18 列，晚点超过 60 min 的列车有 2 列，全部列车也均晚点，总晚点时间为 2 704.43 min，计算时间为 10.89 s。调整策略为 L1 次列车取消在无锡东站越行 G101 次列车，从而减少 G101 次列车的停站时间，而 K115 次列车改变停站计划，在镇江西站被 L15 次和 K101 次列车相继越行，而后在常州北站又被 G105 次列车越行。其容差模型调整结果见图 6–38。上述实验的列车时刻表见附录 A 表 A–10～A–12。

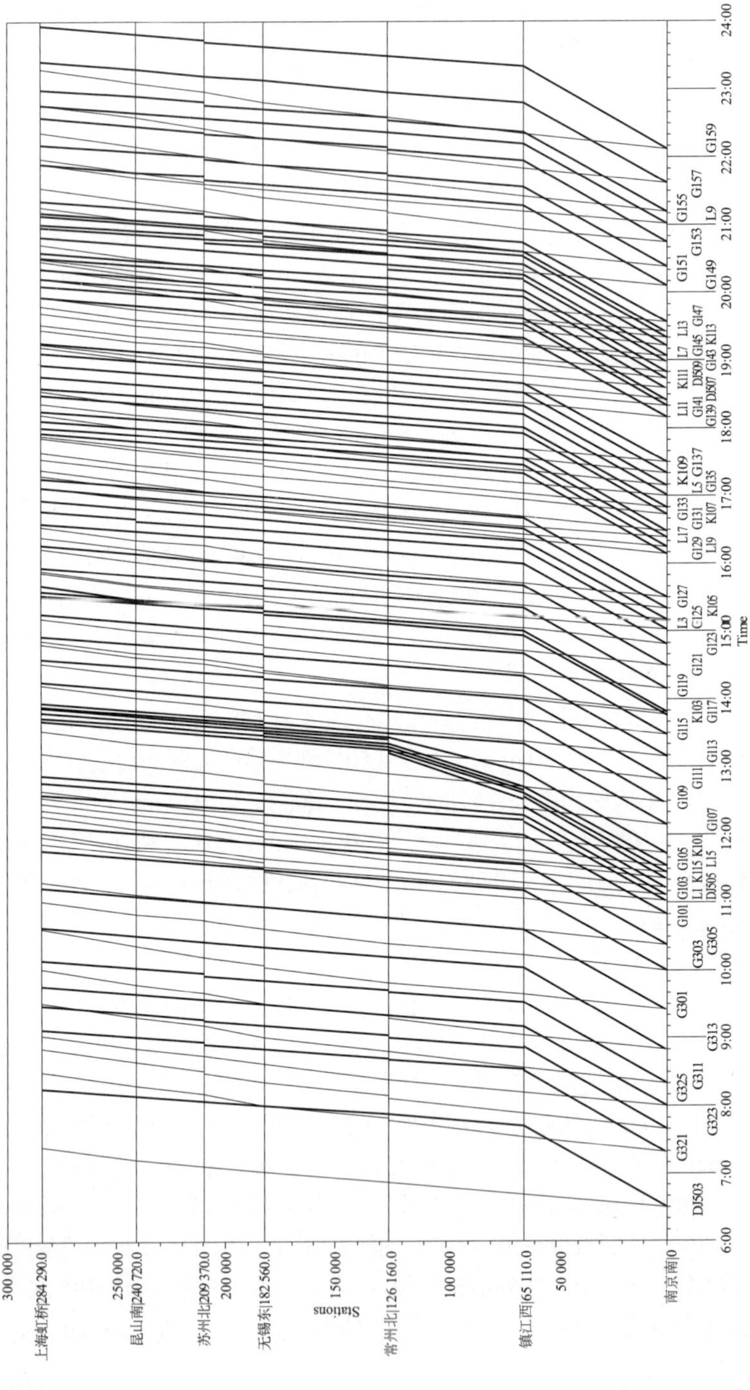

图6－37　单列车晚点和单区间限速情况下的容差模型调整结果

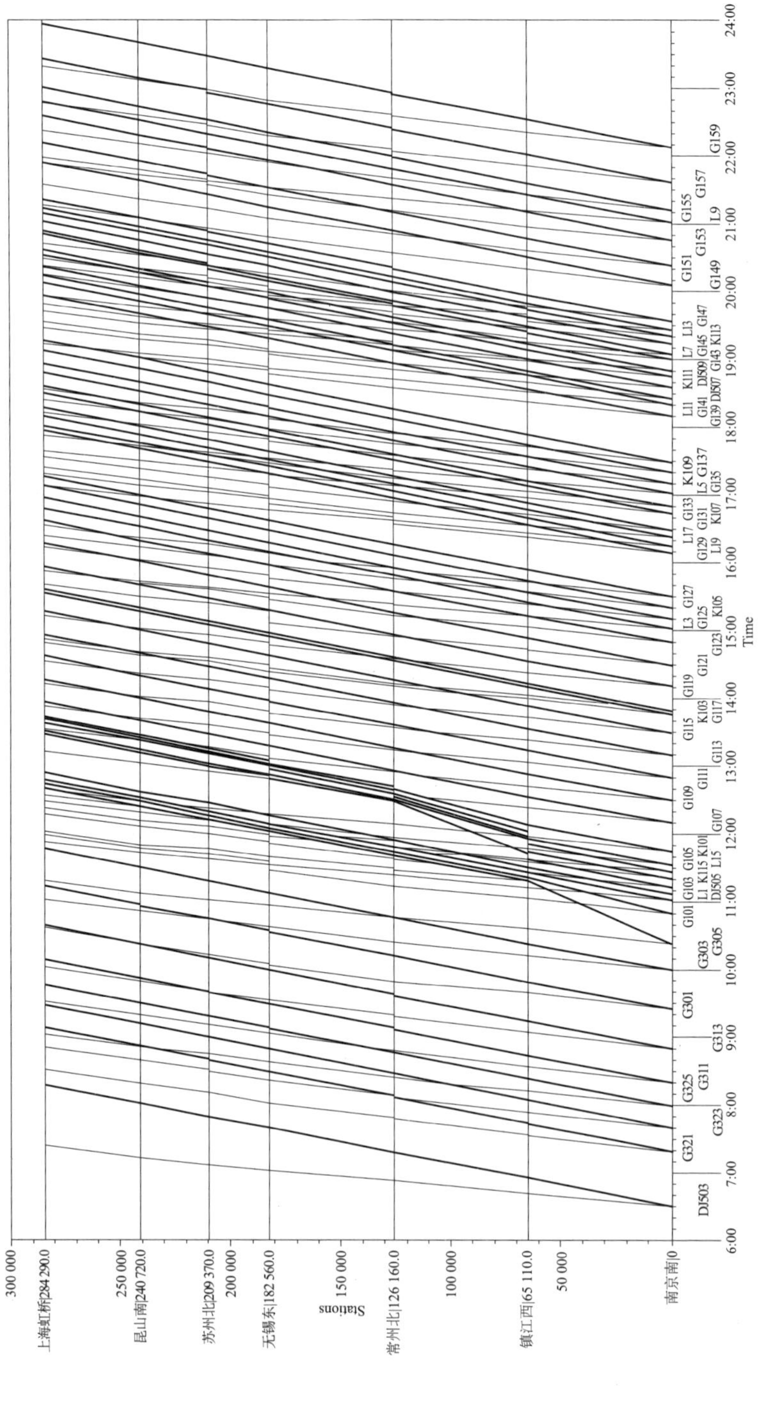

图6－38 多列车晚点和全区间限速情况下的容差模型调整结果

表 6–16 为上述实验结果的汇总，其中，Case1～Case6 分别表示上述六组实验；C1、C2、C3 分别表示无松弛约束条件、松弛约束条件及不确定约束条件；R1、R2、R3、R4、R5、R6、R7 分别表示晚点 0～10 min、晚点 10～20 min、晚点 20～30 min、晚点 30～40 min、晚点 40～50 min、晚点 50～60 min，以及晚点超过 60 min 的相应列车数；S 为目标函数值；Z_{delay} 代表总晚点时间，单位为 min；N 为调整策略中发生新的越行或取消越行的列车数；T 表示模拟实验的计算时间，单位为 s。

表 6–16　不同实验的调整结果

		R1	R2	R3	R4	R5	R6	R7	S	Z_{delay}/min	N	T/s
Case1	C1	0	3	1	0	0	0	0	368 784	47.5	2	2.38
	C2	1	2	0	0	0	0	0	350 449	31.5	2	2.49
	C3	1	2	0	0	0	0	0	0.863 92	33.5	1	5. 78
Case2	C1	2	3	3	0	0	0	0	860 720	122.43	2	3.48
	C2	2	2	3	0	0	0	0	848 871	109.18	2	3.36
	C3	2	2	3	0	0	0	0	0.894 25	114.29	2	5.95
Case3	C1	0	0	0	0	19	30	11	9 294 339	3 269.32	—	3.36
	C2	0	0	0	20	37	3	0	8 577 661	2 486.32	—	3.39
	C3	0	0	0	5	39	16	0	0.706 06	2 753.17	—	4.38
Case4	C1	0	0	0	2	18	34	6	7 969 213	3 052.95	—	3.38
	C2	0	0	5	38	17	0	0	7 473 849	2 248.26	—	3.32
	C3	0	0	0	19	25	16	0	0.689 117	2 655.16	—	4.13
Case5	C1	0	0	0	0	19	24	17	9 367 637	3 305.19	2	8.05
	C2	0	0	3	34	17	1	5	8 671 072	2 557.32	3	8.31
	C3	0	0	0	17	23	15	5	0.740 856	2 823.34	3	10.48
Case6	C1	0	0	0	1	17	27	15	8 086 249	3 197.86	3	8.47
	C2	0	0	5	35	14	3	3	7 588 658	2 397.15	4	8.48
	C3	0	0	0	17	23	15	5	0.792 877	2 704.43	4	10.89

通过上述实验可知，无论列车的运行环境受到较小干扰（如单列车晚点），还是受到长时间大范围的影响（全运营时间段内全区间限速），容差法均能较好地处理不确定参数，在较少地放松约束、保持低运营成本和高安全的条件下，使目标函数得到很大改进，特别是充分利用了高等级车可越行低等级车的原则，实现了更灵活的调度策略，减少了晚点的列车数量和晚点时间。此外，由于求解算法根

据列车运行调整问题的特点选择分支，加快了问题的求解速度。结合双层规划的实验，在有限的时间内使突发事件条件下包含双层规划的多阶段闭环模糊随机优化过程成为可能。

4. 综合实例分析

上述实验的顺利进行为下文综合实例的研究提供了基础，以下将进行模糊随机条件下的综合实验，进一步证明相关理论和算法的有效性。

1）突发事件场景设置

假设某日上午 8 时，由于恶劣天气，京沪高铁镇江西—无锡东区间限速 160 km/h，同时苏州北—昆山南区段由于线路故障发生断路，预计恢复行车需要 3 h，涉及 6 列高速列车，分别为 G325、G311、G313、G301、G303、G305。其他参数设置与“试验环境设置”部分参数设置一致。

上述突发事件场景，由于突发事件持续时间较长，多个区段发生限速或中断，使得路网结构发生部分改变，无法完成图定的运输计划，符合行车调度问题特点，故可以采取本文提出的整套的模型和方法进行求解。

2）区间通过能力计算

根据突发事件的发展状态，将区间通过能力变化过程按照小时间隔划分为 3 个阶段，预计第 1 个阶段列车将保持 160 km/h 的限速；第 2 个阶段列车由 160 km/h 转至正常状态的概率是 0.1，保持 160 km/h 的概率是 0.4，至限速 70 km/h 的概率是 0.5；第 3 个阶段转至正常状态的概率是 0.4，保持 160 km/h 的概率是 0.5，至限速 70 km/h 的概率是 0.1。

根据第 3 章突发事件条件下铁路区间通过能力的计算方法可得综合能力的期望值为

$$\begin{aligned}E(\hat{N}_{\text{sec}}) &= \frac{75+79\times 2+83}{4}\times 0.04+\frac{69+74\times 2+79}{4}\times 0.21+\frac{65+70\times 2+76}{4}\times 0.21+\\&\quad \frac{63+69\times 2+75}{4}\times 0.20+\frac{59+65\times 2+72}{4}\times 0.29+\frac{55+61\times 2+69}{4}\times 0.05\\&=3.16+15.54+14.75+13.8+18.92+3.08\\&=69.25\end{aligned}$$

根据计算过程可知，基于模糊马尔可夫链的区间通过能力计算方法，适应特殊条件下能力值本身具有模糊和随机动态变化的特性，且区间通过能力的最终表达方式保留了上述特性，更符合特殊条件下列车实际运营环境。

3）迂回径路集生成

本案例将根据 4.3 节中提出的基于能力时间密度的径路搜索方法生成迂回径路集。分析限速区段的通过能力发现，限速后的 $\hat{N}_{sec}$ 仍远远大于需要调整的列车数，故只针对发生断路的区间（苏州北—昆山南）搜索迂回径路集。

由于其他区间及各车站没有受到突发事件影响，可直接查定其他线路的剩余通过能力。假设路网图中的既有普速铁路和城际铁路的剩余能力分别约为 $\tilde{N}_{JY}$ =（20，23，24）和 $\tilde{N}_{CJ}$ =（46，50，53）。由于沪宁段全长约为 300 km，故设置起讫点车站距离限制 Rs_s 为 300 km；最小能力限制 Rs_c 为 3，绕行径路最大长度限制 Rs_l 为 600 km。

首先生成迂回径路的起讫点车站集合。

根据图 6–31 可知，与苏州北站之间的距离符合 Rs_s 限制的具有跨线能力的车站为无锡东、常州北、南京南，可得径路搜索中起始车站集合 seq_s = {无锡东，常州北，南京南}；同理，搜索与昆山南站之间的距离符合 Rs_s 限制的具有跨线能力的车站，可得终点车站集合 seq_e={昆山南，上海西，上海虹桥}。

然后按照能力时间密度进行迂回径路的搜索，结果见表 6–17，其中 T 为迂回径路能力时间密度倒数的和，C 表示城际铁路，E 表示既有普速铁路。

表 6–17　迂回径路集

编号	迂回径路	长度/km	T
1	常州（C）—无锡（C）—苏州（C）—昆山南	115	0.008 6
2	南京（C）—镇江（C）—常州（C）—无锡（C）—苏州（C）—昆山南	166	0.019 5
3	常州（E）—无锡（E）—苏州（C）—昆山南	115	0.023 6
4	南京（C）—镇江（E）— 常州（E）—无锡（E）—苏州（E）—昆山南	144	0.047 6
5	无锡（E）—长兴（E）—杭州（C）—上海	381	0.060 7
6	无锡（E）—长兴（E）—杭州（E）—上海	409	0.097 5
7	南京（E）—芜湖（E）—长兴（E）—杭州（C）—上海	589	0.124 1

分析表 6–17 中的结果，虽然无锡东是距离苏州北最近的车站，但选取该站为起始车站时，绕行径路长、时间可靠度较低，因此径路 5 和径路 6 明显劣于前 4 条径路。由于表 6–17 中任何一条径路的剩余通过能力都可满足受影响列车的绕行，且径路 1 和径路 3 分别是径路 2 和径路 4 的组成部分，因此应该选择长度短、

时间可靠度强且跨线数量少的径路，即径路 1 和径路 3。此外也可调整搜索限制重复上述步骤，如设置 Rs_s 为 100 km，Rs_l 为 300 km，则径路搜索中起始车站集合变为 seq_s = {无锡东，常州北}，此时可直接获得径路 1 和径路 3。

4）行车组织双层规划

本部分主要包含三部分内容，首先进行限速条件下的列车运行调整，由于限速后镇江西—无锡东区间通过能力仍远远大于需要调整的列车数，故先执行下层规划；然后在新的时刻表基础上寻找受断路影响的列车，进行行车调度优化和列车运行调整双层规划，获得迂回径路上的调整时刻表；最后列车返回原有径路，执行下层规划，获得最终的调整方案。这里值得注意的是，由于列车运行状态和突发事件的动态变化，第一部分和第二部分的调整对象往往是不同的。

（1）限速条件下的时刻表调整。

限速值为 160 km/h 时，列车平均运行速度变化为（130 km/h，140 km/h，155 km/h），列车单位晚点时间惩罚 c_i^{trnd} 为（1，1.1，1.2），晚点容忍程度 w_i 为（28 min，30 min，32 min），由于该区段没有始发和终到站，可不考虑车站晚点惩罚，优化目标权重分别为 $w_1 = 1, w_2 = 0, w_3 = 1\,000$，其他参数设置同“试验环境设置”。

首先不放松约束条件，即列车平均运行速度为 130 km/h，列车晚点惩罚为 1.2，晚点容忍程度为 28 min，执行下层规划得到如下结果：晚点在 20～30 min 内的列车有 2 列，晚点在 30～40 min 内的列车有 4 列，总晚点时间为 177.48 min，目标函数值为 68 658。放松约束条件后，设定列车运行速度为 155 km/h，列车晚点惩罚为 1，晚点容忍程度为 32 min，求得结果为：晚点在 10～20 min 内的列车有 2 列，晚点在 20～30 min 内的列车有 4 列，无晚点超过 30 min 的列车，总晚点时间为 125.18 min，目标函数值为 16 026。将上述结果代入容差模型，求得的最大隶属度值为 0.715 7，此时列车平均运行速度为 137 km/h，列车晚点惩罚为 1.36，晚点容忍程度为 29.13 min。晚点在 20～30 min 内的列车有 6 列，无晚点超过 30 min 的列车，总晚点时间为 170.12 min。容差模型结果中，虽然总的晚点时间没有太大改进，但在平均速度接近最低值的条件下，调整后的列车都没有超过晚点容忍程度，目标函数得到了极大改进。上述三个模型的计算时间均小于 0.01 s。其容差模型调整结果见图 6–39。上述实验的时刻表见附录 A 表 A–13～A–15。

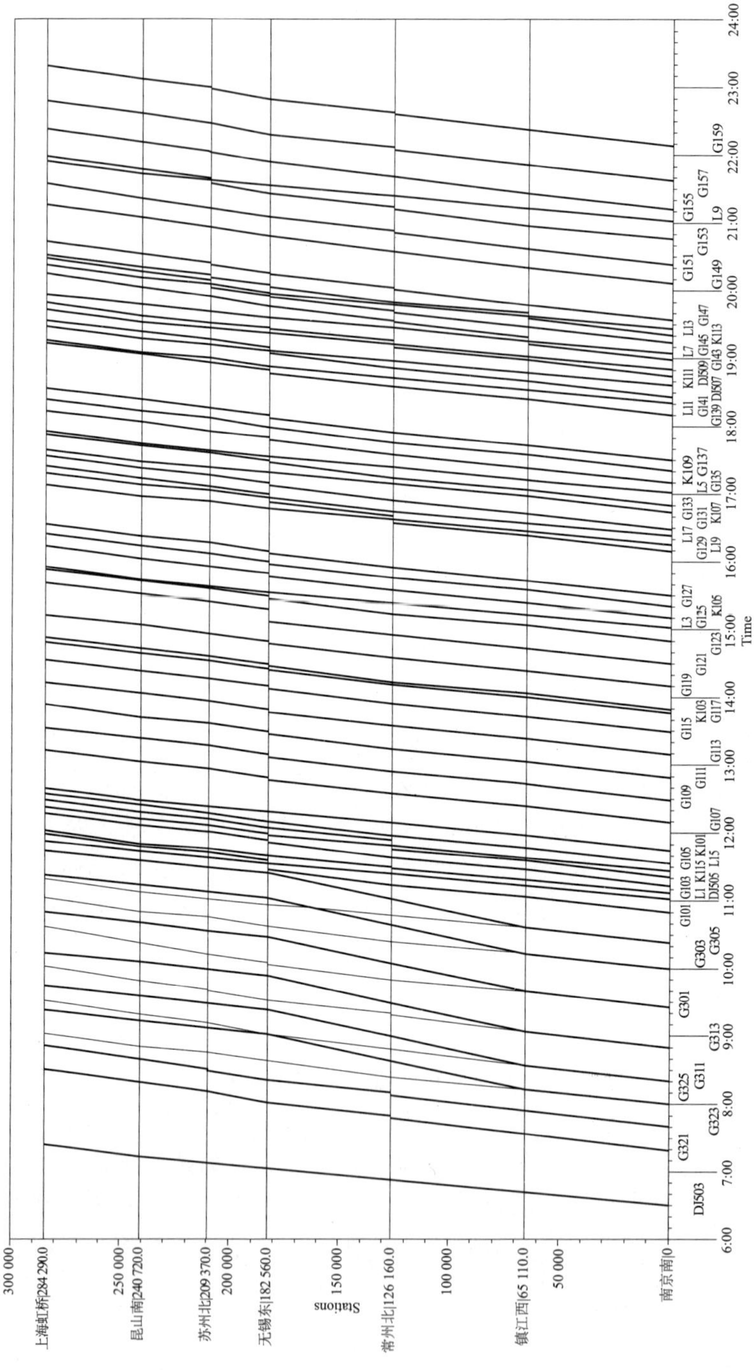

图 6－39 两个区间限速情况下的容差模型调整结果

（2）行车调度优化与列车运行调整双层优化。

经限速调整后，G303 和 G305 进入苏州北站至昆山南站区段时晚于 11 时，故此时的调整对象为 G323、G325、G311、G313、G301。由于线路中断，只进行下层时刻表的调整无法提供可行方案，需进行行车调度优化主导下的双层规划。实验中采用悲观值–容差模型进行求解，具体步骤如下。

首先设计决策变量。根据上文可得 2 条迂回径路分别编号为径路 1（常州（E）—无锡（E）—苏州（C）—昆山南）和径路 2（常州（C）—无锡（C）—苏州（C）—昆山南），涉及 5 列高速列车，且绕行径路的停站可视为与原径路相同，故令 $\boldsymbol{x}=(x_1,x_2,x_3,x_4,x_5)$ 为决策变量，x_i 表示第 i 列车的调度策略。当列车 i 采取原径路运行策略时，$x_i=0$；当列车 i 采取与列车 j 合并策略时，$x_i=j, i\neq j$；当列车 i 采取绕行径路 k 策略时，$x_i=5+k$，$k=1,2$；当列车 i 采取停运策略时，$x_i=8$。

由于径路 1 的能力时间密度之和远远大于径路 2，故绕行至径路 1 的费用较少。设列车迂回至径路 1 的惩罚费用为 $\tilde{C}^{\mathrm{reroute},1}$ =（20 000，22 000，24 000），迂回至径路 2 的惩罚费用为 $\tilde{C}^{\mathrm{reroute},2}$ =（22 000，24 000，26 000）；列车重联惩罚费用为 $\tilde{C}^{\mathrm{merge}}$ =（40 000，42 000，44 000）；列车停运惩罚费用为 $\tilde{C}^{\mathrm{cancle}}$ =（80 000，82 000，84 000）。另外，根据文献［163］的数据资料计算，城际铁路和既有普速铁路的单位公里运行费用分别为 $c^{\mathrm{run,c}}$ =（30，32，34），$c^{\mathrm{run,j}}$ =（9，9.2，9.4）。跨线列车单位晚点惩罚为 c^{Kd} =（1，1.1，1.2），本线列车单位晚点惩罚为 c^{Bd} =（2，2.4，2.8）。

沪宁城际铁路和京沪既有普速铁路的图定列车运行计划分别见图 6–40 和图 6–41。其中涉及高速车（G）15 列，特快（T）4 列，快车（K）3 列。

利用 DPGSA 求解，获得不同可信性测度 α 下，相关参数及优化目标（Z）值，如表 6–18 所示。

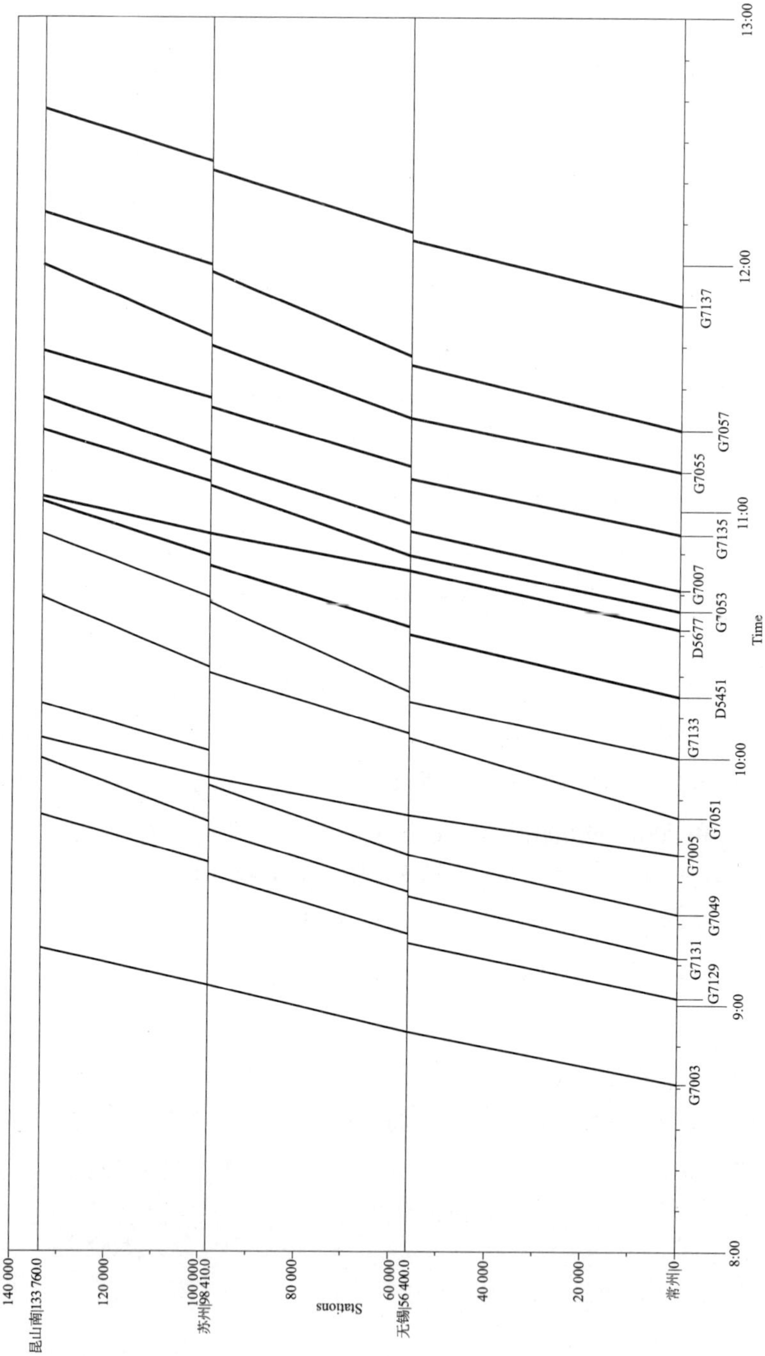

图 6-40 沪宁城际铁路图定列车运行计划

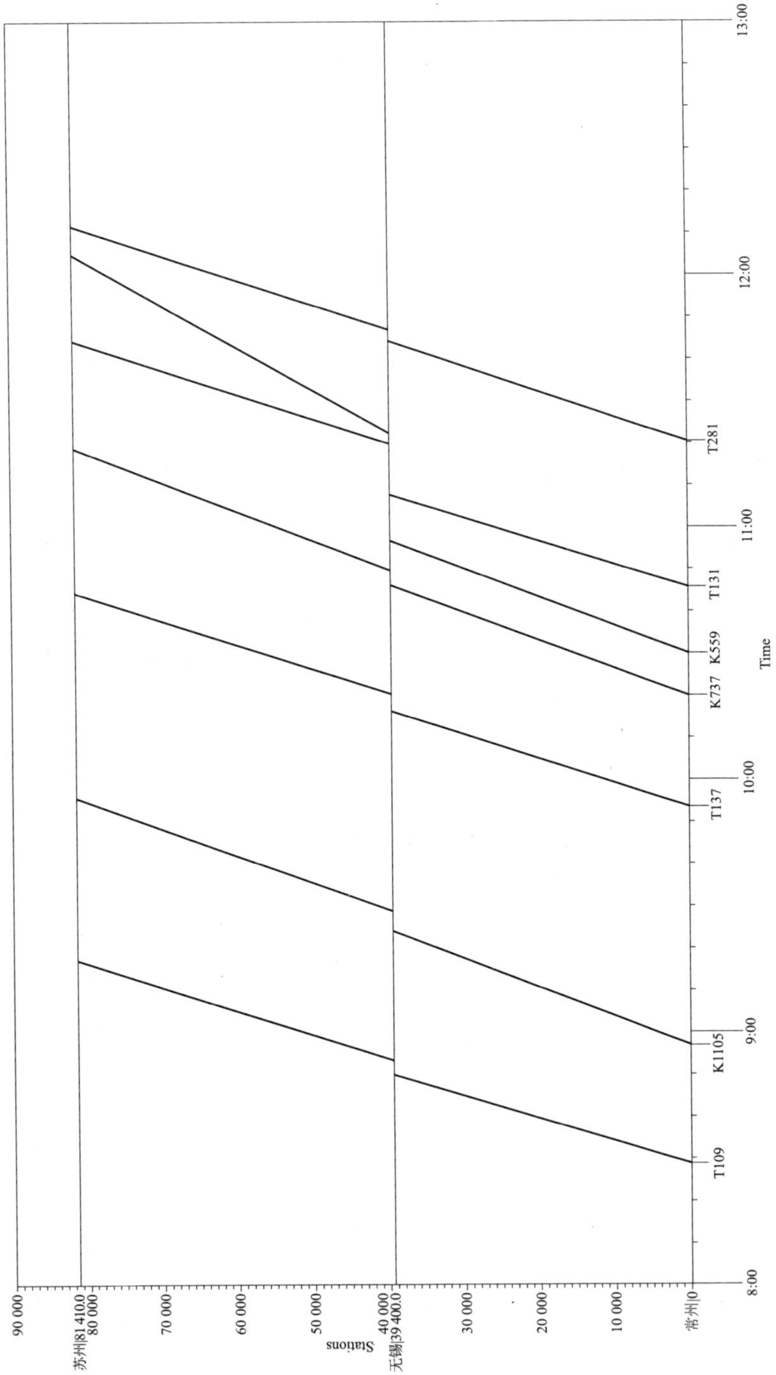

图6-41 京沪既有普速铁路图定列车运行计划

表 6–18　不同可信性测度下参数及优化目标值

α	$\tilde{C}^{\text{reroute},1}$	$\tilde{C}^{\text{reroute},2}$	$\tilde{C}^{\text{merge}}$	$\tilde{C}^{\text{cancle}}$	$c^{\text{run},c}$	$c^{\text{run},j}$	c^{Kd}	c^{Bd}	Z
0.1	20 400	22 400	40 400	80 400	30.4	9.04	1.02	2.08	260 834
0.2	20 800	22 800	40 800	80 800	30.8	9.08	1.04	2.16	266 418
0.3	21 200	23 200	41 200	81 200	31.2	9.12	1.06	2.24	272 002
0.4	21 600	23 600	41 600	81 600	31.6	9.16	1.08	2.32	277 586
0.5	22 000	24 000	42 000	82 000	32	9.2	1.1	2.4	282 747.2
0.6	22 400	24 400	42 400	82 400	32.4	9.24	1.12	2.48	287 850.8
0.7	22 800	24 800	42 800	82 800	32.8	9.28	1.14	2.56	292 954.5
0.8	23 200	25 200	43 200	83 200	33.2	9.32	1.16	2.64	298 058.1
0.9	23 600	25 600	43 600	83 600	33.6	9.36	1.18	2.72	303 161.8
1.0	24 000	26 000	44 000	84 000	34	9.4	1.2	2.8	308 265.4

由于篇幅限制，只列出了α取值分别为0.3和0.7时的调整结果。当α=0.3时，所有列车都绕行径路2（沪宁城际铁路），见图6–42；当α=0.7时，列车G313绕行径路1（京沪既有普速铁路），其他列车仍绕行径路2，见图6–43和图6–44。列车G313于9:30由常州站发车绕行既有普速铁路，9:59到达苏州站后，10点发车绕行沪宁城际铁路，最终于10:09到达昆山南站。图6–45展示了不同可信性测度下优化目标的迭代过程。上述实验的详细时刻表见附录A表A–16、表A–17。

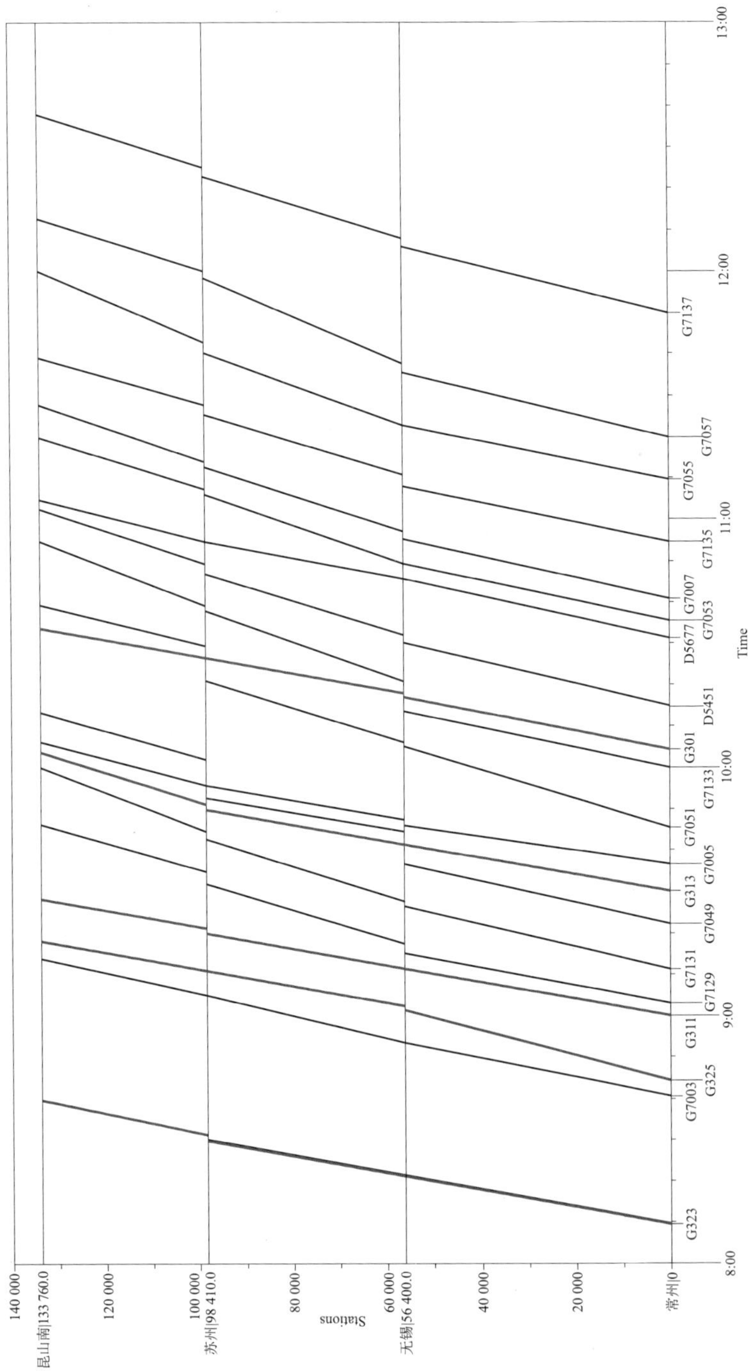

图 6－42　绕行沪宁城际铁路的列车运行计划（α=0.3）

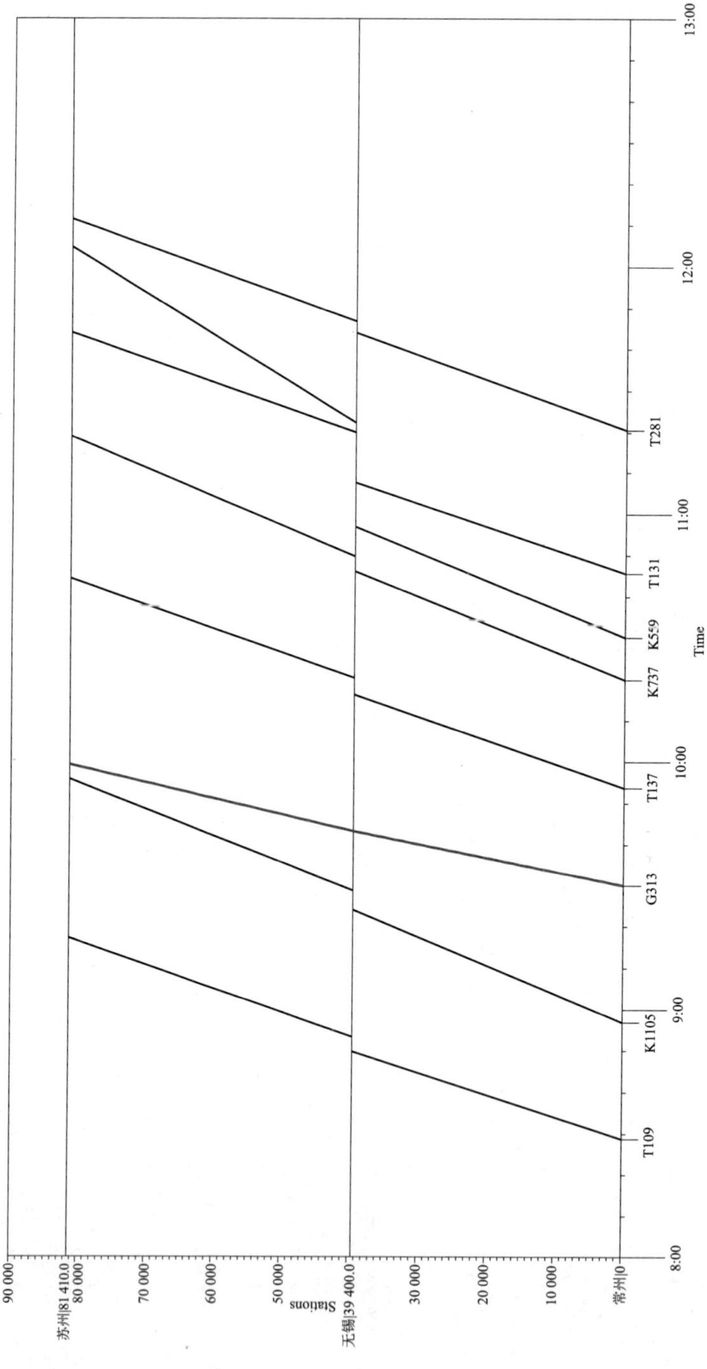

图6－43　绕行京沪既有普速铁路的列车运行计划（α=0.7）

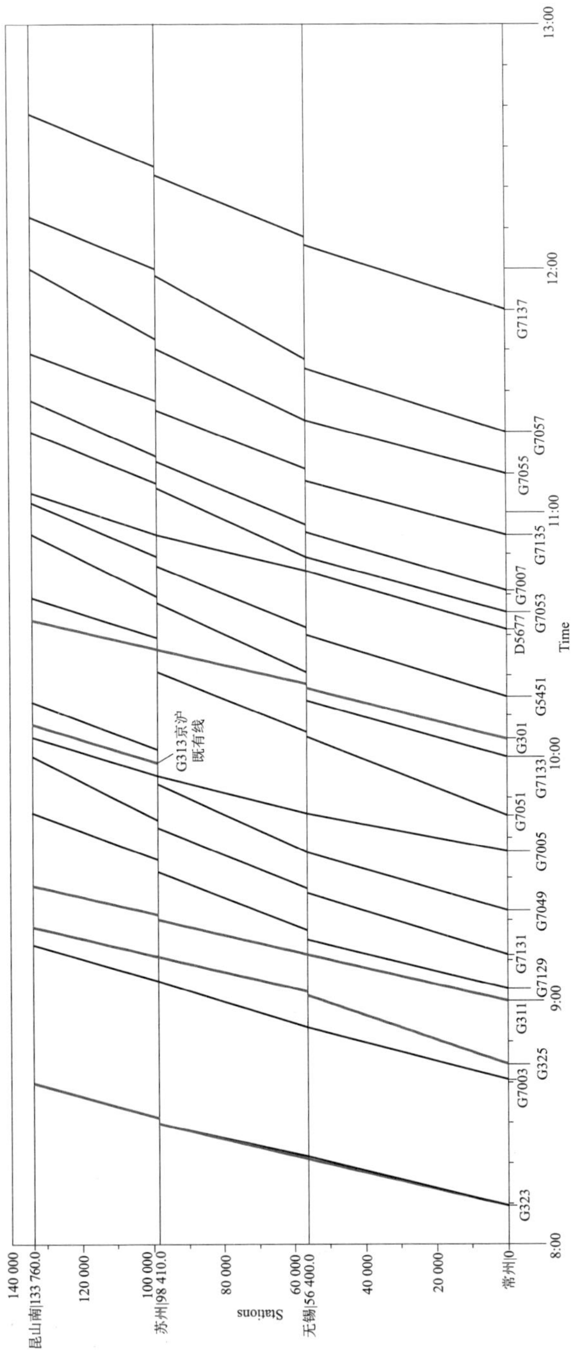

图 6-44 绕行沪宁城际铁路的列车运行计划（α=0.7）

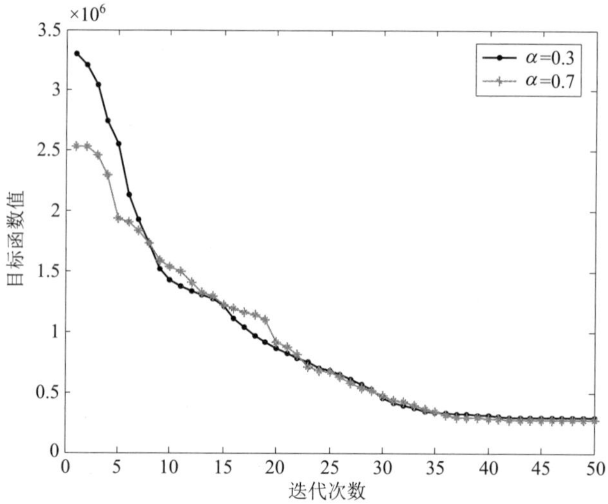

图 6–45　不同可信性测度下优化目标迭代过程

（3）列车返回原有径路。

列车完成迂回径路上的作业后，由昆山南站返回京沪高速铁路运行，当 $\alpha=0.3$，即所有列车都绕行径路 2 时，调整结果见图 6–46，此时列车绕行使得沪宁城际铁路上的列车 G7005 发生晚点，最终总的晚点时间为 96 min，其中晚点在 0～10 min 内的列车有 1 列，晚点在 10～20 min 内的列车有 6 列；当 $\alpha=0.7$ 时，调整结果与图 6–46 相似，总的晚点时间为 101 min，其中晚点在 10～20 min 内的列车有 5 列，晚点在 20～30 min 内的列车有 1 列，此时虽然总的晚点时间增加，且出现了晚点超过 20 min 的列车，但其他径路上的列车没有受到绕行的影响。

突发事件条件下的列车运行组织优化是一个多阶段动态的调整过程。区别于以往只对受影响区段进行调整的做法，我们首先实现了限速条件下的列车运行调整，在调整的基础上，寻找受断路影响的列车，实施行车调度优化与列车运行调整双层优化，最后完成列车返回原径路的全过程，为决策者提供全面的解决方案。

本实例中受影响的列车数远远小于迂回径路上提供的剩余通过能力，故上层优化结果只采用了列车迂回这一种调度策略。此外，决策者可根据对不确定参数的可信性测度选取不同的调整方案。

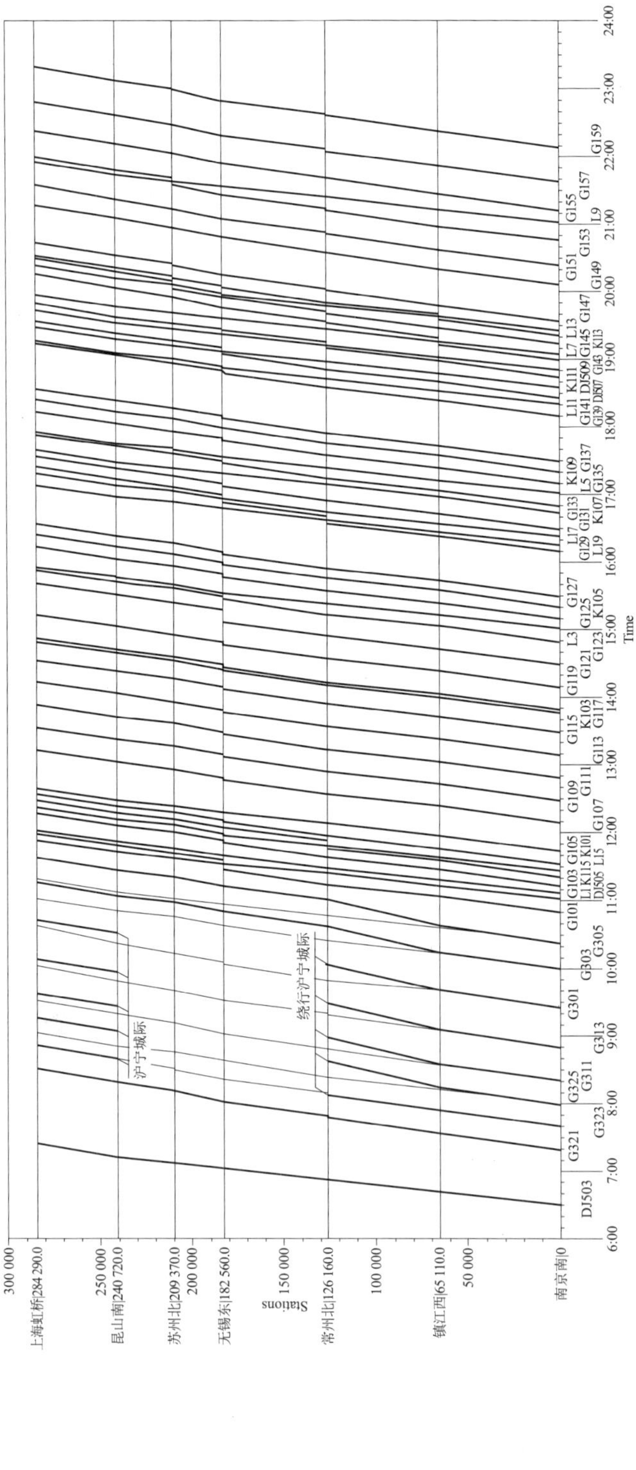

图 6-46 列车返回原私径路后最终调整结果

6.5 基于收敛模糊粒子群算法的列车运行调整

为了给广大研究学者提供更广阔的思考空间，本节提出另一种求解列车运行调整的高效算法——收敛模糊粒子群算法。

6.5.1 目标函数设计

列车运行调整模型属于 NP–hard 问题，本节考虑了与上节中不同的目标函数来设计求解算法，为列车运行调整模型的求解提供更多的参考依据。

列车晚点广义惩罚是与列车晚点时间紧密联系的。其不仅体现了所有待调整列车在调整后总的晚点时间，也体现了不同等级列车的重要性，是列车运行调整首要的追求目标。而列车运行计划稳定性体现了列车运行计划在受到干扰后自我修复的能力，其揭示了对抗突发干扰的能力。突发事件造成线路区间状态处于不稳定状态，发生在某线路区间或车站的突发事件对线路区间及车站的影响会波及邻近的车站和区间，而列车在这些区间运行或在车站作业时，会受到这些由突发事件导致的继发干扰。所以，为了应对这些继发干扰，列车运行调整应在尽可能减小列车晚点广义惩罚值的基础上，优化列车运行计划的稳定性，使其在执行过程中具有较强的适应性。

综上所述，列车运行调整模型将列车晚点广义惩罚及列车运行计划稳定性作为目标函数。对于这种多目标规划问题，本节设计了满意度测度法。

假设单独优化第一个目标——列车晚点广义惩罚——所得到的最优目标值或近似最优值为 Z_{delay}^{*}，据此构造与实际相符合的满意度模糊隶属函数。

$$u_1=\begin{cases}1 & Z_{\text{delay}}^{\text{train}}\leqslant Z_{\text{delay}}^{*}\\ 1-(Z_{\text{delay}}^{\text{train}}-Z_{\text{delay}}^{*})/\sigma_1 & Z_{\text{delay}}^{*}<Z_{\text{delay}}^{\text{train}}<Z_{\text{delay}}^{*}+\sigma_1\\ 0 & Z_{\text{delay}}^{\text{train}}\geqslant Z_{\text{delay}}^{*}+\sigma_1\end{cases} \tag{6–207}$$

对应的满意度模糊隶属度函数曲线如图 6–47 所示。

其中 σ_1 由决策者根据对目标 $Z_{\text{delay}}^{\text{train}}$ 达到理想值 Z_{delay}^{*} 的相对重要性的模糊预期来确定，并且 σ 的取值能够使得下列问题有可行解。

$$Z_{\text{delay}}^{\text{train}}=Z_{\text{delay}}^{*}+\sigma_1 \tag{6–208}$$

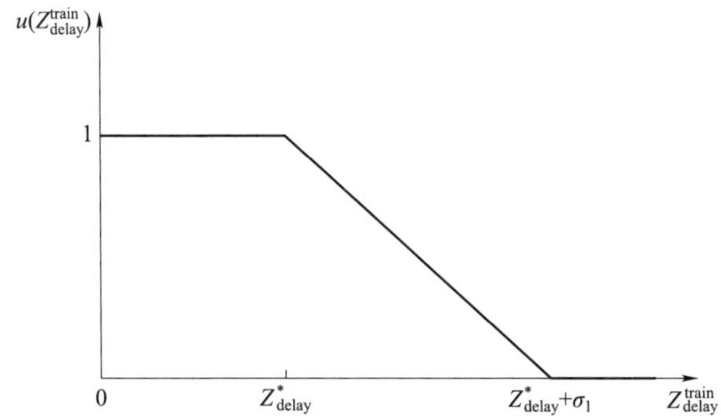

图 6–47 晚点广义惩罚满意度模糊隶属度函数曲线

同理，单独优化第二个目标——列车运行计划稳定性——所得到的最优目标值或近似最优值为 S^*，据此构造与实际相符合的满意度隶属函数。

$$u_2=\begin{cases}1 & S\geqslant S^* \\ 1-(S^*-S)/\sigma_2 & S^*-\sigma_2<S<S^* \\ 0 & S^*\leqslant S^*-\sigma_2\end{cases} \tag{6–209}$$

对应的列车运行计划稳定性满意度模糊隶属度函数曲线如图 6–48 所示。

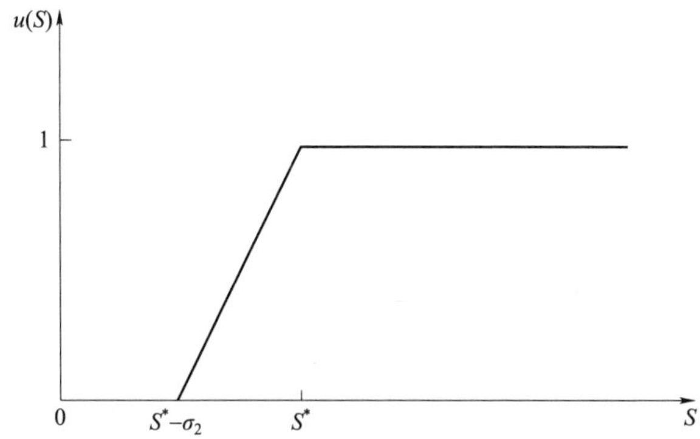

图 6–48 列车运行计划稳定性满意度模糊隶属度函数曲线

其中 σ_2 由决策者根据对目标 S 达到理想值 S^* 的相对重要性的模糊预期来确定。并且 σ_2 的取值能够使得下列问题有可行解。

$$S=S^*-\sigma_2 \tag{6–210}$$

定义列车晚点广义惩罚满意度与列车运行计划稳定性满意度时，都采用了Triangle 模糊隶属度函数。当然，也可以根据实际情况，利用如 Bell 函数、Gaussian 函数、Sigmoid 函数和 Trapezoid 函数等进行定义。

对于两个满意度测度的综合，有许多方法，如取小、取大、代数积、代数和、加权和等。不同的综合方法体现了决策者对不同目标的重视程度。本节提出如下的综合方法。

$$\max Z = \theta \max\{\mu_1, \mu_2\} + (1-\theta)\min\{\mu_1, \mu_2\}, \quad \theta \in [0,1] \tag{6–211}$$

其中 θ 为决策者的乐观与谨慎倾向参数，若 θ 取值较大，那么综合目标中满意度因素所占权重较大，而悲观因素所占权重相应减小，表明决策者是谨慎乐观的，反之，决策者是乐观谨慎的。通过设置 θ 的取值，可以比较准确地表示决策者在决策中的优化意图与偏好。

6.5.2 收敛模糊粒子群算法

粒子群算法[61]是一种进化计算技术，最早由 Kennedy 与 Eberhart 在 1995 年提出。该算法源于对鸟群捕食的行为研究，是一种基于迭代技术的优化工具，多用来解决非线性的、多极值的复杂优化问题。这种优化方法简单易懂，易于建模实现[61–63]。粒子群算法自从 1995 年被提出来以来，得到了学术界的广泛关注。文献［64］中提出了模糊粒子群优化（fuzzy particle swarm optimization，FPSO）算法，但是对粒子运动方程中隶属度函数的选择并没有做深入探讨。文献［65］提出了基于本能的满意度粒子群算法。文献［66］分析了粒子群算法的若干变种，并对这些变种的可达性做出了评价。文献［67］提出了全信息的粒子群算法。文献［68］对粒子群算法做出了改进。文献［69］对模糊适应粒子群算法进行了研究。文献［70］研究了利用模糊适应粒子群算法解决单位委托计算问题。文献［71–72］研究了利用混合粒子群算法进行模糊规则的生成及隶属度函数的选择问题。文献［73］研究了基于粒子群算法的加权模糊推理问题。上述文献提出了变种的粒子群算法，但是都没有通过实验对算法的效率与精度进行综合的研究。

粒子群算法是受自然界中鸟群、鱼群觅食过程中出现的群体智能现象启发而提出的[61]。假设粒子 i 包含两个 N 维向量，一个是布尔向量 $\boldsymbol{x}_i$，代表一个候选解，或者称作粒子 i 的状态；另一个是实数向量 $\boldsymbol{v}_i$，称为粒子 i 的速度。在粒子群算法中，速度向量代表了粒子以什么速度，朝什么方向在解的每个维度上飞行。

令 $K(i)$ 表示粒子 i 的邻居，用 $\boldsymbol{p}_i$ 表示粒子 i 所经过的最优位置。在每次迭代过程中，每个粒子 i 根据如下方程调整其状态和飞行速度。

$$\boldsymbol{v}_{i+1} = \omega \boldsymbol{v}_i + c_1 r_1 (\boldsymbol{p}_i - \boldsymbol{x}_i) + c_2 r_2 (\boldsymbol{p}_g - \boldsymbol{x}_i) \tag{6–212}$$

$$\boldsymbol{x}_{i+1} = \boldsymbol{x}_i + \boldsymbol{v}_{i+1} \tag{6–213}$$

其中，ω 称为惯性因子，取值介于［0，1］，通常随着迭代进行，逐渐减小[74]。c_1 和 c_2 是两个常量，通常情况下取 $c_1+c_2=4$[75]，表示粒子群体对单个粒子的影响程度。r_1 和 r_2 是介于 0 和 1 之间的两个随机数。$\boldsymbol{p}_g$ 代表粒子群体中所有粒子所经历过的最优位置。本节为适应 6.3.2 节建立的列车运行调整模型，引入了收敛模糊粒子群算法进行求解。

1. 模糊粒子群算法

文献［64］于 2005 年首次提出模糊粒子群算法，它是基本粒子群算法的泛化。与基本粒子群算法的不同在于，它并不只是最优粒子能够影响其他相邻粒子，而是若干粒子可以影响其周围相邻的其他粒子。每个粒子受周围其他相邻粒子影响的程度取决于这些粒子的隶属度，而吸引力的大小取决于粒子相对应的模糊变量。这样充分利用了粒子周围各个粒子的优点，算法具有较高的精度。

隶属度是一个模糊变量。Bell、Gaussian、Sigmoid、Triangle 和 Trapezoid 隶属度函数是常见的几种隶属度函数（membership function，MF）。它们的函数曲线如图 6–49 所示[76]。

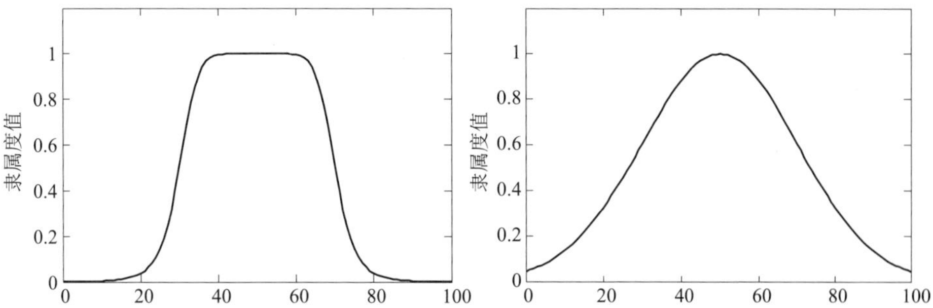

（a）Bell隶属度函数曲线　（b）Gaussian隶属度函数曲线

图 6–49　常用隶属度函数曲线图

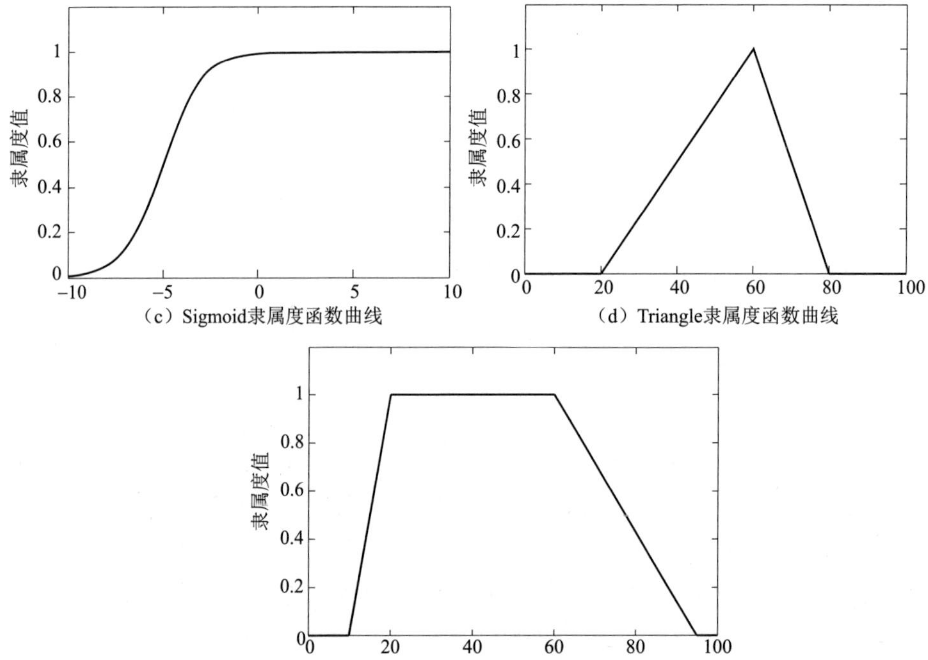

（c）Sigmoid隶属度函数曲线

（d）Triangle隶属度函数曲线

（e）Trapezoid隶属度函数曲线

图 6–49　常用隶属度函数曲线图（续）

各函数表达式如下。

$$\mathrm{Bell}(x;c,\sigma)=1/(1+((x-c)/\sigma)^2)\quad \sigma=1,c=-5 \tag{6–214}$$

$$\mathrm{Gaussian}(x;c,\sigma)=\exp(-1/2((x-c)/\sigma)^2)\quad \sigma=20,c=50 \tag{6–215}$$

$$\mathrm{Sigmoid}(x;c,\sigma)=1/(1+\exp(-\sigma(x-c)))\quad \sigma=20,c=50 \tag{6–216}$$

$$\begin{aligned}&\mathrm{Triangle}(x;a,b,c)=\max(\min((x-a)/(b-a)\ \ (c-x)/(c-b)),0),\\&a=20,b=60,c=80\end{aligned} \tag{6–217}$$

$$\begin{aligned}&\mathrm{Trapezoid}(x;a,b,c,d)=\max(\min((x-a)/(b-a)\quad 1,(d-x)/(d-c)),0)\\&a<b\leqslant c<d,a=10,b=20,c=60,d=95\end{aligned}$$

（6–218）

人为确定一个常数 k，根据问题求解的精度要求可以变化，代表某一粒子周围存在的能对该粒子的运动产生影响的相邻粒子的个数。令 h 是 k–最优粒子中的一个，$f(\boldsymbol{p}_g)$ 表示最优粒子的适应度值。

那么，如果隶属度函数基于 Bell 隶属度函数建立，那么隶属度函数定义为

$$\phi(h)=1/(1+((f(\boldsymbol{p}_h)-f(\boldsymbol{p}_g))/\beta)^2) \tag{6–219}$$

如果隶属度函数基于 Gaussian 隶属度函数建立，那么隶属度函数定义为

$$\phi(h)=\exp(-1/2(f(\boldsymbol{p}_h)-f(\boldsymbol{p}_g)/\beta)^2) \tag{6–220}$$

如果隶属度函数基于 Sigmoid 隶属度函数建立，那么隶属度函数定义为

$$\phi(h)=1/(1+\exp(-\beta(f(\boldsymbol{p}_h)-f(\boldsymbol{p}_g)))) \tag{6–221}$$

如果隶属度函数基于 Triangle 隶属度函数建立，那么隶属度函数定义为

$$\phi(h)=\max\left(\min\left(\beta\frac{f(\boldsymbol{p}_h)-f(\boldsymbol{p}_g^0)}{f(\boldsymbol{p}_g)-f(\boldsymbol{p}_g^0)},\beta\frac{f(\boldsymbol{p}_g^1)-f(\boldsymbol{p}_h)}{f(\boldsymbol{p}_g^1)-f(\boldsymbol{p}_g)}\right),0\right) \tag{6–222}$$

如果隶属度函数基于 Trapezoid 隶属度函数建立，那么隶属度函数定义为

$$\phi(h)=\max\left(\min\left(\beta\frac{f(\boldsymbol{p}_h)-f(\boldsymbol{p}_g^0)}{f(\boldsymbol{p}_g)-f(\boldsymbol{p}_g^0)},1,\beta\frac{f(\boldsymbol{p}_g^1)-f(\boldsymbol{p}_h)}{f(\boldsymbol{p}_g^1)-f(\boldsymbol{p}_g)}\right),0\right) \tag{6–223}$$

因为 $f(\boldsymbol{p}_h)\leqslant f(\boldsymbol{p}_g)$，所以 $\phi(h)$ 是一个递减函数。当 $f(\boldsymbol{p}_h)=f(\boldsymbol{p}_g)$ 时，函数值为 1。当 $f(\boldsymbol{p}_h)$ 与 $f(\boldsymbol{p}_g)$ 之间的差距越来越大时，函数值趋近于 0。为了避免适应度函数带来过多的影响，定义 $\beta=f(\boldsymbol{p}_g)/\ell$，其中 ℓ 是用户给定的参数。对于一个确定的 $f(\boldsymbol{p}_h)$，ℓ 越大，$\phi(h)$ 越小。$f(\boldsymbol{p}_g^0)$ 与 $f(\boldsymbol{p}_g^1)$ 分别是 Triangle 隶属度函数和 Trapezoid 隶属度函数的两个边界值。在模糊粒子群算法中，速度方程就定义为

$$\boldsymbol{v}_{i+1}=\omega\boldsymbol{v}_i+c_1r_1(\boldsymbol{p}_i-\boldsymbol{x}_i)+\sum_{h\in B(i,k)}\phi(h)c_2r_2(\boldsymbol{p}_h-\boldsymbol{x}_i) \tag{6–224}$$

其中，$B(i,k)$ 表示与粒子 i 相邻的 k 个粒子的集合，每个粒子受到其自身最优位置 $\boldsymbol{p}_i$ 和周围这 k 个最优粒子的影响，每个相邻粒子对其影响程度取决于 $\phi(h)$ 的值。由此可以推断，当 k 的值取 1 时，模糊粒子群算法蜕变为基本粒子群算法。

2. 收敛因子的引入

Clerc 严格证明了引入收敛因子后粒子群算法一定是收敛的[62]。在粒子运动方程中，c_1、c_2是两个常数，通常在基本粒子群算法中设置为 2。在 Clerc 的模型中，φ定义为c_1和c_2的和。收敛因子k可以定义为

$$k=2/\left|2-\varphi-\sqrt{|\varphi^2-4\varphi|}\right| \tag{6–225}$$

所以，收敛粒子群优化（convergent PSO，CPSO）算法的运动方程为

$$\boldsymbol{v}_{i+1}=k[\omega\boldsymbol{v}_i+c_1r_1(\boldsymbol{p}_i-\boldsymbol{x}_i)]+c_2r_2(\boldsymbol{p}_g-\boldsymbol{x}_i)] \tag{6–226}$$

该模型可以看作是基本粒子群算法的泛化。当$\varphi=4$ 时，$k=1$，该算法退化为基本粒子群算法，难以收敛。根据 Clerc 的结论[62]，当$\varphi>4$时，算法具有很强的收敛特性，收敛特性几近线性。基本粒子群算法的缺点是难以收敛，引入收敛因子之后，保证了其较快的收敛速度[77–78]。但是，算法的精确度还是难以保证。所以，将模糊粒子群算法中隶属度函数的概念引入模型，提出一种新的粒子群算法——收敛模糊粒子群优化（convergent fuzzy particle swarm optimization，CFPSO）算法[79]。该算法与模糊粒子群算法的区别是在粒子的运动方程中加入了收敛因子。其运动方程如式（6–227）所示。

$$\boldsymbol{v}_{i+1}=k[\omega\boldsymbol{v}_i+c_1r_1(\boldsymbol{p}_i-\boldsymbol{x}_i)]+\sum_{h\in B(i,k)}\phi(h)c_2r_2(\boldsymbol{p}_h-\boldsymbol{x}_i)] \tag{6–227}$$

3. 参数设计与计算结果分析

1）收敛因子确定

根据 Clerc 的模型，φ等于c_1+c_2，收敛因子k定义为$k=2/\left|2-\varphi-\sqrt{|\varphi^2-4\varphi|}\right|$。所以$c_1$和$c_2$的取值是问题的关键。为了确定$c_1$和$c_2$的最优值，采用式（6–238）所示的 Rastrigrin 函数作为测试函数进行数值计算实验。粒子群规模设计为 100，每个粒子有 20 维，循环迭代 100 次。从图 6–50 中可知，随着c_1和c_2分别接近 2.0 和 2.1，目标函数值越来越小。表 6–14 为具体的目标函数值。当c_1和c_2分别取 2.0 和 2.1 时，目标函数值最小。又根据 Clerc 的$\varphi>4$时算法具有较好的收敛性能的结论，此时$\varphi=2.0+2.1=4.1>4$，所以取$c_1=2.0$，$c_2=2.1$。此时，$k=0.73$。

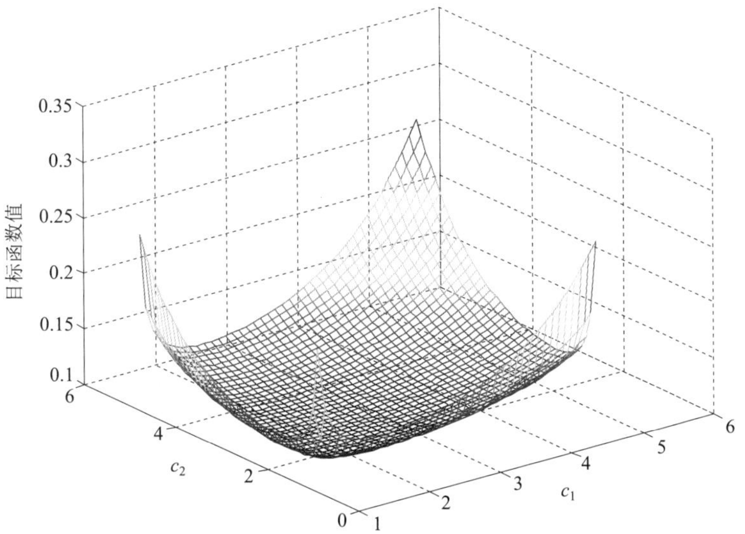

图 6–50　目标函数值与 c_1，c_2 关系曲面图

表 6–19　与 c_1，c_2 相关的具体目标函数值

c_1	c_2			
	1.9	2.0	2.1	2.2
1.8	1.317E-05	9.046E-06	2.041E-06	2.658E-05
1.9	1.097E-05	9.046E-06	1.024E-06	2.264E-06
2.0	9.623E-06	1.084E-05	0.039E-06	1.058E-06
2.1	1.258E-05	1.256E-05	1.106E-06	6.264E-06
2.2	1.091E-05	1.063E-05	1.856E-06	1.045E-05

2）隶属度函数选择

从 Bell、Gaussian、Sigmoid 和 Triangle 隶属度函数四个常用的模糊隶属度函数中，为粒子群运动方程挑选适宜的函数，以 f_1 作为标准函数，分别采用四个函数作为隶属度函数，各运行 100 次实验。粒子群的规模是 100。每个粒子含有 20 维。标准函数的目标值是 1.0000E–07。粒子的最大速度 v_{max} 限定为 10。表 6–20 中列出了运用各种隶属度函数计算出的标准函数的最优解、平均解、达到目标值的次数。运用 Triangle 隶属度函数，可以 30 次达到目标值，比运用其他三种隶属度函数的次数都少。计算结果表明 Triangle 隶属度函数虽然计算效率高，但是计算的精度是四个隶属度函数中最低的。另外，可以看到，运用 Bell 隶属度函数所

得标准方程的最优解和平均解都优于其他三种隶属度函数，并且其达到目标值的次数也较多，所以 Bell 隶属度函数具有最高精度。

表 6–20　目标函数值与隶属度函数关系表

标准函数	隶属度函数	最优解	平均解	达到目标值的次数
f_1	Gaussian	5.1287E–11	3.4687E–07	58
	Bell	8.2256E–11	1.6721E–07	55
	Sigmoid	6.1259E–11	4.2684E–07	53
	Triangle	2.4511E–08	8.5784E–04	30

图 6–51 展示了利用不同隶属度函数实验计算时，达到最优值的次数与消耗时间之间的关系。由图 6–51 可知，若要达到相同次数的目标函数值，Triangle 隶属度函数所耗的时间最少，所以，虽然 Triangle 隶属度函数在四种隶属度函数中计算精度最低，但效率最高。这是因为 Triangle 隶属度函数的计算复杂度要远低于其他几种隶属度函数，所以可以通过更换粒子群运动方程里的隶属度函数，在计算效率和计算精度之间寻求平衡。本节通过实验数据对比算法性能时，FPSO 和 CFPSO 算法中采用的就是 Triangle 隶属度函数。

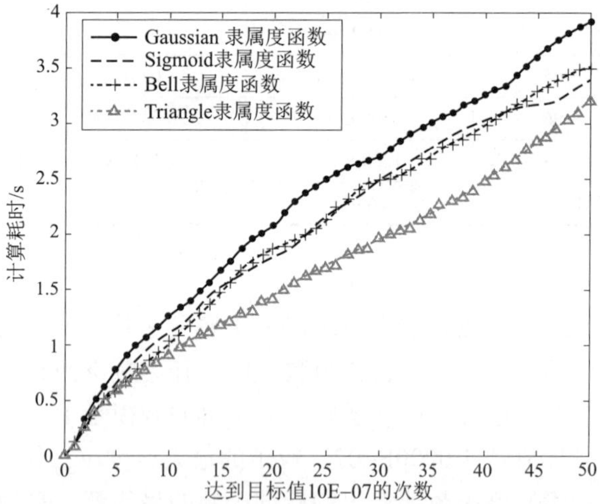

图 6–51　利用不同隶属度函数达到目标值的次数与消耗时间之间的关系

3）计算结果及分析

本节采用了学术界常用的四个标准函数作为测试函数，各运行 100 次，对新算法的性能进行分析。粒子群规模是 100，测试计算时，粒子的维数分别取 20、40 和 60。

f_1 函数是泛化的 Rastrigrin 函数，如式（6–228）所示。

$$f_1(x)=\sum_{i=1}^{n}(x_i^2-10\cos(2\pi x_i)+10), x_i\in[-5.12,5.12] \tag{6–228}$$

f_2 函数是泛化的 Griewank 函数，如式（6–229）所示。

$$f_2(x)=\frac{1}{4\,000}\sum_{i=1}^{n}x_i^2-\prod_{i=1}^{n}\cos\left(\frac{x_i}{\sqrt{i}}\right)+1, x_i\in[-600,600] \tag{6–229}$$

f_3 函数是泛化的 Rosenbrock 函数，如式（6–230）所示。

$$f_3(x)=\sum_{i=1}^{n}(100(x_i^2-x_{i+1})^2+(1-x_i)^2), x_i\in[-30,30] \tag{6–230}$$

f_4 函数是泛化的 Ackley 函数，如式（6–231）所示。

$$f_4(x)=-20\times\exp\left(-0.2\sqrt{\frac{1}{n}\sum_{i=1}^{n}x_i^2}\right)-\exp\left(\frac{1}{n}\sum_{i=1}^{n}\cos(2\pi x_i)\right)+20+e, x_i\in[-30,30] \tag{6–231}$$

表 6–21 列出了分别使用三种算法计算得到四种标准函数的结果。使用 FPSO 算法计算所得的四个函数的最优解或平均解是三种算法中最小的，所以，在三种算法中，FPSO 算法是精度最高的。该实验在运行 100 次的情况下，运用 CFPSO 算法所达到目标函数值的次数多于用 PSO 算法，但是略少于 FPSO 算法。

表 6–21　四种标准函数实验数据

测试函数	算法	最优解	平均解	达到目标函数值的次数
f_1	PSO	2.639E–11	3.172E–02	26
	FPSO	1.449E–11	8.256E–03	53
	CFPSO	1.825E–11	9.672E–03	50
f_2	PSO	2.664E–14	9.963E–08	76
	FPSO	5.467E–15	8.124E–08	83
	CFPSO	7.879E–15	9.549E–08	80

续表

测试函数	算法	最优解	平均解	达到目标函数值的次数
f_3	PSO	4.531E–11	8.854E–06	72
	FPSO	6.712E–12	3.645E–06	80
	CFPSO	7.564E–12	6.152E–06	78
f_4	PSO	7.125E–11	2.457E–04	50
	FPSO	6.587E–12	2.365E–05	66
	CFPSO	9.145E–12	3.264E–05	63

如图 6–52 所示，随着达到目标函数值次数的增加，所消耗的计算时间也随之增加。FPSO 算法消耗的时间与基本 PSO 算法所消耗的时间很接近，所以选取 Triangle 隶属度函数作为模糊隶属度函数，对算法的计算效率影响较小。而 CFPSO 算法所消耗的时间比 FPSO 算法少，是因为算法中收敛因子在起作用。另外，达到目标函数值的次数较少时，CFPSO 算法耗时反倒比基本 PSO 算法所消耗的时间多，这是因为在计算收敛因子的值时，消耗了一部分时间。CFPSO 算法继承 FPSO 算法计算精度高的优点，并兼顾了计算效率，具有最好的算法性能。

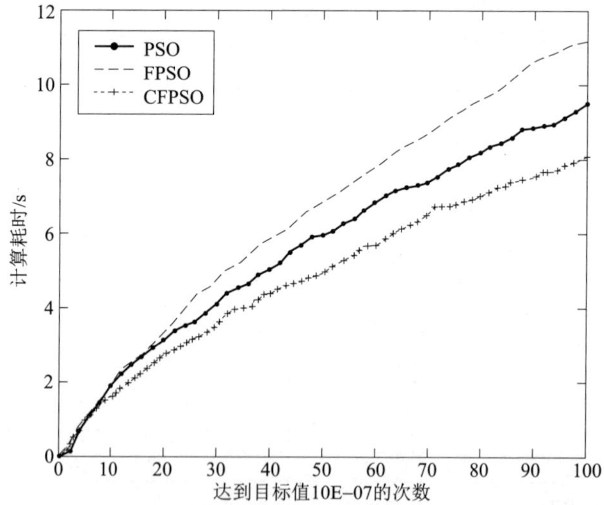

图 6–52　达到目标函数值的次数与消耗时间之间的关系图

6.5.3 基于 CFPSO 算法的列车运行调整的实现

1. 粒子群规模的设计

针对本章中的列车运行调整问题，设计粒子群的规模 popsize 为 20～50，既能保证列车运行调整迭代计算的速度，又能防止列车运行调整的计算结果陷入局部最优[80]。

2. 位置向量的设计

根据 6.3 节建立的列车运行调整模型，设计针对该模型的粒子群的位置向量。迂回径路集中包含若干径路，对每条径路 p，其分配的列车的数量为n_p，其经过的车站数量为NS_p，那么径路上存在NS_p-1个区间。因为某列车在每个车站的到达时刻和出发时刻对应两个决策变量，那么，n_p 列车在 NS_p 个车站对应的决策变量有$2\times n_p\times \mathrm{NS}_p$个，又因为径路集中包含 L 条径路，则决策变量数为$\sum\limits_{p=1}^{L}(2\times n_p\times \mathrm{NS}_p)$。

另外，设计 0–1 变量 $x_p^{k,i}$。当 $x_p^{k,i}=1$ 时，表示第 k 种列车的第 i 列车指定的径路是 p，列车种类数为TN，某种列车有 N^k 列，又因为迂回径路集中包含 L 条径路，所以，此 0–1 变量的个数为$L\times\mathrm{TN}\times N^k$。

那么每个粒子的位置信息包含$\sum\limits_{p=1}^{L}(2\times n_p\times \mathrm{NS}_p)+L\times\mathrm{TN}\times N^k$个变量，对应所有列车在 L 个径路上各车站的到达时刻和出发时刻，以及列车在径路上分配的决策变量，即

$$
\begin{aligned}
\boldsymbol{P}_i=(&a_1^{1,1},a_2^{1,1},\cdots,a_{\mathrm{NS}_1}^{1,1},a_1^{1,2},a_2^{1,2},\cdots,a_{\mathrm{NS}_1}^{1,2},\cdots,a_1^{1,n_1},a_2^{1,n_1},\cdots,a_{\mathrm{NS}_1}^{1,n_1},\\
&a_1^{2,1},a_2^{2,1},\cdots,a_{\mathrm{NS}_2}^{2,1},a_1^{2,2},a_2^{2,2},\cdots,a_{\mathrm{NS}_2}^{2,2},\cdots,a_1^{2,n_2},a_2^{2,n_2},\cdots,a_{\mathrm{NS}_2}^{2,n_2},\\
&\cdots,\\
&d_1^{L,1},d_2^{L,1},\cdots,d_{\mathrm{NS}_L}^{L,1},d_1^{L,2},d_2^{L,2},\cdots,d_{\mathrm{NS}_L}^{L,2},\cdots,d_1^{L,n_L},d_2^{2,n_L},\cdots,d_{\mathrm{NS}_L}^{2,n_L},\\
&d_1^{1,1},d_2^{1,1},\cdots,d_{\mathrm{NS}_1}^{1,1},d_1^{1,2},d_2^{1,2},\cdots,d_{\mathrm{NS}_1}^{1,2},\cdots,d_1^{1,n_1},d_2^{1,n_1},\cdots,d_{\mathrm{NS}_1}^{1,n_1},\\
&d_1^{2,1},d_2^{2,1},\cdots,d_{\mathrm{NS}_2}^{2,1},d_1^{2,2},d_2^{2,2},\cdots,d_{\mathrm{NS}_2}^{2,2},\cdots,d_1^{2,n_2},d_2^{2,n_2},\cdots,d_{\mathrm{NS}_2}^{2,n_2},\\
&\cdots,\\
&d_1^{L,1},d_2^{L,1},\cdots,d_{\mathrm{NS}_L}^{L,1},d_1^{L,2},d_2^{L,2},\cdots,d_{\mathrm{NS}_L}^{L,2},\cdots,d_1^{L,n_L},d_2^{2,n_L},\cdots,d_{\mathrm{NS}_L}^{2,n_L},
\end{aligned}
$$

$$
\begin{aligned}
&x_1^{1,1},x_2^{1,1},\cdots,x_L^{1,1},x_1^{1,2},x_2^{1,2},\cdots,x_L^{1,2},\cdots,x_1^{1,N^1},x_2^{1,N^1},\cdots,x_L^{1,N^1},\\
&x_1^{2,1},x_2^{2,1},\cdots,x_L^{2,1},x_1^{2,2},x_2^{2,2},\cdots,x_L^{2,2},\cdots,x_1^{2,N^2},x_2^{2,N^2},\cdots,x_L^{2,N^2},\\
&\cdots,\\
&x_1^{\mathrm{TN},1},x_2^{\mathrm{TN},1},\cdots,x_L^{\mathrm{TN},1},x_1^{\mathrm{TN},2},x_2^{\mathrm{TN},2},\cdots,x_L^{\mathrm{TN},2},\cdots,x_1^{\mathrm{TN},N^{\mathrm{TN}}},x_2^{\mathrm{TN},N^{\mathrm{TN}}},\cdots,x_L^{\mathrm{TN},N^{\mathrm{TN}}})\\
&i=1,2,\cdots,\mathrm{popsize}
\end{aligned}
\tag{6–232}
$$

粒子群初始化实际是给每个粒子的位置向量的每个变量赋值。在初始化时，应考虑列车在径路车站的到达时刻和出发时刻，而不是毫无目的地随机生成。即列车在车站的到达时刻和出发时刻变量的取值在一定的范围内。而作为 0–1 变量的 $x_j^{k,i}$ 的初值，采取生成随机数的办法来确定。即生成一个随机变量 rand，若其值大于某一阈值 μ，设置 $x_j^{k,i}$ =1，否则，设置 $x_j^{k,i}$ =0。然后根据 $x_j^{k,i}$ 的取值，确定 n_p^k，进而确定 n_p。

确定列车在车站的到达时刻和出发时刻变量的取值，要分两种情况。一种是部分列车在上层规划进行优化计算后，其新选择的径路与原来运行计划的径路相同，此时，列车在各车站的到达和出发的时刻可以参照原来运行计划中的到达和出发时刻设计。另一种是部分列车的径路发生了改变，其在各车站的到达和出发时刻应根据原来运行计划中的列车到达和出发时刻、列车在车站的技术作业时间、各类列车在各区间的最小运行时间进行综合考虑。

3. 速度向量的设计

根据 6.5.2 节所述方法，设计模糊粒子速度。

4. 计算停止条件

在针对列车运行调整的粒子群算法设计过程中，迭代计算停止的策略有两种。一种为迭代次数衡量的办法，即仿照通用的进化算法的循环次数控制策略，设定粒子群算法的最大迭代次数，达到该次数，计算即停止。另一种为设定目标函数的达标法，即设定一个目标函数值作为迭代计算的优化标准，当决策变量取值使得目标函数值达到这个标准时，结束计算。

第一种策略是最常用的策略，其设计相当简便，当迭代次数设置较为合理时，能够得到较为理想的计算结果。其缺点是无法节省计算时间，对于一个复杂度确定的问题而言，需要的计算时间基本一致。第二种策略的优点是能够控制目标函数值的指标标准，在针对一些简单的优化问题时，能够在一定程度上节省计算时间，而其缺点也是显而易见的。首先，对于某些优化问题，如列车运行调整问题，尤其是在突发事件条件下，很难预知目标函数值的优化标准。再者，当目标函数值设定太苛刻时，计算陷入死循环，可能导致无解的情况出现。所以，本节迭代计算停止采用第一种策略。

实际上，当循环运算达到一定的次数后，目标函数值基本接近最优，而后面的计算对目标函数值的优化所起的作用是微乎其微的，因此在进行大量数值实验的基础上，设定迭代的次数上限为200，既保证计算结果尽可能趋近最优，又能保证计算的效率，这与现场生产指挥的实时性要求是相符合的。

5. 计算步骤

针对列车运行调整的计算步骤如下。

Step1　初始化粒子群种群。设置粒子群种群的规模是 N_{swarm}，每一粒子的位置向量由 $\sum_{p=1}^{L}(2\times n_p\times \text{NS}_p)+L\times \text{TN}\times N^k$ 个变量构成。根据运行图数据及突发事件条件已经造成的晚点情况，设置每一个变量的初始值。

Step2　根据式（6–211）及种群中各粒子位置向量计算目标函数值 Z。将各粒子的最优位置进行记录，并记录使得目标函数值最小的粒子的编号。

Step3　根据式（6–227），计算各粒子的飞行速度。

Step4　根据位置计算公式，计算每个粒子的新位置。如果达到了要求的精度或者迭代次数，转 Step5，否则，转 Step2。

Step5　根据种群中最优粒子的最优位置，给出列车运行图调整后各列车在车站的到达和出发时刻。

6. 突发事件条件下列车运行调整原则于求解中的体现

根据列车运行调整的原则，在算法设计中采用调整列车在站的到发时刻的方法实现。一个粒子中包含若干变量，这些变量表征了列车运行径路分配决策及各径路上各列车在站到发时刻。而每一列车的等级通过检查 n_p^k 中的 k 即可得到。对于“高等级列车优先，低等级列车后行”原则，检查粒子中列车运行时刻发生冲突（即两列车在站的到发时刻差距小于最小到达、出发时间间隔）条件下，有无将低等级列车的到发时刻设置早于高等级列车的情况，若有，将粒子变量中表征两列车在站的到发时刻的变量进行调整。对于“相同等级列车中，正点列车绝对优先，晚点列车后行”原则，检查粒子中相同等级列车中，有无列车运行时刻发生冲突时，优先安排晚点列车的情况，若有，将列车在站到发时刻变量调整。对于“所有相同等级列车按照最早可能出发时间排序出发”原则，在设置粒子在站出发时刻时，尽量趋近最早可能时间（通过列车在站的到达时间加在站最少停留时间实现）。对于“部分有特殊要求的列车，可适当优先”原则，直接更改该列车所属的群组，即直接改变其等级。对于“低等级列车不可越行高等级列车”原则，检查粒子中是否存在低等级列车在前方站的到发时刻晚于高等级列车，而在后方车站的到发时刻早于高等级列车状况，若有，对其在后方站的到发时刻变量重新赋值。对于“相同级别的列车，可以越行”“高等级列车可越行低等级列车”两原则，体现在列车在站到发时刻早晚设置中，不对这种情况处理即可。

7. 突发事件条件下行车组织双层规划模型求解步骤

突发事件条件下行车组织双层规划模型的求解步骤如下。

Step1　进行参数初始化，包括各类参数系数及下层规划的综合满意度值、总迭代次数等。

Step2　设置上层规划的目标函数隶属度值为$1-\alpha$，将其作为目标函数隶属度值的取值下限，对上层规划——行车调度优化模型求解，得到n_p^k。

Step3　将n_p^k作为约束代入下层规划——列车运行调整模型并求解，具体的求解步骤如下。

Step3.1　针对每个径路的列车分配信息，确定待调整列车所属的调度区段。

Step3.2　搜索调整时间段内所有调度区段的列车，形成待调整列车集合。

Step3.3　读取待调整列车集合中列车的运行图数据。

Step3.4　将待调整列车集合分为若干列车群，确定各列车群的调整优先级别。

Step3.5　对每个调度区段内的列车运行计划进行调整，解决各调度区段的列车运行调整问题。

Step3.6　将计算结果解释为列车运行计划。

Step4　判断下层规划——列车运行调整模型的目标函数值是否已达到设定值，若是，结束；否则，总迭代次数加 1，转 Step5。

Step5　判断总迭代次数是否已经达到设定值，若是，结束计算；否则重新设置上层规划的目标函数隶属度值$1-\alpha$，求解，得到一组新解n_p^k，转 Step3。

6.5.4 案例分析

仍以中国京沪高速铁路及周边铁路为典型案例，说明如何运用收敛模糊粒子群算法实现列车运行调整。

1. 突发事件场景假设

目前，我国铁路路网由三种铁路线路组成，分别是既有普速铁路、既有城际铁路与新建高速铁路，既有城际铁路有北京—天津城际、合肥—南京城际、石家庄—太原城际等，新建高速铁路有武汉—广州高速与北京—上海高速等。为了进行实证分析，本节绘制了我国集宁—大同—太原—洛阳—襄樊—柳州一线以东、柳州—衡阳—株洲—鹰潭—金华一线以北、集宁—张家口—葫芦岛一线以南铁路网络示意图，作为实证分析的基础线路网络，如图 6–53 所示。

假设××××年×月×日 8 时，京沪高速铁路 DK703+903、DK856＋321 处下行线出现线路故障，造成徐州东—宿州东之间高速铁路上下行均限速 160 km/h，蚌埠南—定远之间高速铁路上下行均中断，预计恢复行车需要 4～8 h。事故地点周边的铁路网络示意图如图 6–54 所示。

假设上行方向线路未受影响，只对下行方向的列车运行调整问题进行研究。为避免对上行列车造成干扰，本算例在生成迂回径路时，不考虑利用上行方向线路组织反向行车。研究内容不涉及车站内部进路安排及作业，所以算例中对车站内部作业组织不做研究。

此突发事件条件下，高速铁路线路区间上下行均中断，不可采用反向行车的方式组织列车运行，而线路恢复需要的时间较长，所以必须在徐州至南京之间寻找新的下行径路，组织列车及时通过该瓶颈区段。因此需要解决以下问题。

（1）在徐州至南京之间寻找新径路。

（2）进行列车运行径路分配。

（3）对列车运行计划进行调整。列车运行调整的时间范围是 8 时至 12 时，空间范围为列车搜索并选定的新的列车运行径路，运行组织工作对象是 8 时至 12 时在上述径路上的所有列车。

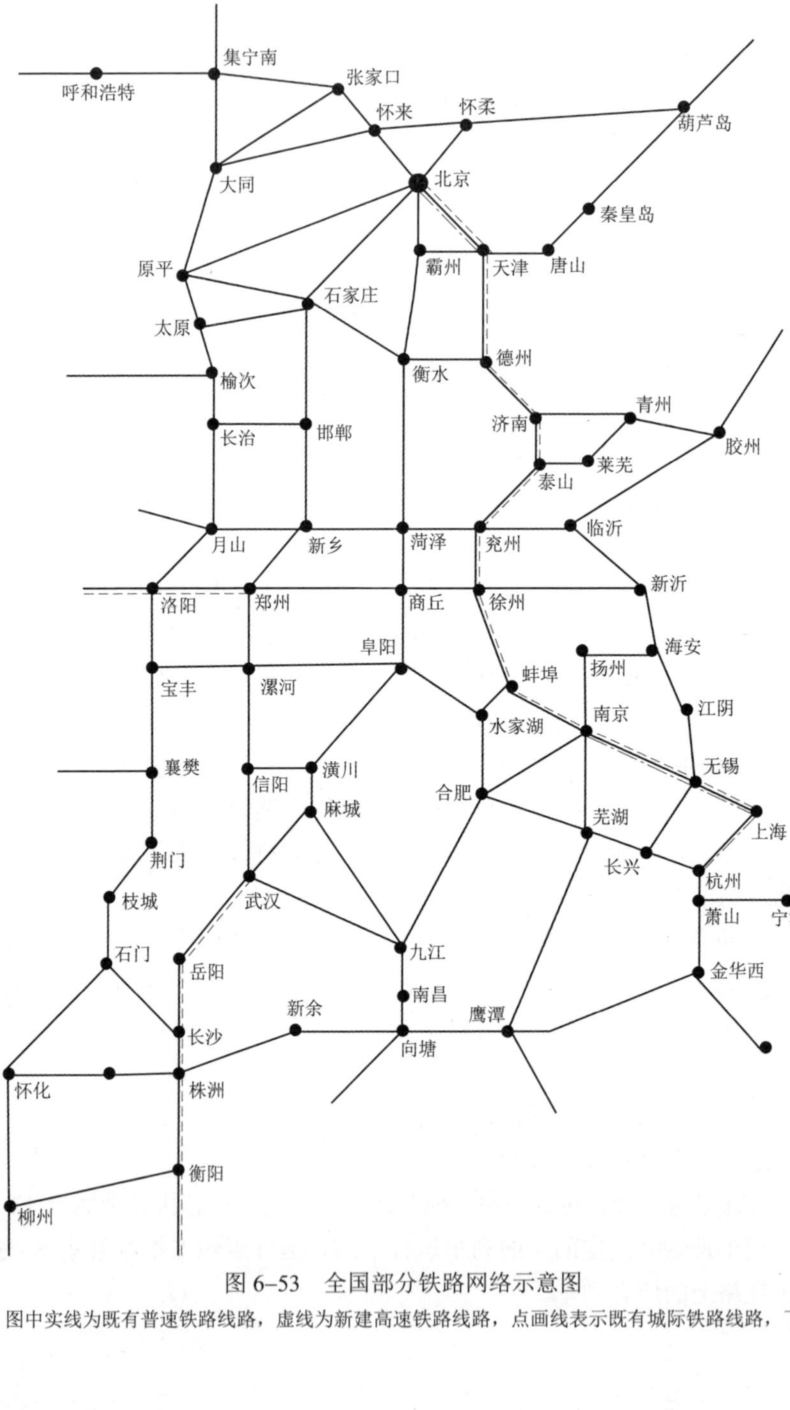

图 6–53　全国部分铁路网络示意图

注：图中实线为既有普速铁路线路，虚线为新建高速铁路线路，点画线表示既有城际铁路线路，下同。

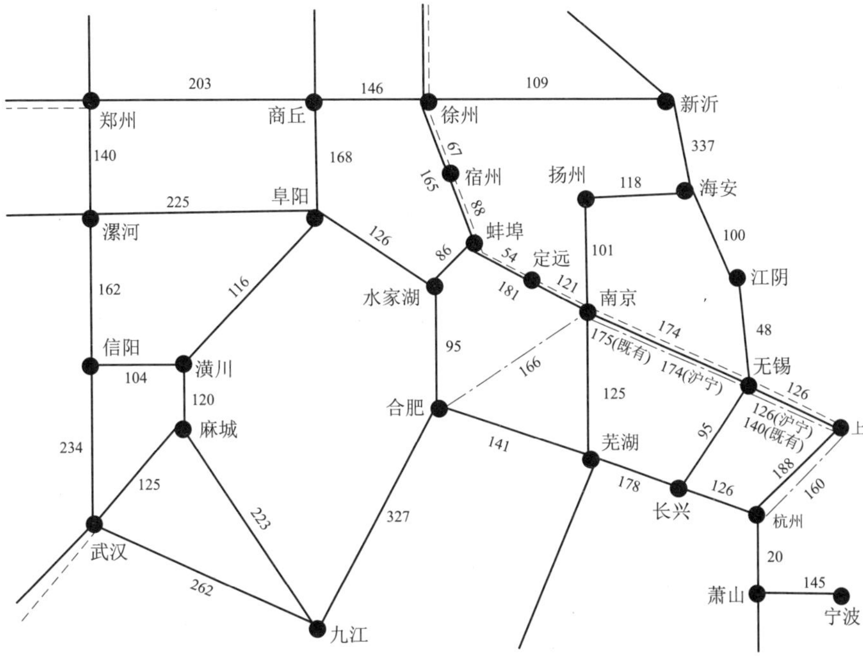

图 6–54　事故地点周边的铁路网络示意图

2. 受影响区间通过能力计算

根据第 3 章突发事件条件下铁路区间通过能力估算可以得到，在本例计算的时间段内，徐州东—宿州东区间的通过能力是 115 列（详细过程略去）。

由于其他区间及各车站没有受到突发事件影响，可直接查定徐州—蚌埠、蚌埠—南京、蚌埠—水家湖、水家湖—合肥、合肥—南京（城际）区间的下行剩余通过能力分别是 20，20，12，12，62 列。蚌埠南站、徐州站、蚌埠站、南京站、水家湖、合肥站（城际）的车站下行方向剩余接发车能力分别为 70，32，38，30，20，70 列。

3. 列车迂回径路集生成

本例将根据第 4 章提出的基于能力充足的径路搜索方法生成迂回径路集。首先确定径路生成的起点站和终点站。此次事故影响到的区段有两个，分别是徐州东—蚌埠南、蚌埠南—南京南。那么易知径路生成的起点枢纽为徐州，终点枢纽为南京。

由图 6–54 可知，徐州枢纽至南京枢纽之间除京沪高速铁路之外，还有京沪既有普速铁路相连。另外，与京沪线平行的京九、京广与新（沂）长（兴）—宁（南京）海（安）一线，皆通过陇海线与京沪线相连。

又根据设计资料可知，徐州、南京枢纽均有京沪高速铁路始发、终到车站，可办理列车的始发、终到作业，而且高速铁路车站徐州东站、南京南站分别与既有普速铁路线路途经的徐州、南京车站间有联络线，所以徐州、南京枢纽具备跨线能力。蚌埠南站具备始发、终到能力，但是只能办理列车接续和立折运行，不可办理列车始发、终到作业，但是在高速铁路车站蚌埠南站和既有普速铁路车站蚌埠站之间也具有联络线，所以蚌埠车站也具有跨线能力。

以上两点为径路的生成提供了物理网络基础。

根据 4.3 节所述方法计算，设计充足能力值为 40（由突发事件影响的区间范围及时段估算），可得迂回径路集列表，如表 6–22 所示。

表 6–22　徐州—南京迂回径路集列表（能力充足方案）

编号	迂　回　径　路	长度/km
1	徐州（经高速铁路）—蚌埠（经既有普速铁路）—南京	336
2	徐州（经既有普速铁路）—蚌埠（经既有普速铁路）—南京	346
3	徐州（经高速铁路）—蚌埠—水加湖—合肥（经城际铁路）—南京	502

可见，根据该方法生成径路，考虑了径路上的能力问题，即列车运行径路分配可以在这几条径路上实现，涉及的区间较少，对解决列车运行径路分配问题参考价值大。

4. 相关数据获取

1）行车组织问题涉及列车

在发生此次突发事件的情况下，根据表 6–22 所示的迂回径路集，本例中，徐州枢纽至南京枢纽之间列车运行调整所涉及的列车分为两类（除高速列车外，其他列车数据均取自 2010 年 8 月 1 日全国铁路运行图）。

（1）8 时之前下行进入径路的，包括：

① 特快列车：T114/1、T54、T284/1、T166/3、T115/5、T65、T131/4/1、T118/5、T140/37；

② 快速列车：K190/87、K8471、K374/1、K559/8。

此类列车只在列车运行调整时考虑，不参与列车径路分配。

（2）8 时至 12 时将下行到达徐州并进入径路的列车，包括：

① 高速列车：G301、G303、G305、G101、G103、G105、G107、G109、G111、G113（数据取自高速列车运行组织方案优化设计关键技术与系统项目研究成果）；

② 动车组：D88/5；

③ 特快列车及快速列车：K58/5、K518/5、K101/4/1；

④ 普速列车：1230/27；

⑤ 慢速列车：10135、10625、11301、23005、11305；

⑥ 临时列车：无；

⑦ 其他列车：无。

对于此类列车，首先进行运行径路分配，然后综合考虑第（1）类车的信息，进行列车运行调整。

2）径路上既定的列车运行计划

径路上既定的列车运行计划见附录 B 表 B–1、表 B–2。

3）列车运行参数

（1）既有普速铁路线路上各种列车运行区间纯运行时分。

根据文献［81］对各种列车的运行速度的界定及京沪高速铁路与京沪既有普速铁路的线路条件，本例在做列车运行调整时，做如下规定。

在既有普速铁路线路上，高速列车、动车组（D 字头）、城际列车（C 字头）速度不得超过 200 km/h，直达与特快旅客列车（Z 字头与 T 字头）速度不得超过 160 km/h，快速旅客列车（K 字头）速度不得超过 120 km/h，普通旅客列车速度不得超过 100 km/h，货物列车速度不得超过 100 km/h。列车在徐州—南京区段的区间最小纯运行时分见附录 D 表 D–1。

（2）高速铁路上不同限速条件下的区间纯运行时分。

高速铁路列车的区间纯运行时分与限速有关，不同的限速条件下高速列车在徐州东—南京南区段的区间纯运行时分附录 D 表 D–2。

（3）列车起停附加时间。

列车起停附加时间的长短，主要取决于机车类型、列车重量、列车在区间内的最高运行速度，以及进出站线路的断面与平面情况。一般规定：旅客列车起车附加时间为 1～2 min，停车附加时间为 1 min；货物列车起车附加时间为 2～3 min，停车附加时间为 1～2 min[43]。鉴于此，本例中，所有旅客列车列车起停附加时分取 1 min，货物列车起停附加时分取 2 min。

（4）追踪列车间隔时间。

高速铁路追踪列车间隔时间为 3 min，既有普速铁路追踪列车间隔时间为 6 min。

（5）列车在站停站时分。

原则上，调整方案中的列车在站停站时分不少于既定运行计划中的停站时分，但是在列车严重晚点的情况下，可适当将列车在站停站时分压缩。有旅客乘降的车站停站时分不少于 1 min。

5. 本例中行车组织问题求解

1）列车在径路上的分配方案

将表 6–22 中的三条径路作为列车运行径路分配的目标径路，如图 6–55 所示。径路 1、2、3 为确定的新的三条径路。在此局部网络中，涉及的节点车站有 8 个，弧段有 6 条。本例运用 LINGO11 求解行车调度优化模型。

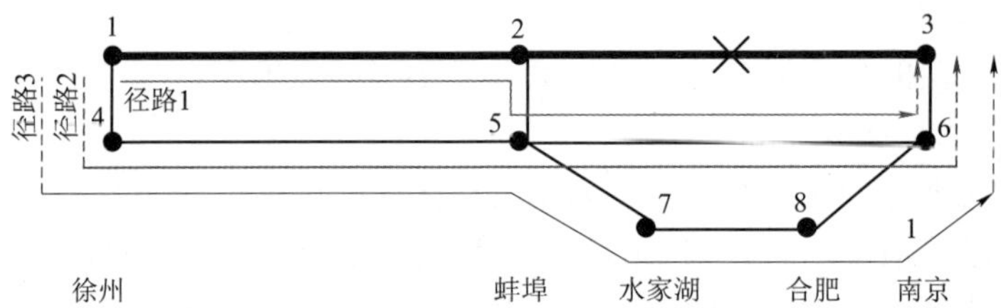

图 6–55　突发事件条件下徐州—南京列车运行径路

行车调度优化模型的解为：$n_1^1=10$，$n_2^1=0$，$n_2^2=1$，$n_2^3=3$，$n_2^4=1$，$n_2^5=5$，$n_3^1=n_3^2=n_3^3=n_3^4=n_3^5=0$。

另外，不难发现，所有的列车分配至径路 1 和径路 2，径路 3 上并没有分配列车，这与径路生成时设置的充足能力值（40 列）偏大有关。实际需要分配的列车有 20 列。而将充足能力值设置偏大在实际应用中是必需的，因为需要分配的列车数量很难精确计算，另外需预留一部分能力来应对现场不确定状态。

2）列车运行计划调整方案

根据 6.5.2 节的收敛模糊粒子群算法对分配至径路 1 与径路 2 上的列车进行列车运行调整。调整的时间段为 8 时至 12 时。12 时之后的列车运行计划在本例中是运行计划的预编，如附录 B 表 B–3、表 B–4 中阴影部分。12 时之后，两径路上会出现其他列车，需要在 12 时综合列车运行实迹及当时的突发事件状态下重新调整运行计划。本例中，列车运行调整模型运用 PowerBuilder 9.0 求解，数据库平台为 Oracle 10.0。

设计每列车的最大容忍晚点时间为 600 s，满意晚点时间为 480 s。那么，列车的晚点广义惩罚值为

$$Z_{\text{delay}}^{*}=[6\times480\times10\times3+6\times480\times(1.5\times1+1.3\times3+1.1\times1+0.8\times5)]\times2=233\,280$$

$$Z_{\text{delay}}^{*}+\sigma_1=[6\times600\times10\times3+6\times600\times(1.5\times1+1.3\times3+1.1\times1+0.8\times5)]\times2=291\,600$$

当列车的总晚点广义惩罚值大于或等于 291 600 时，总晚点时间满意度为 0；当列车的总晚点时间小于 233 280 s 时，总晚点时间满意度为 1。

得 $\sigma_1=58\,320$ 。

那么，$u_1=1-(Z_{\text{delay}}^{\text{train}}-Z_{\text{delay}}^{*})/\sigma_1=1-(Z_{\text{delay}}^{\text{train}}-233\,280)/58\,320$ 。

对于稳定性满意度，$S^*=1$，$\sigma_2=0.8$，则 $u_2=1-(S^*-S)/\sigma_2=1-(1-S)/0.8$ 。

当列车运行计划稳定性为 1 时，稳定性满意度为 1；当列车运行计划稳定性小于 0.2 时，稳定性满意度为 0。

在计算列车运行计划稳定性时，设置各区间在径路 1 与径路 2 上的权重 $\boldsymbol{\alpha}^{\text{r}}$ 、车站权重 $\boldsymbol{\alpha}^{\text{w}}$ 、列车在区间受干扰概率 $\text{PR}^{\text{p,r}}$ 和车站的受干扰概率 $\text{PR}^{\text{p,w}}$ ，以及列车权重。因为区间的权重与区间的长度是紧密相关的，本例中定义区间的权重为区间的长度与整个区段的长度的比值，见附录 E 表 E–1。由于径路上车站的权重与车站所在线路种类及车站的等级有关，所以本例定义的各车站的权重见附录 E 表 E–2。由于受实际情况限制，本例没有采集到京沪既有普速铁路突发事件对列车运行影响的概率数据，而京沪高速铁路尚未投入运营，所以，也缺乏突发事件对列车运行影响的概率数据，所以本例中取列车在各区间与车站受到突发事件继发干扰的概率为 0.01。不同列车的权重与列车晚点惩罚系数一致。

本例总共进行了 80 次迭代计算，计算结果如图 6–56 所示。由图 6–56 可知，总晚点时间满意度值在迭代计算过程中总体呈上升趋势，在第 71 代时达到最大值 0.888 0，此时，总晚点广义惩罚值是 239 812。从 72 代开始，总晚点时间满意度值在最优值附近震荡，不能实现总晚点广义惩罚值的进一步优化。列车运行计划稳定性满意度值在迭代计算过程中首先呈上升趋势，然后逐渐下降，在第 41 代达到最大值 0.872。可见，在第 42 代以后，总晚点时间满意度与稳定性满意度是相斥的，一方满意度值的提升必然导致另一方满意度值的下降。综合考虑了总晚点时间满意度与稳定性满意度的综合满意度值在迭代至 42 代时达到最优，其值为 0.866 5，此时，总晚点时间满意度值为 0.878，稳定性满意度值为 0.861，此时所得的运行调整结果为最优，取此时的计算结果还原为列车运行计划，见附录 B 表 B–3、表 B–4，其运行图见附录 C 图 C–2、图 C–3。为直观起见，图 C–3 将径路

1 与径路 2 重叠的部分区段上的高速列车的运行线进行了绘制，与其他列车的运行线在同一张图中展示。

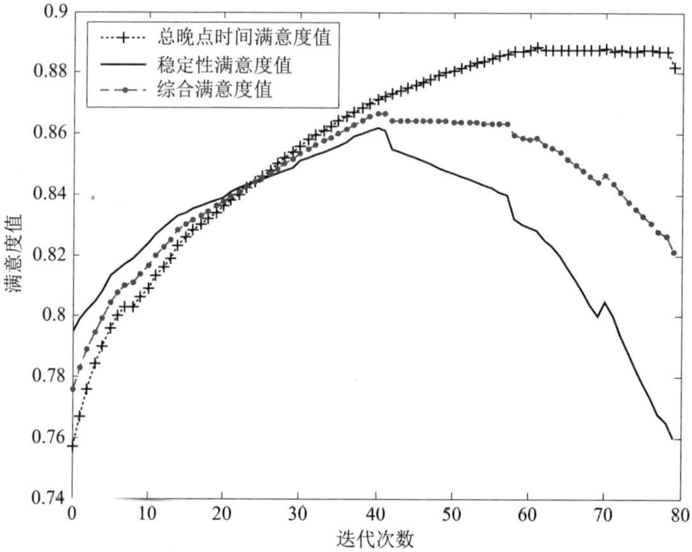

图 6–56　列车运行调整模型计算结果

从附录 C 图 C–2 中可以看出，高速列车进行运行调整后，列车的旅行速度有所下降，造成了一定程度的晚点。高速列车之间没有发生越行。

从附录 C 图 C–3 中不难发现，T118、T284/1、T65、T131/4/1、T559/8、T166/3、T140/37 由于进入径路 2 的时刻较早，与高速列车不发生运行冲突。所以上述列车的运行时刻不需要调整。T54 由于在蚌埠—南京区段的速度与高速列车相当，所以也没有与高速列车发生运行冲突。10135、10625、11301、23005 与 11305 是货物列车，由于进入区间时间较晚，加之列车运行速度较低，没有与其他列车发生运行冲突，其运行计划也没有发生变化。

其他列车与高速列车发生运行冲突时，可通过两种方式解决。其一，组织列车赶点运行，尽量在允许的范围内，在高速列车运行线之间穿插其他列车，包括 T114、D88/5，其中 D88/5 一直正点运行。其二，根据列车在站到发时刻的最小追踪间隔，安排列车晚点运行，包括 K58/5、K518/5、K190/87、K8471、K371/4、K104/1、1230/27。其中，K190/87 经过调整后，在南京站恢复按图运行；K518/5 调整后在南京站正点到达，但是由于发车时刻与 G109 发生冲突，晚点 2 分钟发车，基本恢复按图运行；K104/1 在永宁、林场两站组织加快在站技术作业，压缩停站时间。

综上所述，由本节设计的算法计算得出的列车运行计划调整方案，满足了本例突发事件条件下列车运行调整需求，既充分降低了列车运行晚点时间的广义惩罚值，也使得列车运行线在运行图中的布局更加均衡，即提高了列车运行计划的稳定性。通过以上的分析可见，利用本节设计的算法计算得出的列车运行计划调整方案是非常合理的。本方法既考虑了列车的总晚点广义惩罚，也充分考虑了列车运行计划的稳定性，为应对突发事件造成的不确定的继发干扰提供了条件。

3）计算结果分析

（1）通过列车运行径路分配的求解结果可以看出，模糊系数的隶属度与目标函数值是正相关关系，利用模糊隶属度函数对费用系数进行一定程度的模糊化处理后，决策方案会发生变化；当费用系数的理想化处理达到一定程度，决策方案将不再变化，列车所需的总费用变化不明显。所以在实际生产中，针对费用系数的模糊性，进行模糊化处理，尽可能与现场的生产实际相符合，既满足了模糊系数取值可能性的要求，又降低了列车总费用。利用本节提供的方法，计算出若干具有参考价值的可选方案，供决策者选择。

（2）通过考虑总晚点时间满意度与稳定性满意度的综合优化目标，求解结果在总晚点时间上与只考虑总晚点时间为优化目标的求解结果有一定差距，其原因在于兼顾了列车运行计划的稳定性。当迭代优化进行到一定程度后，总晚点时间满意度与列车运行计划稳定性满意度出现了较为明显的互斥。在实际生产中，若偏重于总晚点时间满意度与列车运行计划稳定性满意度中的一方，可以通过调整综合优化目标中的权重系数θ来实现，所以本节设计的列车运行调整方法具有较强的灵活性。

本章小结

首先，本章分析了突发事件条件下高速列车的行车规则，包括强风、暴雨和洪水、暴雪、地震、高温等。

然后，建立了突发事件条件下的行车调度优化和列车运行调整双层规划模型，上层规划对列车迂回、列车重联、列车停运等调度策略进行优化，在给定上层调度策略后，下层规划采取改变列车区间运行时间、列车停站时间和列车越行方式等策略，并为上层规划提供调整后的运行时刻表，实现双层迭代整体优化。并且该双层规划模型考虑了不同目标函数，设计了两种算法对列车运行调整模型进行求解。其一是利用第 6 章提出的多向植物生长模拟算法求解基于容差法的不确定环境下模糊运行调整算法，相比原有算法，PMGSA 中的每一次迭代不依赖于初始解的选择，而只与当前状态有关，改进的算法不仅增加了解的多样性，而且加快了算法收敛速度。其二是基于收敛模糊粒子群算法的运行调整算法，引入模糊算子和收敛因子，确保计算结果的精度和效率，以通用的测试函数进行了实证，证明了其显著的优化计算性能。

最后，利用京沪高铁发生突发事件的场景，分别验证了上述两种算法对突发事件条件下路网上列车运行调整问题的有效性和可行性。

本章在第 4 章及第 5 章研究工作的基础上，具体研究在实际应用现场如何指导高速铁路运输组织工作。本章设计的模型与算法可为读者研究突发事件条件下高速铁路行车计划调整提供一定的指导。

本章参考文献

［1］赵强. 单线铁路列车运行调整优化模型与算法研究［J］. 系统工程，1999.（6）：12-18.

［2］SZPIGEL B. Optimal train scheduling on a single line railway [J]. Operational Research, 1973 (7): 344-351.

［3］D’ARIANO A, PACCIARELLI D, PRANZO M. A branch and bound algorithm for scheduling trains in a railway network [J]. European Journal of Operational Research, 2007, 183 (2): 643-657.

［4］SAUDER R L, WESTERMAN W M. Computer aided train dispatching: decision support through optimization [J]. Interfaces, 1987, 13 (6): 24-37.

［5］YANG L, LI K, GAO Z. Train timetable problem on a single-line railway with fuzzy passenger demand [J]. IEEE Transactions on Fuzzy Systems, 2009, 17 (3): 617-629.

［6］张咏，杨晓军，赵留杰，等. 层次分析法在列车运行调整中的应用［J］. 铁道运输与经济，2009（3）：70-73.

［7］曹家明. 双线铁路行车调度调整的优化方法［J］. 西南交通大学学报，1995，30（5）：520-526.

［8］王涛，张琦，赵宏涛，等. 基于替代图的列车运行调整计划编制及优化方法［J］. 中国铁道科学，2013，34（5）：126-133.

［9］RODRIGUEZ J. A constraint programming model for real-time train scheduling at junctions [J]. Transportation Research Part B, 2007, 41 (2): 231-245.

［10］李晓娟，韩宝明，李得伟，等. 基于转换极大代数和序优化的高速列车运行调整方法［J］. 中国铁道科学，2013，34（6）：125-130.

［11］彭其渊，朱松年，王培. 网络列车运行图的数学模型及算法研究［J］. 铁道学报，2001，23（1）：1-8.

［12］陈雍君，周磊山. 基于序优化方法的列车运行调整算法研究［J］. 铁道学报，2010，32（3）：1-8.

［13］CACCHIANI V, CAPRARA A, TOTH P. Scheduling extra freight trains on railway networks [J]. Transportation Research Part B, 2010, 44 (2): 215-231.

［14］DING Y, LIU H D, BAI Y, et al. A two-level otptimization model and algorithm for energy-efficient urban train operation [J]. Journal of Transportation Systems Engineering and Information Technology, 2001, 11 (1): 96-101.

［15］CHANG S C, CHUNG Y C. From timetabling to train regulation: a new train operation model [J]. Information and Software Technology, 2005, 47 (1): 575–585.

［16］夏明，周磊山，孙琦，等. 基于蚁群算法的双线铁路列车运行调整研究［J］. 物流技术，2008，27（6）：61-64.

［17］周磊山，秦作睿. 列车运行计划与调整的通用算法及其计算机实现［J］. 铁道学报，1994，16（3）：56-65.

［18］王起龙，张宏勋. 对分层滚动列车运行调整算法的部分改进［J］. 铁道学报，1996（18）：42-45.

［19］牟文婷，董昱. 铁路列车运行调整模型及三群协同粒子群算法的研究［J］. 铁道运营技术，2010，16（2）：13-15.

［20］宋薇，刘晓娟. 基于选择的遗传算法在列车运行调整中的研究［J］. 山西电子技术，2009（1）：28-29.

［21］董守清，王进勇，闫海峰. 双线铁路列车运行调整的禁忌搜索算法［J］. 中国铁道科学，2005，26（4）：114-119.

［22］金福才，胡思继. 基于最小列车秩序熵的列车运行调整算法研究［J］. 铁道学报，2004，26（4）：1-4.

［23］周学松，朱钰，胡思继. 基于列车运行状态推导图的列车运行调整算法［J］. 铁道学报，1999，21（6）：1-4.

［24］张翠平，曹成铉，滕宇蛟，等. 列车运行调整问题的图论模型与启发式算法［J］. 科学技术与工程，2010（10）：2560-2564，2573.

［25］CHENG Y H, YANG L A. A fuzzy petri nets approach for railway traffic control in case of abnormality: evidence from Taiwan railway [J]. Expert Systems with Applications, 2009, 36 (4): 8040-8048.

［26］周磊山，胡思继，马建军，等. 计算机编制网状线路列车运行图方法研究［J］. 铁道学报，1998，20（5）：15-21.

［27］王宏刚，张琦，王建英，等. 基于遗传算法的高速铁路行车调整模型［J］. 中国铁道科学，2006，27（3）：96-100.

［28］王明慧. 粗糙集理论在铁路行车调度指挥系统中应用的研究［J］. 中国铁道科学，2004，25（4）：103-107.

［29］CHUNG J W, OH S M, CHOI I C. A hybrid genetic algorithm for train sequencing in the Korea railway [J]. Omega, 2009, 37(3): 555-565.

［30］贾传峻，胡思继，杨宇栋. 列车运行调整微粒群算法研究［J］. 铁道学报，2006，28（3）：6-11.

［31］孟慧慧. 基于双重启发式动态规划算法的列车运行调整研究［D］. 成都：西南交通大学，2014.

［32］林宏，刘俊，刘闻东，等. 日本铁路运输组织现状及启示［J］. 铁道运输与经济，2012，34（3）：65-72.

［33］LIU B. Theory and practice of uncertain programming [M]. Heidelberg: Physica-Verlag, 2002.

［34］左大杰，王慈光. 客运专线动车组列车重联运行相关问题探讨［J］. 铁道运输与经济，2009，31（7）：32-34.

［35］蒲之艳. 高速铁路跨线中速列车的成本及过轨清算的研究［D］. 成都：西南交通大学，1999：45-87.

［36］陈建华. 铁路旅客票价优化问题的相关模型及算法［D］. 北京：北京交通大学，2007：6-12.

［37］胡涛. 高速铁路运营商组织模式、成本效益研究［D］. 北京：北京交通大学，2006：32-37.

［38］JOHANNA T, PERSSON A J. N-tracked railway traffic re-scheduling during disturbances [J]. Transportation Research Part B: Methodological, 2007, 41 (3): 342-362.

［39］GOVERDE R M. Punctuality of railway operations and timetable stability analysis [D]. Delft, Netherlands: Phd Dissertation, Delft University of Technology, TRAIL Research School, 2005.

［40］GOVERDE R M P. Railway timetable stability analysis using max-plus system theory [J]. Transportation Research Part B, 2007, 41 (2): 179-201.

［41］彭其渊，张羽成，李孟. 列车运行图均衡性评价方法研究［J］. 西南交通大学学报，1998，33（4）：372-377.

［42］CAREY M, CARVILLE S. Testing schedule performance and reliability for train stations [J]. Journal of Operational Research Society, 2000, 51 (6): 666-682.

［43］DE KORT A F, HEIDERGOTT B, AYHAN H. A probabilistic (max,+) approach for determing railway infrastructure capacity [J]. European Journal of Operational Research, 2003, 148 (3): 644-661.

［44］VROMANS M J. Reliability of railway systems [D]. Rotterdam, Netherlands: Erasmus University Rotterdam, 2005.

［45］ENGELHARDT-FUNKE O, KOLONKO M. Analysing stability and investments in railway networks using advanced evolutionary algorithm [J]. International Transactions in Operational Research, 2004, 11 (4): 381-394.

［46］DELORME X,GANDIBLEUX X,RODRIGUEZ J. Stability evaluation of a railway timetable at station level[J].European Journal of Operational Research, 2009, 195 (3): 780-790.

［47］HANSEN I A. Station capacity and stability of train operations [J]. Advances in Transport, Computers in Railways VII, 2000, 7: 809-816.

［48］GOVERDE R M P. Max-plus algebra approach to railway timetable design [C]. Proceedings of the 6th International Conference on Computer Aided Design, Manufacture and Operation in the Railway and other Advanced Mass Transit Systems (1998), Lisbon, Portugal, 1998: 339-350.

［49］杨肇夏，胡安洲，李菊，等. 列车运行图动态性能及其指标体系的研究［J］. 铁道学报，1993，15（3）：46-56.

［50］彭其渊，张羽成，李孟. 列车运行图均衡性评价方法研究［J］. 西南交通大学学报，1998，33（4）：372-377.

［51］彭其渊，朱松年，闫海锋. 列车运行图可调整度评价系统研究［J］. 西南交通大学学报，1998，33（4）：367-371.

［52］D'ARIANO A, PACCIARELLI D, PRANZO M. Assessment of flexible timetables in real-time traffic management of railway bottleneck [J]. Transportation Research Part C, 2008, 16 (2): 232-245.

［53］HERRMANN M T. Stability of timetable and train routings through station regions [D]. Swiss: ETH, 2006.

［54］SLOWINSKI R. A multicriteria fuzzy linear programming methods for water supply systems development planning [J]. Fuzzy Sets and Systems, 1986, 19 (3): 217-237.

［55］陈军华. 基于稳定性的客运专线运行图编制与评价问题研究［D］. 北京交通大学，2009.

［56］MENG X L, JIA L M, QIN Y. Train timetable optimizing and re-scheduling based on improved particle swarm algorithm [J]. Journal of Transportation Research Record, 2010, 2 (2197): 71-79.

［57］方述成，汪定伟. 模糊数学和模糊优化［M］. 北京：科学出版社，1997.

［58］ROMMELFANGER H. Fuzzy linear programming and applications [J]. European Journal of Operational Research, 1996 (92): 512-527.

［59］WERNERS B. An interactive fuzzy mathematical programming, fuzzy sets and systems, 1987 (23): 131-147.

［60］NEGIOTA C V, SULARIA M. On fuzzy mathematical programming and the tolerances in planning [J]. Economic Computation and Economic Cybernetics Studies and Research, 1976 (3): 83-95.

［61］EBERHAT R, KENNEDY J. A new optimizer using particle swarm theory [C]. Proceedings of 6th International Symposium On Micro Machine and Human Science, Nagoya, 1995: 39-43.

［62］CLERC M, KENNEDY J. The particle swarm explosion, stability, and convergence in multidimensional complex space [J]. IEEE Transactions on Evolutionary Computation, 2002, 6 (1): 58-73.

［63］KENNEDY J, EBERHART C R. Swarm Intelligence [M]. San Francisco: Morgan Kaufmann Press, 2001.

［64］ABDELBAR M A, ABDELSHAHID S, WUNSCH II C D. Fuzzy PSO: a generation of particle swarm optimization [C]. Proceedings of International Joint Conference on Neural Networks, Montreal Canada, 2005: 1086-1091.

［65］ABDELBAR M A, ABDELSHAHID S. Instinct-based PSO with local search applied to satisfiability [C]. Proceedings of 2004 International Joint Conference on Neural Networks, Budapest, Hungary, 2004: 2291-2295.

[66] ABDELSHAHID S. Variations of particle swarm optimization and their experimental evaluation on maximum satisfiability [D]. American University in Cairo, New York, 2004.

[67] MENDES R, KENNEDY J, NEVES J. The fully informed particle swarm: simpler, maybe better [J]. IEEE Transactions on Evolutionary Computation, 2004, 8 (3): 204-210.

[68] YANG G Y. A modified particle swarm optimizer algorithm [C]. The Eighth International Conference on Electronic Measurement and Instruments. 2007 (2): 675-679.

[69] SINGH P. Fuzzy adaptive particle swarm optimization for bidding strategy in uniform price spot market [J]. IEEE Transactions on Power Systems, 2007, 22 (4): 2152– 2160.

[70] SABER Y A,SENJYU T,YONA A,et al. Unit commitment computation by fuzzy adaptive Particle Swarm Optimization [J]. IET Generation Transmission & Distribution, 2007, 1 (3): 456-465.

[71] ESMIN A. Generating fuzzy rules from examples using the particle swarm optimization algorithm [C]. Seventh International Conference on Hybrid Intelligent Systems, Kaiserslautern, 2006: 340-343.

[72] ESMIN A, LAMBERT-TORRES G A. Fitting fuzzy membership functions using hybrid particle swarm optimization [C]. Proceedings of 2006 IEEE International Conference on Fuzzy Systems, Vancouver, BC. Canada, 2006: 2112-2119.

[73] AN S F, LIU K Q, LIU B. Improved weighted fuzzy reasoning algorithm based on particle swarm optimization [C]. Proceedings of Sixth International Conference on Machine Learning and Cybernetics, Hong Kong, 2007 (3): 1304-1308.

[74] SHI Y, EBERHART C R. A modified particle swarm optimizer [C]. Proceedings IEEE International Conference on Evolutionary Computation, 1998: 69-73.

[75] CLERC M, KENNEDY J. The particle swarm explosion, stability and convergence in multidimensional complex space [J]. IEEE Transactions on Evolutionary Computation, 2002, 6 (1): 58-73.

［76］ JANG J, SUN C T, MIZUTANI E. Neuro-fuzzy and soft computing [M]. Prentice-Hall, 1996, 94-99, 2002.

［77］ BERGH F, ENGELBRECHT P A. A new locally convergent particle swarm optimizer [C]. Proceedings IEEE International Conference on Systems, Man and Cybernetics, 2002: 94-99.

［78］ TRELEA I C. The particle swarm optimization algorithm: convergence analysis and parameter selection [J]. Information Processing Letters, 2003, 85 (6): 317-325.

［79］ 孟学雷，贾利民. 一类新的粒子群算法［J］. 控制与决策，2009，24（6）：941-944，948.

［80］ 孟学雷. 突发事件条件下列车运行组织理论与方法研究［D］. 北京：北京交通大学，2011.

［81］ 胡思继. 列车运行图编制理论［M］. 北京：中国铁道出版社，2007：8-18.

7 高速铁路应急资源配置

高速铁路应急资源的合理配置是减少事件响应时间、提高应急救援效率、避免资源浪费的基础。应急资源配置是根据统计的突发事件发生的区域概率、事件数和事件等级配置各类应急资源，以保证救援的及时性[1]。本章主要从静态和动态两个角度讨论高速铁路应急资源的配置，静态配置属于铁路应急管理四阶段中的准备阶段，而动态配置则属于响应阶段，这里只讨论单一应急资源条件下的高速铁路应急资源配置问题，如果不考虑应急资源之间的相关性，要解决多种应急资源条件下的高速铁路应急资源配置问题，只需分别对每种应急资源进行配置即可。

静态配置是在应急服务设施点地址选好后，针对高速铁路现有的应急点状况，在应对突发事件所需的应急资源结构和数量不随时间的推移而变化的情况下，优化资源配置，使整条铁路线或者整个铁路网络的资源保障水平尽可能高。文献［2］针对多资源应急多点出救问题的特点，提出了多资源应急问题的数学模型，通过引入连续可行方案的概念，在单资源应急问题的研究基础上，实现该问题的求解。文献［3］提出了新的资源优化配置的非参数 DEA 模型，对应急系统中应急资源总体利用情况进行了评价，考虑决策者的偏好信息，构造了偏好的 DEA 资源配置决策模型，结果表明，在资源总量控制的情况下，利用所提出的模型对应急资源进行统筹安排和合理配置，可以大大提高应急系统的整体相对效率。文献［4］研究了灾害发生后总量有限的多种应急救援物资对多受灾点进行资源合理分配的问题，利用层次分析法对向专家发放调查问卷得来的数据进行分析，得出各评价指标的权重，求出单位应急救援物资对各受灾点所发挥的效用系数，在该效用系数的基础上建立了各应急救援物资对各受灾点的分配的总效用方程，并用遗传算法求解。最后通过实例验证了模型的有效性和可行性，但该模型没有考虑现实操作的复杂性，约束条件不是很充分。文献［5］分析了灾害前的应急资源的高效配置在地震灾害前的应急救援管理中所起到的关键作用，当前应急物流最富挑战性的问题就是可利用的运输网络中的救援点布置和路径配置，据此建立了基于救援点–路径的非线性整数模型，该模型考虑了旅行时间、运输成本、分批运送可靠性等因素，并利用非支配排序的遗传算法和非支配排序的不同进化算法求解上述模型。

动态配置是在突发事件发生时，所需应急资源的结构和数量随时间变化的情况下，给应急服务设施点不断补充资源，使资源保障水平最高。如在应对突然发生的火灾事故时，当第一批到达的资源只有所需资源的 70%时，后续所需的资源很可能要大于前一阶段所需资源的 30%。文献［6］最早地提出了消防公司再配置紧急车辆的问题。文献［7］通过对地震后不同事故场所和可利用资源来计算资源的性能和有效性，并以此建立了一个资源配置动态优化模型。文献［8］针对在紧急医疗服务实时管理中所遇到的救护车队的重新部署问题，建立了一个非线性数学模型，采用并行禁忌算法求解模型，并利用实际数据说明了模型是有效的。文献［9］开发了以 GIS 为核心的应急系统模型，用于城市突发性地质灾害事故应急辅助决策，通过对灾害现场和救助机构实行实时动态监视和控制实现对救灾资源的实时调度和配置，从而提高应急救援效率和响应速度。文献［10］认为在进行资源优化配置时，既要考虑已确定项目的资源优化配置，又要考虑下阶段的资源再分配，从而提出了“动态博弈网络技术”概念，以此来解决动态网络下的关键链管理、资源优化配置等主要问题。文献［11］运用博弈理论建立了多应急点的资源配置模型，用纳什均衡来优化求解模型中对应每种事故的资源配置方案，约束条件考虑了资源的可得到性、事故的严重程度及所需资源的数量等多个因素，该模型旨在缩短应急响应时间，减小损失，但只适用于同时发生多个低中等级的事故的情况，而且应急资源要安置在相同的固定区域。文献［12］针对突发事故灾害应急管理的特点，根据应急点的数目，将应急资源配置过程划分为若干阶段。以每一阶段开始或上一阶段结束时已调度的应急资源数量为状态变量，结合动态规划的基本理论，构建应急资源优化配置数学模型。通过案例分析证明该模型可以避免传统管理模式下应急资源配置过程中的重复、缺项及资源利用低效等问题，并能有效指导应急过程中应急资源的优化配置。文献［13］为解决多个事故同时存在时应急资源的配置问题，设计了一种改进的基于偏好序的效用函数，用以描述各事故得到救援的及时性和有效性，将多事故资源调配问题描述为完全信息非合作博弈过程，利用 Gambit 软件求解该博弈过程的纳什均衡，得到资源分配方案。结果表明该方法合理有效地解决了多事故点的应急资源调配问题。为了解决多受灾点应急资源配置过程中出现的分配不均和资源竞争问题，文献［14］提出了基于公平优先原则的多受灾点应急资源配置算法，建立了一种以双层决策方法为基础的多受灾点应急资源配置模型，使应急资源配置过程兼顾及时性与公平性，从而确保各受灾点均能尽早开展应急工作；并根据应急出救的就近原则，提出了一种多受灾点–多出救点应急资源配置动态优选策略，快速求取双层应急资源配置模型的全局最优解，算例证实了该算法的有效性。文献［15］通过分析应急资源配置与突发事件情境之间的关系，建立了基于“情境—应对”模型的动态多阶段应急资源配置的数学模型和拓扑模型，根据突发事件的情境信息和发展阶段快速掌握各阶段救援效果，及时、准确调整应急资源配置策略，实现动态滚动推进模式的应急资源配置。

综上所述，现阶段对各种突发事故灾害下的多种应急资源的优化配置的研究较少，对高速铁路应急资源配置的研究更少，而且大部分研究仅把应急时间最短作为系统的优化目标，优化手段过于单一，缺乏对应急过程复杂性的考虑。

7.1 基于效用函数的高速铁路应急资源的静态配置

高速铁路应急资源的静态配置是在应急点没有发生突发事件的条件下应急服务设施点的资源配置，目标是在高速铁路应急资源经济配置（满足应急资源需求的最低配置）的条件下，使应急资源减少的损失量最大。由于应急点可能需要的应急资源是不确定的，所以应急服务设施点的应急资源经济配置也是不确定的，因此本节引入应急资源效用函数来分析应急资源可以减少的损失量，并采用 Monte Carlo 方法确定应急资源最优静态配置的期望值。

7.1.1 高速铁路应急资源效用函数

高速铁路应急资源效用函数 $f_j(x_{ij},t_{ij})$ 表示应急服务设施点 S_i 调配 x_{ij} 数量的应急资源到应急点 E_j 可以减少的损失量，$f_j(x_{ij},t_{ij})$ 的形式和参数需要根据应急实际情况确定。考虑高速铁路应急的实际情况和计算的简便性，本节中的应急资源效用函数定义为与应急资源数量正相关、与应急开始时间负相关的线性函数[16]，可表示为

$$f_j(x_{ij},t_{ij})=\begin{cases}(T_j-t_{ij})\cdot \text{unitSave}_j\cdot x_{ij} & 0\leqslant t_{ij}<T_j\\ -M\cdot x_{ij} & t_{ij}\geqslant T_j\end{cases} \tag{7-1}$$

式中符号说明如下：

x_{ij} ——应急服务设施点 S_i 调配到应急点 E_j 的应急资源数量；

t_{ij}——应急服务设施点S_i到应急点E_j的最短时间；

T_j——应急点E_j的应急失效时间，表示当应急资源到达E_j的时间大于或等于T_j时，将无法减少损失；

unitSave_j——单位应急资源用于应急点E_j时单位时间可以减少的损失量。

当$t_{ij} \geqslant T_j$时，应急服务设施点S_i的应急资源到达E_j时将无法减少损失，所以在实际应急救援中，应急服务设施点S_i就不应该调配应急资源到应急点E_j。因此，当$t_{ij} \geqslant T_j$时，应急服务设施点S_i的单位应急资源到应急点E_j可以减少的损失量为$-M$，其中M是一个很大的正数。

7.1.2 Monte Carlo 方法

蒙特卡罗（Monte Carlo）方法亦称为随机模拟方法，属于计算数学的一个分支，它是在 20 世纪 40 年代中期为了适应当时原子能事业的发展而发展起来的。传统的经验方法由于不能逼近真实的物理过程，很难得到满意的结果，而 Monte Carlo 方法能够真实地模拟实际物理过程，可以得到很圆满的结果，因此，本节采用该方法解决高速铁路应急资源静态配置问题。

Monte Carlo 方法的基本原理及思想是：当所要求解的问题是某种事件出现的概率，或者是某个随机变量的期望值时，它可以通过某种“试验”的方法，得到这种事件出现的频率，或者这个随机变量的期望值，并用它们作为问题的解。Monte Carlo 方法通过抓住事物运动的几何数量和几何特征，利用数学方法来加以模拟。它以一个概率模型为基础，按照这个模型所描绘的过程，将模拟实验的结果，作为问题的近似解。一般情况下，可以把 Monte Carlo 解题归结为三个主要步骤：构造或描述概率过程、实现从已知概率分布抽样、建立各种估计量[17]。

1. 构造或描述概率过程

对于本身就具有随机性质的问题，如粒子输运问题，主要是正确描述和模拟这个概率过程。对于本来不具有随机性质的确定性问题，比如计算定积分，就必须事先构造一个人为的概率过程，它的某些参量正好是所求问题的解，即要将不具有随机性质的问题转化为具有随机性质的问题。

2. 实现从已知概率分布抽样

构造了概率模型以后，由于各种概率模型都可以看作是由各种各样的概率分布构成的，因此产生已知概率分布的随机变量（或随机向量），就成为实现 Monte

Carlo 方法模拟实验的基本手段，这也是 Monte Carlo 方法被称为随机抽样的原因。最简单、最基本、最重要的一个概率分布是（0，1）上的均匀分布（矩形分布）。随机数就是具有这种分布的随机变量，随机数序列就是具有这种分布的总体的一个简单子样样本，也就是一个具有这种分布的相互独立的随机变数序列。产生随机数的问题，就是从这个分布抽样的问题。在计算机上，可以用物理方法产生随机数，但价格昂贵，不能重复，使用不便。另一种方法是用数学递推公式产生。这样产生的随机数，与真正的随机数不同，所以称为伪随机数。不过，经过多种统计检验表明，它与真正的随机数具有相近的性质，因此可把它作为真正的随机数来使用。由已知分布随机抽样有各种方法，与从（0，1）上的均匀分布抽样不同，这些方法都是借助随机数序列实现的，也就是说，都是以产生随机数为前提的。由此可见，随机数是我们实现 Monte Carlo 模拟的基本工具。

3. 建立各种估计量

一般来说，构造了概率模型并能从中抽样后，即实现模拟实验后，就要确定一个随机变量，作为所要求解问题的解，可称它为无偏估计。建立各种估计量，相当于对模拟实验的结果进行考察和登记，从中得到问题的解[18]。

Monte Carlo 方法可以解决各种类型的问题，但总的来说，视其是否涉及随机过程的性态和结果，用 Monte Carlo 方法处理的问题可以分为以下两类。

第一类是确定性的数学问题。用 Monte Carlo 方法求解这类问题的方法是：首先建立一个与所求解问题有关的概率模型，使所求的解就是我们所建立模型的概率分布或数学期望；然后对这个模型进行随机抽样观察，即产生随机变量；最后用其算术平均值作为所求解的近似估计值。计算多重积分、求逆矩阵、解线性代数方程组、解积分方程、解某些偏微分方程边值问题和计算微分算子的特征值等都属于这一类。

第二类是随机性问题。例如，中子在介质中的扩散等问题就属于随机性问题，这是因为中子在介质内部不仅受到某些确定性的影响，而且更多的是受到随机性的影响。对于这类问题，虽然有时可表示为多重积分或某些函数方程，并进而可考虑用随机抽样方法求解，然而一般情况下都不采用这种间接模拟方法，而是采用直接模拟方法，即根据实际物理情况的概率法则，用电子计算机进行抽样试验。原子核物理问题、运筹学中的库存问题、随机服务系统中的排队问题、动物的生态竞争和传染病的蔓延等都属于这一类[19]。

产生随机数有很多种方法，其中应用较为普遍的方法是乘加同余法。选取一

个函数 $g(x)$，使其将整数变为随机数。以某种方法选取 x_0，并按照 $x_{k+1}=g(x_k)$ 产生下一个随机数。最一般的方程 $g(x)$ 为

$$g(x)=(ax_0+c)\bmod m \tag{7-2}$$

其中，x_0 为初始值或种子（$x_0>0$）；a 为乘数器（$a\geqslant 0$）；c 为增值（$c\geqslant 0$）；m 为模数。

对于 t 数位的二进制整数，其模数通常为 2^t。这里，x_0、a 和 c 都是整数，且具有相同的取值范围 $x_0<m$，$a<m$，$c<m$。所需的随机数序列 $\{x_n\}$ 便可由式（7–3）得到。

$$x_{n+1}=(ax_n+c)\bmod m \tag{7-3}$$

该序列称为线性同余序列。若 $x_0=a=c=7$ 且 $m=10$，则该序列为

$$7，6，9，0，7，6，9，0，\cdots \tag{7-4}$$

可以证明，线性同余序列总会进入一个循环套，也就是说，最终总会出现一个无休止重复的数字的循环。式（7–4）中序列周期长度为 4。当然，一个有用的序列必是具有相对较长周期的序列。

此外，产生随机数的方法除乘加同余法外，还有平方取中法、乘同余法等[20–22]。

Monte Carlo 方法与一般计算方法相比有很大区别，一般计算方法对于解决多维或因素复杂的问题非常困难，而 Monte Carlo 方法对于解决这方面的问题却比较简单。其特点如下。

（1）直接追踪粒子，物理思路清晰，易于理解。

（2）采用随机抽样的方法，较真切地模拟粒子输运的过程，反映了统计涨落的规律。

（3）不受系统多维、多因素等复杂性的限制，是解决复杂系统粒子输运问题的好方法。

（4）Monte Carlo 程序结构清晰简单。

（5）研究人员采用 Monte Carlo 方法编写程序来解决粒子输运问题，比较容易得到自己想得到的任意中间结果，应用灵活性强。

（6）Monte Carlo 方法主要弱点是收敛速度较慢和误差的概率性质，其概率误差正比于 $\sigma/\sqrt{N}$，如果单纯以增大抽样粒子个数 N 来减小误差，就要增加很大的计算量。

7.1.3 基于效用函数的高速铁路应急资源的静态配置模型

在高速铁路应急资源配置中，假设有 m 个可能发生突发事件的应急点

$E_1, E_2, E_3, \cdots, E_m$，发生突发事件的级别不确定，有 n 个应急服务设施点 $S_1, S_2, S_3, \cdots, S_n$，用 $t_{ij}\ (i=1,2,3,\cdots,n;\ j=1,2,3,\cdots,m)$ 表示应急服务设施点 S_i 到应急点 E_j 的最短时间，其中 t_{ij}>0，x_{ij} 表示应急服务设施点 S_i 调配到应急点 E_j 的应急资源数量。p_i 表示各应急服务设施点 S_i 的资源备有量。

要求给出一个方案，在刚好满足应急资源需求的情况下配置应急服务设施点的应急资源备有量，使得减少的总损失量最大。

应急点可能发生的突发事件的级别是不确定的，当发生某种级别的突发事件后所需要的应急资源数量也是不确定的，因此可以采用统计学方法得到各应急点中各类突发事件发生的概率，以及各类突发事件所对应的应急资源需求量。

假定有 q 种突发事件，u 表示突发事件级别，d_j 表示应急点 E_j 需要的应急资源数量，d_{ju} 表示应急点发生级别为 u 的突发事件时需要的应急资源数量，发生概率为 M_{ju}，d_{ju} 服从均值为 D_{ju}、方差为 σ_{ju} 的正态分布，即 $d_{ju} \sim \mathrm{N}(D_{ju}, \sigma_{ju})$，应急点 E_j 发生不同类型突发事件所需的同一应急资源 d_j 的取值为

$$d_j = \begin{cases} d_{j1} \sim \mathrm{N}(D_{j1}, \sigma_{j1}) & \text{概率为} M_{j1} \\ \vdots & \vdots \\ d_{jq} \sim \mathrm{N}(D_{jq}, \sigma_{jq}) & \text{概率为} M_{jq} \end{cases} \tag{7-5}$$

应急点 E_j 发生的突发事件级别所对应的效用函数为 $f_j(x_{ij}, t_{ij})$、应急点 E_j 需要的应急资源数量为 d_j 的条件下，根据资源约束条件和应急资源效用最大化，建立优化模型，即

$$\max_{x,p} \sum_{j=1}^{m}\sum_{i=1}^{n} f_j(x_{ij}, t_{ij})$$

$$\text{s.t.} \begin{cases} \sum_{i=1}^{n} x_{ij} = d_j \\ \sum_{j=1}^{m} x_{ij} = p_i \\ x_{ij} \geqslant 0 \\ t_{ij} \geqslant 0 \\ i=1,2,3,\cdots,n \\ j=1,2,3,\cdots,m \end{cases} \tag{7-6}$$

式（7–6）中，目标函数为多应急点应急资源效用函数，即提供应急后可减少的总损失量。第一个约束条件表示应急点 E_j 需要的应急资源数量 d_j 应与各应急服务设施点提供给应急点 E_j 的资源总量相等，即应急点 E_j 所需的应急资源需充

足保证；第二个约束条件表示应急服务设施点 S_i 的资源备有量 p_i 应与各应急点所需应急服务设施点 S_i 提供的资源总量相等，即应急资源约束。这样才能既满足应急需求又使得可减少的总损失量最大。

应急点 E_j 可能发生的突发事件级别及需要的应急资源数量都是不确定的，所以利用 Monte Carlo 方法模拟需要的应急资源数量 d_j 的分布来求解应急资源备有量 p_i。具体求解步骤如下。

（1）令 $\boldsymbol{p}$ 为零向量。

（2）对每一个应急点 E_j，采用轮盘赌选择法确定其发生的突发事件级别 u。轮盘赌选择法是遗传算法中最早提出的一种选择方法，因为简单实用，所以被广泛采用。它是一种基于比例的选择、回放式的随机采样方法（可以称为选择的 Monte Carlo 方法），利用各个个体适应度所占比例的大小决定其后代保留的可能性。若个体的适应度越大，则其被选择的机会越大。为了选择交配个体，需要进行多轮选择。每一轮产生一个（0, 1）上均匀分布的随机数，将该随机数作为选择指针来确定被选个体[23–24]。

令 $\text{sum}M=\sum_{l=1}^{q}M_{jl}$，生成（0, 1）上的随机数 rand，当 $\dfrac{\sum_{l=1}^{u-1}M_{jl}}{\text{sum}M}<\text{rand}<\dfrac{\sum_{l=1}^{u}M_{jl}}{\text{sum}M}$ 时，则认为突发事件级别为 u，确定对应的效用函数 $f_j(x_{ij},t_{ij})$。然后生成一个服从正态分布 $\text{N}(D_{ju},\sigma_{ju})$ 的数值，作为应急点 E_j 需要的应急资源数量 d_j。

（3）当效用函数 $f_j(x_{ij},t_{ij})$、应急点 E_j 需要的应急资源数量 d_j、应急服务设施点 S_i 的应急资源备有量 p_i 确定之后，求解如下确定性规划，求得 $\boldsymbol{p}$ 的最优解为 $\boldsymbol{p}^*$。

$$\max_{\boldsymbol{x},\boldsymbol{p}}\ \sum_{j=1}^{m}\sum_{i=1}^{n}f_j(x_{ij},t_{ij})$$

$$\text{s.t.}\begin{cases}\sum_{i=1}^{n}x_{ij}=d_j\\ \sum_{j=1}^{m}x_{ij}=p_i\\ x_{ij}\geqslant 0\\ t_{ij}\geqslant 0\\ i=1,2,3,\cdots,n\\ j=1,2,3,\cdots,m\end{cases}\tag{7–7}$$

（4）令 $\boldsymbol{p}=\boldsymbol{p}+\boldsymbol{p}^*$。

（5）重复步骤（2）～（4）共 N 次。

（6）令 $\boldsymbol{p}=\boldsymbol{p}/N$，得到最后结果 $\boldsymbol{p}$。

基于 Monte Carlo 方法的计算流程图如图 7–1 所示。

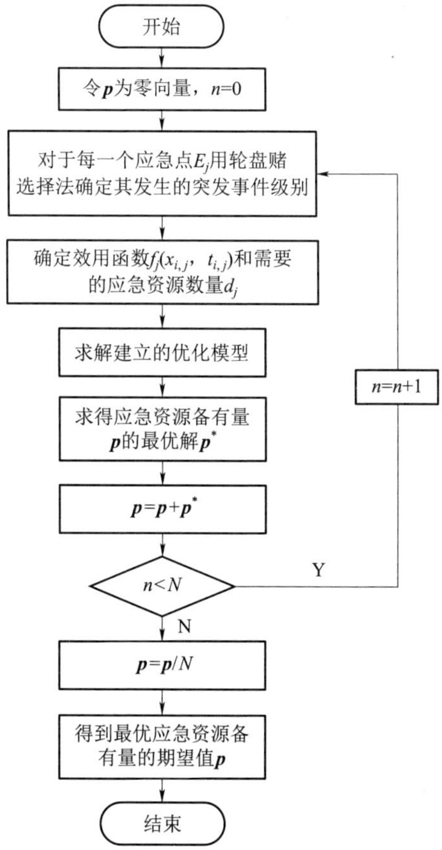

图 7–1　基于 Monte Carlo 方法的计算流程图

7.1.4　案例分析

在应急救援过程中，假设可能发生突发事件的应急点数 $m=8$，应急服务设施点数 $n=4$，应急服务设施点 S_i 到应急点 E_j 的最短时间 t_{ij} 如表 7–1 所示。

表 7–1 应急服务设施点 S_i 到应急点 E_j 的最短时间 t_{ij}

应急服务设施点	应急点							
	E_1	E_2	E_3	E_4	E_5	E_6	E_7	E_8
S_1	1.63	2.07	2.13	0.37	1.45	2.12	2.03	1.19
S_2	1.83	2.95	3.11	1.25	0.48	2.11	0.77	0.74
S_3	0.91	0.76	1.06	1.80	3.12	1.05	1.06	1.97
S_4	1.02	2.08	2.37	2.26	2.98	0.50	0.50	1.79

此处对各应急点发生突发事件的级别分为 5 种：无事件、一般事件、较大事件、重大事件、特别重大事件，分别取值为 1～5。根据统计数据可知各应急点不同的事件级别对应的应急资源需求量服从正态分布，如表 7–2 所示。

表 7–2 不同级别突发事件对应的应急资源需求量

应急点	无事件 u=1	一般事件 u=2	较大事件 u=3	重大事件 u=4	特别重大事件 u=5
E_1	0	N（9, 0.5）	N（10, 0.3）	N（12, 0.25）	N（15, 0.15）
E_2	0	N（8, 0.7）	N（10, 0.4）	N（13, 0.26）	N（16, 0.25）
E_3	0	N（9, 0.4）	N（11, 0.41）	N（14, 0.09）	N（17, 0.13）
E_4	0	N（10, 0.5）	N（12, 0.35）	N（15, 0.16）	N（18, 0.15）
E_5	0	N（11, 0.14）	N（13, 0.2）	N（14, 0.09）	N（17, 0.2）
E_6	0	N（12, 0.4）	N（13, 0.35）	N（15, 0.25）	N（18, 0.3）
E_7	0	N（12, 0.35）	N（14, 0.12）	N（16, 0.35）	N（17, 0.5）
E_8	0	N（11, 0.4）	N（13, 0.25）	N（16, 0.3）	N（18, 0.26）

应急点需要的应急资源数量 d_j 取值如下。

$$d_1=\begin{cases} d_{11}=0 & \text{概率为0.1} \\ d_{12}\sim \mathrm{N}(9,0.5) & \text{概率为0.3} \\ d_{13}\sim \mathrm{N}(10,0.3) & \text{概率为0.3} \\ d_{14}\sim \mathrm{N}(12,0.25) & \text{概率为0.2} \\ d_{15}\sim \mathrm{N}(15,0.15) & \text{概率为0.1} \end{cases} \quad d_2=\begin{cases} d_{11}=0 & \text{概率为0.2} \\ d_{22}\sim \mathrm{N}(8,0.7) & \text{概率为0.3} \\ d_{23}\sim \mathrm{N}(10,0.4) & \text{概率为0.3} \\ d_{24}\sim \mathrm{N}(13,0.26) & \text{概率为0.1} \\ d_{25}\sim \mathrm{N}(16,0.25) & \text{概率为0.1} \end{cases}$$

$$d_3=\begin{cases} d_{31}=0 & \text{概率为0.6} \\ d_{32}\sim \mathrm{N}(9,0.4) & \text{概率为0.1} \\ d_{33}\sim \mathrm{N}(11,0.41) & \text{概率为0.1} \\ d_{34}\sim \mathrm{N}(14,0.25) & \text{概率为0.1} \\ d_{35}\sim \mathrm{N}(17,0.13) & \text{概率为0.1} \end{cases} \quad d_4=\begin{cases} d_{41}=0 & \text{概率为0.4} \\ d_{42}\sim \mathrm{N}(10,0.5) & \text{概率为0.2} \\ d_{43}\sim \mathrm{N}(12,0.35) & \text{概率为0.2} \\ d_{44}\sim \mathrm{N}(15,0.16) & \text{概率为0.1} \\ d_{45}\sim \mathrm{N}(18,0.15) & \text{概率为0.1} \end{cases}$$

$$d_5=\begin{cases} d_{51}=0 & \text{概率为0.3} \\ d_{52}\sim \mathrm{N}(11,0.14) & \text{概率为0.2} \\ d_{53}\sim \mathrm{N}(13,0.2) & \text{概率为0.2} \\ d_{54}\sim \mathrm{N}(14,0.09) & \text{概率为0.2} \\ d_{55}\sim \mathrm{N}(17,0.2) & \text{概率为0.1} \end{cases} \quad d_6=\begin{cases} d_{61}=0 & \text{概率为0.25} \\ d_{62}\sim \mathrm{N}(12,0.4) & \text{概率为0.25} \\ d_{63}\sim \mathrm{N}(13,0.35) & \text{概率为0.2} \\ d_{64}\sim \mathrm{N}(15,0.25) & \text{概率为0.2} \\ d_{65}\sim \mathrm{N}(18,0.3) & \text{概率为0.1} \end{cases}$$

$$d_7=\begin{cases} d_{71}=0 & \text{概率为0.35} \\ d_{72}\sim \mathrm{N}(12,0.35) & \text{概率为0.25} \\ d_{73}\sim \mathrm{N}(14,0.12) & \text{概率为0.2} \\ d_{74}\sim \mathrm{N}(16,0.35) & \text{概率为0.1} \\ d_{75}\sim \mathrm{N}(17,0.5) & \text{概率为0.1} \end{cases} \quad d_8=\begin{cases} d_{81}=0 & \text{概率为0.2} \\ d_{82}\sim \mathrm{N}(11,0.4) & \text{概率为0.3} \\ d_{83}\sim \mathrm{N}(13,0.25) & \text{概率为0.2} \\ d_{84}\sim \mathrm{N}(16,0.3) & \text{概率为0.2} \\ d_{85}\sim \mathrm{N}(18,0.26) & \text{概率为0.1} \end{cases}$$

可用 7.1.1 节提到的方法构建应急资源效用函数，其与应急资源数量正相关，与应急开始时间负相关，应急点 E_1～E_8 设计的应急资源效用函数如下：

$$f_1(x_{i1},t_{i1})=\begin{cases} 0 & u=1 \\ \begin{cases} (11-t_{i1})\cdot 15\cdot x_{i1} & t_{i1}<11 \\ -M\cdot x_{i1} & t_{i1}\geqslant 11 \end{cases} & u=2 \\ \begin{cases} (10-t_{i1})\cdot 15\cdot x_{i1} & t_{i1}<10 \\ -M\cdot x_{i1} & t_{i1}\geqslant 10 \end{cases} & u=3 \\ \begin{cases} (9-t_{i1})\cdot 15\cdot x_{i1} & t_{i1}<9 \\ -M\cdot x_{i1} & t_{i1}\geqslant 9 \end{cases} & u=4 \\ \begin{cases} (8-t_{i1})\cdot 15\cdot x_{i1} & t_{i1}<8 \\ -M\cdot x_{i1} & t_{i1}\geqslant 8 \end{cases} & u=5 \end{cases}$$

$$f_2(x_{i2},t_{i2})=\begin{cases}0 & u=1\\ \begin{cases}(12-t_{i1})\cdot 14\cdot x_{i2} & t_{i2}<12\\ -M\cdot x_{i2} & t_{i2}\geqslant 12\end{cases} & u=2\\ \begin{cases}(11-t_{i1})\cdot 14\cdot x_{i2} & t_{i2}<11\\ -M\cdot x_{i2} & t_{i2}\geqslant 11\end{cases} & u=3\\ \begin{cases}(10-t_{i1})\cdot 14\cdot x_{i2} & t_{i2}<10\\ -M\cdot x_{i2} & t_{i2}\geqslant 10\end{cases} & u=4\\ \begin{cases}(9-t_{i1})\cdot 14\cdot x_{i2} & t_{i2}<9\\ -M\cdot x_{i2} & t_{i2}\geqslant 9\end{cases} & u=5\end{cases}$$

$$f_3(x_{i3},t_{i3})=\begin{cases}0 & u=1\\ \begin{cases}(15-t_{i1})\cdot 20\cdot x_{i3} & t_{i3}<15\\ -M\cdot x_{i3} & t_{i3}\geqslant 15\end{cases} & u=2\\ \begin{cases}(14-t_{i1})\cdot 20\cdot x_{i3} & t_{i3}<14\\ -M\cdot x_{i3} & t_{i3}\geqslant 14\end{cases} & u=3\\ \begin{cases}(13-t_{i1})\cdot 20\cdot x_{i3} & t_{i3}<13\\ -M\cdot x_{i3} & t_{i3}\geqslant 13\end{cases} & u=4\\ \begin{cases}(12-t_{i1})\cdot 20\cdot x_{i3} & t_{i3}<12\\ -M\cdot x_{i3} & t_{i3}\geqslant 12\end{cases} & u=5\end{cases}$$

$$f_4(x_{i4},t_{i4})=\begin{cases}0 & u=1\\ \begin{cases}(14-t_{i4})\cdot 16\cdot x_{i4} & t_{i4}<14\\ -M\cdot x_{i4} & t_{i4}\geqslant 14\end{cases} & u=2\\ \begin{cases}(13-t_{i4})\cdot 16\cdot x_{i4} & t_{i4}<13\\ -M\cdot x_{i4} & t_{i4}\geqslant 13\end{cases} & u=3\\ \begin{cases}(12-t_{i4})\cdot 16\cdot x_{i4} & t_{i4}<12\\ -M\cdot x_{i4} & t_{i4}\geqslant 12\end{cases} & u=4\\ \begin{cases}(11-t_{i4})\cdot 16\cdot x_{i4} & t_{i4}<11\\ -M\cdot x_{i4} & t_{i4}\geqslant 11\end{cases} & u=5\end{cases}$$

$$f_5(x_{i5},t_{i5})=\begin{cases}0 & u=1\\ \begin{cases}(15-t_{i5})\bullet 16\bullet x_{i5} & t_{i5}<15\\ -M\bullet x_{i5} & t_{i5}\geqslant 15\end{cases} & u=2\\ \begin{cases}(13-t_{i5})\bullet 16\bullet x_{i5} & t_{i5}<13\\ -M\bullet x_{i5} & t_{i5}\geqslant 13\end{cases} & u=3\\ \begin{cases}(12-t_{i5})\bullet 16\bullet x_{i5} & t_{i5}<12\\ -M\bullet x_{i5} & t_{i5}\geqslant 12\end{cases} & u=4\\ \begin{cases}(11-t_{i5})\bullet 16\bullet x_{i5} & t_{i5}<11\\ -M\bullet x_{i5} & t_{i5}\geqslant 11\end{cases} & u=5\end{cases}$$

$$f_6(x_{i6},t_{i6})=\begin{cases}0 & u=1\\ \begin{cases}(15-t_{i6})\bullet 17\bullet x_{i6} & t_{i6}<15\\ -M\bullet x_{i6} & t_{i6}\geqslant 15\end{cases} & u=2\\ \begin{cases}(14-t_{i6})\bullet 17\bullet x_{i6} & t_{i6}<14\\ -M\bullet x_{i6} & t_{i6}\geqslant 14\end{cases} & u=3\\ \begin{cases}(13-t_{i6})\bullet 17\bullet x_{i6} & t_{i6}<13\\ -M\bullet x_{i6} & t_{i6}\geqslant 13\end{cases} & u=4\\ \begin{cases}(12-t_{i6})\bullet 17\bullet x_{i6} & t_{i6}<12\\ -M\bullet x_{i6} & t_{i6}\geqslant 12\end{cases} & u=5\end{cases}$$

$$f_7(x_{i7},t_{i7})=\begin{cases}0 & u=1\\ \begin{cases}(16-t_{i7})\bullet 17\bullet x_{i7} & t_{i7}<16\\ -M\bullet x_{i7} & t_{i7}\geqslant 16\end{cases} & u=2\\ \begin{cases}(14-t_{i7})\bullet 17\bullet x_{i7} & t_{i7}<14\\ -M\bullet x_{i7} & t_{i7}\geqslant 14\end{cases} & u=3\\ \begin{cases}(12-t_{i7})\bullet 17\bullet x_{i7} & t_{i7}<12\\ -M\bullet x_{i7} & t_{i7}\geqslant 12\end{cases} & u=4\\ \begin{cases}(11-t_{i7})\bullet 17\bullet x_{i7} & t_{i7}<11\\ -M\bullet x_{i7} & t_{i7}\geqslant 11\end{cases} & u=5\end{cases}$$

$$f_8(x_{i8},t_{i8})=\begin{cases}0 & u=1\\ \begin{cases}(15-t_{i8})\cdot 15\cdot x_{i8} & t_{i8}<15\\ -M\cdot x_{i8} & t_{i8}\geqslant 15\end{cases} & u=2\\ \begin{cases}(13-t_{i8})\cdot 15\cdot x_{i8} & t_{i8}<13\\ -M\cdot x_{i8} & t_{i8}\geqslant 13\end{cases} & u=3\\ \begin{cases}(12-t_{i8})\cdot 15\cdot x_{i8} & t_{i8}<12\\ -M\cdot x_{i8} & t_{i8}\geqslant 12\end{cases} & u=4\\ \begin{cases}(10-t_{i8})\cdot 15\cdot x_{i8} & t_{i8}<10\\ -M\cdot x_{i8} & t_{i8}\geqslant 10\end{cases} & u=5\end{cases}$$

利用 Monte Carlo 方法求解，当循环次数 $N\geqslant 500$ 时，求解结果稳定，得到应急资源备有量的期望值 $\boldsymbol{p}=(9.146\,7, 19.518\,7, 22.636\,4, 19.31)$，此解是能实现优化目标的应急资源经济配置。从结果中可以看出，该模型算法成功解决了多应急点、多应急服务设施点、单资源的情况下的应急资源静态配置问题，并且保证了在刚好满足应急资源需求的前提下减少的损失量最大。

7.2 基于纳什均衡的高速铁路应急资源的动态配置

发生突发事件需要应对时，应急点需要的应急资源将随着事件的进展和时间的推移而发生变化，因而需要对应急服务设施点的应急资源在静态配置的基础上再进行动态配置。动态配置主要研究在发生突发事件的条件下如何根据事件的进展情况配置应急服务设施点的应急资源，以达到应急资源公平分配的目的。本节将应急资源在应急服务设施点的分配视为非合作静态博弈，利用求取纳什均衡解的方法对应急资源进行动态配置。

7.2.1 博弈理论简介

非合作博弈是指一种参与者不可能达成具有约束力协议的博弈类型，这是一种具有互不相容味道的情形。非合作博弈研究人们在利益相互影响的局势中，如何决策使自己的收益最大，即策略选择问题[25]。

博弈理论解决的是有约束、多人多目标，且目标函数相互矛盾的决策问题。目前一般将 von Neumann 和 Morgenstem 在 20 世纪 40 年代提出的多人多目标决策问题作为博弈理论的开端，此后研究侧重在合作博弈（cooperative game，CG）

方面。20 世纪 50 年代初，Nash 提出的纳什均衡理论奠定了非合作博弈（noncooperative game，NG）的基础。

从方法论角度看，博弈理论是一个包含目标函数向量和策略向量的向量优化问题；从对策论角度看，博弈理论则主要研究在相关约束下，决策主体行为发生相互作用时的决策，以及决策所形成的均衡问题。根据决策者行为方式不同，博弈可分为 CG 与 NG。其根本区别在于是否有一个有约束力的协议。CG 强调通过合作实现集体理性，博弈各方可通过某种合作与协商，获得满足某些理性行为和合理性的 Pareto 解。NG 强调在竞争中实现个体理性，博弈各方在一定的博弈环境和规则下有各自的目标函数，而这些目标函数在实现上常相互矛盾。在个体行为理性假设下，他们通过各自的最优决策以获取自身目标函数的最优，最终形成均衡的结果，被称为博弈的“纳什均衡点”（Nash equilibrium，NE）。NE 可理解为竞争各方中没有人有激励去打破的均衡，此时，每个竞争者已在现有情况下最优化自己的目标函数。

通过上面的描述，并根据博弈理论在各个领域的应用，可把冲突、优化和均衡作为各种博弈模型具有的三个基本原理。

（1）冲突：冲突是博弈的本质。现实生产生活中的博弈问题，尽管在不同环境下的冲突结构、主体、表现形式和对象等呈现多样化，但都存在独立个体目标间的不协调与冲突。冲突的存在表明决策的分散化，这使得博弈适用于在结构上具有分布特点的问题。

（2）优化：冲突的解决以实现个体独立优化目标的决策为基础。优化实现的过程在 CG 中是求解 Pareto 策略的问题，在 NG 中是求解决策个体独立最优策略的问题。这一特点使博弈成为一种处理具有复杂优化要求问题的有效工具。

（3）均衡：多个体优化的最终实现结果是一个有“约束力的妥协”，即均衡。在 CG 中，均衡是博弈各方均认可的利益分配方式和 pareto 策略；而在 NG 中，NE 被用来表征博弈会形成怎样的均衡，以及在这种均衡状态下，博弈各方的行为及相互间关系是怎样的。这些简洁有力的描述中蕴含着非常深刻且具有广泛应用价值的思想[26–27]。

博弈理论的应用重点在于博弈均衡解的求解。张曙光[25]指出，在尝试给博弈均衡解提供基础的工作中，主要遵循两种观点：一种是以 Aumann 为代表的知识论（epistemic）观点，另一种是以 Binmore 为代表的进化论（evolutionary）观点。前者基于博弈是“理性人的互动行为”，即在给定的博弈机制下，每个独立决策个体的每次策略选择都是根据其拥有的信息，按其目标函数给出最优反映。

Binmore 等人怀疑关于理性的普遍知识假设的适用性。他们认为，一方面由于客观条件的限制，每个决策个体不可能总是准确获得博弈环境中的所有准确知识，即存在误差和误判的可能性；另一方面，所有决策个体在主观上未必都是绝对理性的，可能有部分决策者存在侥幸或者是投机取巧的行为。为此，他们主张在博弈均衡解的计算中，用有界的、进化的理性取代绝对的理性，通过决策个体间行为的不断试错和相互学习来形成合理的均衡结果。知识论和进化论是一个硬币的两面，Aumann 和 Binmore 的观点是相辅相成的，在更抽象也更复杂的框架中是可以统一起来的。

资源调配问题描述的是典型的有约束和优化指标要求的稀缺资源分配和竞争问题。由于资源是稀缺的，而参与资源分配个体的利益可能不一致，所以资源调配问题中常常蕴含着多个体之间的冲突。这一特征使得资源调配问题在本质上很类似于经济和规划问题。结合前面的分析，博弈理论可能成为一种描述资源调配问题很好的工具，并已在多 CPU 调度、空运调度和生产调度等问题中得到初步应用。

由于博弈理论蕴含的深刻思想和广泛的应用价值，其应用研究已从最初的经济领域扩展到诸多优化决策领域。博弈应用研究遵循从建模、分析到求解的清晰过程。博弈理论研究解决的原问题必然是多目标的，建模工作主要针对物理结构或优化要求上的分布特性，并将其描述为一个多人多目标问题。分析工作主要是在模型基础上讨论博弈均衡解存在性、唯一性及其全局性能等问题。求解工作大多遵循知识论的观点，而具体的算法则具有很强的问题依赖性，随问题本质的不同呈现多样化的特点。在 CG 中，它主要讨论 Pareto 解的求解和分配机制；在 NG 中，则包括 NE 解的求解，以及设计有效的激励机制引导个体自利行为趋向全局优化。其中，根据实际问题建立合适的博弈模型是解决问题的重点，而博弈均衡解的分析和求解则是博弈应用研究的主体内容，也是难点所在[4]。

7.2.2 纳什均衡

纳什均衡（Nash equilibrium），又称非合作博弈均衡，是博弈论的一个重要术语，以约翰·纳什命名。假设有 n 个局中人参与博弈，在给定其他人策略的条件下，每个局中人选择自己的最优策略（个人最优策略可能依赖也可能不依赖他人的策略），从而使自己利益最大化，而所有局中人（参与人）的策略构成一个策略组合（strategy profile）。纳什均衡指的是这样一种策略组合，这种策略组合由所有参与人的最优策略组成。即在给定别人策略的情况下，没有人有足够理由打破这种均衡。纳什均衡，从实质上说，是一种非合作博弈状态。

1）纳什均衡的存在性

纳什于 1950 年最早给出博弈问题均衡的定义和其存在性的理论，从此，纳什均衡的存在性就成了博弈论研究的一个主要方向，并取得了大量的研究成果。

纳什均衡存在性定理Ⅰ 每一个有限博弈至少存在一个纳什均衡[28]。

纳什均衡存在性定理Ⅱ 在 n 人博弈问题 G 中，若每一个参与人的纯策略集合 s_i 是欧氏空间的非空紧致凸子集，且每一个收入函数 $a_i(s)$ 关于 s（所有参与人的纯策略集合）连续，关于 s_i 拟凹，则存在一个纯策略纳什均衡。放松拟凹性条件，Glicksberg 证明存在一个混合策略纳什均衡[29-31]。

纳什均衡存在性定理Ⅲ 在 n 人博弈问题 G 中，若每一个参与人的纯策略集合 s_i 是欧氏空间的非空紧致凸子集，且每一个收入函数 $a_i(s)$ 关于 s 连续，则存在一个混合策略纳什均衡。放松收入函数的连续性条件，Dasgupta 和 Maskin 得到非连续博弈的纳什均衡的存在性定理[30]。

纳什均衡存在性定理Ⅳ 在 n 人博弈问题中，若每一个参与人的纯策略集合 s_i 是有限维欧氏空间的非空紧致凸子集，每一个收入函数 $a_i(s)$ 关于 s_i 拟凹，关于 s 上半连续，且具有连续最大值，则存在一个纯策略纳什均衡[32]。

2）纳什均衡稳定性

根据纳什均衡的定义，纯策略的严格纳什均衡是稳定的，即在其他参与人采取纳什均衡的策略时，任一参与人的策略偏离均衡策略都有恢复到均衡策略的动力，但是真混合策略的均衡却是不稳定的。

3）纳什均衡的多重性

纳什均衡概念的一个重要缺陷就是它的多重性，即许多博弈问题有多个纳什均衡，Wilson 研究了均衡的计算方法并提出著名的奇数定理。

奇数定理 几乎每一个有限博弈问题具有奇数个纳什均衡。

在参与人和策略数量给定情况下，一个有限博弈问题由 $m\prod_{i=1}^{n}k_i$ 维向量（收入矩阵）唯一确定，定理中的“几乎”是指除 $m\prod_{i=1}^{n}k_i$ 维欧氏空间中测度为零的集合外都成立[33]。

4）纳什均衡的精炼与选择

由于纳什均衡的多重性，剔除不合理的均衡或选择一个合理的均衡成了近年来博弈理论发展的主要方向之一。泽尔滕 1965 年提出子博弈完美均衡，1975 年提出颤抖的手完美均衡；克瑞普斯和威尔森 1982 年提出的序贯均衡等概念进一步精炼了均衡概念。伯汉姆和皮尔斯 1984 年提出剔除不合理策略的合理化过程和合理化策略。但是这些概念都有这样或那样的缺陷，不能保证其唯一性和存在性，不能替代纳什均衡解决多重性问题。海萨尼、泽尔滕 1988 年提出纳什均衡选择理论，然而它们却不被实验结果证实[34]。

7.2.3 基于纳什均衡的高速铁路应急资源的动态配置模型

在高速铁路应急救援过程中，当同时有多处发生突发事件，且这些应急点都需要同一种应急资源时，应急服务设施点的资源将不断消耗，此时，假设 $n'(0<n'\leqslant n)$ 个应急服务设施点 $S_1,S_2,S_3,\cdots,S_{n'}$ 需要补充的应急资源数量分别为 $a_1,a_2,a_3,\cdots,a_{n'}$（均大于 0），$m'$ 个应急资源筹集点 $C_1,C_2,C_3,\cdots,C_{m'}$ 可以筹集的应急资源数量分别为 $A_1,A_2,A_3,\cdots,A_{m'}$，$t'_{ij}$ 表示应急资源筹集点 C_i 到应急服务设施点 S_j 的最短时间。在实际中，可以通过扩大筹集区域保证 $\sum_{i=1}^{m'}A_i\geqslant\sum_{i=1}^{n'}a_i$。

要求设计一个方案，将应急资源动态地配置到各应急服务设施点，以保证应急资源公平分配。

本节采用非合作博弈理论来建立模型，公平的应急资源动态调配映射到非合作博弈中的纳什均衡[35]。

假设 x'_{ij} 表示应急资源筹集点 C_i 动态调配到应急服务设施点 S_j 的应急资源数量。n' 个应急服务设施点可以认为是 n' 个局中人，应急服务设施点 S_i 从各应急资源筹集点动态配置的应急资源数量是一个纯策略。

设第 j 个局中人可采取的纯策略集合为 $T_j=\{T_1^j,T_2^j,T_3^j,\cdots,T_{m_i}^j\}$，$j=1,2,3,\cdots,n'$，$m_i$ 为第 i 个局中人的纯策略个数。n' 个局中人的纯策略空间为 $T=T_1\times T_2\times T_3\times\cdots\times T_{n'}$。$n'$ 个局中人除去第 j 个局中人的纯策略空间为 $T^{-j}=T_1\times\cdots\times T_{j-1}\times T_{j+1}\times\cdots\times T_{n'}=\{T_1^{-j},T_2^{-j},\cdots,T_{g_j}^{-j}\}$，其中，$g_j=m_1\times\cdots\times m_{j-1}\times m_{j+1}\times\cdots\times m_{n'}$。策略空间的任一纯策略组合为 $t=(T_{j_1}^1,T_{j_2}^2,T_{j_3}^3,\cdots,T_{j_{n'}}^{n'})$，$T_{j_i}^i\in T_i,i=1,2,3,\cdots,n'$。

生成的策略集合满足如下约束。

$$
\begin{cases}
0\leqslant x'_{ij}\leqslant\min\{a_j,A_i\}\\
0\leqslant\sum_{i=1}^{m'}x'_{ij}\leqslant a_j\\
x'_{ij}\text{为整数}
\end{cases}
\tag{7-8}
$$

局中人 j 的收益函数 $\text{payoff}_j(t)$ 定义如下。

$$\text{payoff}_j(t)=\sum_{i=1}^{m'}\lambda_i\frac{1}{t'_{ij}}x'_{ij} \tag{7–9}$$

其中，$\lambda_i=\begin{cases}-1 & \sum_{j=1}^{n'}x'_{ij}>A_i\\ 1 & 否则\end{cases}$。

局中人 j 的收益矩阵如下。

$$\boldsymbol{U}_j=\begin{bmatrix}\text{payoff}_j(T_1^j,T_1^{-j}) & \text{payoff}_j(T_1^j,T_2^{-j}) & \ldots & \text{payoff}_j(T_1^j,T_{g_j}^{-j})\\ \text{payoff}_j(T_2^j,T_1^{-j}) & \text{payoff}_j(T_2^j,T_2^{-j}) & \ldots & \text{payoff}_j(T_2^j,T_{g_j}^{-j})\\ \vdots & \vdots & & \vdots\\ \text{payoff}_j(T_{m_j}^j,T_1^{-j}) & \text{payoff}_j(T_{m_j}^j,T_2^{-j}) & \ldots & \text{payoff}_j(T_{m_j}^j,T_{g_j}^{-j})\end{bmatrix} \tag{7–10}$$

求解公平的应急资源动态配置方案即为寻找 n' 人非合作博弈的纳什均衡，结合模型的背景和文献［28］可知，该模型为有限策略博弈存在纳什均衡解。

该模型也是一个 n' 人的静态博弈，模型求解实际上是求 n' 人静态博弈纯策略纳什均衡。

记

$$\underline{T}^{i-1}=\begin{cases}T_1\times T_2\times\cdots\times T_{i-1} & 1<i\leqslant n\\ \varnothing & i=1\end{cases} \tag{7–11}$$

$$\overline{T}^{i+1}=\begin{cases}T_{i+1}\times T_{i+2}\times\cdots\times T_{n'} & 1\leqslant i<n\\ \varnothing & i=n\end{cases} \tag{7–12}$$

得到

$$T=\begin{cases}T_1\times\overline{T}^{i+1} & i=1\\ \underline{T}^{i-1}\times T_{n'} & i=n\\ \underline{T}^{i-1}\times T_i\times\overline{T}^{i+1} & 1<i<n\end{cases} \tag{7–13}$$

不失一般性，当 $1<i<n$ 时，$\forall t^{i-1}\in\underline{T}^{i-1}$，$t^{i-1}=(T_{j_1}^1,T_{j_2}^2,\cdots,T_{j_{i-1}}^{i-1})$，$T_{j_k}^k\in T_k$，$k=1,2,\cdots,i-1$；$\forall t^{i+1}\in\overline{T}^{i+1},t^{i+1}=(T_{j_{i+1}}^{i+1},T_{j_{i+2}}^{i+2},\cdots,T_{j_{n'}}^{n'}),T_{j_k}^k\in T_k,k=i+1,i+2,\cdots,n'$。

对第 $i(i=1,2,\cdots,n')$ 个局中人而言，若存在 $t^*=(T_{j_1}^{1*},T_{j_2}^{2*},\cdots,T_{j_{n'}}^{n'*})=(t^{i-1*},T_{j_i}^{i*},t^{i+1*})$，使得 $\text{payoff}_i(t^*)=\text{payoff}_i(t^{i-1*},T_{j_i}^{i*},t^{i+1*})\geqslant\text{payoff}_i(t^{i-1*},T_{j_i}^{i},t^{i+1*}),\forall T_{j_i}^i\in T_i\ (i=$

$1,2,\cdots,n')$，则称 $t^*=(T_{j_1}^{1*},T_{j_2}^{2*},\cdots,T_{j_{n'}}^{n'*})$ 为纳什均衡点。

记 $\max T_i(t^{i-1},t^{i+1})=\{(t^{i-1},T_{j_i}^i,t^{i+1})\,|\,\text{payoff}_i(t^{i-1},T_{j_i}^i,t^{i+1})=\max\limits_{T_k^i\in T_i}\text{payoff}_i(t^{i-1},T_k^i,t^{i+1})\}$，

$\max T_i=\bigcup\limits_{(t^{i-1},t^{i+1})\in \underline{T}^{i-1}\times\overline{T}^{i+1}}\max T_i(t^{i-1},t^{i+1})$，则集合 $\bigcap\limits_{i=1}^{n'}\max T_i$ 中的纯策略组合等价于有限策略静态博弈纯策略纳什均衡。

证明方法如下[36]。

证明：

（1）充分性。

设 $t^*=(T_{j_1}^{1*},T_{j_2}^{2*},\cdots,T_{j_{n'}}^{n'*})\in\bigcap\limits_{i=1}^{n'}\max T_i$，则对 $i=1,2,\cdots,n'$ 有 $t^*=(T_{j_1}^{1*},T_{j_2}^{2*},\cdots,T_{j_{n'}}^{n'*})\in \max T_i(t^{i-1*},t^{i+1*})$，由定义知 $\text{payoff}_i(t^*)=\text{payoff}_i(t^{i-1*},T_{j_i}^{i*},t^{i+1*})=\max\limits_{T_k^i\in T_i}\text{payoff}_i(t^{i-1*},T_k^i,t^{i+1*})\geqslant \text{payoff}_i(t^{i-1*},T_k^i,t^{i+1*})(\forall T_k^i\in T_i)$，由纳什均衡的定义可知 $t^*=(T_{j_1}^{1*},T_{j_2}^{2*},\cdots,T_{j_{n'}}^{n'*})$ 为纳什均衡点。

（2）必要性。

设 $t^*=(T_{j_1}^{1*},T_{j_2}^{2*},\cdots,T_{j_{n'}}^{n'*})$ 为纳什均衡点，由纳什均衡的定义可知，对 $i=1,2,\cdots,n'$ 有 $\text{payoff}_i(t^*)=\text{payoff}_i(t^{i-1*},T_{j_i}^{i*},t^{i+1*})\geqslant \text{payoff}_i(t^{i-1*},T_k^i,t^{i+1*})(\forall T_k^i\in T_i)$，即 $t^*=(T_{j_1}^{1*},T_{j_2}^{2*},\cdots,T_{j_{n'}}^{n'*})\in\max T_i(t^{i-1*},t^{i+1*})$，所以 $t^*=(T_{j_1}^{1*},T_{j_2}^{2*},\cdots,T_{j_{n'}}^{n'*})\in\bigcap\limits_{i=1}^{n'}\max T_i$。

综上所述，通过求解 $\bigcap\limits_{i=1}^{n'}\max T_i$ 即可得到 n' 人静态博弈纯策略纳什均衡，当得到多个纳什均衡点时，采用收益之和最大的纳什均衡点作为模型的解。

7.2.4 案例分析

在应急救援过程中，假设应急资源筹集点数 $m'=3$，应急服务设施点数 $n'=4$，应急资源筹集点 C_i 到应急服务设施点 S_j 的最短时间 t'_{ij} 和资源数量如表 7–3 所示。

表 7–3 应急资源筹集点 C_i 到应急服务设施点 S_j 的最短时间 t'_{ij} 和资源数量

	S_1	S_2	S_3	S_4	可筹集资源数量
C_1	4	10	5	8	2
C_2	2	6	3	10	4

续表

	S_1	S_2	S_3	S_4	可筹集资源数量
C_3	5	7	12	7	1
需要补充资源数量	2	1	2	2	

4 个应急服务设施点分别对应 4 个局中人，第 j 个局中人的第 k 个纯策略 $T_k^j=(x'_{1j},x'_{2j},x'_{3j})$ 表示从 3 个应急资源筹集点动态配置到应急服务设施点 S_j 的应急资源数量分别为 x'_{1j}、x'_{2j}、x'_{3j}。

局中人 1 的纯策略集合为 $T_1=\{T_1^1,T_2^1,T_3^1,T_4^1,T_5^1\}$，其中，$T_1^1=(2,0,0),T_2^1=(0,2,0)$，$T_3^1=(1,1,0),T_4^1=(1,0,1),T_5^1=(0,1,1)$。

局中人 2 的纯策略集合为 $T_2=\{T_1^2,T_2^2,T_3^2\}$，其中，$T_1^2=(1,0,0),T_2^2=(0,1,0)$，$T_3^2=(0,0,1)$。

局中人 3 的纯策略集合为 $T_3=\{T_1^3,T_2^3,T_3^3,T_4^3,T_5^3\}$，其中，$T_1^3=(2,0,0),T_2^3=(0,2,0)$，$T_3^3=(1,1,0),T_4^3=(1,0,1),T_5^3=(0,1,1)$。

局中人 4 的纯策略集合为 $T_4=\{T_1^4,T_2^4,T_3^4,T_4^4,T_5^4\}$，其中，$T_1^4=(2,0,0),T_2^4=(0,2,0)$，$T_3^4=(1,1,0),T_4^4=(1,0,1),T_5^4=(0,1,1)$。

计算后，各局中人收益之和最大的纳什均衡点为 $t^*=\{T_2^1,T_3^2,T_2^3,T_1^4\}$，对应的收益分别为 $(1,0.142\,9,0.666\,7,0.25)$，应急资源动态配置的结果见表 7–4。

表 7–4　应急资源动态配置的结果

	S_1	S_2	S_3	S_4	可筹集的应急资源数量
C_1	0	0	0	2	2
C_2	2	0	2	0	4
C_3	0	1	0	0	1
需要补充的应急资源数量	2	1	2	2	

由表 7–4 可看出，利用非合作博弈理论的纳什均衡可以有效解决应急资源的动态配置问题，实现在应急资源公平分配的条件下总收益最大[37]。

本章小结

本章主要从静态和动态两个方面讨论了高速铁路应急资源的配置问题。

在应急资源静态配置问题中，研究了基于效用函数的单资源多应急点的资源配置，该效用函数考虑了应急资源数量和应急开始时间两个条件，满足在高速铁路应急资源经济配置的条件下应急资源减少的损失量最大化的目标。针对突发事件类型的不确定和所需应急资源数量的不确定的特点，采用 Monte Carlo 方法来模拟随机变量的分布，求解出模型的最优解。该模型考虑了应急点应急资源的需求量与供给量和资源备有量与总需求量相等，使得各应急服务设施点的资源配置既能满足应急需求又能使资源减少的损失量最大化，比以往的数学模型更有实用价值。

高速铁路应急资源的动态配置是在发生突发事件的条件下，根据事件的发展情况动态配置应急服务设施点的资源，这是一个非合作博弈的过程，故采用了非合作博弈理论来建立应急资源动态配置模型，以满足应急资源公平分配的要求，并采用非合作博弈模型的纳什均衡进行求解。

最后分别通过算例验证了这两个模型的有效性，为高速铁路应急资源的配置提供了可靠的参考依据和有效指导。

本章参考文献

[1] 柴干，赵倩，黄琪，等. 高速公路交通应急救援资源的配置 [J]. 中国安全科学学报，2010，20（1）：165-170.

[2] 戴更新，达庆利. 多资源组合应急调度问题的研究 [J]. 系统工程理论与实践，2000，20（9）：52-55.

[3] 方磊. 基于偏好 DEA 模型的应急资源优化配置 [J]. 系统工程理论与实践，2008，28（5）：98-104.

[4] 曾敏刚，崔增收，李双. 一种多受灾点的灾害应急资源分配模型 [J]. 工业工程，2010，13（1）：85-89.

[5] WANG H J, DU L J, MA S H. Multi-objective open location-routing model with split delivery for optimized relief distribution in post-earthquake [J]. Transportation Research Part E, 2014: 160-179.

[6] KOLESAR P, WALKER E W. An algorithm for the dynamic relocation of fire

companies [J]. Operations Research, 1974, 22 (2): 249-274.

［7］FIEDRICH F, GEHBAUER F, RICKERS U. Optimized resource allocation for emergency response after earthquake disasters [J]. Safety Science, 2000, 35(1): 41-57.

［8］GENDREAU M, LAPORTE G, SEMET F. A dynamic model and parallel tabu search heuristic for real-time ambulance relocation [J]. Parallel computing, 2001, 27 (12): 1641-1653.

［9］陈树群，陈联光，张锦家，等. 台湾土石流危险区疏散避难规划［C］//第三届海峡两岸山地灾害与环境保育学术研讨会. 2002.

［10］池宏，计雷，谌爱群. 由突发事件引发的“动态博弈网络技术”的探讨［J］. 项目管理技术，2003（1）：11-14.

［11］SHETTY S R. An event single game solution for resource allocation in a multi-crisis environment [D]. Tampa Bay: University of South Florida, 2004.

［12］周晓猛，姜丽珍，张云龙. 突发事故下应急资源优化配置定量模型研究［J］. 安全与环境学报，2007，7（6）：113-115.

［13］张婧，申世飞，杨锐. 基于偏好序的多事故应急资源调配博弈模型［J］. 清华大学学报（自然科学版），2007，47（12）：2172-2175.

［14］王苏生，王岩. 基于公平优先原则的多受灾点应急资源配置算法［J］. 运筹与管理，2008，17（3）：16-21.

［15］夏季, 王婉娟, 夏晶. 基于“情境–应对”的动态滚动式应急资源配置［J］. 湖北工业大学学报，2012.

［16］VLADIMIR M, CHARLES R. The queuing maximal availability location problem: a model for the sitting of emergency vehicles [J]. European Journal of Operation Research, 1996(93): 110-120.

［17］MORIN L R. Monte Carlo simulation in the radiological sciences [M]. Boca Raton: CRC Press, 1988.

［18］JENKINS T, NELSON W, RINDI A. Monte Carlo transport of electrons and photos [D]. New York: Plenum Press, 1998.

［19］张开明，顾昌鑫. 计算物理学［M］. 上海：复旦大学出版社，1987.

［20］邹宪武，金准智. 计算固体物理学［M］. 武汉：武汉大学出版社，1993.

［21］陈羽. Pd 基合金表面聚集的 Monte Carlo 方法模拟［D］. 长沙：湖南师范大学，2007.

［22］ BROTCORNE L, LAPORTE G, SEMET F. Ambulance location and relocation models[J]. European Journal of Operational Research, 2003(147): 451-463.

［23］ 魏全新，刘贤锋，黄锵，等. 遗传算法选择方法的比较分析［J］. 通讯和计算机，2008，5（8）：61-65.

［24］ 张维迎. 博弈论与信息经济学［M］. 上海：上海人民出版社，2004.

［25］ 张曙光. 中国经济1998［M］. 上海：上海人民出版社，2000.

［26］ 王长军. 基于非合作博弈的生产调度建模与算法研究［D］. 上海：上海交通大学，2006.

［27］ NASH J. Non-cooperative games [J]. Annals Math, 1951, 54(2): 286-295.

［28］ DEBREU D. A social equilibrium existence theorem [C]//Proceeding of the National Academy of Science, 1952(38): 886-893.

［29］ GILICKSBERG I L. A further generalization of the Kakutani fixed point theorem with application to nash equilibrium points [C]//Proceedings of the National Academy of Science, 1952 (38): 170-174.

［30］ FAN K. Fixed point and minmax theorems in locally convex topological linear spaces [C]//Proceeding of the National Academy of Science, 1952 (38): 121-126.

［31］ DASGUPTA P, MASKIN E. The existence of equilibrium in discontinuous economic games [J]. The Review of Economic Studies, 1986, 53(1):1-26.

［32］ WILSON R. Computing equilibrium of n-person games [J]. SIAM Journal of Applied Mathematics, 1971, 21(1): 80-87.

［33］ 李保明，刘家壮. 效用函数与纳什均衡［J］. 经济数学，2000，17（4）：21-28.

［34］ 李正龙. 一种 n 人静态博弈纯策略纳什均衡存在性判别法［J］. 运筹与管理，2004，13（1）：33-37.

［35］ JÖFBERG J. YALMIP: a toolbox for modeling and optimization in MATLAB [C]//Proceedings of the CACSD Conference, Taipei, Taiwan, 2004.

［36］ ZHOU H J, JIA L M, QIN Y. Metadata specification of railway video information and its application in video monitoring system for Qinghai-Tibet railway [C]//Proceedings of International Symposium on Computer Network and Multimedia Technology, 2009: 1018-1021.

［37］ 周慧娟. 铁路应急管理中的预案管理与资源配置优化［D］. 北京：北京交通大学，2011.

8 高速铁路应急资源调度优化

铁路突发事件发生后，应急指挥中心需立即做出应急资源调度决策。应急决策者需要根据现阶段应急资源的需求情况，进行应急资源调度，以及随着事件的发展变化，根据上一阶段应急的效果和目前的状况，多阶段地调度应急资源。因此，应急资源调度是一个动态的过程。在已知应急资源布局和配置的情况下，如何制定优化的调度方案，保证应急资源调度的时效性，使资源到达时间最短是应急管理者关心的问题。这就需要针对突发事件的特定场景，预先制定应急资源调度方案，以便于在第一时间启动应急资源调度方案，保证应急救援行动的时效性。

在铁路应急救援过程中，应急决策者快速、及时、准确地调配应急资源，是应急工作及时开展、应急资源有效利用和铁路运输安全畅通的有力保证。因此本章将深入研究如何建立铁路突发事件应急资源优化调度模型及对模型进行求解。首先考虑最简单的单一应急点需要单一资源的情况，建立应急资源调度模型并进行求解；然后深入研究单一应急点需要多种资源的情况，并建立应急资源调度模型进行求解；当多个地点同时发生突发事件时，资源调度更加复杂，最后针对多应急点需要多种资源的情况，建立应急资源调度模型，并进行求解。

目前，应急资源调度问题的研究主要集中在以下几方面。

（1）在单一应急点需要单一资源调度方面：文献［1］较早地建立了一个线性规划模型来研究应急系统中散装食品的分配问题，其目标是使运输成本最小或食品的分配量最大。文献［2］在放射性危险物品运输优化模型中考虑了应急问题，但事故一旦发生，该模型总是使离应急地点最近的出救点参与应急。文献［3］提出利用遗传算法解决并行路径的选择问题，将路网分解成若干子网络，并以子网络的总路径最短为优化目标。文献［4］分析限制条件下维修资源调度的优化问题，对路径选择问题进行了有针对的研究，但偏重于处理确定性信息，在应用中有很大的局限性。文献［5］把灾后应急问题转变为对网络最短路的求解，并给出了网络流算法，该方法提高了救援效率，降低了损失。

（2）在单一应急点需要多种资源调度方面：针对应急资源消耗的速度及连续性消耗和一次性消耗问题，文献［6］在研究应急管理系统时，探讨了物资需求为一次性消耗和连续消耗时的问题，建立了以“应急开始时间最早”为目标的多出救点选择模型，并给出了模型的求解过程，并在此基础上，进一步探讨了“应急时间最短和应急出救点数目最少”的双层目标规划问题及相应的算法，并通过数学证明验证了模型求解方法的有效性。文献［7］研究了时间不确定的多资源连续消耗应急系统调度问题，采用集对分析中的联系数概念进行描述和求解，并定义了联系数的序关系的概念，给出了基于联系数的多资源连续消耗应急系统的应急时间最早的模型和算法。文献［8］讨论了救灾物资运输计划编制中的两阶段随机规划框架：第一个阶段是根据最先得到的信息建立了一个不同生活资源通过不同的运输方式经过运输网络运送到灾区的模型，目标是使运输费用和不同运输方式之间的转换货物量最小。第二个阶段判断可能产生的损失大小，然后根据不同结果发生的可能性，建立第二个线性规划模型，目标是使总费用最小，运输模式转换成本，以及在第二阶段中持有量和短缺导致的损失最小。文献［9］提出了用模糊集合论求解应急资源调度问题的方法，当一个元素对指定的隶属度是在某个范围内变化（具有不确定性）时，用［0, 1］的一个值来刻画。如果采用这种方法，由于出救点到应急地点的时间仍以某个定值出现，应急调度方案不能完全客观反映实际，因此这种处理不确定性问题的理论和方法都存在局限性。文献［10］以连续性消耗应急过程为背景，建立了由粒子群算法求解多目标的应急资源调度数学模型。由实际的应用环境，考虑每个出救点应急资源的起始运输量，以应急系统施救成本费用和因施救不及时造成损失的双重角度构造模型的目标函数。针对该模型的特点，设计粒子群算法进行求解，实现一步求解，并且讨论了不同参数组合对粒子群算法求解效率的影响。数值算例验证了所建立模型的合理性及粒子群算法的可行性和有效性。文献［11］认为物资调度应该根据物资消耗的情况采用相应的调度方法，因此建立了物资动态调度模型，该模型能够根据物资消耗的情况，动态地调度应急物资以满足应急需求，较好地改善了应急救援的效率。文献［12］在多资源在运输限制的条件下，建立时间最短和出救点最少的模型，并给出其求解算法。文献［13］利用马尔可夫决策方法，对突发公共事件下的应急资源调度方案的动态优化过程进行研究，找到特定场景下最优应急资源调度方案，保证应急救援行动的时效性，基于马尔可夫决策过程的应急资源调度方案动态优化方法可实现应急资源调度方案的动态优化，进一步可以为突发公共事件下的应急资源动态调度提供依据。

（3）在多应急点需要多种资源调度方面：文献［14］提出了“救助的机会成本”概念，并在此概念基础上建立了救助车辆配置模型，以实现“机会成本最小”。文献［6］分别从多出救点和路径选择两方面系统地研究了应急管理中的紧急资源配置问题，建立了一个广义的“资源调度模型”，并给出了确定和不确定网络信息条件下最优方案的求解算法。文献［15］在多资源多出救点的应急系统中，建立了基于“出救点个数最少”和“应急开始时间最早”的多目标的调度模型，并采用理想点法求解该模型。模拟数据的算例验证了该算法的可行性。文献［16］针对多事故点、多救援点的应急资源调配问题提出了博弈模型和算法，设计了一种基于偏好序的效用函数，为解决该应急资源调度问题提供了有效方法，并将该博弈论方法运用到多个危机事件管理的研究中，取得了初步成果。文献［17］提出了一种通过各灾害点方案调整的算法来解决多灾害点资源竞争的问题，但是该算法对于解决多目标问题具有一定的局限性。文献［18］为解决多个事故同时存在时的应急资源调度问题，设计了一种改进的基于偏好序的效用函数，用以刻画各事故得到救援的及时性和有效性。为了及时、有效地进行灾害中应急资源调度，文献［19］提出了基于贪婪搜索算法的多目标遗传算法，它能够自动调整可利用资源的配置，产生一系列的可行性应急物流方案。该算法根据应急点的需求自动调整应急资源调度方案，解决了需求不足、运输时间、运输成本等最小化问题。

铁路应急资源调度方面也有一些初步的研究。文献［20］基于应急点具有不同优先级的铁路突发事件的救援工作，在单应急点开始时间最早模型的基础上，根据优先级高低决定救援先后的特点，建立铁路突发事件多应急点的资源调度模型，并将建立的模型转化为易于求解的线性模型，使用 LINGO 软件进行求解，从而得到最优的调度方案。文献［21］针对铁路突发事件应急资源调度问题，建立了基于时间最短、成本最小的多目标规划模型，并利用理想点法对此问题进行优化求解，得出最优调度方案，为其在铁路救援工作上的应用提供了可能性。

综上所述，资源调度问题的研究已经从最初的确定型逐步深化到不确定型，不确定型包括资源需求的不确定性和资源供给的不确定性。采用的方法主要包括0–1 规划、整数规划、混合整数规划、启发式方法及排队论等，主要考虑的因素包括时间、费用、不确定性等，主要涉及的行业领域包括警察、消防、医疗救护、自然灾害、生产事故等。总的来讲，虽然定量模型在此领域已经较为完善，但是动态模型的研究还有待加强，同时专门针对铁路应急资源的调度问题还有待进一步研究。

8.1 单应急点–单资源的应急资源调度

铁路应急救援过程中，突发事件的实际应急资源消耗速率并不是恒定的，而是随着突发事件的发展而相应变化的，因此，应急资源的调度应根据资源动态消耗的情况采取相应的调度方法。本节在刘春林等人工作的基础上，以铁路应急资源为背景，建立非恒定速率消耗条件下，应急开始时间最早、应急服务设施点数目最少的双层优化数学模型，并给出模型求解方法，利用给定的资源消耗曲线验证所建模型的合理性和求解算法的有效性。

8.1.1 单应急点–单资源的应急资源调度模型

为建立单应急点–单资源的应急资源调度模型，假定$S_1,S_2,S_3,\cdots,S_n$为n个应急服务设施点，E为应急点，d为应急资源需求量，S_i的应急资源备有量为$p_i(p_i>0), i=1,2,\cdots,n$。应急救援活动开始后，应急资源的消耗速率可以用连续函数或分段函数来表示，此处定义函数$v(t)$为应急资源的消耗速率曲线，从S_i到E需要的时间为t_i（$t_i>0$），$t_1\leqslant t_2\leqslant\cdots\leqslant t_n$。

任一方案φ可用集合的形式表示为

$$\varphi=\{(S_{i_1},x_{i_1}),(S_{i_2},x_{i_2}),\cdots,(S_{i_m},x_{i_m})\} \tag{8–1}$$

其中，$0<x_{i_k}\leqslant p_{i_k}$，$\sum_{k=1}^{m}x_{i_k}=d$，$\{i_1,i_2,\cdots,i_m\}\subset\{1,2,\cdots,n\}$。上述方案$\varphi$确定了参与应急点救援的应急服务设施点为$S_{i_1},S_{i_2},\cdots,S_{i_m}$，所提供的应急资源数量分别为$x_{i_1},x_{i_2},\cdots,x_{i_m}$。为便于讨论问题，假定$i_0=0, t_0=0, p_0=0$。

由于应急资源的非恒定速率消耗，要保证在任何时刻已到达资源量均满足应急所需的资源消耗，不能出现因资源供应不足而导致应急救援活动间断，因此，定义方案φ是关于应急开始时间连续可行的。

定义 8–1 方案φ关于应急开始时间 s 是连续可行的，如果对$\forall t \in [s, s+\Delta t]$，有

$$\sum_{k \in \{j | t_{i_j} \leqslant t, j=1,2,\cdots,m\}} x_{i_k} \geqslant \int_s^t v(t)\mathrm{d}t \tag{8–2}$$

式（8–2）左端表示 t 时刻已到达资源量，右端表示到 t 时刻已消耗资源量。定义 8–1 把方案φ关于应急开始时间 s 连续可行描述为任何时刻已到达资源量不小于应急开始时间 s 至 t 时刻的资源持续消耗量。

若按照方案φ，任何时刻 t 的已到达资源量都不小于应急开始时间 s 至 t 时刻的资源消耗量，则称方案φ关于应急开始时间 s 是连续可行的，其集合为χ_s，首先求解最早应急开始时间s^*，即

$$s^* = \min_{\chi_s \neq \varnothing} s \tag{8–3}$$

定理 8–1 若$t_1 \leqslant t_2 \leqslant \cdots \leqslant t_n$，则方案$\varphi^*$的最早应急开始时间为

$$s^* = \max_{k \in (1,2,\cdots,p)} \left\{ t_k - \sum_{i \in \{i | t_i < t_k, i=0,1,2,\cdots,p\}} \Delta t_i \right\} \tag{8–4}$$

其中，t_k 为应急资源从第 k 个应急服务设施点到达应急点所用的时间，Δt_i 为第 i 个应急服务设施点的应急资源备有量 p_i 按照速率 v（t）消耗殆尽的时间，可由 $p_i = \int_0^{\Delta t_i} v(t)\mathrm{d}t$ 求得。一个可行的方案应满足 $\sum_{k=0}^{p-1} p_{i_k} < d \leqslant \sum_{k=0}^{p} p_{i_k}$，则其对应的最优方案为

$$\varphi^* = \left\{ (S_{i_1}, p_{i_1}), (S_{i_2}, p_{i_2}), \cdots, \left(S_{i_p}, d - \sum_{k=0}^{p-1} p_{i_k} \right) \right\} \tag{8–5}$$

该方案的特点是：选取离应急点 E 最近的应急服务设施点S_{i_1}参与应急，若其全部应急资源备有量 p_{i_1} 小于需求量 d，再选择除 S_{i_1} 以外最近的应急服务设施点 S_{i_2} 参与应急，若 S_{i_1} 和 S_{i_2} 全部的应急资源备有量$(p_{i_1} + p_{i_2})$仍小于需求量 d，则选择除 S_{i_1} 和 S_{i_2} 以外最近的应急服务设施点 S_{i_3} 参与应急，依此类推，直到满足应急资源的需求。对于定理 8–1 文献［20］已给出了恒定速率消耗情况下严格的数学证明，非恒定速率消耗情况下的证明类似。

但上述方案φ^*只考虑到了应急开始时间最早，并没有考虑到费用最少，在应急救援过程中，最佳方案是在不延迟应急开始时间的前提下，参与应急的应急服务设施点数目尽量少。因为参与应急的应急服务设施点数目的多少直接关系到系统的稳定性及可靠性，并且从费用角度考虑，又直接关系到系统的总设置费用。方案φ^*可能包含了过多的应急服务设施点，因此，从系统的稳定性或费用出发，需要优化方案φ^*。设$N(\varphi)$表示应急服务设施点的数目，对于上述方案φ^*，显然$N(\varphi^*)=p$。

由于$s^*=\min\limits_{\chi_s\neq\varnothing} s$，对方案$\varphi^*$进行优化，得到如下方案。

$$\varphi^{**}:\min_{\varphi\in\chi_{s^*}} N(\varphi) \tag{8-6}$$

只有当$\chi_{s^*}\neq\varnothing$，方案$\varphi^{**}$才有意义，因而只讨论$\chi_{s^*}\neq\varnothing$的情况。

在保证应急资源满足需求的前提下，将应急服务设施点数目作为上层问题，应急开始时间作为下层问题，建立应急开始时间最早、参与应急的应急服务设施点数目最少的双层优化数学模型。

$$\begin{aligned}
&\min_{\varphi\in\chi_{s^*}} N(\varphi)\\
&\text{s.t.}\begin{cases}
s^*=\min\limits_{\chi_s\neq\varnothing} s\\
\text{s.t.}\begin{cases}
p_i\geqslant 0,\ \ t_i>0,\ \ i=1,2,3,\cdots,n\\
\sum\limits_{i=1}^{n} p_i\geqslant d\\
\sum\limits_{k=0}^{p-1} p_{i_k}<d\leqslant\sum\limits_{k=0}^{p} p_{i_k}\\
0<x_{i_k}\leqslant p_{i_k}\\
\sum\limits_{k=1}^{p} x_{i_k}=d\\
\sum\limits_{k\in\{j|t_{i_j}\leqslant t,j=1,2,\cdots,p\}} x_{i_k}\geqslant\int_s^t v(t)\mathrm{d}t
\end{cases}
\end{cases}
\end{aligned} \tag{8-7}$$

该模型的目标是求一方案，确定参与应急点救援的应急服务设施点及其提供的应急资源的数量，在保证应急资源需求的条件下，应急开始时间最早，且应急服务设施点的数目最少。

模型约束条件一表示 n 个应急服务设施点均备有应急资源。约束条件二表示 n 个应急服务设施点的资源备有量总和足以满足应急需求。约束条件三表示应急服务设施点的择近原则约束，即要求距离应急点近的应急服务设施点首先参与应急，按照由近及远的顺序，前（p–1）个应急服务设施点提供的应急资源数量小于需求量 d，前 p 个应急服务设施点提供的资源数量大于或等于 d，从而确定参与应急的最远应急服务设施点。约束条件四表示依照择近原则确定的方案的每个应急服务设施点提供的应急资源数量小于或等于备有资源量。约束条件五表示所有参与应急的应急服务设施点提供的应急资源总量等于需求量 d。约束条件六表示 t 时刻到达的应急资源量必须大于或等于到 t 时刻的资源消耗量，即不能出现因资源未运达而导致应急活动停止的情况。

此模型为非恒定速率消耗条件下，应急开始时间最早、应急服务设施点数目最少的双层优化数学模型，可采用遍历搜索法对上述模型进行求解，步骤如下。

（1）依据择近原则，保证 $\sum_{k=0}^{p-1} p_{i_k} < d \leqslant \sum_{k=0}^{p} p_{i_k}$，求得方案 φ^*。

（2）根据 $s^* = \max_{k\in(1,2,\cdots,p)} \left\{ t_k - \sum_{i\in\{i|t_i < t_k, i=0,1,2,\cdots,p\}} \Delta t_i \right\}$，求解最早应急开始时间 s^*，

即 $\min_{\chi_s \in \varnothing} s$。

（3）求解 $\min_{\varphi\in\chi_{s^*}} N(\varphi)$，算法如下（该算法称为算法 1）。

① $u = s^*, k = 1, D = 0, I = \varnothing$。

② 求解 i_k 使其满足 $\max_{i\in\{j|t_j\leqslant u, j\notin I\}} p_i = p_{i_k}, I = I + \{i_k\}$，转步骤③。

③ $D + p_{i_k} < d$，则 $D = D + p_{i_k}$，$u = u + \Delta t_{i_k}$，$k = k + 1$，转步骤②；否则 $x_{i_k} = d - D$，转步骤④。

④ $\varphi^{**} = \{(S_{i_1}, p_{i_1}), (S_{i_2}, p_{i_2}), \cdots, (S_{i_{k-1}}, p_{i_{k-1}}), (S_{i_k}, x_{i_k})\}$。

算法流程图如图 8–1 所示。

8.1.2 数学证明

刘春林等已给出在恒定速率消耗情况下严格的数学证明[6]，本节将在此基础上，针对非恒定速率消耗的情况，对算法 1 的最优性给予数学证明。为便

于问题讨论，对算法 1 的步骤②稍做修改，得到更一般化的算法 2，具体步骤如下。

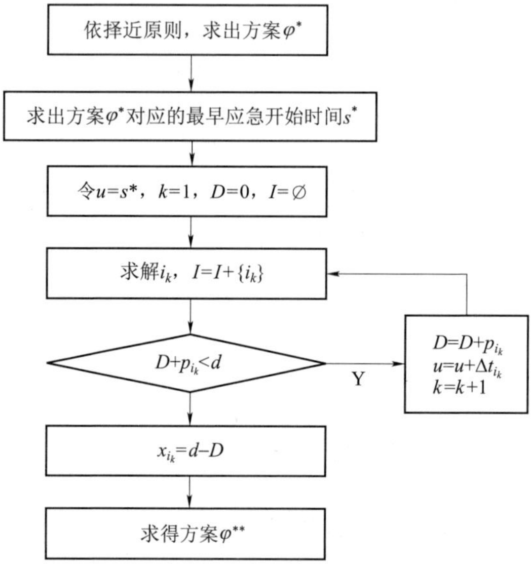

图 8–1　算法流程图

① $u=s^*,h=1,D=0,J=\varnothing$。

② $\forall j_h\in\{j\,|\,t_j\leqslant u,j\notin I\},J=J+\{j_h\}$，转步骤③。

③ $D+p_{j_h}<d$，则$D=D+p_{j_h}$，$u=u+\Delta t_{j_h},h=h+1$，转步骤②；否则$x_{j_h}=d-D$，转步骤④。

④ $\varphi^{**}=\{(S_{j_1},p_{j_1}),(S_{j_2},p_{j_2}),\cdots,(S_{j_{h-1}},p_{j_{h-1}}),(S_{j_h},x_{j_h})\}$。

设该算法产生的所有可能的方案的集合为χ_s'。

引理 8–1　当$\chi_s\neq\varnothing$时，通过算法 2 求得的任一方案是连续可行的。

证明：算法 2 得到的方案，可以保证任何时刻的已到达资源量不小于应急开始时间 s 至 t 时刻的资源持续消耗量，由定义 8–1 可知，通过算法 2 求得的任一方案是连续可行的。又因为算法 1 是算法 2 的特殊情况，故算法 1 求得的方案也是连续可行的。

引理 8–2　当$\chi_s\neq\varnothing$时，存在一方案$\varphi\in\chi_s'$使得式（8–6）达到最优。

证明：设方案 $\varphi' = \{(S_{i_1}, x_{i_1}), (S_{i_2}, x_{i_2}), \cdots, (S_{i_m}, x_{i_m})\}$，其中 $0 < x_{i_k} \leqslant p_{i_k}$，$\sum_{k=1}^{m} x_{i_k} = d$ 使得式（8–6）达到最优，不失一般性，假设 $i_1 < i_2 < \cdots < i_m$，则有 $t_{i_1} \leqslant t_{i_2} \leqslant \cdots \leqslant t_{i_m}$。不难看出，$\sum_{k=1}^{m-1} p_{i_k} < \sum_{k=1}^{m} x_{i_k} = d \leqslant \sum_{k=1}^{m} p_{i_k}$，得出方案 $\varphi'' = \left\{(S_{i_1}, p_{i_1}), (S_{i_2}, p_{i_2}), \cdots, (S_{i_{m-1}}, p_{i_{m-1}}), \left(S_{i_m}, d - \sum_{k=1}^{m-1} p_{i_k}\right)\right\}$ 是可行的，因为按照方案 φ''，t 时刻已到达的资源量一定不小于按照方案 φ' 时 t 时刻已经到达的资源量。显然 φ'' 为算法 2 的一个方案，即 $\varphi'' \in \chi_s'$，故 φ'' 也使得式（8–6）达到最优。

定理 8–2 当 $\chi_s \neq \varnothing$ 时，通过算法 1 求得的方案是式（8–6）的最优解。

证明：当 $\chi_s \neq \varnothing$ 时，设 $\{(S_{i_1}, p_{i_1}), (S_{i_2}, p_{i_2}), \cdots, (S_{i_{k-1}}, p_{i_{k-1}}), (S_{i_k}, x_{i_k})\}$ 是通过算法 1 求得的方案，且假定 $\{(S_{j_1}, p_{j_1}), (S_{j_2}, p_{j_2}), \cdots, (S_{j_{h-1}}, p_{j_{h-1}}), (S_{j_h}, x_{j_h})\}$ 是通过算法 2 求得的任一方案，要证明定理 2，只要证明出 $k \leqslant h$ 即可，证明过程如下。

当 $h = 1$ 时，显然有 $k = 1$，$k \leqslant h$ 得证。

当 $h \geqslant 2$ 时，利用反证法，假设 $k > h$，则 $\sum_{m=1}^{h} p_{i_m} < d = \sum_{m=1}^{h-1} p_{j_m} + x_{j_h} \leqslant \sum_{m=1}^{h} p_{j_m}$，得到

$$\sum_{m=1}^{h} p_{i_m} < \sum_{m=1}^{h} p_{j_m}$$

推导出与 $\sum_{m=1}^{h} p_{i_m} < \sum_{m=1}^{h} p_{j_m}$ 相矛盾的结果，即可证明出 $k \leqslant h$，推导过程如下。

考虑

$$p_{i_1}, p_{i_2}, \cdots, p_{i_h} \tag{Ⅰ}$$

$$p_{j_1}, p_{j_2}, \cdots, p_{j_h} \tag{Ⅱ}$$

由双层优化数学模型［见式（8–7）］可知，（Ⅰ）中至少存在一个元素小于（Ⅱ）中对应位置的元素，设首次出现在 g 位置，即

$$\begin{aligned} p_{i_1} &\geqslant p_{j_1} \\ p_{i_2} &\geqslant p_{j_2} \\ &\vdots \\ p_{i_{g-1}} &\geqslant p_{j_{g-1}} \\ p_{i_g} &< p_{j_g} \end{aligned} \tag{8–8}$$

$p_{i_1} \geqslant p_{j_1}$ 显然成立，故 $2 \leqslant g \leqslant h$。

首先考虑

$$p_{i_1}, p_{i_2}, \cdots, p_{i_g} \tag{Ⅲ}$$

$$p_{j_1}, p_{j_2}, \cdots, p_{j_g} \tag{Ⅳ}$$

步骤如下：调整序列（Ⅳ）的次序，设法使得（Ⅲ）中的元素都大于或等于（Ⅳ）中对应位置的元素。设（Ⅳ）经过 q 次重新排列，每次只调换两个元素位置，得到序列 $p_{j_1}^{(q)}, p_{j_2}^{(q)}, \cdots, p_{j_g}^{(q)}$，可以使得 $p_{i_m} \geqslant p_{j_m}^{(q)}$，$m=1,2,\cdots,g$，其中 $j_1^{(q)}, j_2^{(q)}, \cdots, j_g^{(q)}$ 为 $j_1, j_2, \cdots, j_g$ 的一个排列，下面证明这一过程。

根据算法 1，获取 p_{i_g}：$p_{i_g} = \max\limits_{i \in \{j | t_j \leqslant u', j \notin I_{g-1}\}} p_i$，$I_{g-1} = \{i_1, i_2, \cdots, i_{g-1}\}$，$u' = s + \sum\limits_{m=1}^{g-1} \Delta t_{i_m}$。

根据算法 2，获取 j_g：$j_g \in \{j | t_j \leqslant u'', j \notin J_{g-1}\}$，$J_{g-1} = \{j_1, j_2, \cdots, j_{g-1}\}$，$u'' = s + \sum\limits_{m=1}^{g-1} \Delta t_{j_m}$。

下面分三步进行证明。

（1）因为 $p_{i_m} = \int_0^{\Delta t_{i_m}} v(t)\mathrm{d}t$，$p_{j_m} = \int_0^{\Delta t_{j_m}} v(t)\mathrm{d}t$，由式（8–8）知，$p_{i_m} \geqslant p_{j_m}$，则 $\Delta t_{i_m} \geqslant \Delta t_{j_m}$，可得 $u' \geqslant u''$，由此可推 $j_g \in I_{g-1}$。因为 $j_g \in I_{g-1}$，设 $j_g = i_c$，$1 \leqslant c < g$，将 $j_1, \cdots, j_c, \cdots, j_g$ 调换次序得到：$j_1^{(1)}, \cdots, j_c^{(1)}, \cdots, j_g^{(1)}$，其中 $j_c^{(1)} = j_g$，$j_g^{(1)} = j_c$，$j_m^{(1)} = j_m (m \neq c, g)$。序列 $p_{j_1}, p_{j_2}, \cdots, p_{j_g}$ 经过调换次序得到一个排列 $p_{j_1}^{(1)}, p_{j_2}^{(1)}, \cdots, p_{j_g}^{(1)}$，显然有：$p_{i_m} \geqslant p_{j_m}^{(1)}$，$m=1,2,\cdots,g-1$（当 $m=c$ 时，等号成立）。

（2）若 $p_{i_g} < p_{j_g}^{(1)}$，可推出 $j_g^{(1)} \in I_{g-1}$，（若 $j_g^{(1)} \notin I_{g-1}$，设 $u = s + \sum\limits_{m=1}^{c-1} \Delta t_{j_m}$，显然：$u' \geqslant u'' \geqslant u$，则 $j_g^{(1)} \in \{j | t_j \leqslant u, j \notin J_{c-1} \cup I_{g-1}\} \subset \{j | t_j \leqslant u', j \notin I_{g-1}\}$，故 $p_{j_g}^{(1)} \leqslant p_{i_g}$，与已知矛盾）。因为 $j_g \in I_{g-1}$，设 $j_g^{(1)} = i_e$，$1 \leqslant e < g$。将 $j_1^{(1)}, \cdots, j_e^{(1)}, \cdots, j_g^{(1)}$ 调换次序得到：$j_1^{(2)}, \cdots, j_e^{(2)}, \cdots, j_g^{(2)}$，其中 $j_e^{(2)} = j_g^{(1)}$，$j_g^{(2)} = j_e^{(1)}$，$j_m^{(2)} = j_m^{(1)}\ (m \neq e, g)$。序列 $p_{j_1}^{(1)}, p_{j_2}^{(1)}, \cdots, p_{j_g}^{(1)}$ 经过调换次序得到一个排列 $p_{j_1}^{(2)}, p_{j2}^{(2)}, \cdots, p_{jg}^{(2)}$，显然有：$p_{i_m} \geqslant p_{j_m}^{(2)}$，$m=1,2,\cdots,g-1$。

（3）若 $p_{i_g} < p_{j_g}^{(2)}$，重复上述过程，每次保证前 $(g-1)$ 个位置的元素的“序”

关系不变，因此至多经过 $(g-1)$ 次调换次序一定能使得 $p_{i_g} \geqslant p_{j_g}^{(g-1)}$。因为经过 $(g-1)$ 次，集合 $\{j_1^{(g-1)}, j_2^{(g-1)}, \cdots, j_{g-1}^{(g-1)}\} = J_{g-1} = \{i_1, i_2, \cdots, i_{g-1}\} = I_{g-1}$，故 $j_g^{(g-1)} \neq j_1^{(g-1)}, \cdots, j_g^{(g-1)} \neq j_{g-1}^{(g-1)}$，即 $j_g^{(g-1)} \in \{j \mid t_j \leqslant u', j \notin J_{g-1} = I_{g-1}\}$，参考上述过程，得 $p_{i_g} \geqslant p_{j_g}^{(g-1)}$。

综上所述，经过 q（$q < g$）次重新调整次序得到序列 $p_{j_1}^{(q)}, p_{j_2}^{(q)}, \cdots, p_{j_g}^{(q)}$，可使得 $p_{i_m} \geqslant p_{j_m}{}^{(q)}, m = 1, 2, \cdots, g$。

依此类推可证：序列（Ⅱ）可以经过不断调整次序使其元素不大于（Ⅰ）中对应位置的元素，即与 $\sum_{m=1}^{h} p_{i_m} < \sum_{m=1}^{h} p_{j_m}$ 相矛盾，可知 $k > h$ 不成立，由此可证：$k \leqslant h$，即定理 8–2 得证。

8.1.3　案例分析

假设某铁路线上发生重大行车事件，铁路路网如图 8–2 所示，☆标记点为

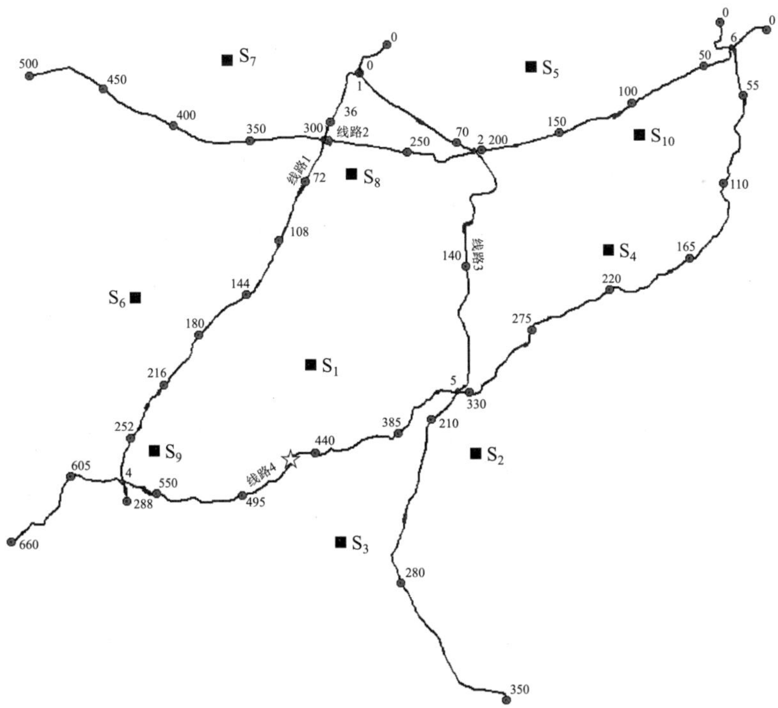

图 8–2　铁路路网

应急点 E，$S_1, S_2, S_3, \cdots, S_{10}$ 为可选的应急服务设施点，应急服务设施点 S_i 到达应急点的 E 的最短时间为 t_i，应急服务设施点 S_i 的资源备有量为 p_i，如表 8–1 所示。应急资源需求量 $d=50$，Δt_i 为 S_i 的资源备有量 p_i 按照 v（t）的消耗速率完全消耗完毕所用的时间。由于在整个应急救援过程中，资源消耗速率随时间而先变大后变小，故假设资源消耗速率为 $v(t)=-0.6t^2+30t$。

表 8–1　仿真数据

	S_1	S_2	S_3	S_4	S_5	S_6	S_7	S_8	S_9	S_{10}
t_i/h	0.18	0.90	2.80	2.90	3.00	3.20	3.50	3.70	4.00	4.00
p_i	18	9	5	4	4	21	10	9	3	8

求解过程如下。

（1）依据择近原则，保证 $\sum_{k=0}^{p-1} p_{i_k} < d \leqslant \sum_{k=0}^{p} p_{i_k}$，求出方案 φ^*。

$$\varphi^*=\{(S_1,18),(S_2,9),(S_3,5),(S_4,4),(S_5,4),(S_6,10)\}$$

（2）根据定理 8–1 求出最早应急开始时间 $s^*=\max_{k\in(1,2,\cdots,6)}\left\{t_k-\sum_{i\in\{i|t_i<t_k,i=0,1,2,\cdots,6\}}\Delta t_i\right\}$，其中 Δt_i 由 $p_i=\int_0^{\Delta t_i} v(t)\mathrm{d}t$ 求得，以求 Δt_1 为例进行说明。

由
$$\int_0^{\Delta t_1}(-0.6t^2+30t)\mathrm{d}t=18$$
可得
$$-0.2\Delta t_1^{\ 3}+15\Delta t_1^{\ 2}=18$$
解得
$$\Delta t_1=1.10,\ 或\ \Delta t_1=74.98,\ 或\ \Delta t_1=-1.09$$

其中后两者不符合实际情况，舍去，故 $\Delta t_1=1.10$。以同样方法求得 $\Delta t_2=0.77$，$\Delta t_3=0.58$，$\Delta t_4=0.52$，$\Delta t_5=0.52$，$\Delta t_6=1.20$。

则
$$\begin{aligned}s^*&=\max_{k\in(1,2,\cdots,6)}\left\{t_k-\sum_{i\in\{i|t_i<t_k,i=0,1,2,\cdots,6\}}\Delta t_i\right\}\\&=\max\{0.18,-0.2,0.93,0.45,0.03,-0.29\}\\&=0.93\end{aligned}$$

（3）在得出应急开始时间最早方案的前提下，求解 $\min_{\varphi\in\chi_{s^*}} N(\varphi)$。

① $u=s^*=0.93$，$k=1$，$D=0$，$I=\varnothing$。

② 只有 $t_1<u$，$I=\{1\}$，因 $D+p_1=18<d$，则 $D=D+p_1=18$，$u=u+\Delta t_1=0.93+1.1=2.03$，$k=k+1=2$；依此类推得 $I=\{1,2,3,6\}$，此时 $D+p_6=53>d$，

则 $x_6 = d - D = 18$ 。

③ 求得方案 $\varphi^{**} = \{(S_1,18),(S_2,9),(S_3,5),(S_6,18)\}$ 。

在最小应急开始时间同为 0.93 的条件下，与只根据择近原则求得的方案 φ^* 相比，方案 φ^{**} 减少了 2 个应急服务设施点 S_4 和 S_5，降低了应急成本，提高了系统的稳定性和可靠性。

8.2　单应急点–多资源的应急资源调度

在铁路应急救援活动中，可能需要多个应急服务设施点提供多种资源参与应急。为了将突发事件造成的损失降到最低，应急救援活动应及早展开，即应急开始时间要求最早。同时为了尽可能地降低运输成本，应合理选择应急服务设施点，使参与救援的应急服务设施点数目最少，并优先选择距应急点近的应急服务设施点。本节针对多资源一次性消耗的铁路应急资源调度问题，建立基于应急开始时间最早和参与应急的应急服务设施点数目最少的多目标优化模型。

8.2.1　单应急点–多资源的应急资源调度模型

1. 模型构建

一次性消耗资源是指应急所需的全部资源都运达应急点后才能进行应急救援活动的资源，如救援列车及其附属设备和救援队人员。在一次性消耗资源应急系统中，设 $S_1,S_2,S_3,\cdots,S_n$ 为 n 个应急服务设施点，E 为应急点。应急点 E 共需要 $m(m>1)$ 种资源，分别为 $X_1,X_2,X_3,\cdots,X_m$，需求量分别为 $x_1,x_2,x_3,\cdots,x_m$ 。设第 $i(1\leqslant i\leqslant n)$ 个应急服务设施点的第 $j(1\leqslant j\leqslant m)$ 种资源的备有量为 p_{ij}，第 i 个应急服务设施点可提供的第 j 种资源的数量为 x_{ij}，其中 $\sum\limits_{i=1}^{n} p_{ij} \geqslant x_j$， $p_{ij} \geqslant x_{ij}$， $j=1,2,\cdots,m$，对于任意 S_i， $p_{ij}\geqslant 0$，且不全为 0。从 S_i 到 E 的运输时间为 $t_i(t_i>0)$，不妨设 $t_1\leqslant t_2\leqslant\cdots\leqslant t_n$ 。

建立基于应急开始时间最早和应急服务设施点数目最少的多目标优化模型，在保证应急资源需求的前提下，利用该模型求解最优调度方案，使最优调度方案的应急开始时间最早，且参与应急的应急服务设施点数目尽可能少。

应急资源调度方案 $\boldsymbol{\varphi}$ 可以用矩阵形式表示为

$$\boldsymbol{\varphi}=\begin{bmatrix} x_{11}\ x_{21}\cdots x_{n1} \\ x_{12}\ x_{22}\cdots x_{n2} \\ \vdots \quad \vdots \quad\ \ \vdots \\ x_{1m}\ x_{2m}\cdots x_{nm} \end{bmatrix} \tag{8–9}$$

其中，$0\leqslant x_{ij}\leqslant p_{ij}$，$\sum_{i=1}^{n}x_{ij}=x_j$。第 i 列表示应急服务设施点 S_i 参与应急的各种资源的数量，第 j 行表示参与应急的各应急服务设施点提供的第 j 种资源的数量。从应急服务设施点 $S_1,S_2,S_3,\cdots,S_n$ 中选取 k 个参与应急，设为 $S_{d_1},S_{d_2},\cdots,S_{d_k}$，其提供第 j 种资源的实际数量分别为 $x_{d_1j},x_{d_2j},\cdots,x_{d_kj}$，其中 $\sum_{i=1}^{k}x_{d_ij}=x_j$，所有可行的调度方案的集合为 Ω。

对某一调度方案 $\boldsymbol{\varphi}$，设参与应急的应急服务设施点数目为 $N(\boldsymbol{\varphi})$，应急开始时间为 $T(\boldsymbol{\varphi})$，由一次性消耗资源应急系统的定义可知，应急开始时间是指应急所需的全部资源都运达应急点的时间。因此，$T(\boldsymbol{\varphi})=\max\{t_i\},i=d_1,d_2,\cdots,d_k$，一次性消耗资源应急系统的单应急点–多资源的应急资源调度模型表示为

$$\begin{cases}\min\{T(\boldsymbol{\varphi})\}\\ \min\{N(\boldsymbol{\varphi})\}\end{cases}$$
$$\text{s.t.}\begin{cases}\sum_{i=1}^{k}x_{d_ij}=x_j\\ x_{d_ij}\leqslant p_{d_ij}\end{cases} \tag{8–10}$$

该模型是一个典型的多目标规划问题，可采用理想点法分别求出式（8–10）目标函数的正负理想点，即分别求出以下两个目标函数的最优解与最劣解。

$$\min\{T(\boldsymbol{\varphi})\}$$
$$\text{s.t.}\begin{cases}\sum_{i=1}^{k}x_{d_ij}=x_j\\ x_{d_ij}\leqslant p_{d_ij}\end{cases} \tag{8–11}$$

$$\min\{N(\boldsymbol{\varphi})\}$$
$$\text{s.t.}\begin{cases}\sum_{i=1}^{k}x_{d_ij}=x_j\\ x_{d_ij}\leqslant p_{d_ij}\end{cases} \tag{8–12}$$

设 ψ_T 和 ψ_T' 分别是式（8–11）的最优解和最劣解，ψ_N 和 ψ_N' 分别是式（8–12）的最优解和最劣解，则每个非劣方案 ψ 与正理想点的接近度为

$$R=\omega_1\frac{\psi_N}{N(\varphi)}+\omega_2\frac{\psi_T}{T(\varphi)} \tag{8-13}$$

每个非劣方案ψ与负理想点的接近度为

$$r=\omega_1\frac{N(\varphi)}{\psi'_N}+\omega_2\frac{T(\varphi)}{\psi'_T} \tag{8-14}$$

其中，ω_1和ω_2分别为参与应急的应急服务设施点数目和应急开始时间的权重，并满足归一化条件$\omega_1+\omega_2=1$。由于铁路应急的紧迫性，为了尽早排除故障，恢复线路畅通，应急活动应及早展开，因此取$\omega_1<\omega_2$。每个非劣方案对理想点的相对接近度为

$$\varepsilon=\frac{R}{r+R}\quad 0\leqslant\varepsilon\leqslant 1 \tag{8-15}$$

求解每个非劣方案的ε，ε取最大值的方案即为最优调度方案。

2. 应急开始时间的最优解和最劣解的求解

因为一次性消耗资源应急系统所需的全部应急资源都运达应急点后才能展开应急活动，所以必须求出每种应急资源的应急开始时间，其最大值即为所求的ψ_T，具体步骤如下。

应急服务设施点$S_1,S_2,S_3,\cdots,S_n$按照运输时间t_i升序排列，则对于第j种资源，设

$$\sum_{z=1}^{q_j-1}x_{zj}<x_j\leqslant\sum_{z=1}^{q_j}x_{zj} \tag{8-16}$$

其中，$1\leqslant q_j\leqslant n$，求得第$j$种资源的以应急开始时间最早为优化目标的最优调度方案为

$$\boldsymbol{\varphi}_j=\left\{(S_1,x_{1j}),(S_2,x_{2j}),\cdots,\left(S_{q_j},x_{q_j}-\sum_{z=1}^{q_j-1}x_{zj}\right)\right\} \tag{8-17}$$

则该资源的最早应急开始时间为t_{q_j}，即参与应急的应急服务设施点$S_1,S_2,S_3,\cdots,S_{q_j}$的运输时间中最大的一个。同理求出其他资源的最早应急开始时间，则应急开始时间的最优解$\psi_T=\max\{t_{q_1},t_{q_2},\cdots,t_{q_m}\}$。

根据一次性消耗资源应急系统的定义，应急开始时间的最大值不大于各应急服务设施点的最大运输时间t_n，则应急开始时间的最劣解$\psi'_T=t_n$。对于任意调度方案，最早应急开始时间一定在ψ_T和ψ'_T之间。

3. 参与应急的应急服务设施点数目的最优解和最劣解的求解

在应急救援活动中，参与应急的应急服务设施点的数目不大于应急服务设施点总数，则参与应急的应急服务设施点数目的最劣解$\psi'_N = n$。

对于第j种资源，任意调度方案$\varphi_j = [(S_{k_1}, x_{k_1 j}), (S_{k_2}, x_{k_2 j}), \cdots, (S_{k_q}, x_{k_q j})]$，其中$S_{k_1}, S_{k_2}, \cdots, S_{k_q}$为参与应急的应急服务设施点且$\{k_1, k_2, \cdots, k_{q_j}\} \subset \{1, 2, \cdots, n\}$，若该方案存在$w_j (1 \leqslant w_j \leqslant q \leqslant n)$且满足$\sum_{i=1}^{w_j - 1} x_{k_i j} < x_j < \sum_{i=1}^{w_j} x_{k_i j}$，则$w_j$为该资源所需最少应急服务设施点的数目。因此求出每一种资源所需最少应急服务设施点数目，即可求出所有资源所需最少应急服务设施点数目的最大值V，即$V = \max\{w_1, w_2, \cdots, w_m\}$。这样任意满足资源应急需求的方案$\varphi$，满足$n \geqslant N(\varphi) \geqslant V$。

设最初选择的应急服务设施点数目为V'，则求解ψ_N的算法如下。

（1）$V' = V$；

（2）寻找V'个应急服务设施点的所有调度方案；

（3）若存在可行的V'个应急服务设施点的调度方案，则算法终止；

（4）若不存在可行的调度方案，$V' = V' + 1$，转步骤（2）。

算法终止时获得的V'，即为所求参与应急的应急服务设施点数目的最优解ψ_N。

4. 最优调度方案的求解

求解最优调度方案时，必须综合考虑参与应急的应急服务设施点数目和最早应急开始时间。若存在两个调度方案φ_1和φ_2，若方案φ_1参与应急的应急服务设施点数目大于方案φ_2的，且方案φ_1的最早应急开始时间大于方案φ_2的，则方案φ_2较优。若方案φ_1参与应急的应急服务设施点数目小于方案φ_2的，且方案φ_1的最早应急开始时间大于方案φ_2的，则无法直观地判断哪一个方案较优，这时可以采用理想点法计算它们对理想点的相对接近度ε，ε最大的方案为最优调度方案。最优调度方案的求解算法如下。

（1）求ψ_T和ψ'_T，ψ_N和ψ'_N；

（2）设应急服务设施点集合为$M_1 = \{S_1, S_2, S_3, \cdots, S_n\}$，$V' = \psi_N$；

（3）在集合M_1中寻找满足应急需求的V'个应急服务设施点的调度方案，选择应急开始时间最早的方案，若方案不唯一，从降低运输成本角度考虑，选择应急服务设施点距应急点近的方案为较优方案；

（4）求解该较优方案的最早应急开始时间t'_1；

（5）若选取运输时间大于或等于t'的应急服务设施点，应急开始时间一定大于t'，则含有$(V'+1)$个应急服务设施点的方案一定不是较优方案。因此修改应急服务设施点集合M_1，去除运输时间大于或等于t_1'的应急服务设施点，得到新的集合M_2；

（6）令$V'=V+1$；

（7）在M_2中寻找满足应急需求的V'个应急服务设施点的调度方案，若不存在满足需求的调度方案，转步骤（6）；

（8）若存在满足需求的调度方案，则求出这些方案的最小应急开始时间t_2'；

（9）修改应急服务设施点集合M_2，去除运输时间大于或等于t_2'的应急服务设施点，得到新的集合M_3，令$V'=V'+1$；

（10）在M_3中找出满足应急需求的V'个应急服务设施点的调度方案，若不存在满足需求的调度方案，转步骤（6）；

（11）当应急服务设施点集合$M_n < V'$时，算法终止；

（12）计算所有可行方案的ε，ε最大的方案即为最优调度方案。

8.2.2 案例分析

假设某铁路线上发生突发事件，如图 8–2 所示，☆标记点为应急点E，X_1,X_2,X_3为所需的三种应急资源，需求量分别为 30，32，27，$S_1,S_2,S_3,\cdots,S_{10}$为可选的应急服务设施点，各应急服务设施点到应急点的运输时间如表 8–2 所示。各应急服务设施点的应急资源备有量如表 8–3 所示。

表 8–2　应急服务设施点到应急点的运输时间

	S_1	S_2	S_3	S_4	S_5	S_6	S_7	S_8	S_9	S_{10}
t_i	0.18	0.90	2.80	2.90	3.00	3.20	3.50	3.70	4.00	4.00

表 8–3　应急服务设施点的应急资源备有量

	S_1	S_2	S_3	S_4	S_5	S_6	S_7	S_8	S_9	S_{10}
X_1	3	8	11	5	4	12	14	12	2	20
X_2	1	9	17	5	6	7	10	8	5	15
X_3	4	7	10	1	5	8	13	7	6	17

1. 求解ψ_T、ψ_T'、ψ_N和ψ_N'

由于应急服务设施点至应急点的最大运输时间为 4.00，应急服务设施点总数为 10，则$\psi'_T=4.00$，$\psi'_N=10$。由于资源X_1,X_2,X_3均满足$\sum_{p=1}^{4}x_{pj}<x_j\leqslant\sum_{p=1}^{5}x_{pj}$，则应急服务设施点$S_5$的运输时间即为$\psi_T$，所以$\psi_T=3.00$。对于资源$X_1,X_2,X_3$，所需的最少应急服务设施点数$p_1=p_2=p_3=2$，即$V=2$。当$V'=2$时，选择应急服务设施点$S_3$和$S_{10}$，该调度方案满足应急资源需求。因此$\psi_N=2$。

2. 计算所有可行方案的ε值

应急服务设施点数目和应急开始时间的权重ω_1和ω_2分别取 0.4 和 0.6。当$V'=2$时，可供选择的应急服务设施点为$S_1,S_2,S_3,\cdots,S_{10}$，可行的调度方案为

$$\boldsymbol{\varphi}_1=\begin{bmatrix}0&0&11&0&0&0&0&0&0&19\\0&0&17&0&0&0&0&0&0&15\\0&0&10&0&0&0&0&0&0&17\end{bmatrix}$$

即$R_1=0.85,r_1=0.68,\varepsilon_1=0.5556$。

当$V'=3$时，可供选择的应急服务设施点为$S_1,S_2,S_3,\cdots,S_9$，可行的调度方案为

$$\boldsymbol{\varphi}_2=\begin{bmatrix}0&8&11&0&0&0&11&0&0\\0&9&17&0&0&0&6&0&0\\0&7&10&0&0&0&10&0&0\end{bmatrix}\quad\boldsymbol{\varphi}_3=\begin{bmatrix}0&0&11&0&0&12&7&0&0\\0&0&17&0&0&7&8&0&0\\0&0&10&0&0&8&9&0&0\end{bmatrix}$$

$$\boldsymbol{\varphi}_4=\begin{bmatrix}0&0&11&0&0&0&14&5&0\\0&0&17&0&0&0&10&5&0\\0&0&10&0&0&0&13&4&0\end{bmatrix}$$

根据参与应急的应急服务设施点数目相同则选择应急开始时间最早的原则，剔除方案$\boldsymbol{\varphi}_4$，方案$\boldsymbol{\varphi}_2$和方案$\boldsymbol{\varphi}_3$与理想点的接近度是一样的，但是从运输成本的角度考虑，应选取距应急点近的应急服务设施点。因此当$V'=3$时，方案φ_2是较优方案，即$R_2=0.781$，$r_2=0.645$，$\varepsilon_2=0.5477$。

当$V'=4$时，可供选择的应急服务设施点为$S_1,S_2,S_3,\cdots,S_6$，可行的调度方案为

$$\boldsymbol{\varphi}_5=\begin{bmatrix}3&8&11&0&0&8\\1&9&17&0&0&5\\4&7&10&0&0&6\end{bmatrix}\quad\boldsymbol{\varphi}_6=\begin{bmatrix}0&8&11&0&4&7\\0&9&17&0&6&0\\0&7&10&0&5&5\end{bmatrix}$$

$\boldsymbol{\varphi}_5$和$\boldsymbol{\varphi}_6$与理想点的接近度是一样的，但应选取距应急点近的应急服务设施点，因此选择方案$\boldsymbol{\varphi}_5$，即$R_5=0.7625$，$r_5=0.64$，$\varepsilon_5=0.5437$。

当$V'=5$时，可供选择的应急服务设施点为S_1,S_2,S_3,S_4,S_5，可行的调度方案为

$$\boldsymbol{\varphi}_7=\begin{bmatrix}3 & 8 & 11 & 5 & 3\\1 & 9 & 17 & 5 & 0\\4 & 7 & 10 & 1 & 5\end{bmatrix}$$

即 $R_7=0.76, r_7=0.65, \varepsilon_7=0.539$。

当 $N'=6$ 时，可供选择的应急服务设施点为 S_1,S_2,S_3,S_4，由于 $M_n<V'$，算法终止。

3. 选择最优方案

选择 ε 最大的调度方案，则最优调度方案为

$$\boldsymbol{\varphi}_1=\begin{bmatrix}0 & 0 & 11 & 0 & 0 & 0 & 0 & 0 & 0 & 0 & 19\\0 & 0 & 17 & 0 & 0 & 0 & 0 & 0 & 0 & 0 & 15\\0 & 0 & 10 & 0 & 0 & 0 & 0 & 0 & 0 & 0 & 17\end{bmatrix}$$

案例结果表明利用基于应急开始时间最早和应急服务设施点数目最少的多目标优化模型可以求解出最佳调度方案，该模型可为应急调度提供有效的决策支持。

8.3 多应急点–多资源的应急资源调度

在多个应急点的情况下，不能简单以某个应急点的应急开始时间最早为优化目标，而应该综合考虑所有应急点的应急救援情况。为此利用铁路应急资源效用函数[见式（7–1)]，建立以所有应急点可减少的总损失量最大为目标函数的优化模型。

8.3.1 多应急点–多资源的应急资源调度模型

设有 m 个应急点 $E_1,E_2,E_3,\cdots,E_m$，有 n 个应急服务设施点 $S_1,S_2,S_3,\cdots,S_n$，每个应急服务设施点有 w 种应急资源 $R_1,R_2,R_3,\cdots,R_w$，对第 k $(k=1,2,3,\cdots,w)$ 种应急资源 R_k 而言，应急服务设施点 S_i 的应急资源备有量为 p_i^k，应急点 E_j 的应急资源需求量为 d_j^k，t_{ij}^k $(i=1,2,3,\cdots,n;\ j=1,2,3,\cdots,m)$ 表示应急服务设施点 S_i 到应急点 E_j 的最短运输时间，由于运量的限制，v_{ij} 表示应急服务设施点 S_i 调度到应急点 E_j 的各种应急资源总量的上限。

根据问题描述，为建立基于效用函数的应急资源调度模型，定义如下变量[21]。

x_{ij}^k——应急服务设施点 S_i 调度到应急点 E_j 的第 k 种应急资源数量。

T_j^k——应急点 E_j 所需的应急资源 R_k 的应急失效时间，即当应急资源 R_k 到达

E_j 的时间大于或等于 T_j^k 将无法减少损失。

unitSave_j^k——单位应急资源 R_k 用于应急点 E_j 时单位时间可以减少的损失量。

当 $t_{ij}^k \geqslant T_j^k$ 时，应急服务设施点 S_i 的应急资源 R_k 到达 E_j 时，将无法减少损失，所以在实际应急管理中，应急服务设施点 S_i 就不应该调度应急资源 R_k 到应急点 E_j。因此，当 $t_{ij}^k \geqslant T_j^k$ 时，应急服务设施点 S_i 的单位应急资源 R_k 到应急点 E_j 可以减少的损失量为 $-M$，其中 M 是一个很大的正数。

$f_j^k(x_{ij}^k, t_{ij}^k)$ 表示应急服务设施点 S_i 调度 x_{ij}^k 数量的应急资源 R_k 到应急点 E_j 可以减少的损失量，$f_j^k(x_{ij}^k, t_{ij}^k)$ 的形式和参数需要根据应急实际情况确定，应急资源效用函数定义为与应急资源量正相关、与应急开始时间负相关的线性函数，可表示为

$$f_j^k(x_{ij}^k, t_{ij}^k) = \begin{cases} (T_j^k - t_{ij}^k) \cdot \text{unitSave}_j^k \cdot x_{ij}^k & 0 \leqslant t_{ij}^k < T_j^k \\ -M \cdot x_{ij}^k & t_{ij}^k \geqslant T_j^k \end{cases} \tag{8-18}$$

建立的多应急点–多资源的应急资源调度模型为

$$\max_x \sum_{k=1}^{w}\sum_{j=1}^{m}\sum_{i=1}^{n} f_j^k(x_{ij}^k, t_{ij}^k)$$

$$\text{s.t.}\begin{cases} \sum_{i=1}^{n} x_{ij}^k = d_j^k \\ \sum_{j=1}^{m} x_{ij}^k \leqslant p_i^k \\ \sum_{k=1}^{w} x_{ij}^k \leqslant v_{ij} \\ \sum_{i=1}^{n} p_i^k \geqslant \sum_{j=1}^{m} d_j^k \\ x_{ij}^k \geqslant 0, t_{ij}^k \geqslant 0 \\ i = 1,2,3,\cdots,n; j = 1,2,3,\cdots,m; k = 1,2,3,\cdots,w \end{cases} \tag{8-19}$$

该模型的目标函数是使可以减少的损失量最大。

约束条件的含义如下。

（1）$\sum_{i=1}^{n} x_{ij}^k = d_j^k$ 表示所有应急服务设施点调度到应急点 E_j 的第 k 种资源总量等于该应急点第 k 种资源的需求量；

（2）$\sum_{j=1}^{m} x_{ij}^{k} \leqslant p_i^k$ 表示应急服务设施点 S_i 调度到所有应急点的第 k 种资源总量不大于该应急服务设施点第 k 种资源的备有量；

（3）$\sum_{k=1}^{w} x_{ij}^{k} \leqslant v_{ij}$ 表示应急服务设施点 S_i 调度到应急点 E_j 的各种应急资源总量要满足上限要求；

（4）$\sum_{i=1}^{n} p_i^k \geqslant \sum_{j=1}^{m} d_j^k$ 表示所有应急服务设施点第 k 种资源的备有量能够满足所有应急点第 k 种资源的需求量。

当应急资源效用函数定义为与应急资源量正相关、与应急开始时间负相关的线性函数时，模型求解是一个线性最优化问题，可以利用单纯形法进行求解。当应急资源效用函数定义为非线性函数时，模型求解是一个非线性最优化问题，可利用 Newton 法、DFP 法、BFGS 法、变尺度法等进行求解。

本节采用 YALMIP[22] 工具箱进行求解，YALMIP 是在 Matlab 环境下运行的功能强大的求解最优化问题的工具箱，可以解决凸优化甚至非凸优化问题，包括线性、二次型、二阶锥、半正定、整数、多参数等。

一般情况下，$t_{ij}^k \geqslant T_j^k$ 所对应的调度资源量 $x_{ij}^k = 0$，若 $x_{ij}^k \neq 0$，则模型无解。

8.3.2 案例分析

在应急救援过程中，假设可能发生突发事件的应急点数 $m = 4$，应急服务设施点数 $n = 3$，应急资源数 $w = 2$。

对第 1 种应急资源，各应急点的应急资源需求量、应急失效时间、单位应急资源单位时间可减少损失量、各应急服务设施点的应急资源备有量如表 8–4 所示。

表 8–4 第 1 种应急资源数据

	E_1	E_2	E_3	E_4	应急资源备有量 p_i^1
S_1	3	11	3	10	7
S_2	1	8	2	8	4
S_3	7	4	12	5	10
应急资源需求量 d_j^1	3	6	5	6	
应急失效时间 T_j^1	8	9	12	11	
单位应急资源单位时间可减少损失量 unitSave_j^1	15	14	20	16	

对第 2 种应急资源，各应急点的应急资源需求量、应急失效时间、单位应急资源单位时间可减少损失量、各应急服务设施点的应急资源备有量如表 8–5 所示。

表 8–5　第 2 种应急资源数据

	E_1	E_2	E_3	E_4	应急资源备有量 p_i^2
S_1	3	11	3	10	3
S_2	1	8	2	8	6
S_3	7	4	12	5	11
需要资源量 d_j^2	4	7	4	5	
应急失效时间 T_j^2	8	10	12	10	
单位资源单位时间可减少损失量 $unitSave_j^2$	20	15	16	12	

由于运量的限制，应急服务设施点到应急点的各种应急资源总量的上限如表 8–6 所示。

表 8–6　应急服务设施点到应急点的各种应急资源总量的上限

	E_1	E_2	E_3	E_4
S_1	3	2	7	2
S_2	5	4	2	3
S_3	2	10	2	12

计算 f_{ij}^1 后，结果如表 8–7 所示。

表 8–7　计算 f_{ij}^1 后结果

	E_1	E_2	E_3	E_4	应急资源备有量 p_i^1
S_1	75	–M	180	16	7
S_2	105	14	200	48	4
S_3	15	70	–M	96	10
应急资源需求量 d_j^1	3	6	5	6	

计算 f_{ij}^2 后，结果如表 8–8 所示。

表 8–8 计算 f_{ij}^2 后的结果

	E_1	E_2	E_3	E_4	应急资源备有量 p_i^2
S_1	100	–M	144	–M	3
S_2	140	30	160	24	6
S_3	20	90	–M	60	11
应急资源需求量 d_j^2	4	7	4	5	

建立多应急点–多资源的应急资源调度模型，利用 YALIMP 工具箱求解，如表 8–9、表 8–10 所示。

表 8–9 应急资源 1 调度情况

	E_1	E_2	E_3	E_4	应急资源备有量 p_i^1
S_1	2	0	4	0	7
S_2	1	2	1	0	4
S_3	0	4	0	6	10
应急资源需求量 d_j^1	3	6	5	6	

表 8–10 应急资源 2 调度情况

	E_1	E_2	E_3	E_4	应急资源备有量 p_i^2
S_1	0	0	3	0	3
S_2	4	1	1	0	6
S_3	0	6	0	5	11
应急资源需求量 d_j^2	4	7	4	5	

最优目标值为 4 081，即通过应急资源的优化调度最大可以减少的损失量为 4 081，由此可知，基于效用函数的应急资源调度可以有效解决多应急点–多资源的应急资源调度问题 [23]。

本章小结

本章主要讨论高速铁路应急资源调度问题，首先研究单资源单应急点非恒定速率消耗的应急资源调度问题，解决了连续性条件下，以应急时间最早为前提的应急服务设施点数目最少这一两阶段问题。然后进一步讨论了单应急点多资源的一次性消耗条件的应急资源调度问题，建立基于应急开始时间最小和应急设施服务点数最少的多目标优化模型，采用理想点法求解该模型，与理想点接近度最大的方案为最优方案。最后研究基于效用函数的多应急点多资源的应急资源调度问题，建立了以可能减少的损失量最大为目标函数的数学模型，并求解该模型，获得最优的调度方案。

本章参考文献

［1］KNOTT R. The logistics of bulk relief supplies [J]. Disasters, 1998, 11 (4): 113-115.

［2］GEORGE F. Routing and emergency response team sitting for high level radioactive waste shipment [J]. IEEE Transactions on Engineering Management, 1998, 45(2): 141-152.

［3］SANNOMIYA N, TATEMURA K. Application of genetic algorithm to a parallel path selection problem [J]. International Journal of Systems Science, 2003, 27 (2): 269-274.

［4］SITTITHUMWATA A, SOUDIB F, TOMSOVIC K. Optimal allocation of distribution maintenance resources with limited information [J]. Electric Power Systems Research, 2004, 68 (3): 208-220.

［5］ALTAY N, GREEN G W. OR/MS research in disaster operations management [J]. European Journal of Operational Research, 2006, 175 (1): 475-93.

［6］刘春林. 应急管理中紧急物资调度的模型和方法研究［D］. 南京：东南大学，2000.

［7］高淑萍，刘三阳. 基于联系数的多资源应急系统调度问题［J］. 系统工程理论与实践，2003，23（6）：113-116.

［8］BARBAROSOGLU G, ARDA Y. A two-stage stochastic programming framework for transportation planning in disaster response [J]. Journal of Operational Research Society, 2004, 55 (1): 43-53.

［9］BELMONT E, FRIED M B, GONEN S J, et al. Emergency Preparedness, response and recovery checklist: beyond the emergency management plan [J]. Hospital Preparation for Bioterror, 2006, 37 (4): 295-331.

[10] 潘郁，余佳，达庆利. 基于粒子群算法的连续性消耗应急资源调度［J］. 系统工程学报，2007，22（5）：556-560.
[11] RAJAGOPALAN K H, SAYDAM C, XIAO J. A multiperiod set covering location model for dynamic redeployment of ambulances [J]. Computers and Operation Research, 2008, 35 (3): 814-826.
[12] NAGUMEY A. A system-optimization perspective for supply chain network integration: The horizontal merger case[J]. Transportation Research Part E, 2009, 45 (1): 1-15.
[13] 王炜，刘茂，王丽. 基于马尔可夫决策过程的应急资源调度方案的动态优化［J］. 南开大学学报（自然科学版），2010，43（3）：18-23.
[14] SHERALI H D, SUBRAMANIAN S. Opportunity cost-based models for traffic incident response problem [J]. Journal of Transportation Engineering, 1999, 125 (3): 176-185.
[15] 汪欲，何建敏. 应急系统中多资源出救方案的研究［J］. 东南大学学报，2002，32（3）：1-4.
[16] SHETTY S R. An event driven single game solution for resource allocation in a multi-crisis environment [D].Tampa: Ulliv South Florida, 2004.
[17] POLYCHRONAKIS M, ANAGNOSTAKIS K, MARKATOS E. Network-level polymorphic shellcode detection using emulation [C]. Proceedings of the Conference on Deteetiorl of Intrusions and Malware & Vulnerability Assessment, 2006.
[18] 张婧，申世飞，杨锐. 基于偏好序的多事故应急资源调配博弈模型［J］. 清华大学学报（自然科学版），2007，47（12）：2171-2175.
[19] CHANG F S, WU J S, LEE C N, et al. Greedy-search-based multi-objective genetic algorithm for emergency logistics scheduling [J]. Expert Systems with Applications, 2014,41(6): 2947-2956.
[20] 牛宏睿，李平，王富章. 铁路突发事件多应急点资源调度模型及仿真研究［M］. 铁路信息系统，2009，18（12）：20-22.
[21] 解兴申. 铁路突发事件应急资源调配问题分析［J］. 交通科技与经济，2010，12（2）：52-55.
[22] 何建敏，刘春林，曹杰，等. 应急管理与应急系统：选址、调度与算法［M］. 北京：科学出版社，2005.
[23] 周慧娟. 铁路应急管理中的预案管理与资源配置优化［D］. 北京：北京交通大学，2011.

9 突发事件条件下高速铁路列车运营决策支持系统与示范应用

目前，我国铁路运营管理部门应对铁路突发事件的方式，仍然停留在纸质版文件查询、内部电话通信等层面，呈现出应急处置效率低、路局间缺乏有效沟通等问题。因此，本章构建了基于闭环控制的特殊运营条件的获取与推演，高速列车数字化预案生成，客运需求与运力资源匹配，以及列车开行方案与列车运行计划调整的一体化、智能化优化平台，设计并开发了突发事件条件下高速铁路列车运营决策支持系统。

该系统涵盖了相互独立且相互联系的 3 个子系统：高速铁路特殊运营条件获取与生成子系统、高速铁路运输组织应急预案编制与决策支持子系统、特殊运营条件下高速列车开行方案编制子系统。该系统实现了全面综合的数据分析、决策支持、应急指挥及协同决策等功能，满足了铁路调度管理部门的多元化需求。

突发事件条件下高速铁路列车运营决策支持系统，在我国铁路应急管理发展道路上迈出了重要的一步，为全面实现电子化、信息化的铁路智能交通奠定了坚实基础，有效提高了我国大规模成网条件下的高速铁路运输组织效率。此外，还依托本系统推广了两个应用示范工程。其中，铁路运输组织应急处置决策支持系统（高速铁路）已作为中国铁路总公司铁路运输信息集成平台的核心部分，为铁路运输组织应急处置决策提供了关键技术和平台支撑；全国铁路应急预案管理系统面向全路建立开发了 106 个功能模块，对 24 个部级预案、116 个局级预案和 625 个站段级预案实现了数字化管理，应用效果显著。本章将介绍突发事件条件下高速铁路列车运营决策支持系统体系结构、数据库设计，三个子系统的系统需求、系统结构、系统界面，以及两个应用示范工程，从结构到功能界面、从理论到实际产品全面、立体地展示该系统。

9.1 系统体系结构

随着系统规模不断扩大、复杂程度日益提高，系统体系结构对系统性能的影响也越来越大。因此，选择和设计合理的体系结构模式至关重要。本节将介绍突发事件条件下高速铁路列车运营决策支持系统的总体架构、子系统设计与网络环境结构等。

9.1.1 系统总体架构

突发事件条件下高速铁路列车运营决策支持系统总体架构如图 9–1 所示，其展示了各子系统间的交互关系，以及数据流和控制信息的传递关系，系统总体上分为表现层、应用层和数据层。该系统以“高内聚–低耦合”的结构特性为设计目标，考虑“一站式”工作流的需要，各个子系统通过数据接口和数据标准化设计进行交互，构建了协同作业的运营模式[1]。

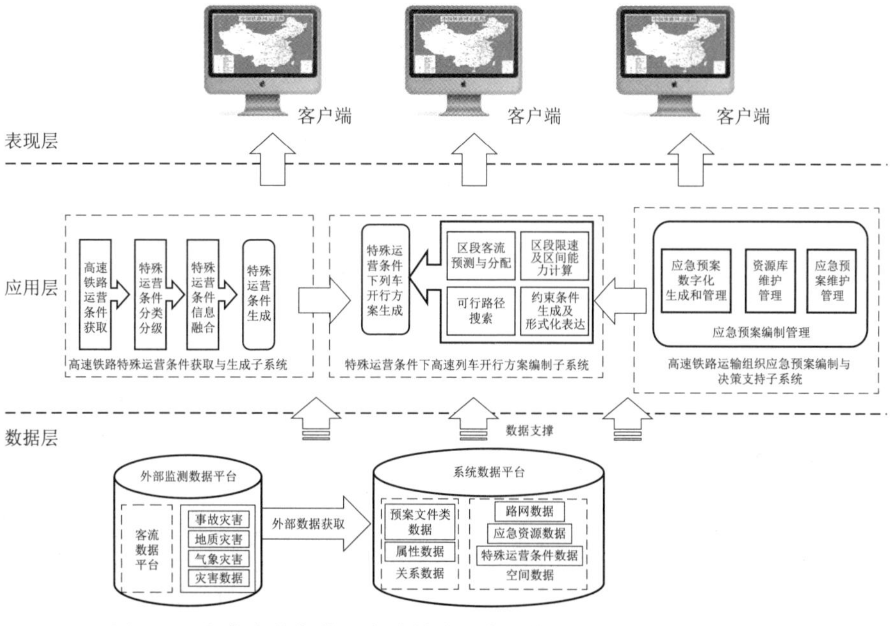

图 9–1 突发事件条件下高速铁路列车运营决策支持系统总体架构

1. 表现层

表现层利用统一的 GIS 和 RIA 前端技术，与用户建立交互。

2. 应用层

应用层建立 3 个子系统，既可以独立工作也可以进行交互。当发生铁路突发事件时，由高速铁路特殊运营条件获取与生成子系统建立特殊运营场景，根据高速铁路运输组织应急预案编制与决策支持子系统所匹配到的预案，在特殊运营条件下高速列车开行方案编制子系统中进行分析计算，生成一套智能化的开行方案，形成突发事件条件下应急处置与决策的一体化生成方法。

3. 数据层

数据层搭建的系统数据平台为应用层提供数据支撑，并通过与外部监测数据平台建立数据接口获取所需数据信息。

9.1.2 系统子系统设计

特殊运营条件下高速铁路列车运营决策支持系统功能结构如图 9–2 所示，其主要分为 3 个子系统，包括高速铁路特殊运营条件获取与生成子系统、高速铁路运输组织应急预案编制与决策支持子系统和特殊运营条件下高速列车开行方案编制子系统。

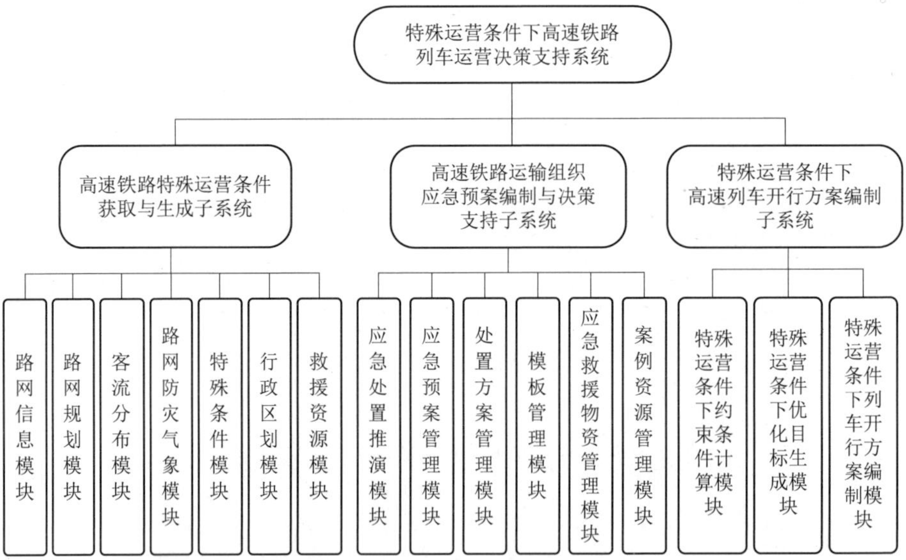

图 9–2 特殊运营条件下高速铁路列车运营决策支持系统功能结构

1. 高速铁路特殊运营条件获取与生成子系统

高速铁路特殊运营条件获取与生成子系统主要分为 7 个模块，包括路网信息模块、路网规划模块、客流分布模块、路网防灾气象模块、特殊条件模块、行政区划模块、救援资源模块。作为其他子系统的重要支撑，该子系统通过建立标准化数据接口，从外部监测系统获取特殊运营条件信息基础数据，并对其进行清洗、过滤、转换和修正，最终得到标准化特殊运营条件信息。在此基础上建立特殊运营场景及场景库，并融合多媒体数据技术与 GIS 空间数据技术，实现对特殊运营场景的多元化生成与展示。因此，高速铁路特殊运营条件获取与生成子系统在整个系统中扮演着负责综合展示与信息获取的基石型角色。

2. 高速铁路运输组织应急预案编制与决策支持子系统

高速铁路运输组织应急预案编制与决策支持子系统分为 6 个模块，包括应急处置推演模块、应急预案管理模块、处置方案管理模块、模板管理模块、应急救援物资管理模块、案例资源管理模块。该子系统对现有铁路应急预案进行分析和分解，对高速铁路特殊运营条件需要的各类应急预案进行编制和管理。同时，该子系统采用“情景–应对”式应急预案匹配技术，针对不同的特殊运营条件动态匹配出相应的应急预案，并结合“基于样本集的处置方案融合提取”方法动态匹配出相应的处置方案，为整个系统提供决策支持。

3. 特殊运营条件下高速列车开行方案编制子系统

特殊运营条件下高速列车开行方案编制子系统包括特殊运营条件下约束条件计算模块、特殊运营条件下优化目标生成模块及特殊运营条件下列车开行方案编制模块 3 个模块。该子系统根据“基于串并联系统的路网的运营可靠度的分析计算方法”“基于需求改变的高速铁路网运营可靠性分析方法”“基于马尔可夫链的特殊运营条件下铁路区间通过能力计算方法”进行了包括路网运营可靠性分析、区间通过能力计算等约束条件的计算，同样利用首次提出的“里程限制的 K–最短路算法与基于能力充足的特殊运营条件下列车运行径路的改进 K–最短路算法”进行列车开行方案中的列车分配，并结合“基于模糊隶属度的特殊运营条件下列车开行方案优化目标生成方法”生成列车开行方案优化目标。此外，该子系统根据“基于模糊综合优化的列车运行径路约束生成方法”设计实现了特殊运营条件下列车开行方案约束条件生成模块，为列车开行方案的进一步优化及评价奠定了基础。作为“一站式”工作流中涉及自主创新算法最多、数据运算量最大，以及智能决策程度最高的系统核心环节，特殊运营条件下高速列车开行方案编制子系统在整个系统中扮演着不可或缺的角色。

9.1.3 系统网络环境结构

突发事件条件下高速铁路列车运营决策支持系统及其子系统统一采用 B/S（Browser/Server）架构，如图 9–3 所示。在表现层通过主流 Web 浏览器（如 Internet Explorer、Firefox、Chrome 等）实现与用户之间的交互。另外，由于系统使用 Flex 实现客户端应用界面，需要浏览器端必须安装 Adobe Flash Player 插件。当用户需要与系统进行数据交互时，用户请求将由表现层的 Web 浏览器通过 Internet（互联网，又称外网）或 Intranet（内联网，又称内网）传送到应用层的 Web 服务器中。本系统在应用层所使用的 Web 服务器初步为 TOMCAT6.0。3 个子系统统一加载到 TOMCAT 应用目录下，以 Arcgis Server10、ActionScript3.3、JDK1.6、FLEX SDK3.3 为支撑，实现了基于 GIS 的空间技术应用逻辑、基于 J2EE 的业务逻辑及数据交互，以及基于 Flex 的 RIA 前端响应与反馈，为各个子系统有效互联及协同作业提供了重要平台。同时，作为应用层的核心组成，Web 服务器需要与数据层及时进行数据交互。在数据层，以 Oracle 10g 作为中心数据平台，通过 JDBC 标准应用接口，构建由应用层到数据层的数据交互通道，以 ArcSDE 为依托，支持 GIS 空间数据交互，为整个系统的高效稳定运营提供有力的数据支撑。

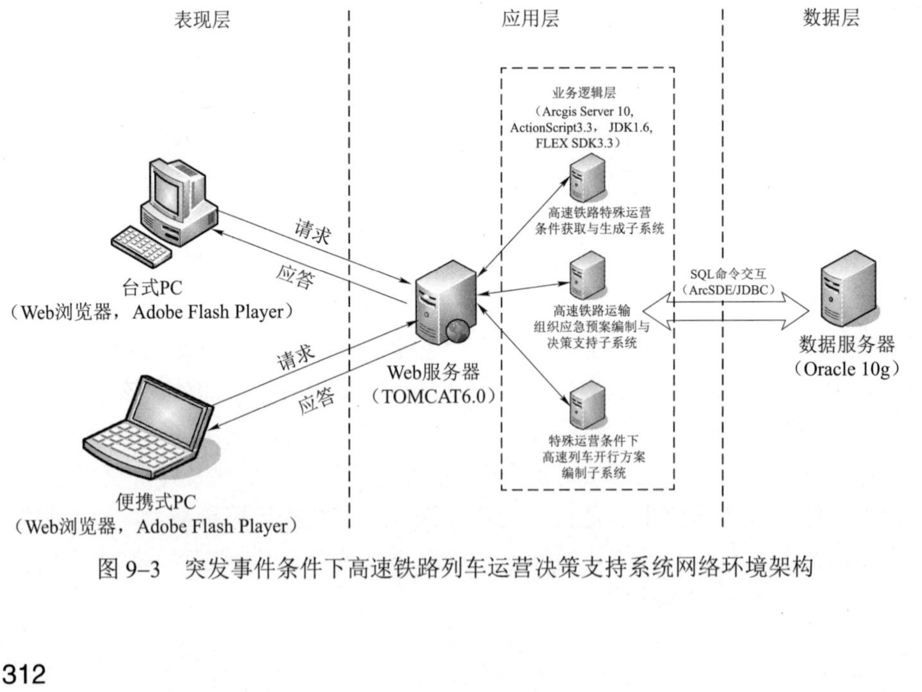

图 9–3 突发事件条件下高速铁路列车运营决策支持系统网络环境架构

9.1.4 非功能性要求

所谓非功能性要求，是指软件产品为满足用户业务需求而必须具有且除功能需求以外的特性。软件产品的非功能性要求包括系统的性能、可靠性、可用性、可维护性、安全性、可扩充性和对技术与业务的适应性等。本节将对高速铁路列车运营决策支持系统的部分非功能性要求进行简要分析。

1. 性能

性能主要包含以下要求：

（1）对于一般业务处理操作，系统响应时间应在 10 s 以内；

（2）对于查询、地图渲染处理，系统响应时间应在 15 s 以内。

2. 可靠性

可靠性主要包含以下要求：

（1）系统架构应保证无单点故障，关键处理点要考虑负载均衡；

（2）必须避免由于单点故障或系统的升级而影响整个系统的正常运行；

（3）系统在每周 7 天，每天 24 小时内都应是可以使用的；

（4）延机的时间应少于 4%；

（5）平均故障间隔时间应超过 3 个月；

（6）应保证在正常情况下和极端情况下业务逻辑的正确性。

3. 可用性

可用性主要包含以下要求：

（1）方便键盘操作，数据输入应该具有记忆功能，以尽可能减少重复输入；

（2）各种编码输入需支持多种方式，如直接输入编码、输入助记码、简拼、列表选择等；

（3）界面设计要美观大方，操作风格要一致，应用程序界面应该适应 800×600、1 024×768、1 280×1 024 等不同屏幕分辨率的要求。

4. 可维护性

可维护性主要包含以下要求：

（1）系统能够被简单方便地修改和升级，具有可读性、可修改性、可测试性等；

（2）系统组件有自动部署和自动升级的功能；

（3）系统具备错误的远程分析与排除功能。

5. 安全性

安全性主要包含以下要求：

（1）应采用必要的技术来保证数据库的高可用性；

（2）数据库中的重要数据记录应采用校验和等方法，保证数据不被非法修改；

（3）利用数据库备份产品，定期将数据备份在数据库服务器上，供意外和灾难恢复；

（4）进行数据文件备份，定期把数据导入到文件中，并存储到光盘上。

9.2 系统数据库设计

数据是突发事件条件下高速铁路列车运营决策支持系统的重要组成部分，因此一个组织良好的数据资源结构和数据资源关系对于系统高效运作有着十分重要的意义。

9.2.1 概念设计

概念设计是整个数据库设计的关键，概念设计的主要特点包括：

（1）能真实充分地反映现实世界（包括事物与事物之间的联系），是现实世界的一个真实模型。

（2）易于理解，从而可以用它和不熟悉计算机的人员交换意见。

（3）易于更改，当应用环境和应用要求改变时，易于对概念模型修改和扩充。

（4）易于向关系、网状、层次等各种数据模型转换。

概念设计主要就是得到数据库的概念模型，本节使用 P. P. S. Chen 于 1976 年提出的实体–联系方法，即利用 E–R 图描述现实世界的概念模型，以特殊运营条件下高速列车开行方案编制子系统为例进行详细的概念设计说明。

由于特殊运营条件下高速列车开行方案编制子系统的实体属性图非常多，因此本节只画了“路段”“突发事件场景”“列车开行方案”的实体属性图，如图 9–4 所示，其中标有下划线的字段为主键。

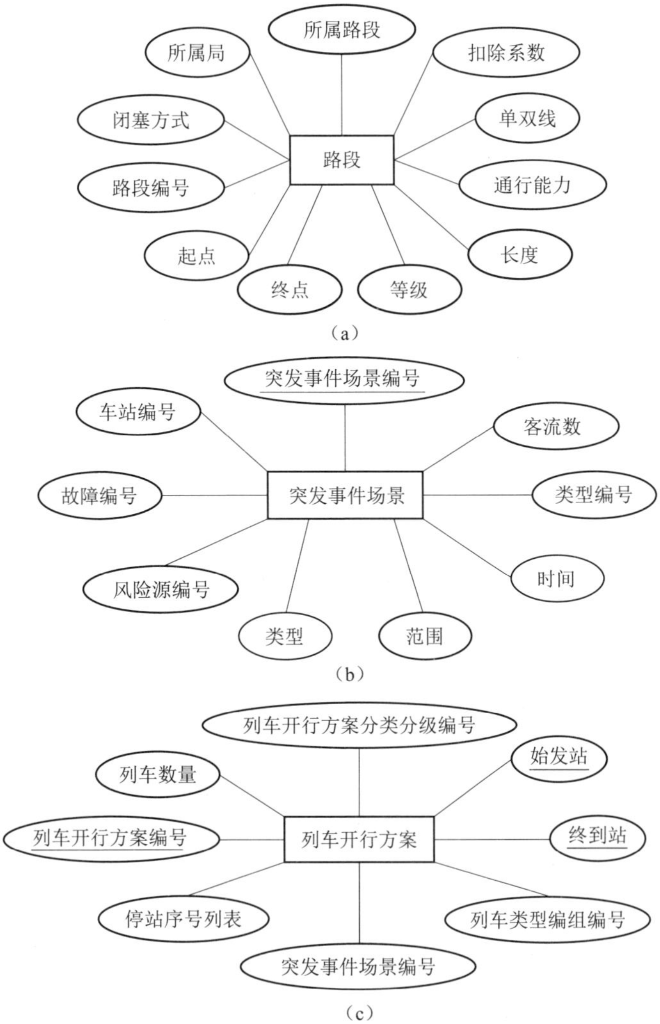

（a）

（b）

（c）

图 9–4　数据库实体属性图

概念结构设计采用自底向上的方式，首先通过抽象数据设计局部概念结构，然后进行集成，得到全局的概念结构，数据库部分 E–R 图如图 9–5、图 9–6、图 9–7 所示。

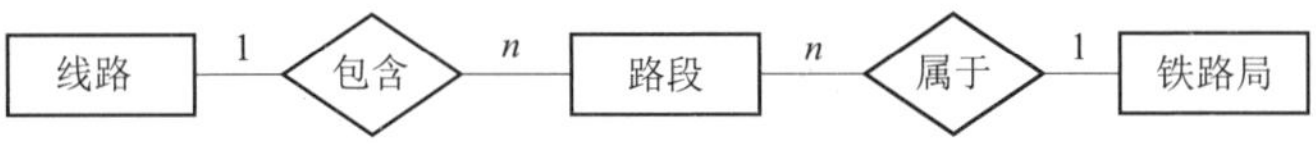

图 9–5　数据库部分 E–R 图（1）

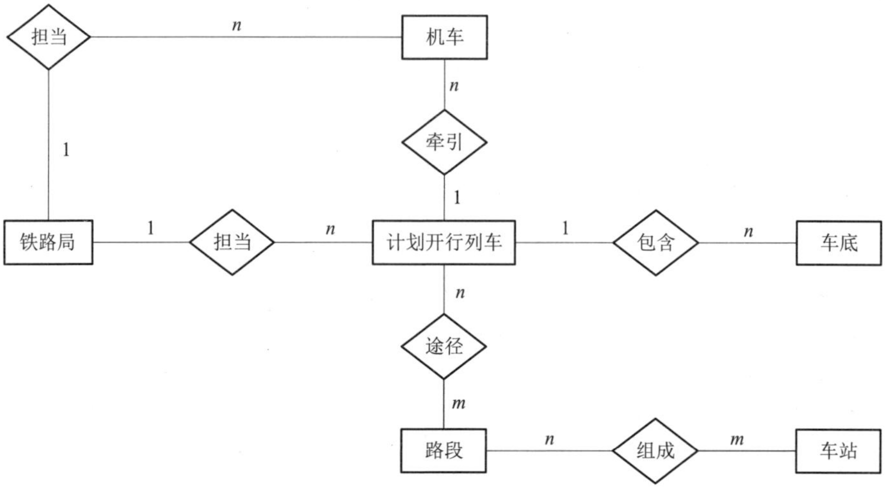

图 9–6　数据库部分 E–R 图（2）

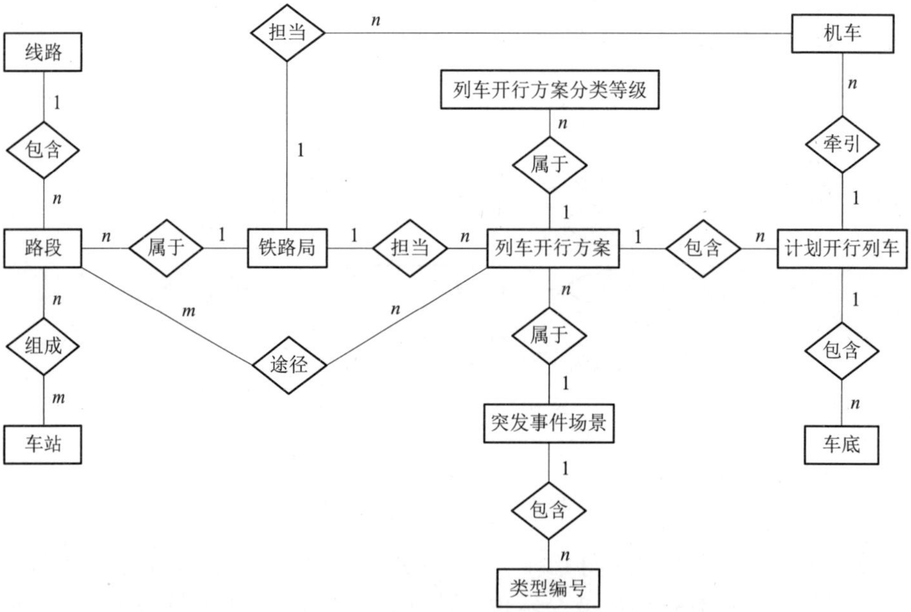

图 9–7　数据库部分 E–R 图（3）

9.2.2　逻辑设计

突发事件条件下高速铁路列车运营决策支持系统逻辑结构如图 9–8 所示。

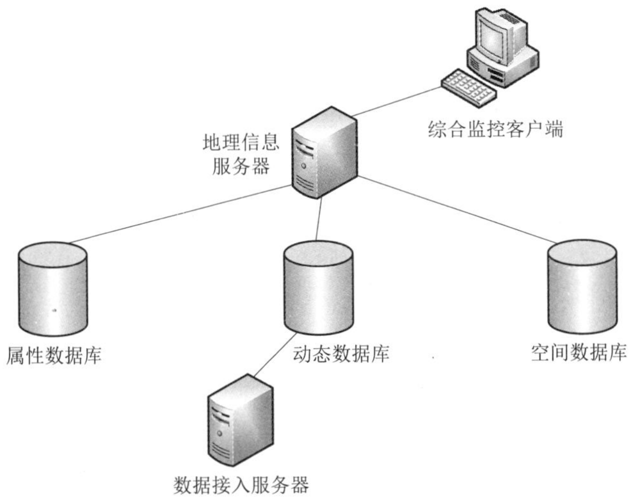

图 9–8　突发事件条件下高速铁路列车运营决策支持系统逻辑结构

突发事件条件下高速铁路列车运营决策支持系统按逻辑结构划分，主要包括属性数据库、空间数据库和动态数据库[2–3]。

1. 属性数据库

属性数据库提供各种业务系统的属性信息。属性数据库在突发事件条件下高速铁路列车运营决策支持系统地理信息系统平台中不以实体的方式存在，而是以引用的方式存在，通过引用其他各种业务系统实现数据的融合和共享。属性数据大量以数据库方式存储和共享。属性数据库的物理存在方式依赖于各个业务数据库的物理存在方式，因此采用对不同的业务数据库应用不同的用户名/密码的访问控制方式对其进行访问控制。属性数据库涵盖应急预案信息、列车开行方案信息等内容[4]。

1）应急预案信息

应急预案信息涵盖预案基础信息表、预案模板信息表、预案模板节点表、预案评价信息表、处置方案基础表、案例基础信息表、专家基础信息表、专家履历信息表、救援机构信息表、救援机构人员表、资源物资储备库分布表、救援物资负责人信息表、救援物资明细表、救援装备明细表、法规库基础表，具体内容如下。

（1）预案基础信息表由预案编号、预案名称、预案类别编号、摘要、编制人、编制时间、应急预案内容 XML、预案内容、预案类型组成。

（2）预案模板信息表由模型编号、模型名称、预案模型类型、编制人、编制时间组成。

（3）预案模板节点表由模型编号、节点编号、父节点编号、节点名称、描述组成。

（4）预案评价信息表由预案编号、专家编号、评价内容、分数组成。

（5）处置方案基础表由处置方案编号、处置方案名称、处置方案类别编号、处置方案级别编号、摘要、编制人、编制时间、方案文本、方案存放路径组成。

（6）案例基础信息表由案例编号、案例名称、案例类型编号、案例级别编号、案例实施机构、案例内容、案例结构化存储方式组成。

（7）专家基础信息表由专家编号、专家姓名、专家类型、性别、出生日期、民族、工作单位、职称、应急处置专业特长、现从事专业、移动电话、办公电话、传真、E-mail、家庭电话、家庭住址、参加工作时间、身份证号、最高学历、毕业院校、单位主管部门、所学专业、通信地址、确认时间、备注组成。

（8）专家履历信息表由预案编号、专家编号、照片、工作简历、备注组成。

（9）救援机构信息表由机构编号、机构名称、机构类型编号、机构级别编号、位置、管理员组成。

（10）救援机构人员表由人员编号、机构编号、工作类别、姓名、移动电话、办公电话组成。

（11）资源物资储备库分布表由储备库编号、名称、类型、主管部门、级别、位置、负责人、联系电话、储备物资编号、库容、库容单位、值班电话、简介组成。

（12）救援物资负责人信息表由人员编号、姓名、移动电话、办公电话、机构编号组成。

（13）救援物资明细表由救援物资编号、储备库编号、物资名称、计量单位、数量组成。

（14）救援装备明细表由装备编号、装备名称、装备数量、装备类型、主管部门组成。

（15）法规库基础表由法规编号、法规名称、法规类型编号、法规级别编号、编制单位、编制时间、法规内容明细组成。

2）列车开行方案信息

列车开行方案信息涵盖列车开行方案与运营条件关联表、列车编组信息表、列车开行方案基础信息表、网络拓扑结构信息表、模型算法类型表、模型算法基础信息表、指标体系表、指标权重表、单元目标基础信息表、单元目标权重信息表、综合目标信息表、约束条件基础信息表、列车开行方案评价结果信息表、列车开行方案指标专家评估表、列车运行计划基础表、列车分布信息表、列车运行计划评价表、客流整合表、客流波动系数表、径路信息表，具体内容如下。

（1）列车开行方案与运营条件关联表由列车开行方案分类分级编号、运营条件类别、运营条件等级、备注组成。

（2）列车编组信息表由列车类型编组编号、编组数量、车辆类型、定员数量、备注组成。

（3）列车开行方案基础信息表由开行方案编号、列车开行方案分类分级编号、始发站、终到站、停站序号列表、列车数量、备注组成。

（4）网络拓扑结构信息表由弧段编号、起点、终点、长度（km）、性质、所属线路、线路等级、路网通过能力、连通性、牵引种类、备注组成。

（5）模型算法类型表由模型算法类型编号、类型名称、描述组成。

（6）模型算法基础信息表由模型算法编号、方法名称、模型算法类型编号、对应方法名、描述组成。

（7）指标体系表由指标体系编号、指标编号、父节点编号、指标名称、描述组成。

（8）指标权重表由指标编号、运营环境类别、运营环境级别、指标名称、指标权重、描述组成。

（9）单元目标基础信息表由单元目标编号、对应存储过程名称、名称、描述组成。

（10）单元目标权重信息表由单元目标编号、运营条件类别、运营条件等级、权重、描述组成。

（11）综合目标信息表由综合目标编号、对应存储过程名称、名称、描述组成。

（12）约束条件基础信息表由编号、名称、存储过程、类别、描述组成。

（13）列车开行方案评价结果信息表由列车开行方案编号、评价方法编号、量化评价分数、定性的评价结果组成。

（14）列车开行方案指标专家评估表由列车开行方案编号、指标编号、专家编号、分数组成。

（15）列车运行计划基础表由作业编号、开始时间、结束时间、开始里程、结束里程、占用股道、占用道岔组成。

（16）列车分布信息表由车站编号、类型、列车类型编组编号、空闲列车数量、时间组成。

（17）列车运行计划评价表由列车运行计划编号、列车运行计划评价方案编号、量化评价分数、定性的评价结果组成。

（18）客流整合表由始发站编号、到达站编号、客流数、客流性质、时间组成。

（19）客流波动系数表由编号、运营条件类别、运营条件等级、客流波动系数值、描述组成。

（20）径路信息表由径路编号、径路等级、起始站编号、终到站编号、径路包括弧段编号、径路包括车站编号、径路属性组成。

2. 空间数据库

空间数据采用 Oracle 数据库进行存储，并采用 SDE 的空间数据引擎。为了对地理信息数据库进行权限控制，对不同类型用户设计了不同的用户名/密码。空间数据库存放着各种二维地理信息数据，包括基础矢量图库、基础设施信息等内容。

1）基础矢量图库

基础矢量图库涵盖全国路网线路表、电力线信息表、电线杆信息表、全国车站表、路局管界表、省面、省行政中心、地区面、地区行政中心、县面、县行政中心、乡镇行政中心、村庄、等高线、高程点、植被、地质、水系、道路，具体内容如下。

（1）全国路网线路表由线路码、线路的名称、线路的起点里程、线路的终点里程、线路的起点城市、线路的终点城市、备注组成。

（2）电力线信息表由编码、电压、备注组成。

（3）电线杆信息表由编码、位置、备注组成。

（4）全国车站表由车站码、车站名称、中心里程、备注组成。

（5）路局管界表由路局行政编码、路局名称、行政所在地、备注组成。

（6）省面由行政代码、名称、级别编码、备注组成。

（7）省行政中心由行政代码、名称、级别编码、备注组成。

（8）地区面由行政代码、名称、级别编码、备注组成。

（9）地区行政中心由行政代码、名称、级别编码、备注组成。

（10）县面由行政代码、名称、级别编码、备注组成。

（11）县行政中心由行政代码、名称、级别编码、备注组成。

（12）乡镇行政中心由行政代码、名称、级别编码、备注组成。

（13）村庄由行政代码、名称、级别编码、备注组成。

（14）等高线由高程值、备注组成。

（15）高程点由高程点编码、高程值组成。

（16）植被由植被编码、树林、草地、城市绿地、其他、植被名称、描述信息、备注组成。

（17）地质由地质编码、地质类型码、地质级别码、地质名称、描述信息、备注组成。

（18）水系由水系编码、水系类型码、水系级别码、水系名称、描述信息、备注组成。

（19）道路由道路编码、道路类型码、道路级别码、道路名称、描述信息、备注组成。

2）基础设施信息

基础设施信息涵盖线路数据表、曲线数据表、坡度信息表、区段信息表、道岔信息表、股道信息表、桥梁信息表、隧道信息表、信号机信息表、车站信息表、枢纽信息表、联络线表、站台信息表、站内建筑信息表、动车段信息表、视频设备信息表、动车组信息表、风险源基础表、风险源监测基础表、变电所信息表、车站线路关联表，具体内容如下。

（1）线路数据表由线路编号、线路名称、所属路局编号、开始里程、线路等级、方向、结束里程、线路最高限速、线路类型、信号制式、备注组成。

（2）曲线数据表由曲线编号、所属线路编号、曲线半径、起点里程、终点里程、备注组成。

（3）坡度信息表由坡度编号、所属线路编号、坡度、所在位置、备注组成。

（4）区段信息表由区段编号、区段名称、所属线路编号、开始里程、结束里程、备注组成。

（5）道岔信息表由编号、所数车站编号、所属线路编号、类型编号、中心里程、描述信息、备注组成。

（6）股道信息表由路径编号、所在线路编号、所在车站或段编号、用途类型、开始里程、结束里程、备注组成。

（7）桥梁信息表由桥梁编号、名称、所属线路编号、桥梁类型编号、中心里程、桥梁结构信息、备注组成。

（8）隧道信息表由隧道编号、名称、所属线路编号、类型编号、中心里程、描述信息、备注组成。

（9）信号机信息表由信号机编号、信号机名称、所属线路编号、类型编号、中心里程、描述信息、备注组成。

（10）车站信息表由车站编号、名称、类型、路局编号、所属枢纽、连接动车段、接车能力、发车能力、接收旅客能力、发送旅客能力、中心里程、车站等级、备注组成。

（11）枢纽信息表由枢纽编号、枢纽名称、备注组成。

（12）联络线表由联络线编号、所属枢纽、起始站、终到站、备注组成。

（13）站台信息表由站台编号、站台名称、所属车站编号、位置、备注组成。

（14）站内建筑信息表由建筑物编号、建筑物名称、所属车站编号、位置、备注组成。

（15）动车段信息表由动车段/所名称、动车段编号、连接点数目、区间正线编号、动车段作业方式、作业时间、动车段各车场用途、股道数量、有效长、动车段容车数、备注组成。

（16）视频设备信息表由设备编号、所属车站编号、所处线路编号、设备类型、Web 访问 URL、Web 访问端口、位置、备注组成。

（17）动车组信息表由车辆编号、车辆类型、定员、自重、是否动卧、编组数量、最高限速、平均速度、备注组成。

（18）风险源基础表由风险源编码、风险源名称、类型编码、级别编码、经度、纬度、范围、描述信息、备注组成。

（19）风险源监测基础表由风险源编码、类型编码、预警级别码、报警级别码、描述信息、备注组成。

（20）变电所信息表由编码、位置、备注组成。

（21）车站线路关联表由线路 ID、线路名称、车站顺序编号、车站 ID、站与段名称、备注组成。

3. 动态数据库

动态数据资源存放在 Oracle 数据库中，使用用户名/密码的访问控制方式。动态数据库包括实时获取的特殊运营条件信息、气候气象信息、列车动态信息、客流动态信息等内容。特殊运营条件信息、列车动态信息与客流动态信息通过铁路运营管理数据平台获取，气候气象信息主要通过导入外部气象数据获取。

1）特殊运营条件信息

特殊运营条件信息涵盖故障实时表、地质实时表、风险源实时表，具体内容如下。

（1）故障实时表由故障编号、故障类型编号、故障级别编号、故障名称、级别故障描述、时间、经度、纬度、备注组成。

（2）地质实时表由类型编号、级别编号、影响程度、影响范围、状态、描述、经度、纬度、时间、备注组成。

（3）风险源实时表由风险源编号、监测类型编号、级别编号、风险源预警报警状态、影响范围、描述、经度、纬度、时间、备注组成。

2）气候气象信息

气候气象信息涵盖气象实时表，气象实时表由类型编号、级别编号、影响程度、影响范围、状态、描述、经度、纬度、时间、备注组成。

3）列车动态信息

列车动态信息涵盖大型活动实时基本信息表、外部系统实时表、实时表、车站实时表，具体内容如下。

（1）大型活动实时基本信息表由车站编号、活动编号、活动名称、开始时间、结束时间、备注组成。

（2）外部系统实时表由外部系统编号、外部系统名称、系统状态、时间、备注组成。

（3）实时表由线路编号、故障类型编号、故障级别编号、故障名称、级别故障描述、时间、经度、纬度、备注组成。

（4）车站实时表由故障编号、故障类型编号、故障级别编号、故障名称、级别故障描述、时间、经度、纬度、备注组成。

4）客流动态信息

客流动态信息涵盖客流信息实时表，客流信息实时表由始发车站编号、到达车站编号、客流数、客流性质、时间、备注组成。

9.3 高速铁路特殊运营条件获取与生成子系统

9.3.1 系统需求分析

在特殊运营条件下，高速铁路调度决策人员需要完善的事件信息，作为制定特殊运营场景下行车方案的数据基础[4]。高速铁路特殊运营条件获取与生成子系统的主要目标是将突发事件信息、路网信息等各类信息进行融合，并通过 GIS 平台进行立体化的空间展示。

综上所述，高速铁路特殊运营条件获取与生成子系统的需求主要包括 GIS 地图操作与展示需求、路网信息查询与展示需求、特殊运营场景生成需求和救援资源信息查询与展示需求，如图 9–9 所示。

1. GIS 地图操作与展示需求

基于中国地图和以京沪高铁线为主的重要铁路线路图，利用多种地图工具进行全面综合的地图信息展示。它提供地图的放大、缩小、鹰眼等基本操作，以矢量图展示整个路网信息、行政区划信息、车站信息、运营环境信息等。

2. 路网信息查询与展示需求

可从以下 3 方面进行说明。

（1）在线路信息查询与展示方面，用户可查询线路基础信息、线路示意图、途经车站信息、铁路部门分布信息、途经路局信息、途经城市信息、途经城市救援资源信息、区段信息、桥隧段信息，并在 GIS 地图上展示。

（2）在车站信息查询与展示方面，用户可以查询车站基础信息、所查车站站场示意图、所查车站救援资源信息、所查车站铁路部门信息、所查车站到发列车信息、所查车站经由线路信息、同城火车站信息、同城客车站信息、公共交通信息，并在 GIS 地图上展示。

（3）在路局信息查询与展示方面，用户可以查询路局基础信息、局内站段信息、经由线路信息、局内信号设备信息，并在 GIS 地图上展示。

3. 特殊运营场景生成需求

通过提供特殊条件信息，受影响范围，受影响范围内的车站、线路、区段信息，提供按分类的特殊运营场景的手动录入功能，实现特殊条件信息和受影响范围车站信息、弧段信息、救援资源信息查询，并在 GIS 地图上展示。

4. 救援资源信息查询与展示需求

实现包括救援机构信息、救援资源信息、救援人员信息、救援设备信息在内的救援资源信息的查询，在 GIS 地图上展示所查救援机构信息。

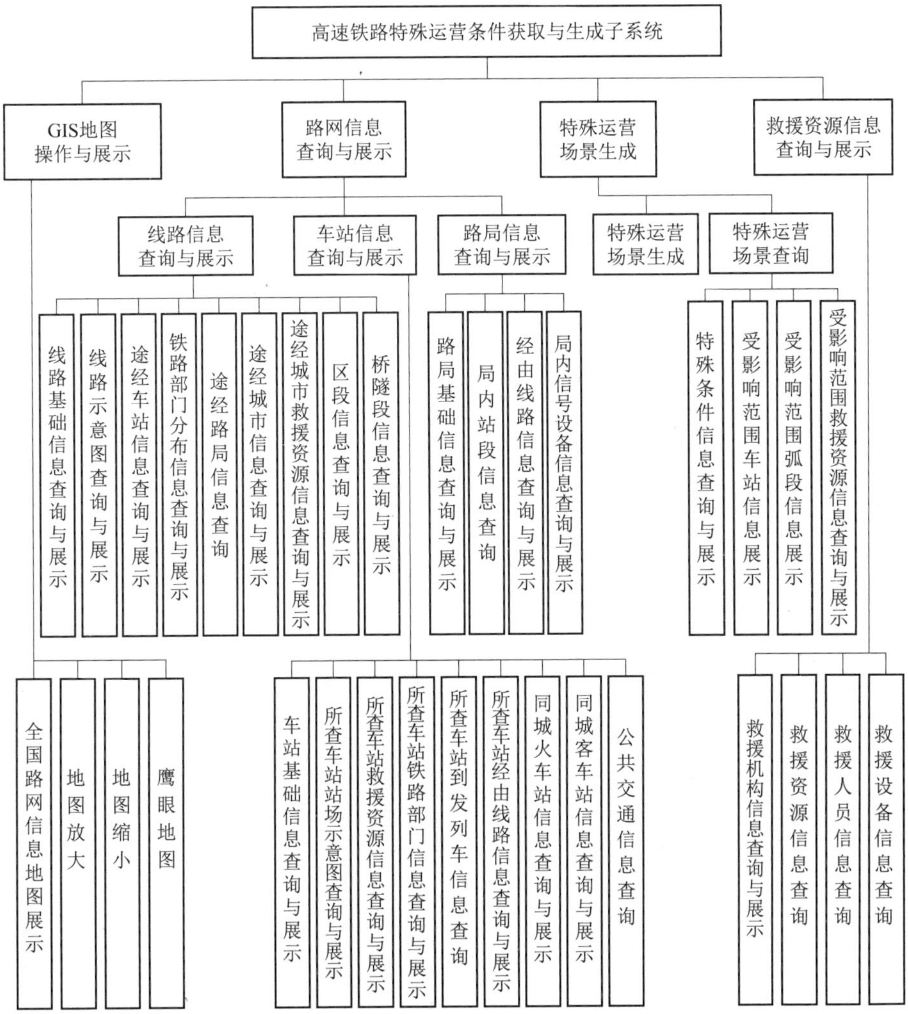

图 9–9　高速铁路特殊运营条件获取与生成子系统需求图

9.3.2　系统结构设计

高速铁路特殊运营条件获取与生成子系统功能结构如图 9–10 所示，主要分为 7 个模块，包括路网信息模块、路网视频模块、客流分布模块、路网防灾气象模块、特殊条件模块、行政区划模块、救援资源模块。其中路网信息模块、路网视频模块、客流分布模块、路网防灾气象模块提供基于 GIS 地图的路网信息（路网基本信息、路网视频信息、客流信息、气象信息）查询与展示；特殊条件模块、行政区划模块支持通过对特殊条件信息的获取与数据转换输入，在地图上画出受影响范围，结合事件、气象、客流等信息生成一个特殊运营场景，实现基于 GIS 地图的特殊条件信息查询与展示，查询方式分为按类型级别查询、按时间查询及按行政区划查询[5–8]；救援资源模块提供基于 GIS 地图的救援资源（救援资源、救援人员、救援设备）信息查询与展示。

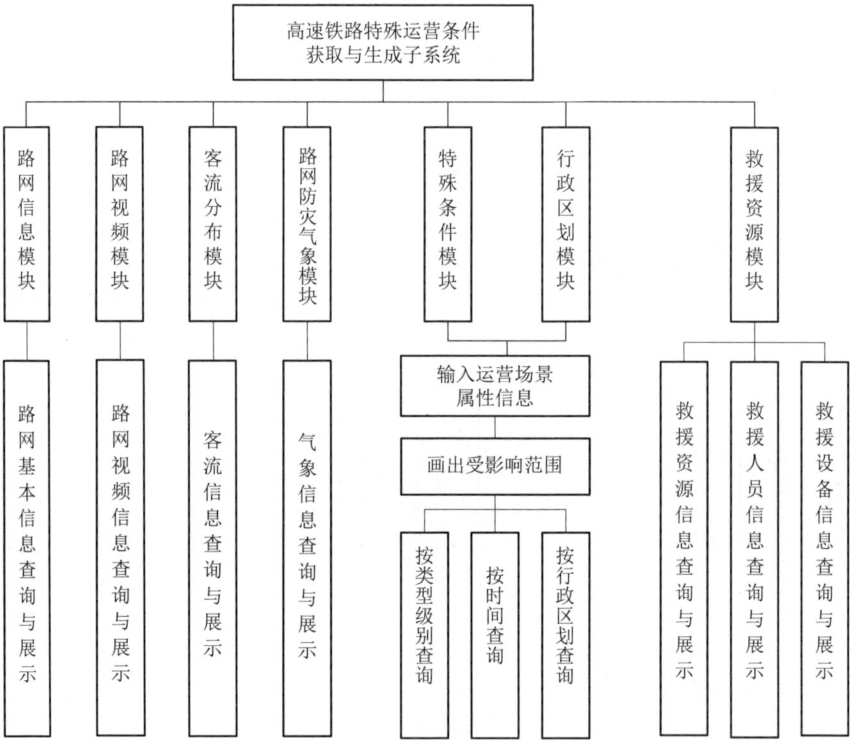

图 9–10　高速铁路特殊运营条件获取与生成子系统功能结构

1. 路网信息模块

该模块包括线路信息、车站信息、路局信息。线路信息主要通过按途经局查找和按途经站查找两种方式查询线路的线路等级、最高限速、信号制式等信息；车站信息主要通过按路局查询和按城市查询两种方式查询车站的中心里程和所属路局信息；路局信息主要通过输入路局名称查询路局的电话和地址信息。

2. 路网视频模块

该模块可实现对各路局、线路、站段、车站的实时视频画面监控，以备查询。

3. 客流分布模块

该模块可实现对路网客流的查询与展示，按各类别、类型对路网客流进行综合分析，并以列表和图表的形式展示出来。

4. 路网防灾气象模块

该模块可实现对全路网气象信息的查询与展示，根据气象条件为运行决策分析人员提供依据。

5. 特殊条件模块

该模块可根据当前所发生特殊条件的类别、类型自动判别特殊条件级别，生成地图信息，以 GIS 形式展示，并能关联到受其影响的路局、线路、站段、车站等信息。

6. 行政区划模块

该模块可实现对城市内的线路信息、车站信息、客流信息等信息的查询与展示。

7. 救援资源模块

该模块可实现对全路网救援资源、人员、设备信息的查询与展示。

9.3.3　系统界面

高速铁路特殊运营条件获取与生成子系统以中国地图和京沪高铁及其他重要铁路线路图为基础，通过矢量图和示意图的形式展示救援资源信息、路网信息、特殊条件信息等，其界面如图 9–11 所示。同时支持地图的基本操作，包括放大、缩小、鹰眼、前一视图、后一视图等[9]。

系统的界面主要是线路信息、车站信息、信号机信息、客流信息、运营信息

（气象信息、地质信息）的综合展示，可以实现实时运营信息（气象信息、地质信息）、外部系统的在线状态信息显示；以 GIS 的形式展示车站、线路、沿线设备信息；以图表、列表的形式展示车站信息、线路信息、沿线设备信息、各监控指标的实时信息、运营环境实时信息及各子系统在线状态信息。

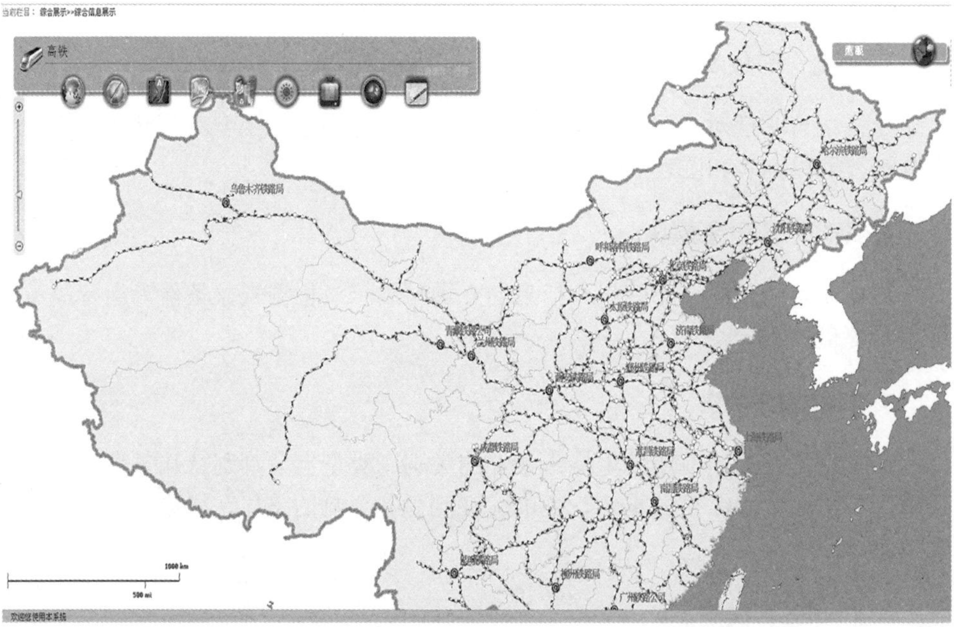

图 9–11　高速铁路特殊运营条件获取与生成子系统界面

1. 路网信息模块

1）线路信息

线路信息分为按途经局查找与按途经站查找两种方式。按途经局查找需要选择线路性质及途经路局确定线路编号，并在下方表格中显示；按途经站查找则需要选择省市信息，并在下方表格中显示线路。双击该线路可查看详细信息，如图 9–12 所示。线路详细信息包括 12 个功能按钮，其中可通过“最小化”按钮将信息窗口最小化。

2）车站信息

车站信息可以分别通过按路局或者按城市查询的方式，将符合查找条件的车站基本信息展示于下方列表中，如图 9–13 所示。

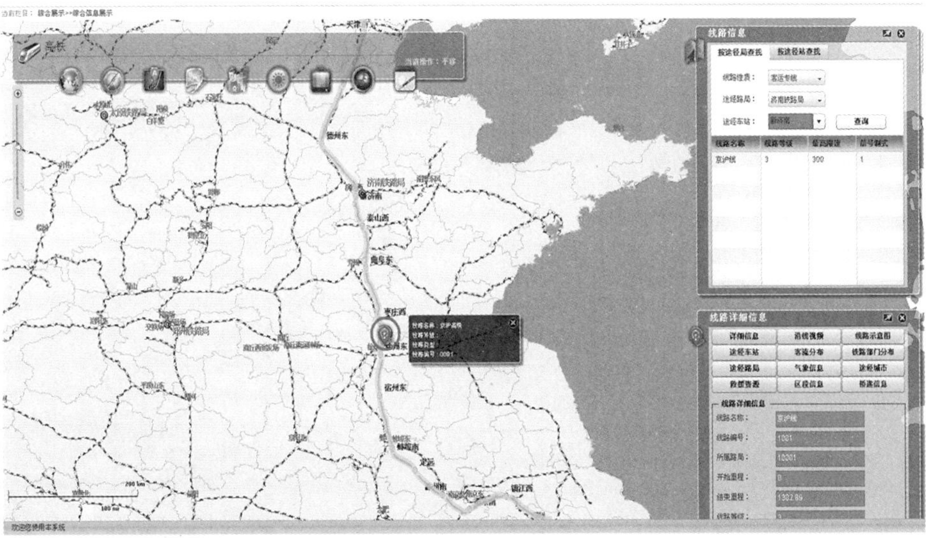

图 9–12 高速铁路特殊运营条件获取与生成子系统线路信息界面

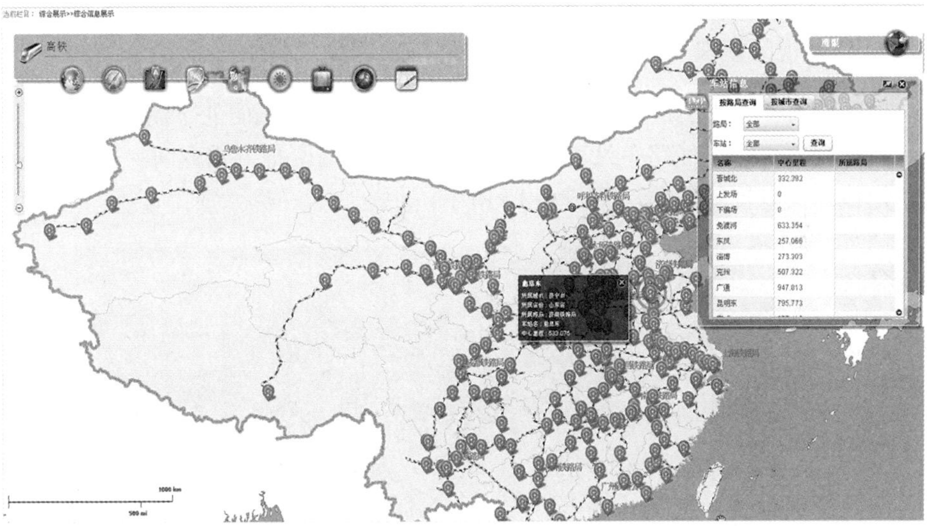

图 9–13 高速铁路特殊运营条件获取与生成子系统车站信息界面

3）路局信息

路局信息可以以搜索关键字的方式来查询路局信息，并以列表形式列出。双击某一行记录显示“路局详细信息”窗口，如图 9–14 所示。车站详细信息包括 5 个功能按钮。

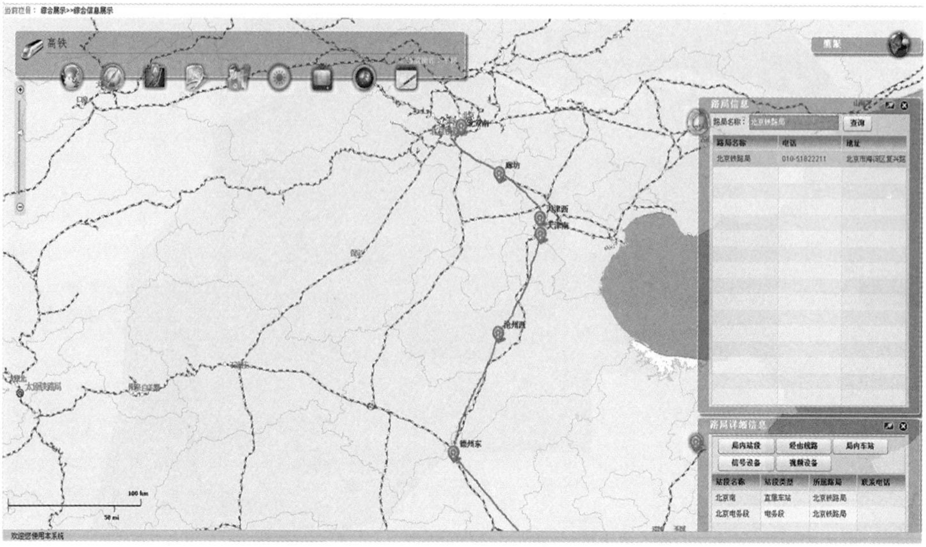

图 9–14　高速铁路特殊运营条件获取与生成子系统路局信息界面

2. 路网视频模块

路网视频模块对各路局、线路、站段、车站的实时视频画面进行监控，以备查询。

路网视频可以按线路车站查询、按路局站段查询两种方式查询，来展示各车站、沿线的实时视频画面，如图 9–15 所示。

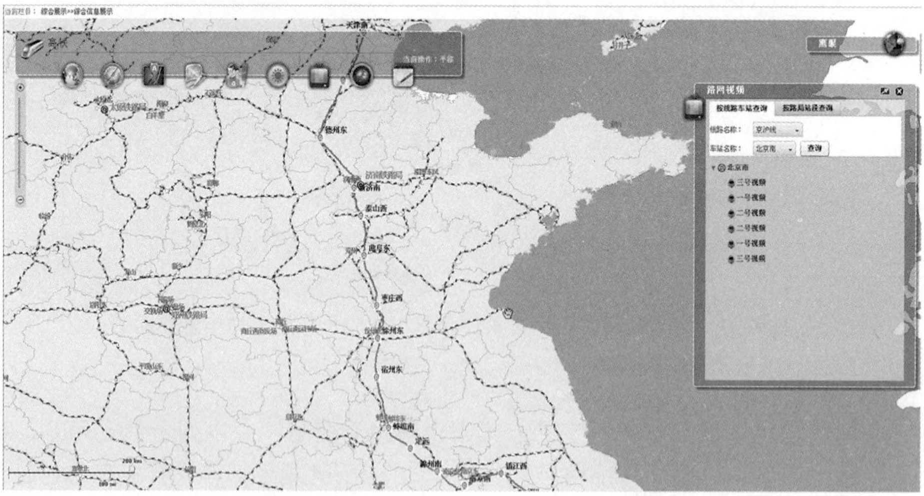

图 9–15　高速铁路特殊运营条件获取与生成子系统路网视频界面

按线路车站查询是输入线路名称、车站名称，单击“查询”按钮，就会显示所有视频，双击某一视频，展示视频录像，如图 9–16 所示；按路局站段查询是输入路局名称、站段名称查询视频。

图 9–16　高速铁路特殊运营条件获取与生成子系统视频查询界面

3. 客流分布模块

客流分布模块是对路网客流的查询与展示，按各类别、类型对路网客流进行综合分析，以列表和图表的形式展示出来。

在“客流分布”对话框中，可以选择按到发车站查询或者按行政区划查询的方式查询，并以列表或柱状图的形式展示出所查询客流信息。双击列表某一行可查看详细信息，如图 9–17 所示。其中包括详细信息、到发客流对比、车次接受客流对比、车次发送客流对比、到站客流对比和始发客流对比 6 个信息模块。

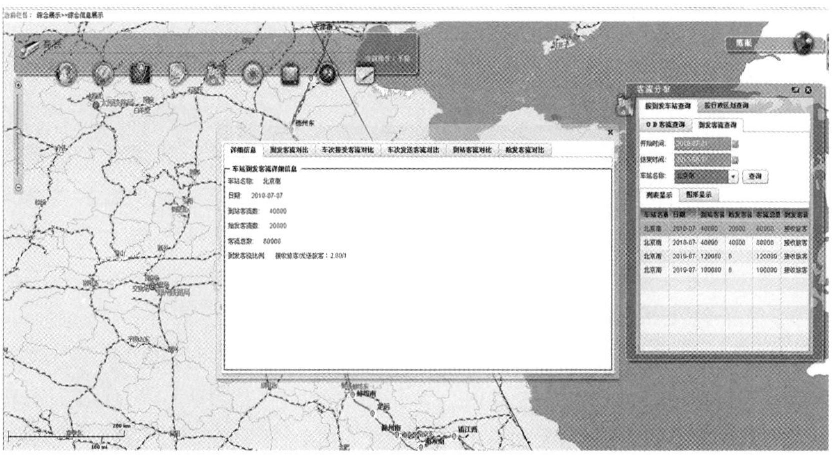

图 9–17　高速铁路特殊运营条件获取与生成子系统客流分布界面

4. 路网防灾气象模块

该模块对全路网气象信息进行查询与展示，可直观展示各类气象信息，如图 9–18 所示，根据气象条件为运行决策分析人员提供依据。

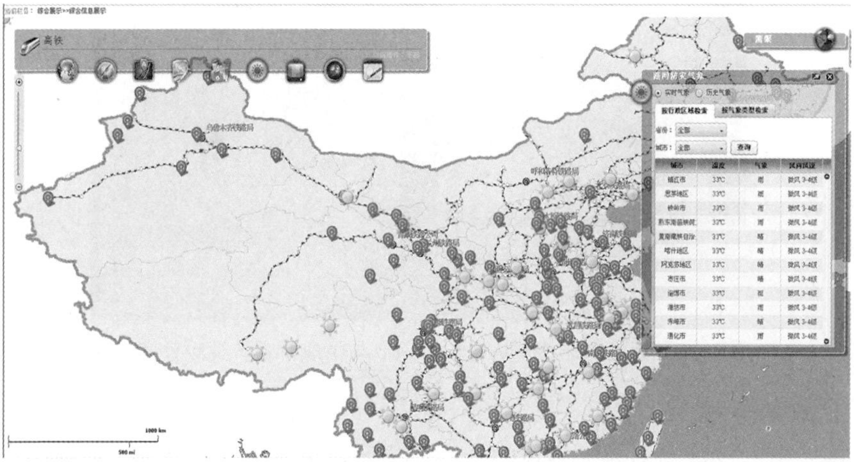

图 9–18　高速铁路特殊运营条件获取与生成子系统路网防灾气象界面

5. 特殊条件模块

根据当前发生的特殊条件的类别、类型，系统自动判别特殊条件级别，生成地图信息，以 GIS 形式展示，并能关联到受其影响的路局、线路、站段、车站等信息。主要包括特殊条件模块和特殊条件生成模块。

1）特殊条件模块

可以选择按发生时间、类型级别和行政区划的方式查询特殊条件，并以列表的形式进行特殊条件信息的展示。双击某一特殊条件会展示其具体位置和信息，并弹出“特殊条件详细信息”对话框，如图 9–19 所示。详细信息属性类型包括受影响区域、受影响车站、救援资源和受影响弧段，并且支持多选。选中的属性类型将在地图中展示。

2）特殊条件生成模块

依次选择特殊条件类别、类型，输入特殊条件的发生时间和名称，并确定其持续时间、持续风速、瞬时风速及风向，最后通过地图绘图工具（矩形框、多边形框、圆形框）在地图上画出其影响范围，并单击“生成”按钮生成，如图 9–20 所示。

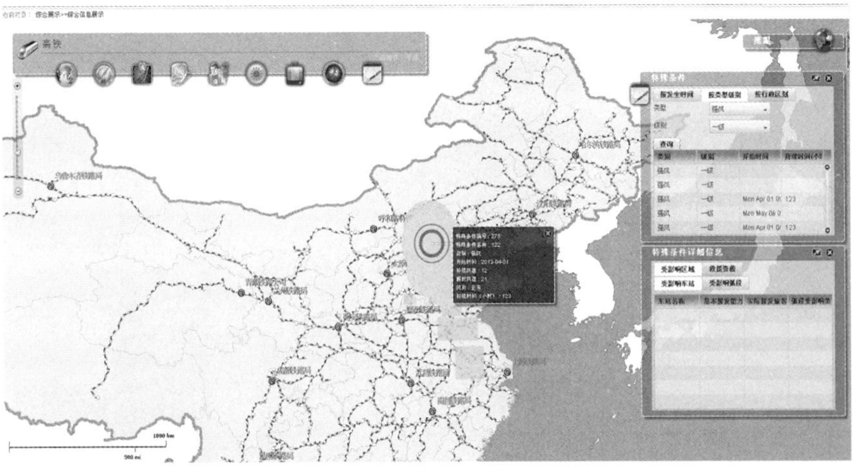

图 9–19 高速铁路特殊运营条件获取与生成子系统特殊条件界面

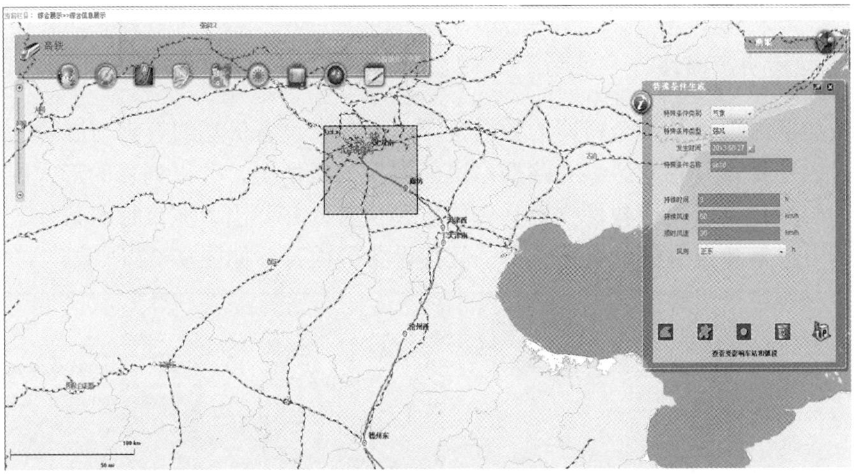

图 9–20 高速铁路特殊运营条件获取与生成子系统特殊条件生成界面

6. 行政区划模块

行政区划模块综合展示了城市内的线路信息、车站信息、客流信息等。

通过选择省份城市可以在地图和列表中展示行政区划范围。双击选中的行政区域，将在下方弹出“行政区划子界面”对话框，并在地图上以区块展示。行政区划子界面主要包括的子功能有：详细信息、同城车站、应急资源、客流信息、经由线路及气象信息，如图 9–21 所示。

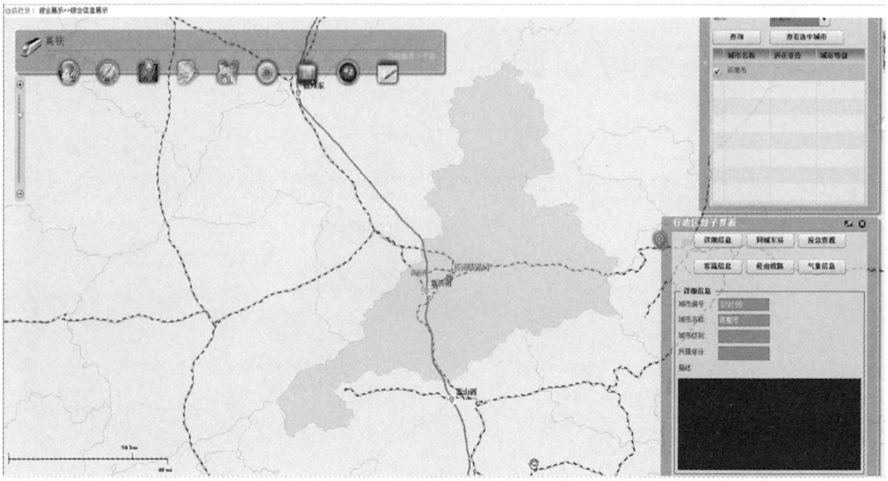

图 9–21 高速铁路特殊运营条件获取与生成子系统行政区划界面

7. 救援资源模块

救援资源模块是对全路网的救援资源、人员、设备信息的查询与展示。

可以选择查看行政区划或路局站段的救援物资情况，并以列表的形式展示。双击某一行记录，显示救援物资具体信息和位置，并弹出“城市特殊条件”对话框，其中包括救援资源、救援人员、救援设备等内容，如图 9–22 所示。

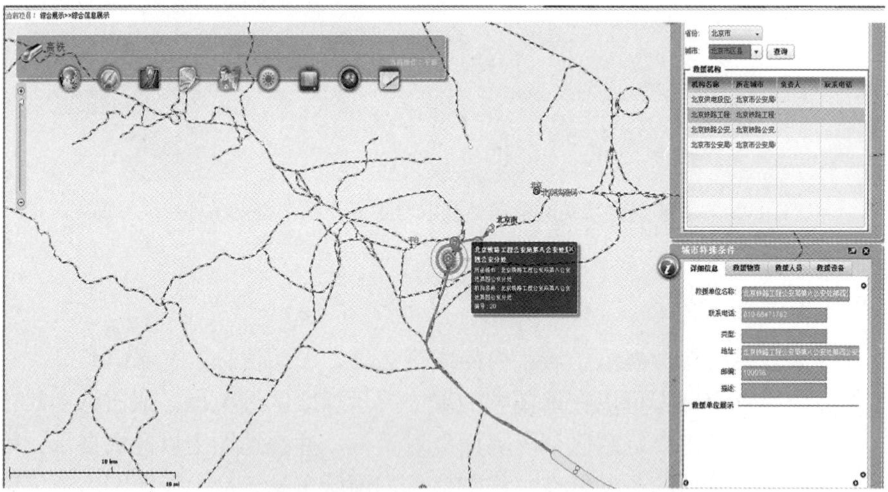

图 9–22 高速铁路特殊运营条件获取与生成子系统救援资源界面

9.4 高速铁路运输组织应急预案编制与决策支持子系统

为完善高速铁路运输组织应急预案编制流程，加快工作效率，研发出高速铁路运输组织应急预案编制与决策支持子系统。该子系统可实现特殊运营条件下高速铁路运输组织应急预案编制、智能匹配生成应急预案及应急预案决策支持等功能。

9.4.1 系统需求分析

应急预案又称应急计划，是针对可能的事故或灾害，为保证迅速、有序、有效地开展应急与救援行动、降低事故损失而预先制订的有关计划或方案。应急预案是在辨识相关危险源及灾害带来的相关影响的基础上，对应急救援的指挥机构、资源管理、救灾行动等方面做出的行动计划。铁路应急预案是指为确保铁路行车安全和运输畅通，铁路各级职能部门为有效预防和控制各类突发事件而预先制订的一套切实、迅速、有效、有序解决问题的各类处置方案与行动计划。

我国对于铁路应急预案管理的研究现仍处于初期阶段，多数应急预案仍以纸质文件或电子文件分散存储，预案本身内容描述专业且复杂，没有统一的编写体系，查询和应用十分不便，在应急响应和应急处置方面远远达不到实际应用的要求。目前，我国铁路应急预案管理的主要问题有以下几点。

（1）预案的更新和修改困难。随着预案的付诸实施，在演练和培训中暴露的诸多问题亟须预案的调整和更新，现在的预案存储和管理模式将会使铁路预案的更新工作付出较大的人力、物力成本。

（2）预案的检索和查询不易。分散存储于各路局、各部门的预案难以进行统一查阅，而以打印文本的形式存放更是导致检索其他预案十分困难，客观上孤立了已生成的预案。

（3）预案的共享性差。基于铁路系统的分工合作和统一联动性，各预案必然会产生功能上的交叉性，而预案的分散管理显然不适合突发事件现场资源的统一配置管理。

（4）不利于突发事件的及时处理。由于缺乏良好的信息共享性，应急指挥机构不能迅速做出采用何种预案最符合现场救援及相关善后措施的判断。

（5）对预案学习和预案培训造成困难。预案作为现场员工的行动指南，是需要相关人员熟练掌握的，过多的预案文件格式不统一、语义不明确、内容相抵触造成预案的学习和培训十分困难。

因此，对于高速铁路应急预案编制与管理的需求分析应主要集中在高速铁路应急预案数字化生成和管理的需求、资源库进行统一数据管理的需求、高速铁路应急预案智能匹配的需求和基于 GIS 空间数据技术的处置方案生成的需求。

根据上述 4 个功能需求，本子系统应能够实现由应急预案模板的建立，到应急预案的编制；从应急预案的查询和检索，到应急预案的智能匹配；通过 GIS 空间数据技术动态建立应急处置方案，并格式化输出的过程。其流程示意图如图 9–23 所示。

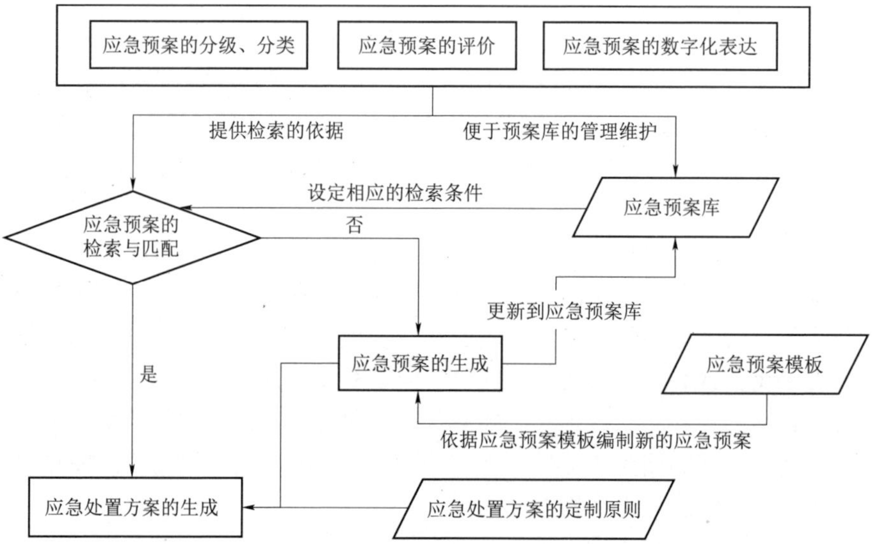

图 9–23　高速铁路运输组织应急预案编制与决策支持子系统流程示意图

9.4.2　系统结构设计

根据需求分析，该子系统设计了 6 个模块，包括应急处置推演模块、应急预案管理模块、处置方案管理模块、模板管理模块、应急救援物资管理模块、案例资源管理模块，如图 9–24 所示。通过这 6 大模块间的协同交互，能够快速定位到与突发事件匹配的应急预案和处置方案。

1. 应急处置推演模块

该模块可完成对应急处置的动态推演，实现特殊事件及应急预案查询、应急处置推演。通过输入特殊条件的类别、级别、发生时间，可得到相应的应急预案，进一步可在地图上显示事故发生地点范围及救援机构地点，并以图表形式显示出救援物资、设备及人员的供需数据。

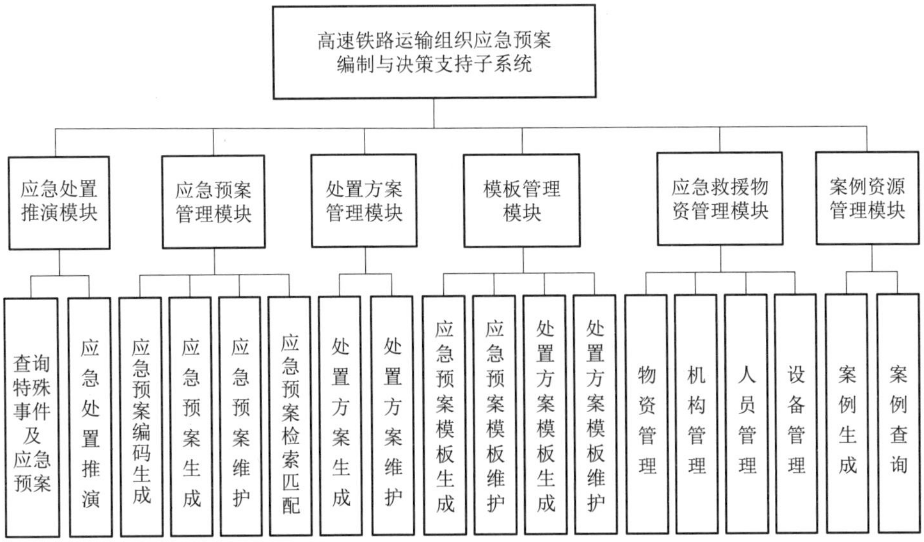

图 9–24　高速铁路运输组织应急预案编制与决策支持子系统功能结构图

2. 应急预案管理模块

该模块可完成对应急预案的数字化展示、生成、管理和检索匹配，实现应急预案编码生成、应急预案生成、应急预案维护和应急预案检索匹配。

3. 处置方案管理模块

处置方案管理模块可完成处置方案的生成与管理，实现处置方案生成及处置方案维护。

4. 模板管理模块

该模块在制定应急预案模板和处置方案模板的同时，新增应急预案和处置方案，并对应急预案和处置方案进行维护。本模块分为 4 个子模块，分别为：应急预案模板生成、应急预案模板维护、处置方案模板生成、处置方案模板维护。

5. 应急救援物资管理模块

该模块可完成应急救援物资的查询与管理，本模块分为 4 个子模块，分别为：物资管理、机构管理、人员管理与设备管理。

6. 案例资源管理模块

该模块可完成生成新的案例及对案例的查询与维护，本模块分为 2 个子模块，分别为：案例生成、案例查询。

9.4.3 系统界面

高速铁路运输组织应急预案编制与决策支持子系统为标准 Web 应用程序，也就是通常所说的 B/S 系统。其功能是实现对应急预案和案例的管理，以及实现应急处置的推演。6 个模块的界面具体如下。

1. 应急处置推演模块

1）查询特殊事件及应急预案

查询特殊事件界面如图 9–25 所示。

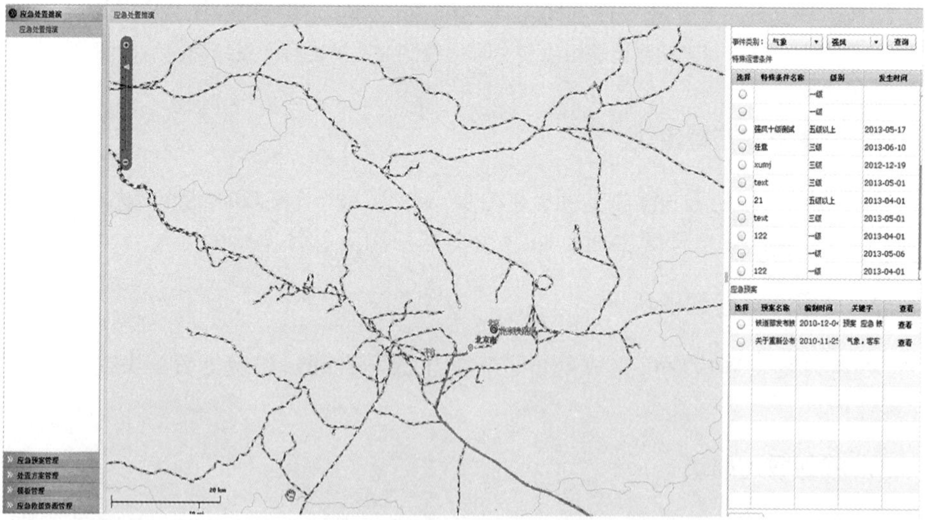

图 9–25　查询特殊事件界面

查询应急预案界面如图 9–26 所示。

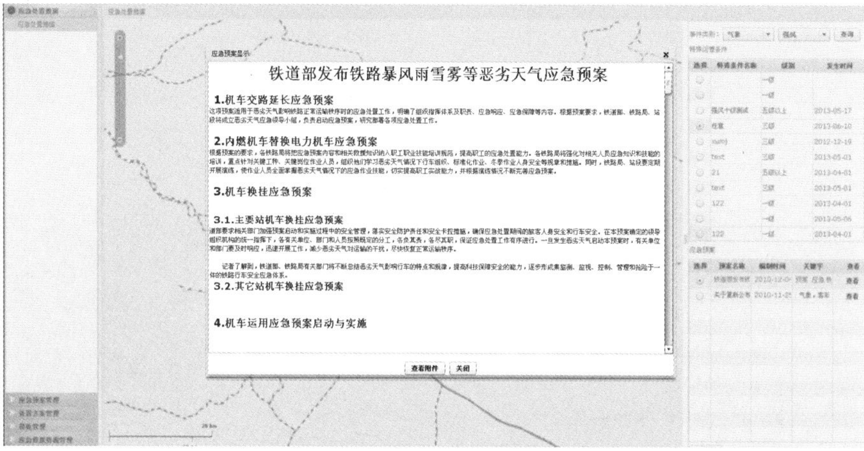

图 9–26　查询应急预案界面

2）应急处置推演

应急处置推演界面如图 9–27 所示。

图 9–27　应急处置推演界面

应急处置推演界面下方显示应急救援机构联系信息。单击应急救援机构名称时，相应地会在地图中显示该机构所处的地理位置及物资拥有量信息，如图 9–28 所示。

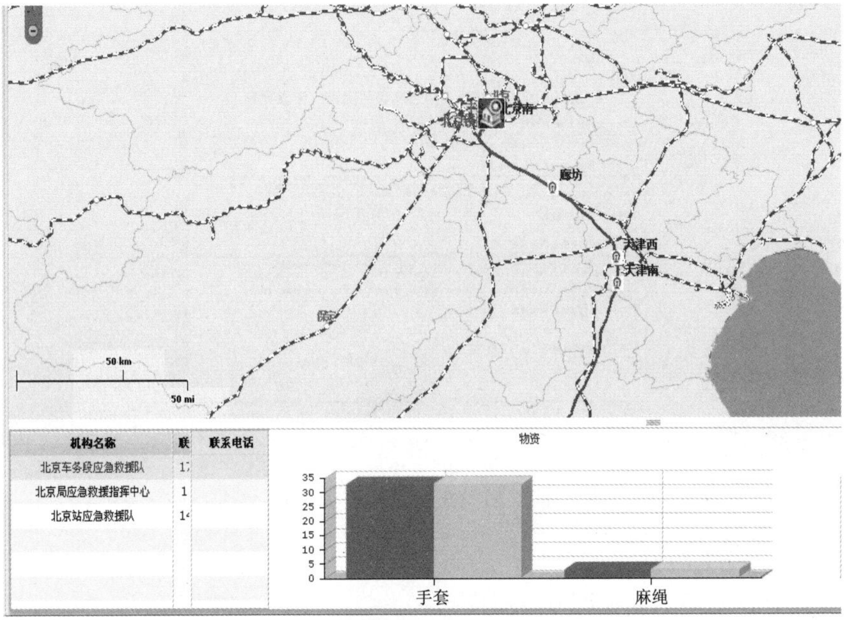

图 9–28　救援机构地理位置及物资拥有量界面

2. 应急预案管理模块

1）应急预案编码生成

应急预案编码生成界面如图 9–29 所示。

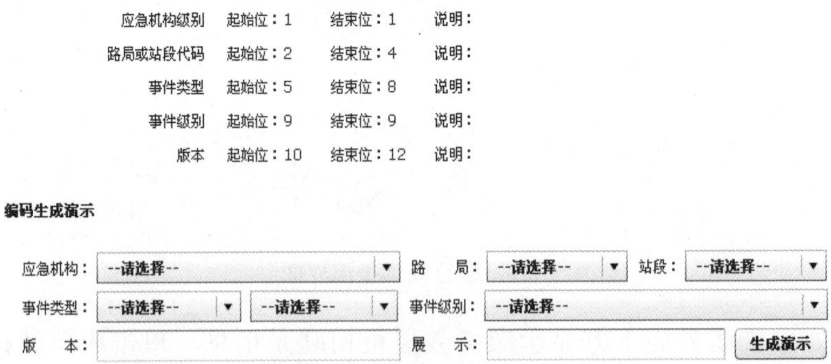

图 9–29　应急预案编码生成界面

单击“生成演示”按钮生成特定版本应急预案的编码，如图 9–30 所示。

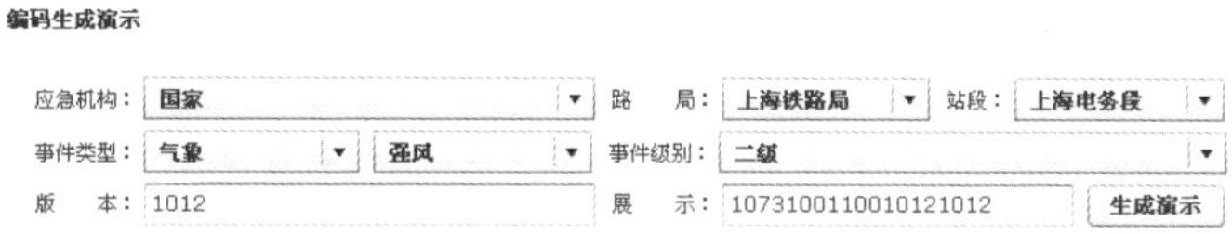

图 9–30　特定版本应急预案的编码界面

2）应急预案生成

应急预案生成界面如图 9–31 所示。

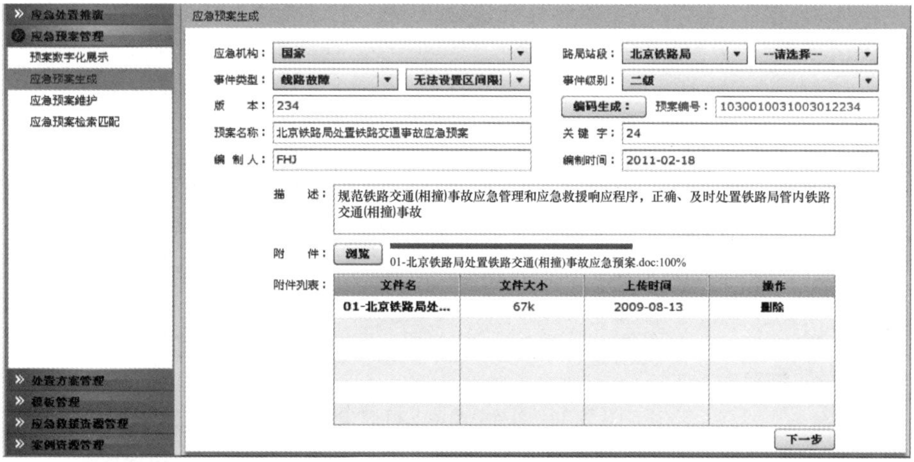

图 9–31　应急预案生成界面

3）应急预案维护

应急预案维护模块提供应急预案的查看、修改、删除的功能。

选择“事件类型”下拉列表框或者直接输入应急预案名称，单击“查询”按钮，可显示相应的应急预案（默认情况下显示全部的应急预案），如图 9–32 所示。

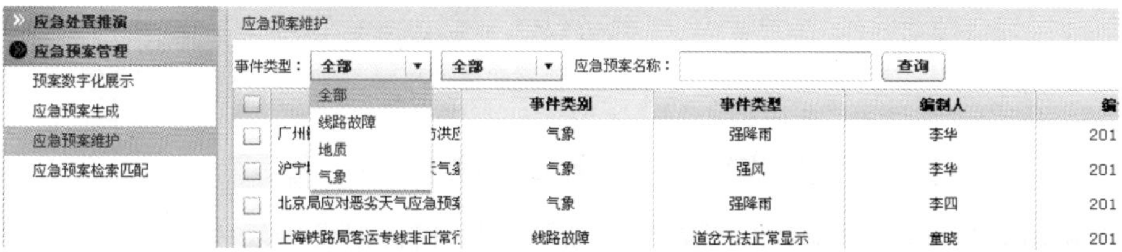

图 9–32　应急预案查询界面

选择一条应急预案，在“查看”一列中单击“查看”按钮，系统显示当前所查看的应急预案，如图 9–33 所示。

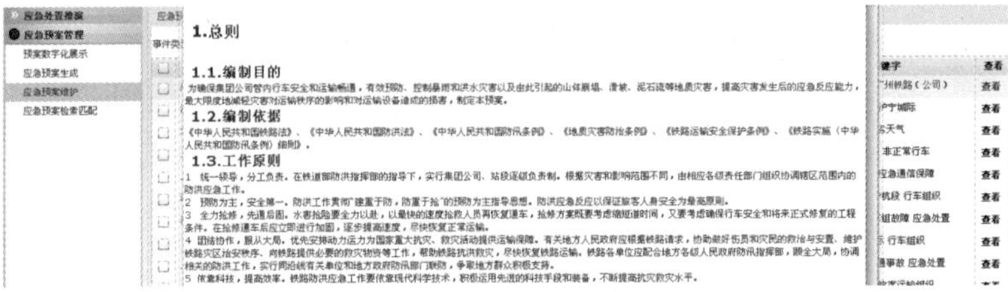

图 9–33　当前所查看的应急预案界面

单击“编辑”按钮，可对当前应急预案进行编辑修改，此后操作与应急预案生成操作基本一致，如图 9–34 所示。修改后的应急预案界面如图 9–35 所示。

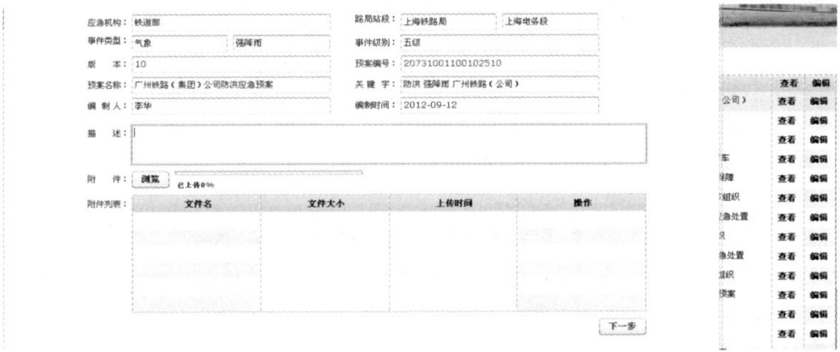

图 9–34　编辑修改应急预案界面

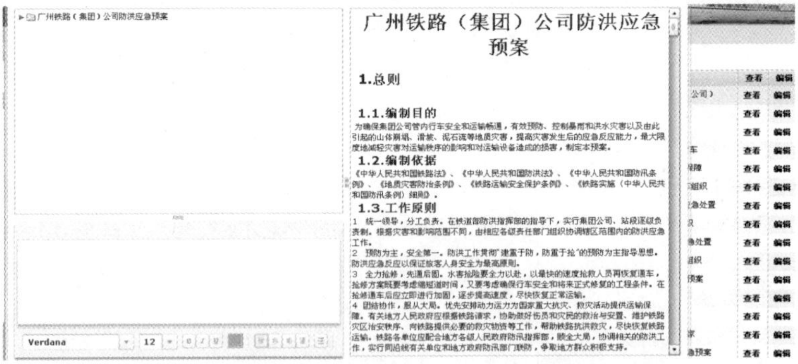

图 9–35　修改后的应急预案界面

选中应急预案，单击左下角“删除”按钮，可以对选中的应急预案进行删除操作，如图 9–36 所示。

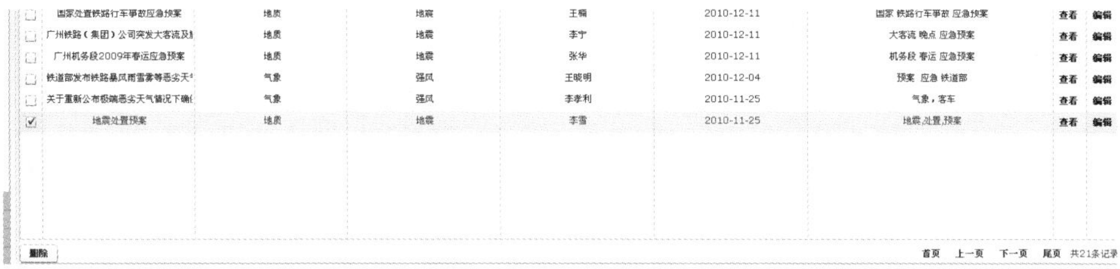

图 9–36　删除应急预案界面

4）应急预案检索匹配

应急预案检索匹配界面如图 9–37 所示。

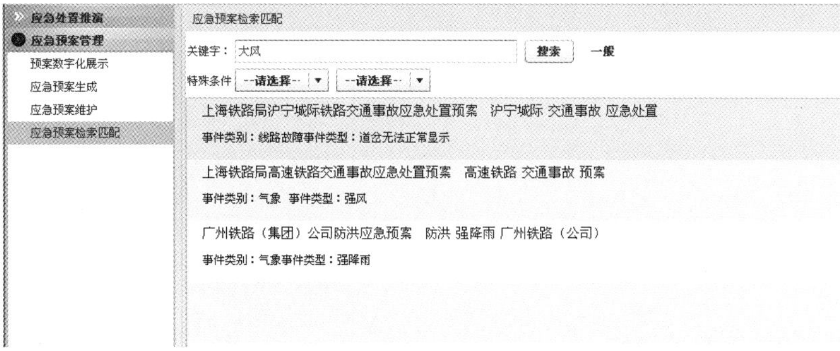

图 9–37　应急预案检索匹配界面

在检索出的列表中选择目标预案，双击打开查看，如图 9–38 所示。

图 9–38　查看应急预案界面

若需要，还可以单击“查看附件”按钮找到应急预案的源文件，如图 9–39 所示。

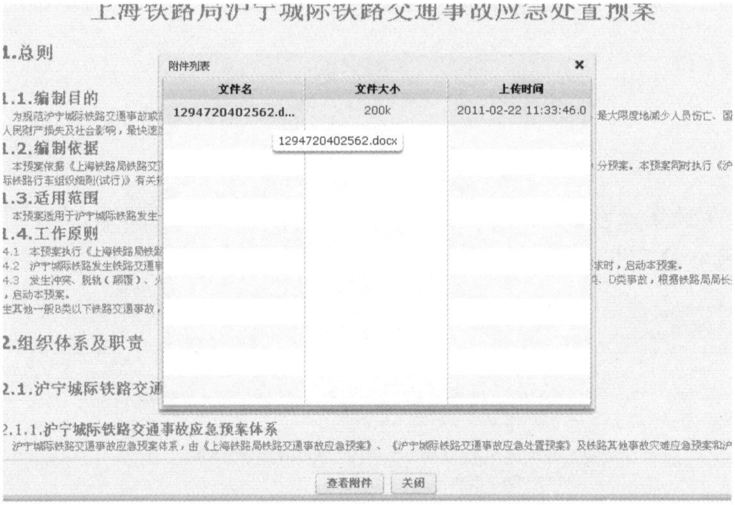

图 9–39　应急预案的源文件界面

3. 处置方案管理模块

处置方案管理模块的主要功能是生成处置方案以及对生成的处置方案进行维护管理。

1）处置方案生成

处置方案生成界面如图 9–40 所示。

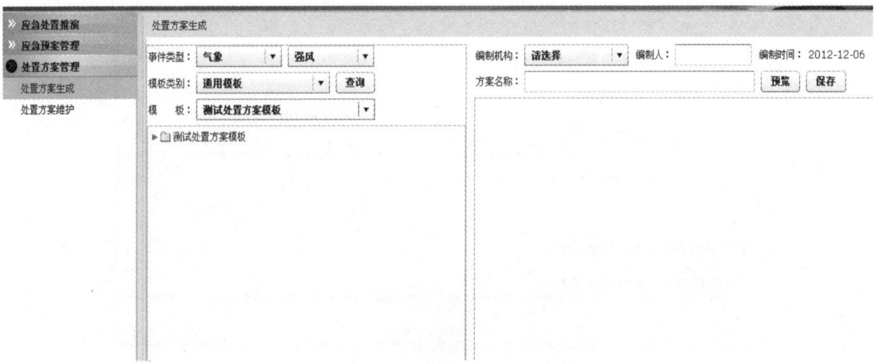

图 9–40　处置方案生成界面

2）处置方案维护

选择“事件类型”下拉列表框或者直接输入处置方案名称，单击“查询”按钮，即可显示相应的处置方案（默认情况下显示全部的处置方案），如图 9–41 所示。

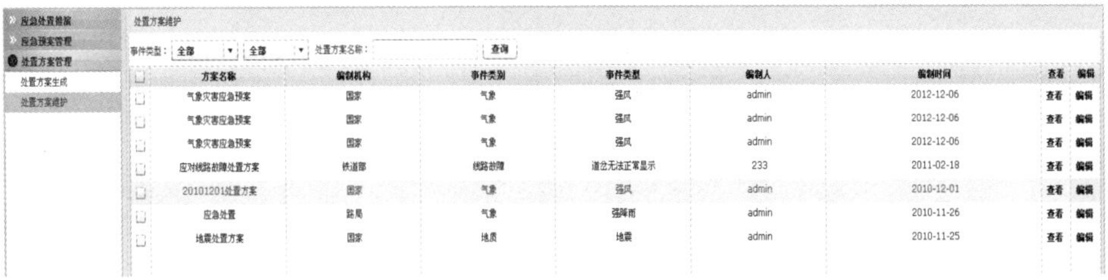

图 9–41　处置方案查询界面

选择一条处置方案，在“查看”一列中单击“查看”按钮，系统显示当前所查看的处置方案，并查看处置方案流程图，如图 9–42 所示。

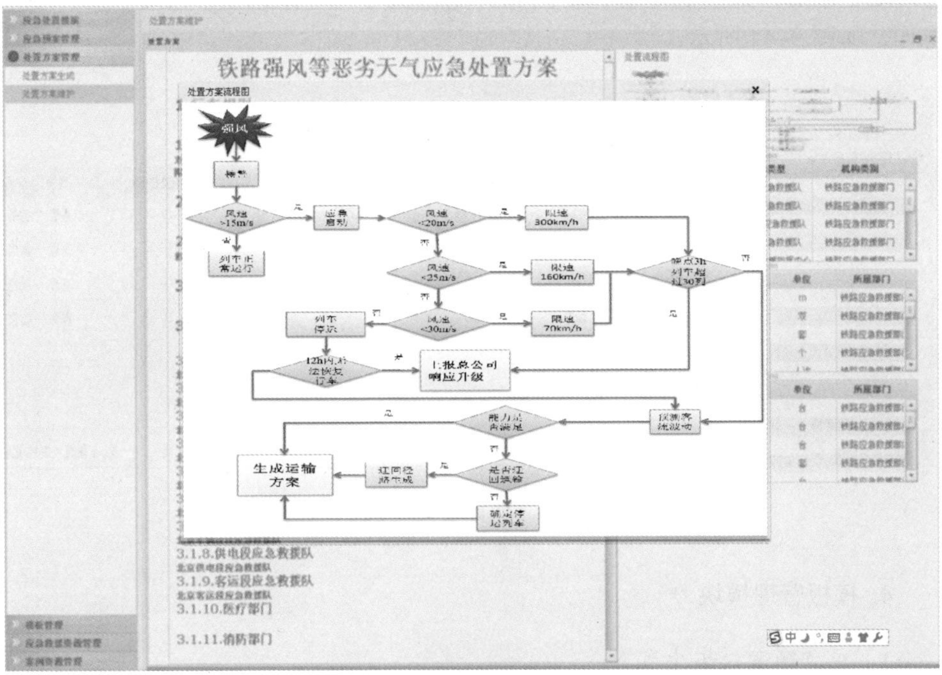

图 9–42　处置方案查看信息界面

单击“编辑”按钮，可以对当前处置方案进行编辑修改，此后操作与处置方案生成操作基本一致，如图 9–43 所示。

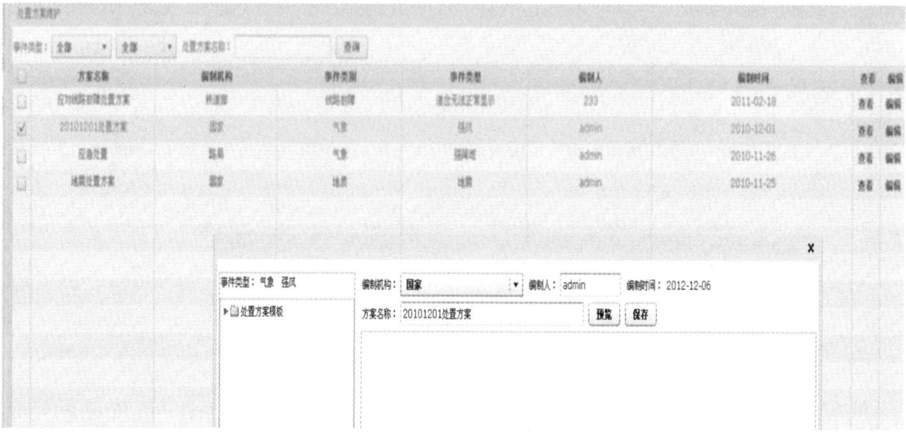

图 9–43　处置方案编辑界面

选中应急预案，单击左下角“删除”按钮，可以对选中的应急预案进行删除操作，如图 9–44 所示。

图 9–44　处置方案删除界面

4. 模板管理模块

1）应急预案模板生成

应急预案模板生成界面如图 9–45 所示。

图 9–45　应急预案模板生成界面

单击“新增模板”按钮，选择“添加子标题”，并编辑名称，如图 9–46 所示；单击“重命名”按钮修改应急预案模板名称，如图 9–47 所示。

图 9–46　应急预案模板添加子标题界面

图 9–47　应急预案模板重命名界面

2）应急预案模板维护

选择“预案模板类别”和“编制机构”下拉列表框，或者选择预案模板编制的“时间范围”，单击“查询”按钮，可显示相应的应急预案模板，如图 9–48 所示。

图 9–48　应急预案模板维护界面

单击“查看”“编辑”或者“删除”按钮，可以对应急预案模板进行维护。

3）处置方案模板生成

选择“事件类型”“模板类别”“编制机构”下拉列表框，直接输入编制人和模板名称，选择左侧的“处置方案模板生成”条目内容，单击“预览”按钮，生成处置方案模板，如图 9–49 所示。

图 9–49　处置方案模板预览生成界面

4）处置方案模板维护

选择“处置方案模板类别”和“编制机构”下拉列表框，或者选择预案模板编制的“时间范围”，单击“查询”按钮，可显示相应的处置方案模板，如图 9–50 所示。

图 9–50 处置方案模板维护界面

单击“查看”“编辑”或者“删除”按钮，可以对处置方案模板进行维护。

5. 应急救援物资管理模块

1）物资管理

选择“机构类型”和“物资类型”下拉列表框，或者直接输入物资名称，单击“查询”按钮，可显示相应的物资储备信息，如图 9–51 所示。

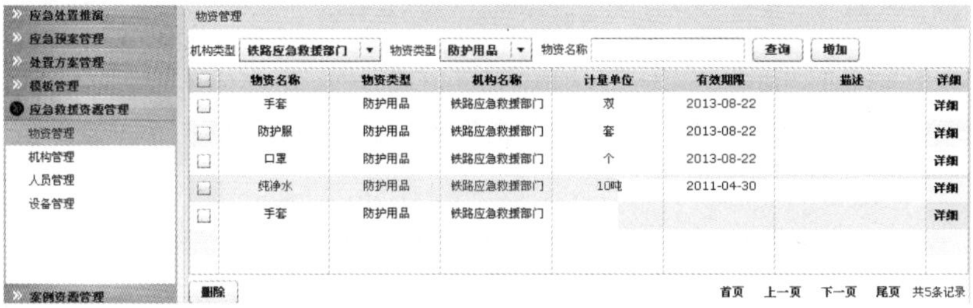

图 9–51 物资管理查询界面

单击“详细”按钮查看物资储备详细信息，如图 9–52 所示。

图 9–52　物资储备详细信息界面

在“设备详细”对话框中，可以修改物资信息并保存。

2）机构管理

选择“机构类型”下拉列表框，或者直接输入机构名称，单击“查询”按钮，可显示相应机构信息，如图 9–53 所示。

图 9–53　机构管理查询界面

单击“详细”按钮查看救援机构的基本信息及联系方式，并可以通过单击“修改”按钮进行信息维护，如图 9–54 所示。

图 9–54 机构基本信息维护界面

单击“设备”或者“物资”按钮，可以查看该机构的设备或物资信息，如图 9–55 所示，同时单击“修改”按钮，可以进行设备或物资的信息更新，如图 9–56 所示。

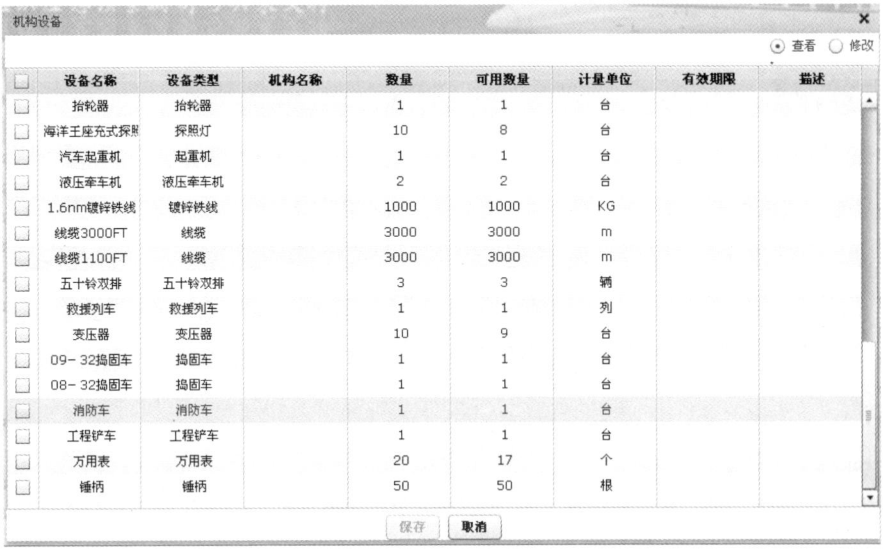

设备名称	设备类型	机构名称	数量	可用数量	计量单位	有效期限	描述
抬轮器	抬轮器		1	1	台		
海洋王座充式探照	探照灯		10	8	台		
汽车起重机	起重机		1	1	台		
液压牵车机	液压牵车机		2	2	台		
1.6nm镀锌铁线	镀锌铁线		1000	1000	KG		
线缆3000FT	线缆		3000	3000	m		
线缆1100FT	线缆		3000	3000	m		
五十铃双排	五十铃双排		3	3	辆		
救援列车	救援列车		1	1	列		
变压器	变压器		10	9	台		
09- 32捣固车	捣固车		1	1	台		
08- 32捣固车	捣固车		1	1	台		
消防车	消防车		1	1	台		
工程铲车	工程铲车		1	1	台		
万用表	万用表		20	17	个		
锤柄	锤柄		50	50	根		

图 9–55 机构“设备”“物资”查询界面

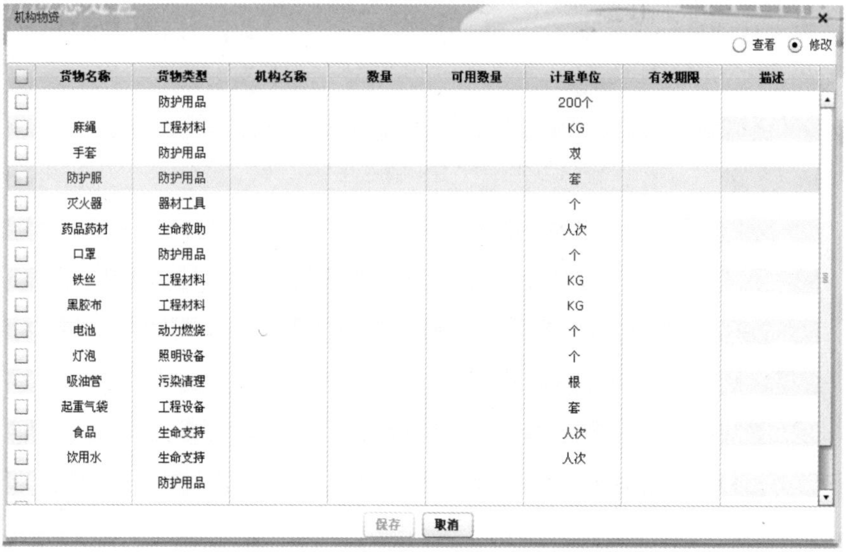

图 9–56　救援机构“设备”“物资”修改界面

3）人员管理

直接输入人员所在机构名称关键词或者人员姓名，单击“查询”按钮对机构人员进行搜索，如图 9–57 所示。

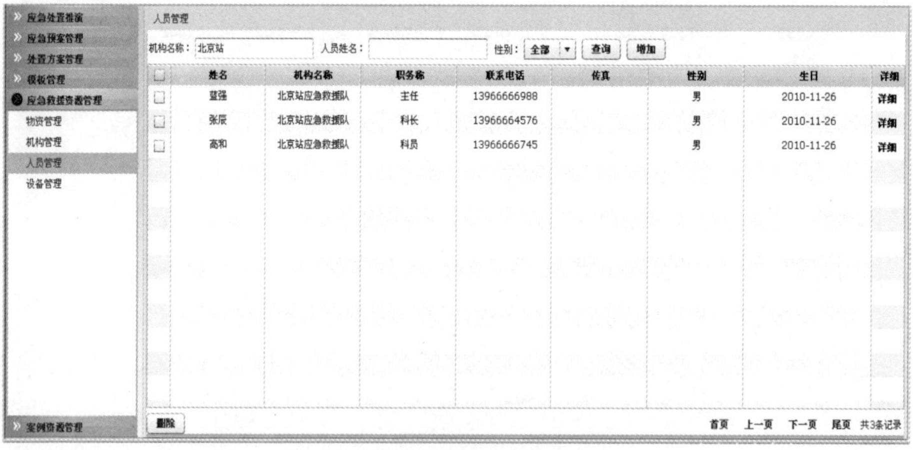

图 9–57　人员管理查询界面

单击“详细”按钮，查看人员详细信息及联系方式，如图 9–58 所示。

图 9–58　人员信息界面

在“人员信息”对话框中，选择“修改”按钮，可以修改人员信息，编辑完成后，单击“保存”按钮。

单击“增加”按钮，可以添加人员信息，添加完成后，单击“保存”按钮，如图 9–59 所示。

图 9–59　增加人员界面

单击“删除”按钮，可以对人员进行更新，如图 9–60 所示。

图 9–60　更新人员界面

4）设备管理

选择“机构类型”“设备类别”“设备类型”下拉列表框，或者直接输入设备名称，单击“查询”按钮，可显示相应设备信息，如图 9–61 所示。

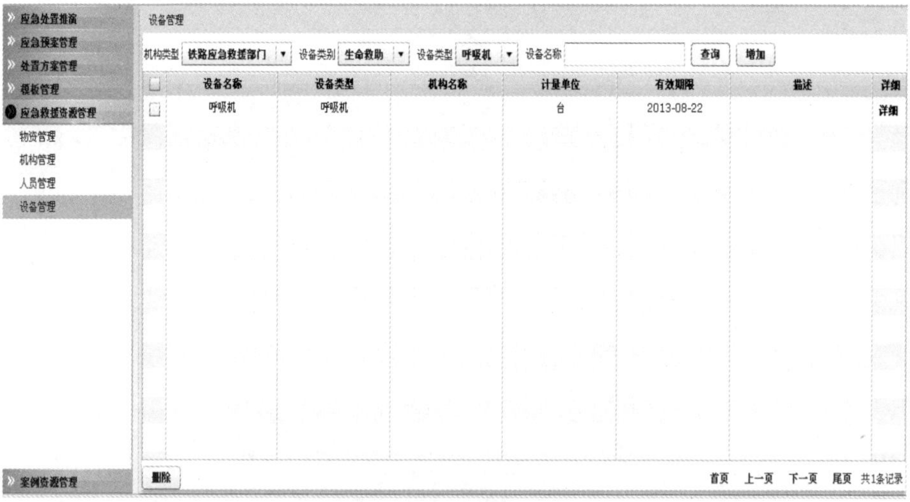

图 9–61　设备管理界面

单击“详细”按钮，查看设备详细信息，如图 9–62 所示。

图 9–62　设备详细界面

在“设备详细”对话框中，选择“修改”按钮，可以修改设备信息，编辑完成后，单击“保存”按钮。

单击“增加”按钮，可以添加设备信息，添加完成后，单击“保存”按钮，如图 9–63 所示。

图 9–63　添加设备界面

单击“删除”按钮，可以对设备进行剔除。

6. 案例资源管理模块

1）案例生成

选择“特殊条件类别”“特殊条件类型”和“特殊条件级别”下拉列表框，单击“查询”按钮，可显示相应案例，如图 9–64、图 9–65 所示。

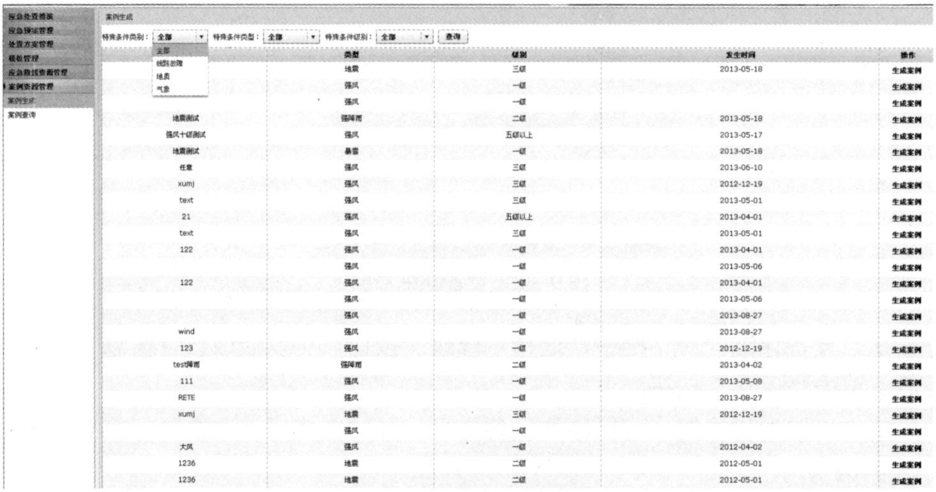

图 9–64　案例查询界面 1

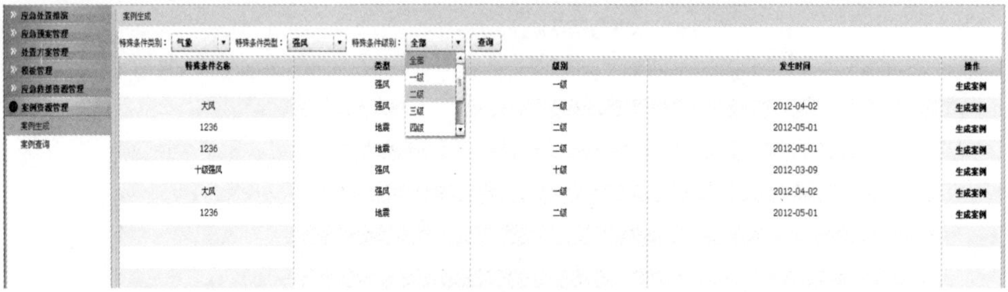

图 9–65　案例查询界面 2

单击“生成案例”按钮，查看相关预案及案例名称、编制人等信息。

选中预案，并单击“查看”按钮进行预案的查看，如图 9–66 所示，然后在右侧输入案例名称、编制人、备注信息，单击“保存”按钮关闭，如图 9–67 所示。

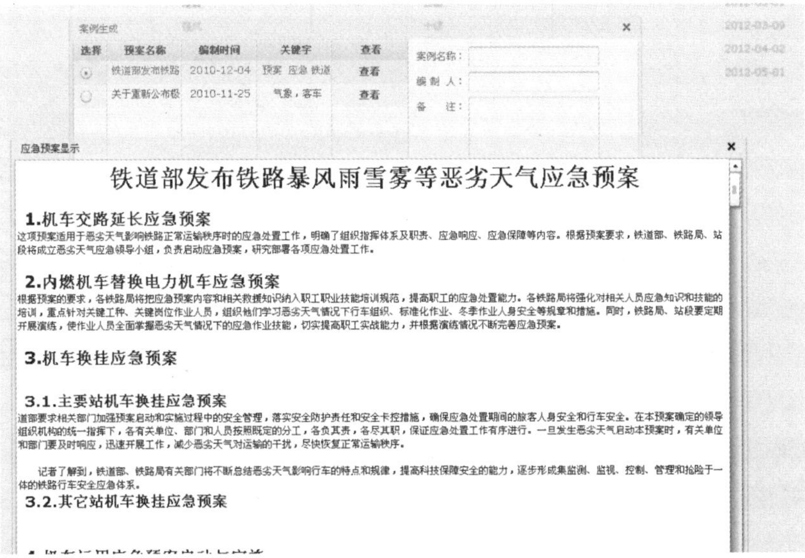

图 9–66 预案查看界面

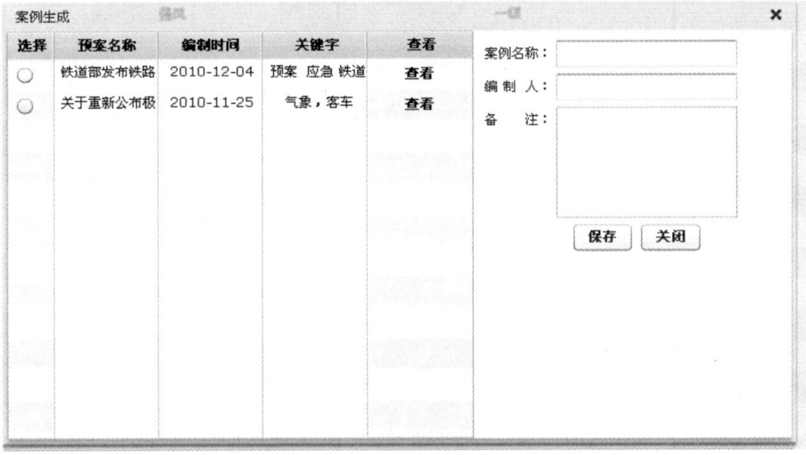

图 9–67 生成案例相关信息界面

单击“应急预案显示”对话框下方的“查看附件”按钮，可以对预案源文件进行查看。

2）案例查询

选择“特殊条件类别”“特殊条件类型”和“特殊条件级别”下拉列表框，单击“查询”按钮，可显示相应的案例，如图 9–68 所示。

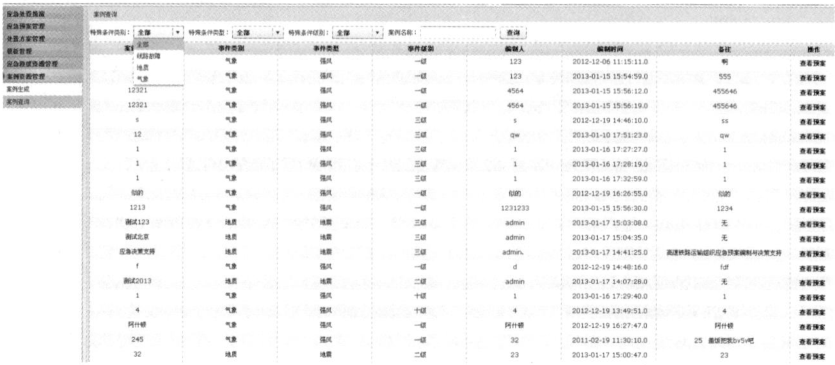

图 9–68　案例查询界面

单击“查看预案”按钮可以查看预案详细内容，如图 9–69 所示。

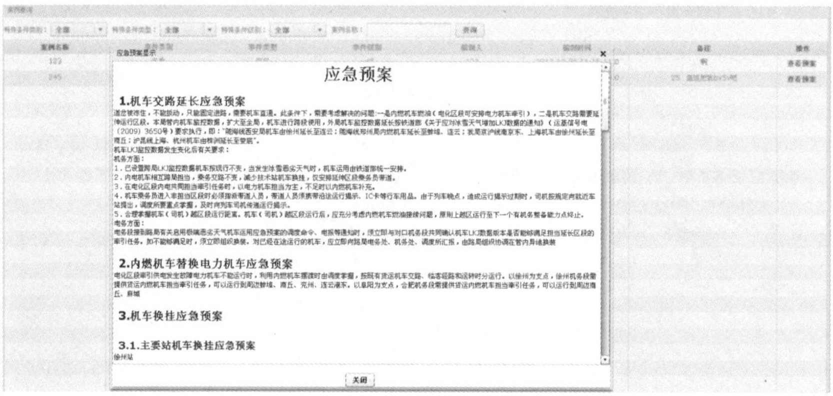

图 9–69　预案详细内容界面

9.5　特殊运营条件下高速列车开行方案编制子系统

特殊运营条件下高速列车开行方案编制子系统功能包括特殊运营条件下约束条件计算模块、特殊运营条件下优化目标生成模块及特殊运营条件下列车开行方案优化及评价模块。

9.5.1　系统需求分析

列车开行方案是指确定旅客列车运行区段、列车种类、径路、开行对数及车底担当局的计划，是列车运营组织工作的重要组成部分。

特殊运营条件下高速列车开行方案编制子系统的需求分析主要包括：① 特殊运营条件下约束条件计算需求，通过分析影响车站、区间通过可靠性的影响因素，定义并计算车站、区间及路网的连通可靠性，得出特殊运营条件下铁路区间通过能力；② 特殊运营条件下优化目标生成需求，分析突发事件条件与列车开行方案之间的关联关系，结合专家打分法，生成不同种类与等级的特殊运营条件下的列车开行方案生成与优化的综合目标；③ 特殊运营条件下列车开行方案优化与评价需求，根据突发事件特点和现场实际情况，选择不同的编制模型及参数，并以示意图或矢量图的形式展示列车开行方案，同时对其进行评价分析。

9.5.2 系统结构设计

特殊运营条件下高速列车开行方案编制子系统主要针对特殊运营条件下约束条件、优化目标计算进行了相关技术研究，具体成果包括：特殊运营条件下约束条件计算模块通过对高速铁路网不同等级突发事件下路网的连通性和运营可靠度进行分析，可实现铁路区间通过能力的计算、列车运行可行径路集的生成和客流预测等内容，为特殊运营条件下列车开行方案设置提供标准化的约束条件集；特殊运营条件下优化目标生成模块可实现单目标、多目标权重的设置；特殊运营条件下列车开行方案优化与评价模块可实现列车开行方案编制模型参数的设置、形式化表达及评价。

其功能架构如图 9–70 所示。

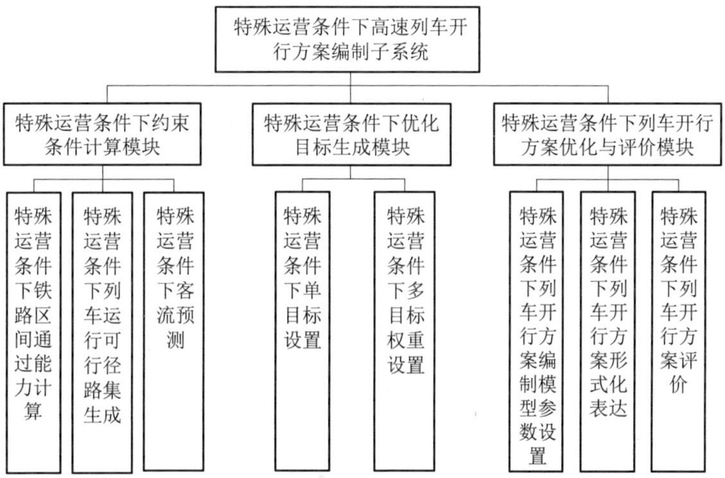

图 9–70　特殊运营条件下高速列车开行方案编制子系统功能架构

1. 特殊运营条件下约束条件计算模块

该模块可通过分析影响车站、区间通过可靠性的影响因素，定义并计算车站、区间及路网的连通可靠性，在此基础上，定义并计算路网旅行时间可靠性及高速路网的运营可靠性；在分析特殊运营条件对路网影响的基础上，得出特殊运营条件下铁路区间通过能力是一个马尔可夫过程，根据此原理，系统实现了基于悲观策略与模糊策略的特殊运营条件下铁路区间通过能力计算；最后实现特殊运营条件下列车运行可行径路集的生成并展示，并预测可行径路上的客流量。

2. 特殊运营条件下优化目标生成模块

该模块可实现特殊运营条件下单目标设置、多目标权重设置，从而生成特殊运营条件下的高速列车开行方案的优化目标。

3. 特殊运营条件下列车开行方案优化与评价模块

该模块可通过 3D 技术展示所搭建的特殊运营条件场景，并根据不同的场景匹配不同的列车开行方案编制模型及参数，实现列车开行方案的形式化表达，同时建立突发事件条件下的列车开行方案评价指标体系，对列车开行方案进行评估，方便决策人员判断与选择。

9.5.3 系统界面

下面以德州东—济南西及济南西—德州东高速列车在特殊运营条件下的开行情况为假设（见表 9–1），对特殊运营条件下高速列车开行方案编制子系统做进一步的介绍。

表 9–1 特殊运营条件场景假设

开始时间	2012–03–09	风 向	正 西
特殊条件编号	244	特殊条件名称	十级强风
持续时间/h	11	持续雨量	无
受影响区段	开始里程：327.980 开始里程：419.445	结束里程：419.445 结束里程：327.980	区段名称：德州东—济南西 区段名称：济南西—德州东
受影响车站	德州东		

首先进入系统运行的主界面，图 9–71 所示展示了开行方案生成与优化的主要流程。

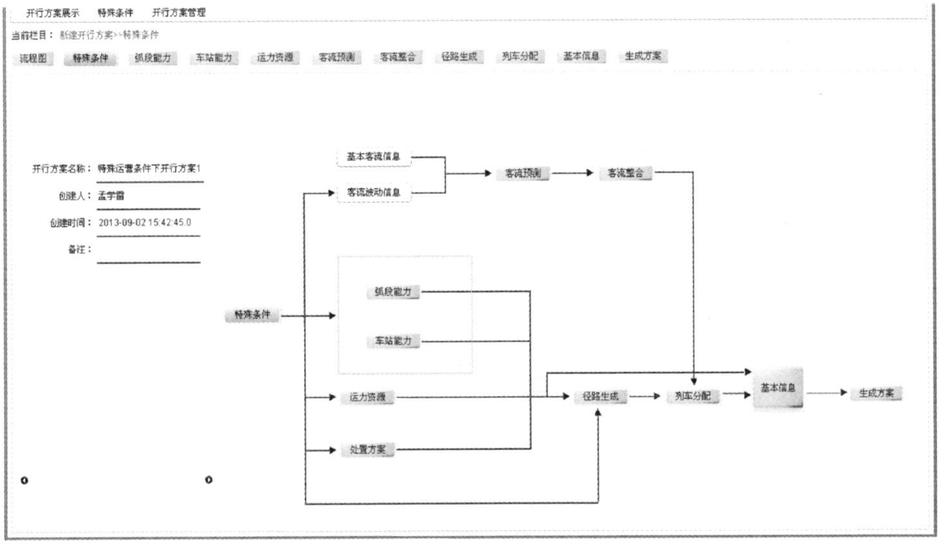

图 9–71　特殊条件开行方案生成与优化界面

1. 特殊运营条件下约束条件计算模块

该模块可实现：分析不同等级特殊运营条件下路网的连通性与可靠性；计算特殊运营条件下铁路区间通过能力；生成特殊运营条件下列车运行可行径路集；对客流量进行预测。

1）特殊运营条件下铁路区间通过能力计算

根据突发事件类型和级别，查询行车规则，得到当前事件条件下的限速值，采用特殊运营条件下弧段通过能力计算方法，得到弧段的通过能力。具体过程如下。

（1）单击“弧段能力”按钮，进入弧段能力界面，如图 9–72 所示。

（2）单击“计算”按钮，得到弧段能力，其计算列表如图 9–73 所示。

根据突发事件类型和级别，查询当前事件条件下的车站咽喉通过能力，采用特殊运营条件下车站通过能力计算方法，得到车站的通过能力。具体过程如下。

（1）单击“车站能力”按钮，进入车站能力界面，如图 9–74 所示。

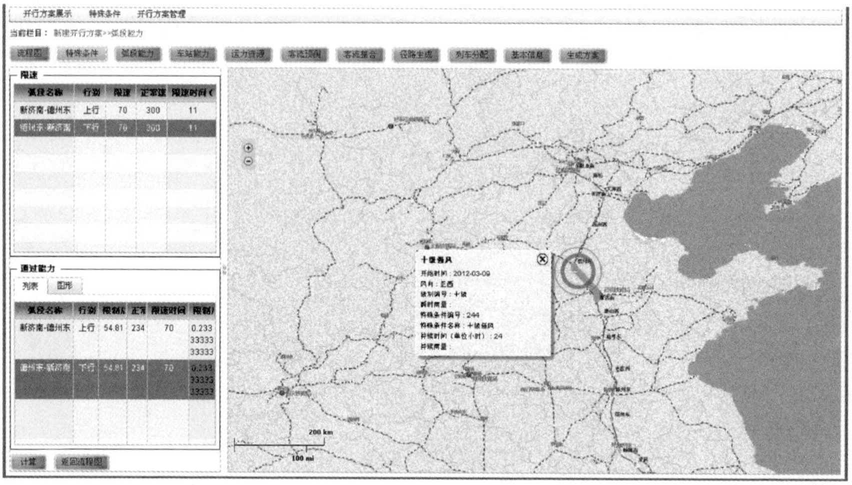

图 9–72　弧段能力界面

图 9–73　弧段能力计算列表

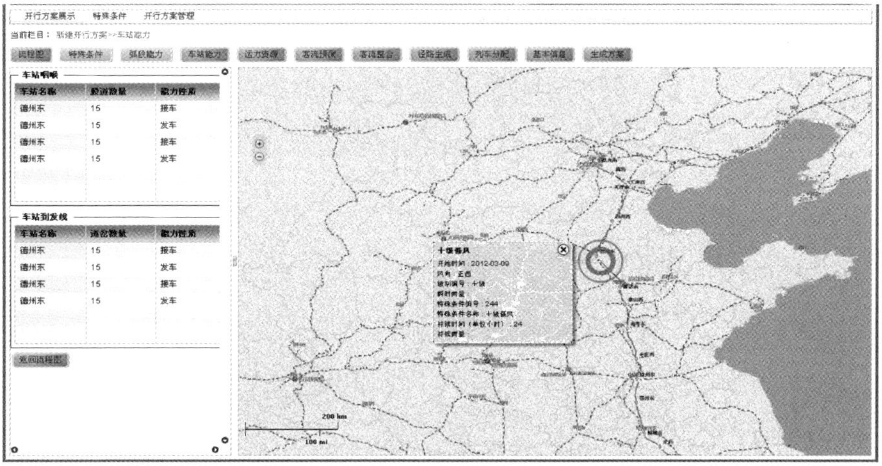

图 9–74　车站能力界面

（2）车站能力计算列表如图 9–75 所示。

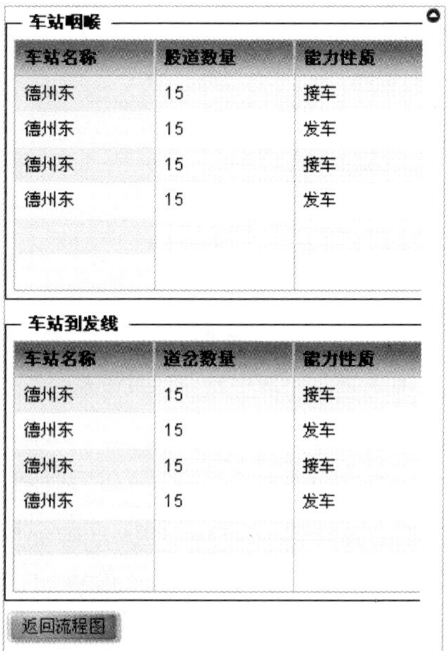

车站咽喉

车站名称	股道数量	能力性质
德州东	15	接车
德州东	15	发车
德州东	15	接车
德州东	15	发车

车站到发线

车站名称	道岔数量	能力性质
德州东	15	接车
德州东	15	发车
德州东	15	接车
德州东	15	发车

返回流程图

图 9–75　车站能力计算列表

单击“运力资源”按钮，可得系统中储存的运力资源，如图 9–76 所示。

车站名	列车类型	可用	列车数	可	运行	
徐州东	短编组动	17	17	2	2	删除
德州东	短编组动	26	26	3	3	删除
南京南	长编组动	12	12	3	3	删除
虹桥:长	长编组动	23	23	4	4	删除
徐州东	长编组动	30	30	4	4	删除
天津西	短编组动	20	20	4	4	删除
天津西	动卧	11	11	5	5	删除
北京南	动卧	12	12	6	6	删除
德州东	动卧	23	23	6	6	删除
虹桥:动	动卧	25	25	7	7	删除
德州东	长编组动	27	27	7	7	删除
天津西	长编组动	14	14	7	7	删除
北京南	长编组动	15	15	7	7	删除
北京南	短编组动	21	21	7	7	删除
虹桥:短	短编组动	28	28	8	8	删除
北京南	动卧	10	10	8	8	删除
南京南	短编组动	13	13	9	9	删除
徐州东	动卧	12	12	10	10	删除

提交

图 9–76　系统中储存运力资源列表

2）特殊运营条件下列车运行可行径路集生成

根据突发事件的特点和影响范围，计算突发事件条件下的列车运行径路，生成可行径路集，然后进行运力资源的分配，具体过程如下。

（1）单击“径路生成”按钮，进入生成径路集界面，如图 9–77 所示，输入径路长度，生成新的径路，如图 9–78 所示。

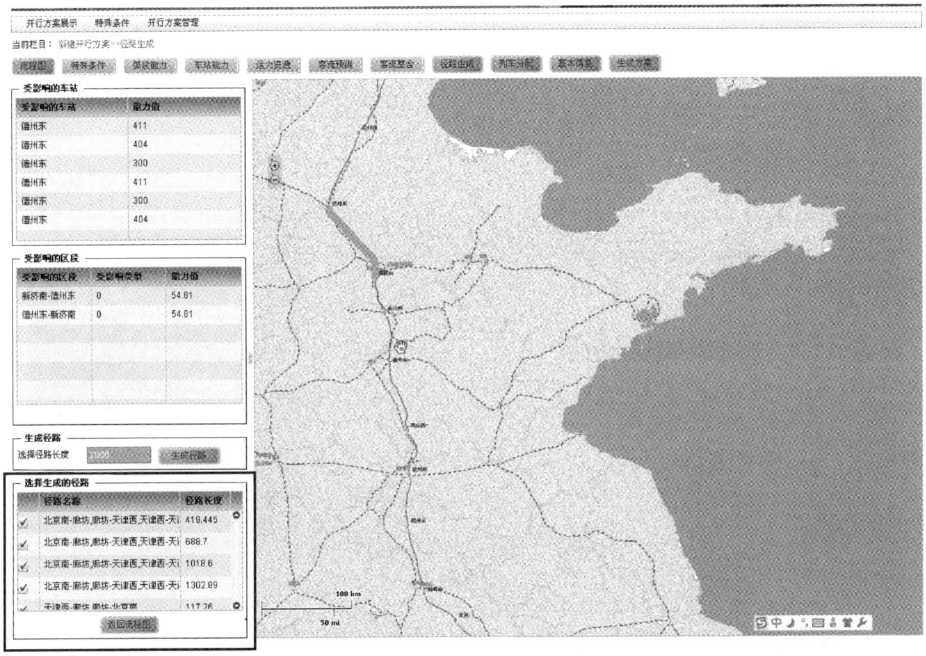

图 9–77 生成径路集界面

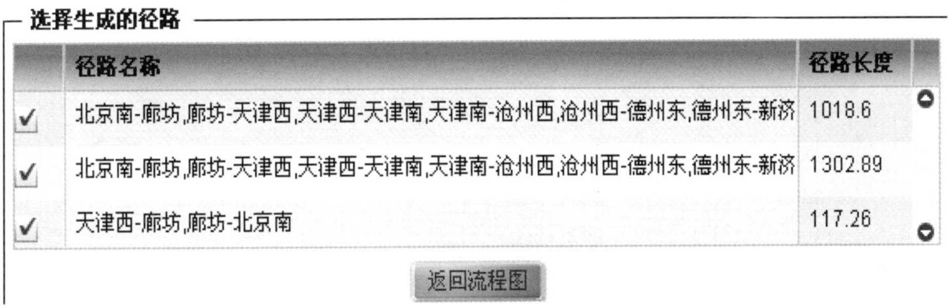

图 9–78 径路集列表界面

（2）单击“列车分配”按钮，进行列车运行径路分配，如图 9–79 所示，分配方案列表如图 9–80 所示。

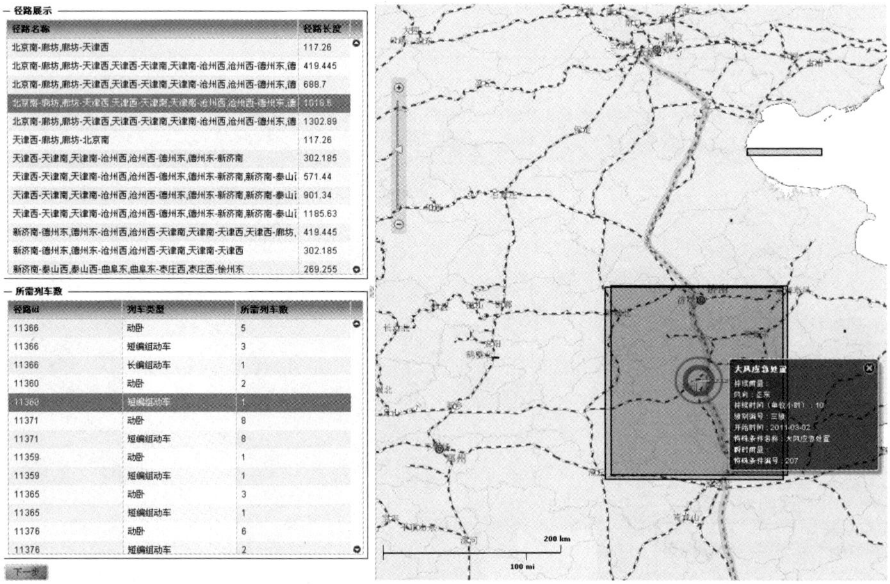

图 9–79　列车运行径路分配界面

— 所需列车数

径路id	列车类型	所需列车数
11366	动卧	5
11366	短编组动车	3
11366	长编组动车	1
11360	动卧	2
11360	短编组动车	1
11371	动卧	8
11371	短编组动车	8
11359	动卧	1
11359	短编组动车	1
11365	动卧	3
11365	短编组动车	1
11376	动卧	6
11376	短编组动车	2

下一步

图 9–80　列车在径路上分配方案列表

3）特殊运营条件下客流预测

及时获取当前时段客流聚集情况，根据突发事件的类型、级别以及影响范围，自动生成客流增长系数，实现未来某时段的客流预测。具体过程如下。

（1）获得当前客流数据，如图 9–81 所示。

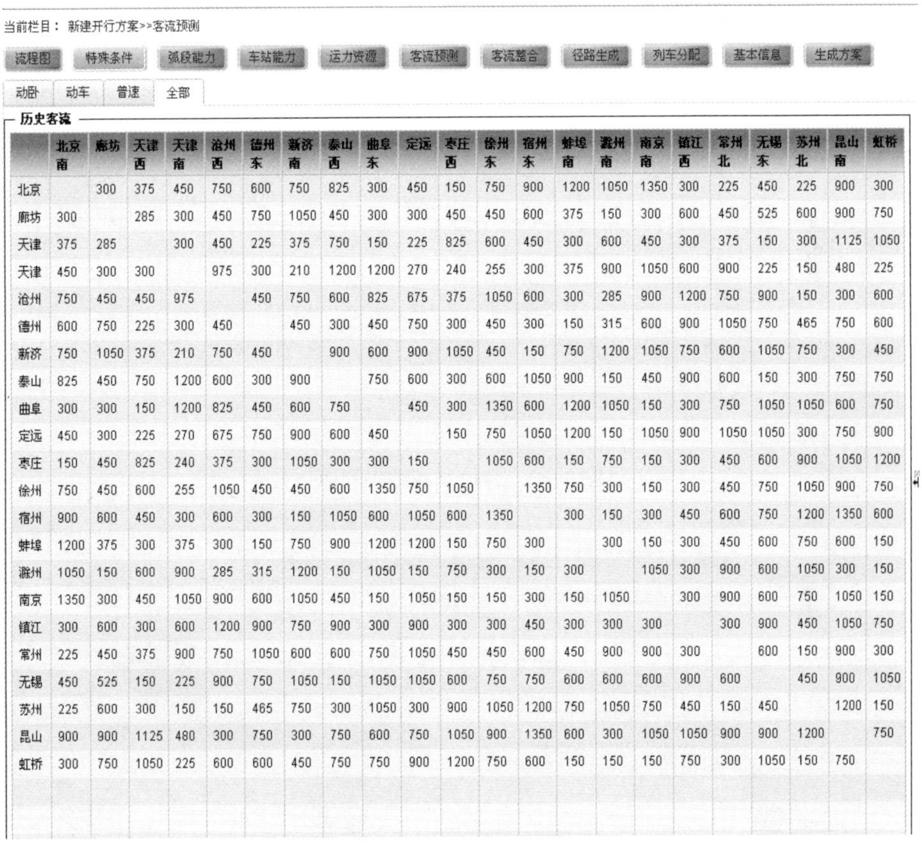

	北京南	廊坊	天津西	天津南	沧州西	德州东	新济南	泰山西	曲阜东	定远	枣庄西	徐州东	宿州东	蚌埠南	滁州南	南京南	镇江西	常州北	无锡东	苏州北	昆山南	虹桥
北京		300	375	450	750	600	750	825	300	450	150	750	900	1200	1050	1350	300	225	450	225	900	300
廊坊	300		285	300	450	750	1050	450	300	300	450	450	600	375	150	300	600	450	525	600	900	750
天津	375	285		300	450	225	375	750	150	225	825	600	450	300	600	450	300	375	150	300	1125	1050
天津	450	300	300		975	300	210	1200	1200	270	240	255	300	375	900	1050	600	900	225	150	480	225
沧州	750	450	450	975		450	750	600	825	675	375	1050	600	300	285	900	1200	750	900	150	300	600
德州	600	750	225	300	450		450	300	450	750	300	450	300	150	315	600	900	1050	750	465	750	600
新济	750	1050	375	210	750	450		900	600	900	1050	450	150	750	1200	1050	750	600	1050	750	300	450
泰山	825	450	750	1200	600	300	900		750	600	300	600	1050	900	150	450	900	600	150	300	750	750
曲阜	300	300	150	1200	825	450	600	750		450	300	1350	600	1200	1050	150	300	750	1050	1050	600	750
定远	450	300	225	270	675	750	900	600	450		150	750	1050	1200	150	1050	900	1050	1050	300	750	900
枣庄	150	450	825	240	375	300	1050	300	300	150		1050	600	150	750	150	300	450	600	900	1050	1200
徐州	750	450	600	255	1050	450	450	600	1350	750	1050		1350	750	300	150	300	450	750	1050	900	750
宿州	900	600	450	300	600	300	150	1050	600	1050	600	1350		300	150	300	450	600	750	1200	1350	600
蚌埠	1200	375	300	375	300	150	750	900	1200	1200	150	750	300		300	150	300	450	600	750	600	150
滁州	1050	150	600	900	285	315	1200	150	1050	150	750	300	150	300		1050	300	900	600	1050	300	150
南京	1350	300	450	1050	900	600	1050	450	150	1050	150	150	300	150	1050		300	900	600	750	1050	150
镇江	300	600	300	600	1200	900	750	900	300	900	300	300	450	300	300	300		300	900	450	1050	750
常州	225	450	375	900	750	1050	600	600	750	1050	450	450	600	450	900	900	300		600	150	900	300
无锡	450	525	150	225	900	750	1050	150	1050	1050	600	750	750	600	600	600	900	600		450	900	1050
苏州	225	600	300	150	150	465	750	300	1050	300	900	1050	1200	750	1050	750	450	150	450		1200	150
昆山	900	900	1125	480	300	750	300	750	600	750	1050	900	1350	600	300	1050	1050	900	900	1200		750
虹桥	300	750	1050	225	600	600	450	750	750	900	1200	750	600	150	150	150	750	300	1050	150	750	

图 9–81　当前客流数据界面

（2）单击“客流预测”按钮，获得客流预测结果，如图 9–82 所示。

（3）单击“客流整合”按钮，进行客流整合，如图 9–83 所示。

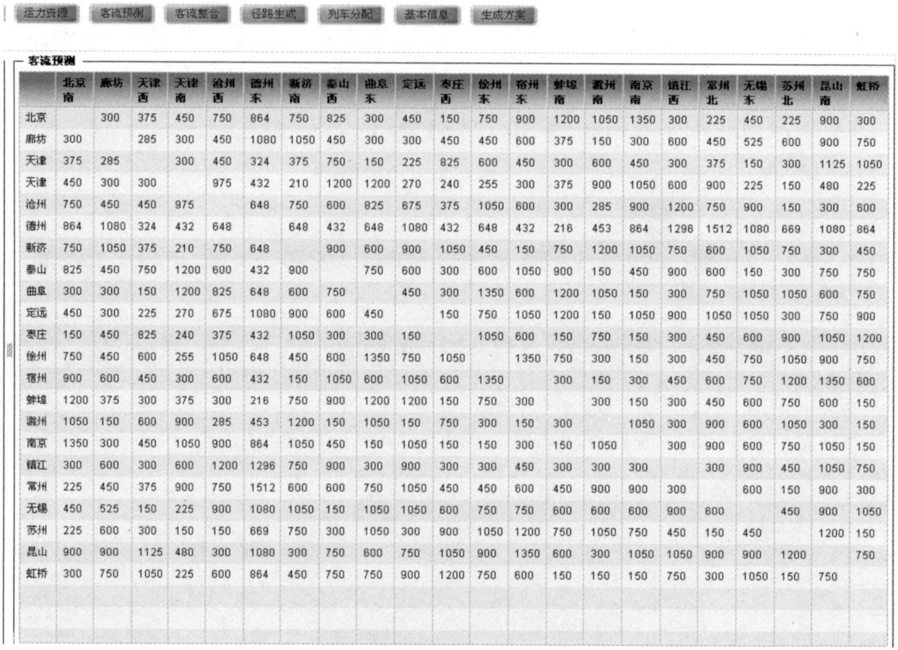

	北京南	廊坊	天津西	天津南	沧州西	德州东	新济南	泰山西	曲阜东	定远	枣庄西	徐州东	宿州东	蚌埠南	滁州南	南京南	镇江西	常州北	无锡东	苏州北	昆山南	虹桥
北京		300	375	450	750	864	750	825	300	450	150	750	900	1200	1050	1350	300	225	450	225	900	300
廊坊	300		285	300	450	1080	1050	450	300	300	450	450	600	375	150	300	600	450	525	600	900	750
天津	375	285		300	450	324	375	750	150	225	825	600	450	300	600	450	300	375	150	300	1125	1050
天津	450	300	300		975	432	210	1200	1200	270	240	255	300	375	900	1050	600	900	225	150	480	225
沧州	750	450	450	975		648	750	600	825	675	375	1050	600	300	285	900	1200	750	900	150	300	600
德州	864	1080	324	432	648		648	432	648	1080	432	648	432	216	453	864	1296	1512	1080	669	1080	864
新济	750	1050	375	210	750	648		900	600	900	1050	450	150	750	1200	1050	750	600	1050	750	300	450
泰山	825	450	750	1200	600	432	900		750	600	300	600	1050	900	150	450	900	600	150	300	750	750
曲阜	300	300	150	1200	825	648	600	750		450	300	1350	600	1200	1050	150	300	750	1050	1050	600	750
定远	450	300	225	270	675	1080	900	600	450		150	750	1050	1200	150	1050	900	1050	1050	300	750	900
枣庄	150	450	825	240	375	432	1050	300	300	150		1050	600	150	750	150	300	450	600	900	1050	1200
徐州	750	450	600	255	1050	648	450	600	1350	750	1050		1350	750	300	150	300	450	750	1050	900	750
宿州	900	600	450	300	600	432	150	1050	600	1050	600	1350		300	150	300	450	600	750	1200	1350	600
蚌埠	1200	375	300	375	300	216	750	900	1200	1200	150	750	300		300	150	300	450	600	750	600	150
滁州	1050	150	600	900	285	453	1200	150	1050	150	750	300	150	300		1050	300	900	600	1050	300	150
南京	1350	300	450	1050	900	864	1050	450	150	1050	150	150	300	150	1050		300	900	600	750	1050	150
镇江	300	600	300	600	1200	1296	750	900	300	900	300	300	450	300	300	300		300	900	450	1050	750
常州	225	450	375	900	750	1512	600	600	750	1050	450	450	600	450	900	900	300		600	150	900	300
无锡	450	525	150	225	900	1080	1050	150	1050	1050	600	750	750	600	600	600	900	600		450	900	1050
苏州	225	600	300	150	150	669	750	300	1050	300	900	1050	1200	750	1050	750	450	150	450		1200	150
昆山	900	900	1125	480	300	1080	300	750	600	750	1050	900	1350	600	300	1050	1050	900	900	1200		750
虹桥	300	750	1050	225	600	864	450	750	750	900	1200	750	600	150	150	150	750	300	1050	150	750	

图 9–82　客流预测结果界面

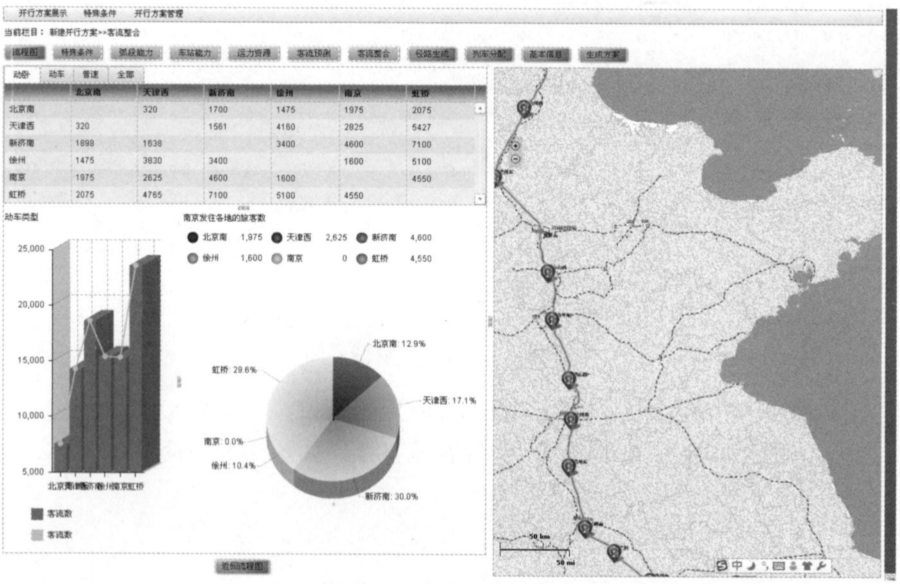

	北京南	天津西	新济南	徐州	南京	虹桥
北京南		320	1700	1475	1975	2075
天津西	320		1561	4160	2825	5427
新济南	1898	1638		3400	4600	7100
徐州	1475	3830	3400		1600	5100
南京	1975	2625	4600	1600		4550
虹桥	2075	4765	7100	5100	4550	

图 9–83　突发事件条件下客流的整合数据界面

2. 特殊运营条件下优化目标生成模块

1）特殊运营条件下单目标设置

根据突发事件类型和特点，选择单个优化目标，如图 9–84 所示。

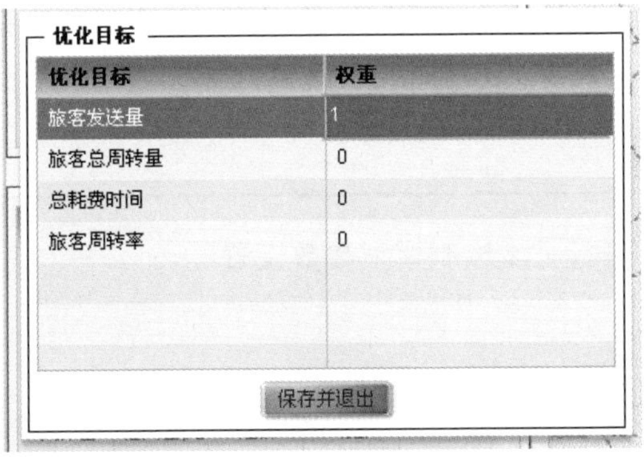

图 9–84　开行方案单目标设置界面

2）特殊运营条件下多目标权重设置

根据突发事件类型、级别和影响范围，可选择多个目标，并设置权重参数，如图 9–85 所示。

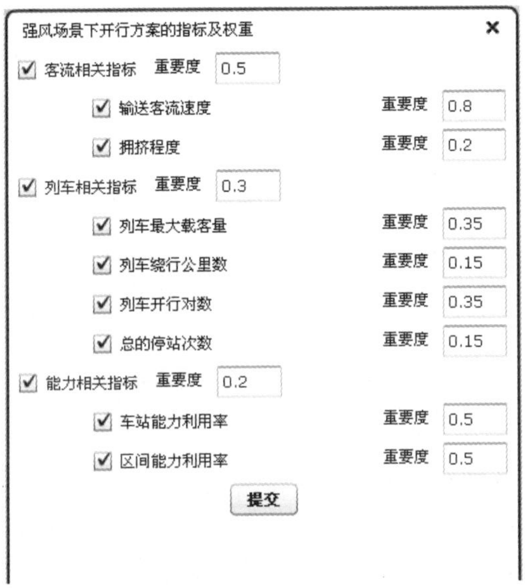

图 9–85　指标体系构建及权重设置

3. 特殊运营条件下列车开行方案优化与评价模块

1）特殊运营条件下列车开行方案编制模型参数设置

可根据突发事件特点和事件处理的实时性要求，选择相应的编制模型及参数，如选择传统的数学规划方法，或人工智能计算方法，每种计算方法所需的模型参数不同，用户可根据现场实际情况进行设置（见图 9–86），计算得到列车开行方案优化结果（见图 9–87）。

图 9–86　开行方案编制模型参数设置界面

2）特殊运营条件下开行方案形式化表达

可以以示意图或者矢量图的方式展示开行方案，在开行方案展示功能模块中，单击“开行方案示意图”按钮，开行方案将以示意图的方式展示，如图 9–88 所示。

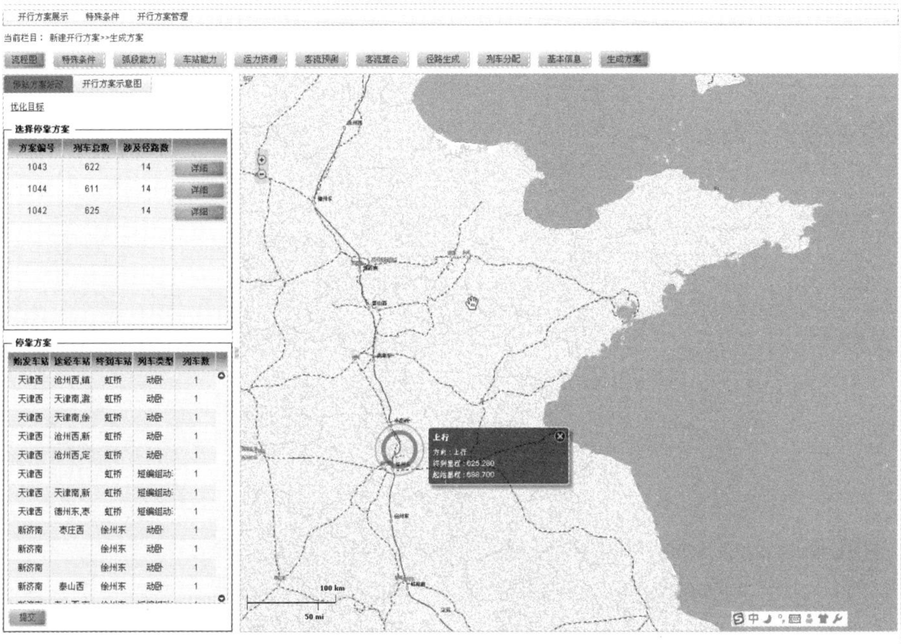

图 9–87　开行方案优化结果界面

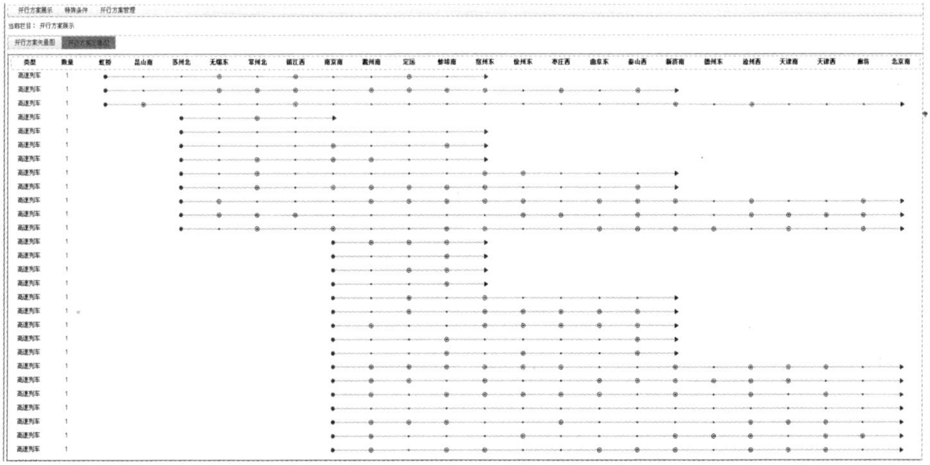

图 9–88　开行方案示意图展示界面

单击“开行方案矢量图”按钮，开行方案将以矢量图的方式展示，如图 9–89 所示。

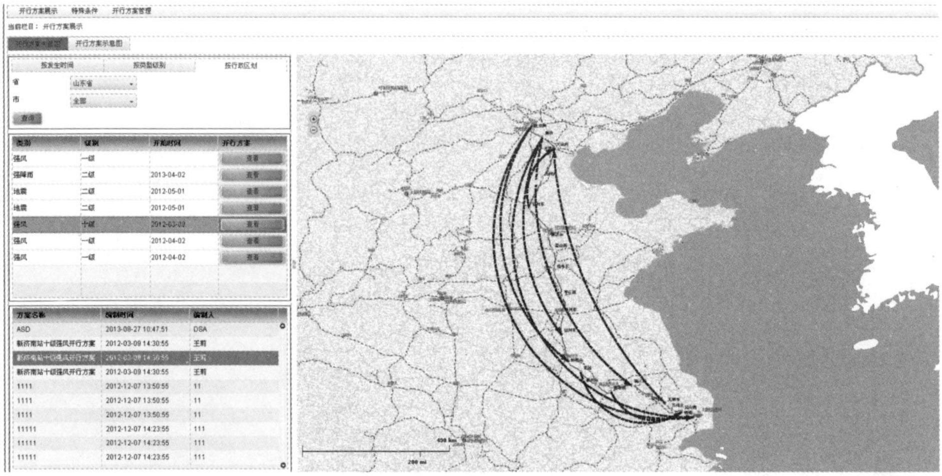

图 9–89　开行方案矢量图展示界面

3）特殊运营条件下开行方案评价

选择开行方案列表中的一个或者多个开行方案可以分别进行开行方案单方案评价或开行方案多方案对比评价。图 9–90、图 9–91 分别为开行方案单方案和开行方案多方案评价结果。

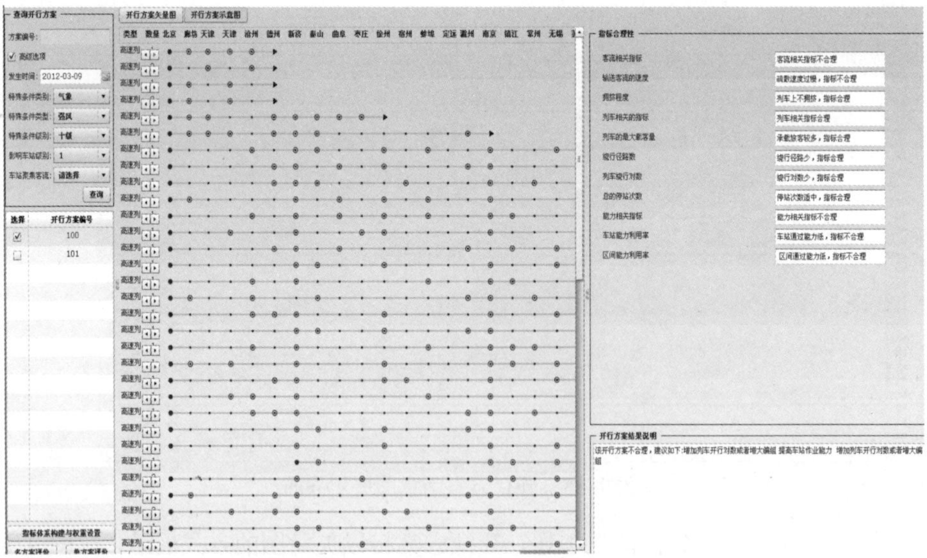

图 9–90　开行方案单方案评价结果

图 9–90 所示的开行方案单方案评价结果在界面右侧上部给出了之前确定的各指标体系的名称及其是否合理，下部给出了开行方案评价结果的说明。

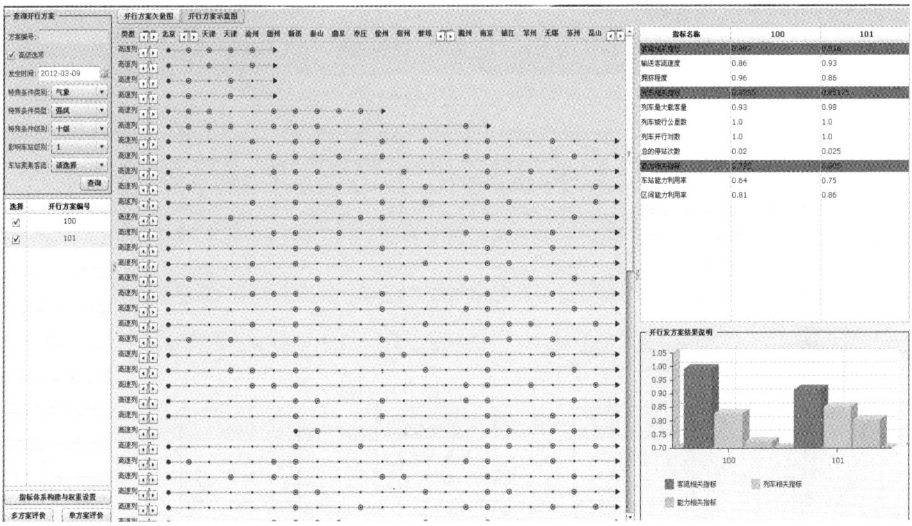

图 9–91 开行方案多方案评价结果

图 9–91 中，多方案评价结果对选择的两个开行方案进行了对比评价。右上角的表格对两种方案的三级指标体系的无量纲化值进行了对比展示，同时给出二级指标的计算结果。下方的柱状图展示了两种方案的三种评价内容（列车相关指标、旅客相关指标、能力相关指标）的可视化对比结果。当鼠标移动到柱状图的柱状条上时，对应的数值也将一并展示出来。

9.6 示范应用

9.6.1 全国铁路应急预案管理系统示范应用

为了更好地提高铁路应急预案管理工作，加强铁路应急预案体系建设，中国铁路总公司与北京交通大学共同开展了“铁路应急预案管理研究”项目的研究工作，旨在对铁路应急预案的定位、涉及范围、包含内容进行分析；研究铁路应急预案编制、预案综合评价及预案的日常管理的支撑理论方法；建立起相对完善的铁路应急、预案管理的理论、方法、框架；开发铁路应急预案管理系统，从而进一步加强铁路应急预案管理工作的科学性、系统化、标准化、规范化。

1. 系统技术路线

铁路应急预案管理系统是一个在功能上集成、数据上融合的分布式系统。它遵循理论与实践相结合的技术路线，理论指导实践，实践证明理论，该系统研究技术路线如图 9–92 所示。

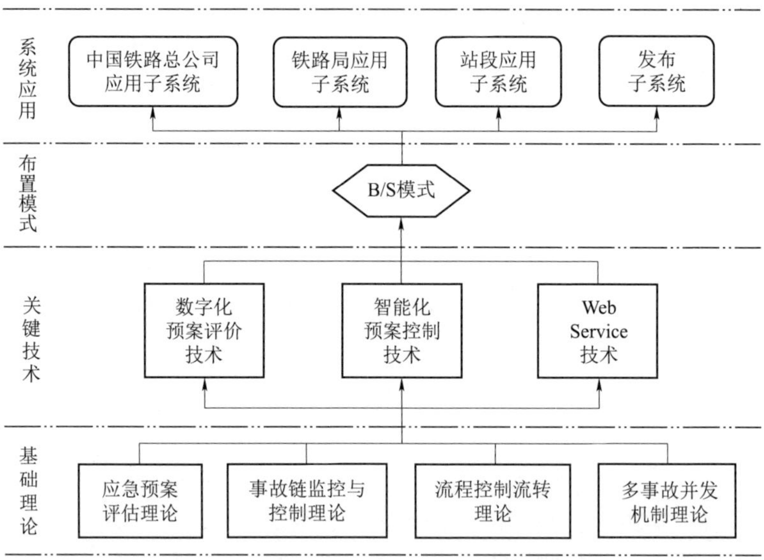

图 9–92　铁路应急预案管理系统研究技术路线

2. 系统网络架构

铁路应急预案管理系统的用户覆盖全国，网络范围大、环境复杂，结合系统的实际应用，在设计系统的网络架构时，需要考虑以下 2 种情况。

（1）铁路应急预案管理系统的主要用户是中国铁路总公司及其所辖的路局、站段的各业务部门，其网络环境是铁路专网。

（2）在中国铁路总公司、铁路局或站段内部，网络环境是局域网。

鉴于上述情况，该系统设计采取 B/S 模式，主要负责铁路应急预案的创建、上报、审批、发布、评价、查询、统计，用户的创建与配置权限，铁路应急预案工作动态、法律法规及相关新闻的发布等，该系统主要用于用户的日常办公。

综上所述，该系统的网络拓扑结构如图 9–93 所示。

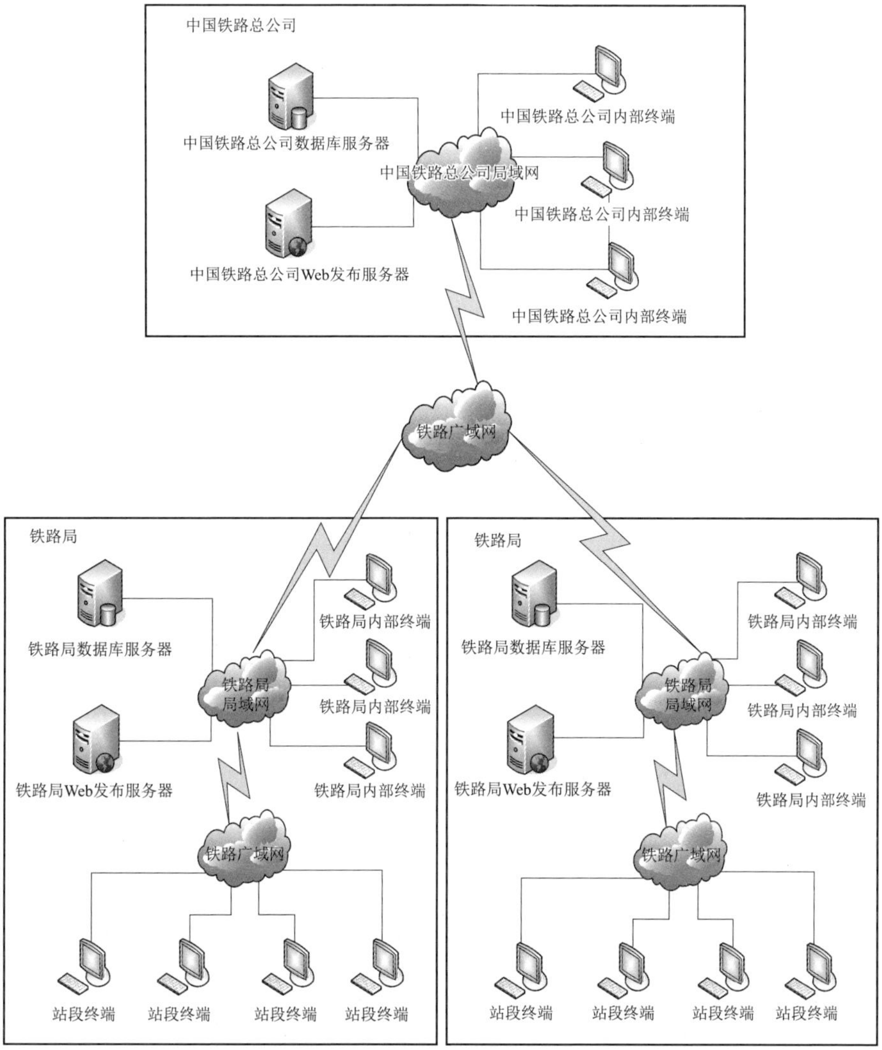

图 9–93　铁路应急预案管理系统网络拓扑结构

3. 系统总体架构

依据国家应急预案相关政策法规，结合中国铁路总公司具体的组织机构和网络体系，该系统的逻辑结构如图 9–94 所示。

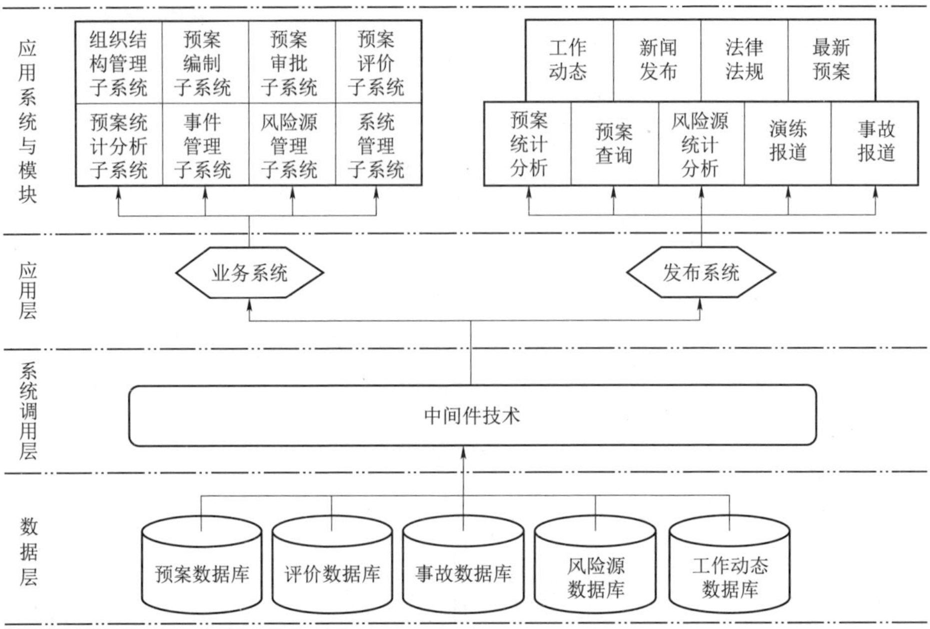

图 9–94　铁路应急预案管理系统逻辑结构

该系统大致可以分为数据层、系统调用层、应用层 3 个层次。

（1）数据层提供系统运行所需要的数据，包括预案信息、评价方法信息、事故信息、风险源信息、工作动态信息等。

（2）系统调用层利用 Web Service 技术，通过系统调用层的封装，以文本的形式把应用层的功能发布出来，这样可以使该系统同中国铁路总公司现有的系统交换信息、协同工作。

（3）应用层的系统大致可以分为两类，分别是业务系统和发布系统。业务系统主要面向应急预案业务人员，包括组织结构管理、预案编制、预案审批、预案评价、预案统计分析、事件管理、风险源管理、系统管理 8 个子系统。发布系统面向铁路专网内的全部用户，包括工作动态、新闻发布、法律法规、最新预案、预案统计分析、预案查询、风险源统计分析、演练报道、事故报道 9 个板块。

针对不同的用户，系统授予不同的权限，实现用户分级管理、数据分级访问控制，以保证系统数据的安全性。

4. 系统功能设计

根据需求分析，系统应分为两类：业务系统、发布系统。其模块结构如图 9–95

所示。

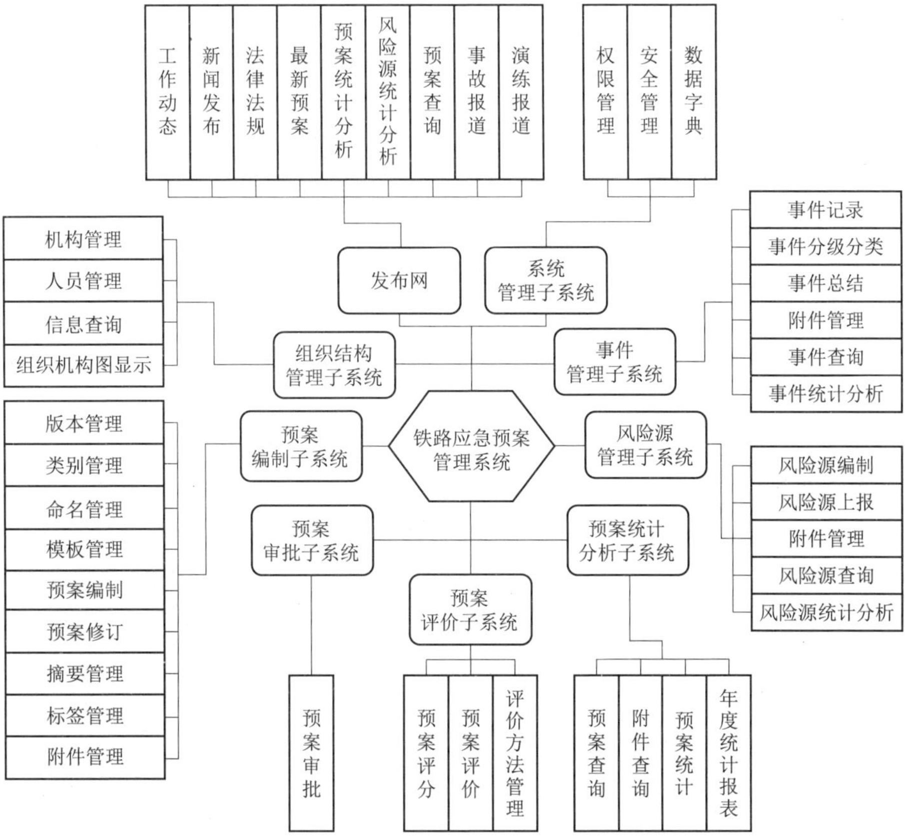

图 9–95　全国铁路应急预案管理系统模块结构

以上功能主要实现铁路应急预案管理系统的日常管理、决策支持、统计分析、信息发布。

1）日常管理

日常管理是指应急预案相关工作的日常管理，包括机构管理、预案编制、预案审批、预案评价、预案统计分析、事件分级分类、事件统计分析、风险源汇报、法律法规发布、工作动态报道、年度统计报表制作等各种日常工作。通过以上功能支持铁路应急预案管理工作的规范化、流程化，提高预案管理工作效率。

2）决策支持

决策支持主要用于当事故发生时，系统可以提供全面的预案信息、简单的过往事故处理信息、风险源概况信息等，从而为领导汇报事故、处理事故、避免危险等各种决策提供全面信息和操作指导，以加快事故处理速度、改善事故救援效果。

3）统计分析

统计分析主要包括两个方面，分别是预案统计分析和风险源统计分析。该系统通过结构化、流程化、数字化的管理预案和风险源报告，具有从各个方面和角度统计分析预案和风险源的功能，另外，支持数字化、图形化的显示统计结果，并提供简要分析。

4）信息发布

信息发布是指通过发布系统发布预案管理工作动态、事故新闻、演练新闻、法律法规、最新预案等，从而促进各铁路局、站段间的交流，并向外界介绍应急预案相关管理工作。

5. 用户界面

系统的首页界面由系统登录、重要通知、应急预案相关文件、铁路要闻、应急大视野、图片新闻、预案统计、天气状况和常用链接模块组成，如图 9–96 所示。

图 9–96 铁路应急预案管理系统首页界面

应急预案管理界面，如图 9–97 所示，由查看、新建、评分、审核和修订五部分组成。

图 9–97　应急预案管理界面

图 9–98 为铁路应急预案管理系统在青藏铁路公司的实际应用情况。

图 9–98　实际应用情况

9.6.2　铁路运输组织应急处置决策支持系统（高速铁路）示范应用

在本项目理论研究和系统实现的基础上，进一步细化突发事件应急处置理论体系，结合调度业务现场实际需求，将该项目实现系统的部分成果转化形成目前的铁路运输组织应急处置决策支持系统（高速铁路）。铁路运输组织应急处置决策支持系统（高速铁路）作为中国铁路总公司运输局与信息技术中心共同监制的铁路运输信息集成平台的一部分，在中国铁路总公司进行试运行。

随着《铁路信息化总体规划》提出的“至 2020 年全面实现铁路运输调度指挥信息化”总体目标的临近，铁路信息化建设的步伐也将加快，尤其是实现特殊运营场景下调度指挥智能化。在此背景下，铁路运输组织应急处置决策支持系统（高速铁路）也正在逐步完善，逐渐实现铁路运输组织应急处置决策信息化、自动化和智能化的目标。铁路运输组织应急处置决策支持系统（高速铁路）作为铁路运输信息集成平台的一部分，在中国铁路总公司试运行具有重要意义，随着系统的不断改进和逐步完善，将推广至各个路局甚至全路。同时，实现其在既有线、客运专线，乃至城市轨道交通应急处置决策支持中的作用。

铁路运输组织应急处置决策支持系统（高速铁路）的用户界面主要分为突发事件录入查询界面、事件综合展示界面和回退事件处理修改界面。图 9–99 和图 9–100 分别为两类不同属性突发事件的录入查询界面，通过左侧属性结构选定突发事件后，在右上方的详细信息部分填充字段可以完成突发事件的信息填报工作，保存后数据将出现在图 9–100 下部的突发事件综合展示界面。同时该界面也可以对以往上报事件进行查询操作，如图 9–101 所示。

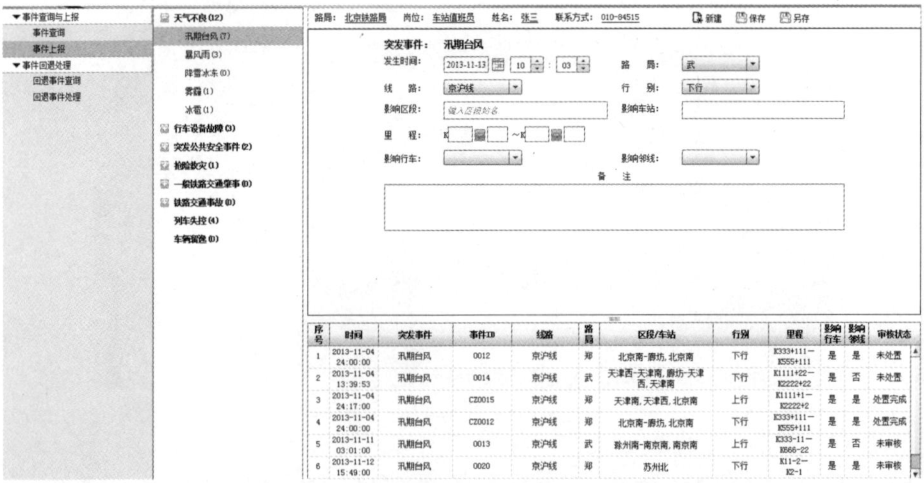

图 9–99　突发事件录入查询界面（针对不良天气、线路故障等）

图 9–100 突发事件录入查询界面（针对铁路交通事故、机车车辆故障等）

图 9–101 突发事件上报查询

图 9–102 所示的界面清楚展示了所有上报或采集的突发事件信息，并在地图中对应展示。而突发事件信息经过调度人员审核确认后，根据审核结果，将回退给录入人员或者进入“事件处理一览表”进入处置流程。并且“事件处理一览表”中的每一条数据都对应显示其处置状态，方便领导查阅事件处理进度，督促相关调度台及时处置。

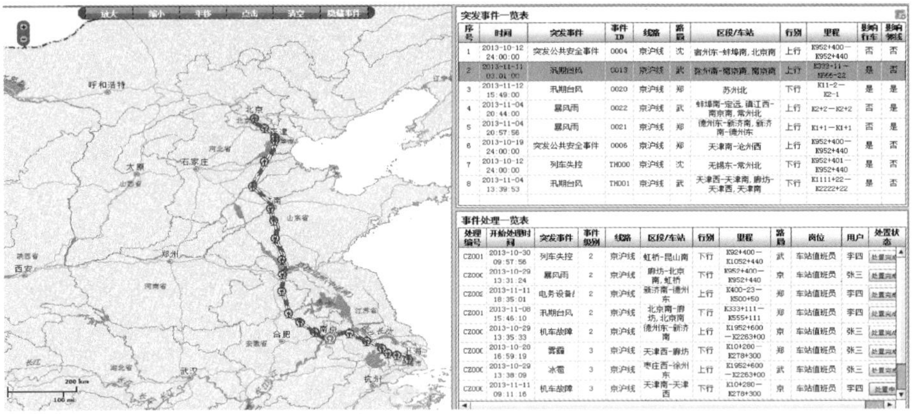

图 9–102　事件综合展示界面

图 9–103 和 9–104 所示的界面为事件录入人员对调度人员审核后回退的事件进行查询及修改，处理完之后重新推送到突发事件综合展示界面。

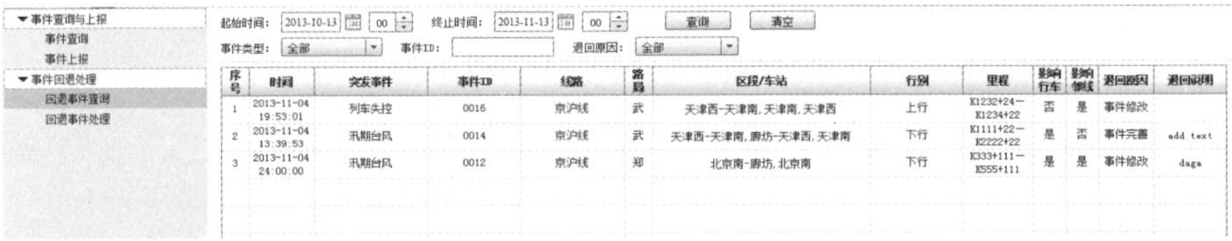

图 9–103　回退事件查询界面

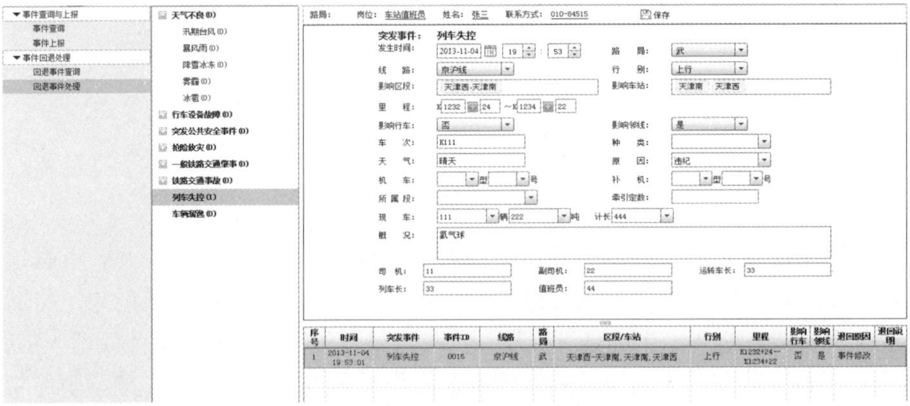

图 9–104　回退事件修改界面

9.7 实施效果

目前，这些系统的研究成果已经得到了规模推广。其中，铁路运输组织应急处置决策支持系统（高速铁路）已作为中国铁路总公司铁路运输信息集成平台的核心部分，在中国铁路总公司进行试运行。该系统利用铁路突发事件场景生成及信息融合、应急协同处置等核心技术，对铁路突发事件的生成、管理、展示以及协同应急处置工作流程进行了系统化的管理，显著提高了铁路运输组织应急管理的工作效率和能力，方便并提高了业务人员事件报送过程操作的规范性和便捷性。目前系统功能主要包括突发事件信息上报与查询、回退事件查询与修改，突发事件的点线图与 GIS 地图应急提示、未处置事件与处置中事件的分项列表展示，以及处置中事件的状态转换等内容。其实现了影响铁路行车安全的铁路突发事件录入、展示、查看、审核（回退、再审核）、处理、处置等环节的工作流程，有力支撑了铁路调度人员及相关领导的突发事件应急处置工作，规范了突发事件报送处理处置工作，防范了处理误报事件耽搁时间、处置突发事件不及时等不良现象，为铁路运输组织应急处置决策提供了关键技术和平台支撑。

全国铁路应急预案管理系统已投入现场运行。该系统投运后工作稳定可靠，功能符合要求，操作界面可视化强，信息组织科学。全国铁路应急预案管理系统是一个在功能上集成、数据上融合的分布式系统，基于用户覆盖全路范围、网络范围广和环境复杂的背景，构建了以中国铁路总公司为中心、铁路局为节点的星形网络结构。该系统体系架构清晰合理，专业模型丰富，实现了应急预案管理智能化、应急资源维护管理动态化、危险源及案例库管理工作日常化，提高了应急预案管理工作的效率。此外，该系统在中国铁路总公司和典型路局的成功部署应用，有效提高了铁路应急预案管理水平，对形成和持续运用具有我国特色的铁路应急预案管理机制、模式和流程，实现全国铁路一体化、标准化和信息化的应急管理提供了技术手段和系统平台支撑。

截至目前，全国铁路应急预案管理系统面向全路建立了 6 个应急预案数据库，部署了 6 个数据交换平台，开发了 106 个功能模块；实现了对 24 个部级预案、116 个局级预案和 625 个站段级预案的数字化管理。该系统覆盖中国铁路总公司应急办、4 个铁路局、104 个车站、168 个部门，约 1 200 个用户。

本章小结

本章主要介绍了突发事件条件下高速铁路列车运营决策支持系统，以及一些示范应用。这些系统的实施和推广取得一系列丰富成果。理论研究方面，构建了基于闭环控制的特殊运营条件的获取与推演、高速列车数字化预案生成、客运需求与运力资源匹配、开行方案编制等方法模型。同时设计并开发了突发事件条件下高速铁路列车运营决策支持系统，涵盖了 3 个相互独立且相互联系的子系统：高速铁路特殊运营条件获取与生成子系统、高速铁路运输组织应急预案编制与决策支持子系统、特殊运营条件下高速列车开行方案编制子系统，可实现全面综合的数据分析、决策支持、应急指挥及协同决策等功能，满足铁路调度管理部门的多元化需求，并为全面实现电子化、信息化的铁路智能交通奠定了坚实基础，有效提高了我国大规模成网条件下的高速铁路运输组织效率。

本章参考文献

[1] DENNIS A, WIXOM H B, ROTH M R. Systems analysis & design [M]. 4th ed. New York: John Wiley & Sons Inc, 2008.

[2] KENNEDY M, GOODCHILD F M. Introducing geographic information systems with ArcGIS: a workbook approach to learning GIS [M]. 2nd ed. New York: John Wiley & Sons Inc, 2009.

[3] PRICE J. Oracle database 10g SQL[M]. New York: McGraw-Hill Companies Inc, 2005.

[4] 秦勇，贾利民，王莉，等. 特殊运营条件下高速铁路列车开行方案设计关键技术与系统：技术报告［R］. 北京：北京交通大学轨道交通控制与安全国家重点实验室，2013.

[5] 秦勇，贾利民，王莉，等. 特殊运营条件下高速铁路列车开行方案设计关键技术与系统：验收报告［R］. 北京：北京交通大学轨道交通控制与安全国家重点实验室，2013.

[6] 秦勇，贾利民，王莉，等. 特殊运营条件下高速铁路列车开行方案设计关键技术与系统：工作报告［R］. 北京：北京交通大学轨道交通控制与安全国家重点实验室，2013.

[7] 秦勇，贾利民，王莉，等. 特殊运营条件下高速铁路列车开行方案设计决策支持系统：需求分析 [R]. 北京：北京交通大学轨道交通控制与安全国家重点实验室，2008.
[8] 秦勇，贾利民，王莉，等. 特殊运营条件下高速铁路列车开行方案设计决策支持系统：设计说明书 [R]. 北京：北京交通大学轨道交通控制与安全国家重点实验室，2009.
[9] 秦勇，贾利民，王莉，等. 特殊运营条件下高速铁路列车开行方案设计关键技术与系统：用户使用手册，2013.

10 开放性问题

铁路不但是大众化交通工具更是国民经济的大动脉，在经济社会发展和民生改善中具有不可替代的重要作用。高速铁路自产生之初就以低能耗、高速度、高运能、高舒适性等特点得到各个国家的青睐。但是随着高速铁路的快速发展，又凸显出技术构成复杂、线网时空耦合性强、对突发事件敏感等特点。突发事件条件下的运输组织在未来高速铁路网运营组织管理过程中会发挥越来越重要的作用。

本章主要介绍突发事件条件下的高速铁路运输组织目前亟待解决的开放性问题。这些问题归结起来可分为三类问题，第一类问题主要涉及高速铁路系统各组成要素间的相互作用和系统行为有关的机理和规律，第二类问题主要包括高速铁路相关资源在正常或非正常情形下的配置、布局和调度问题，也就是运输组织模式和策略相关的问题，第三类问题侧重于高速铁路通过信息化技术来提高服务与应急相关的能力问题。这三类问题涵盖了整个高速铁路系统的内涵和外延，尤其涉及铁路应急管理的预防、准备、响应和恢复四个环节。这些问题有的是突发事件条件下运输组织的核心内容，有的则是重要的补充和条件，故将这些问题整理成一章供广大学者共同研究。

10.1 第一类：机理和规律性问题

首先从高速铁路系统各组成要素间的相互作用和系统行为有关的机理和规律谈起，其包括突发事件影响的时空传播机理、突发事件条件下的路网整体能力的劣化规律和突发事件条件下的高速铁路的行车规则，这些内容会导致高速铁路系统的结构变化，并最终引发系统行为的改变，需要制定新的运输组织策略。

1. 突发事件影响的时空传播机理

铁路系统的突发事件作为广义突发事件的一个子集，具有一般突发事件的基本特点，但由于其产生对象和影响对象不同，又具有自身的特殊性，如第 2 章介绍的事件之间的共振性、影响规模的扩张性等特点。在高速铁路成网运营的条件下，突发事件造成的影响会沿时间空间和网络空间两个维度传播，特别是在未来与既有铁路和城市轨道交通协同运输的情况下，突发事件影响的传播更加复杂。对这一问题的研究，可以从突发事件影响的传播媒介入手，尤其对典型、恶劣突发事件重点研究其影响的传播路径和活动规律，完整刻画突发事件影响的时空扩散过程，为后续进行突发事件条件下运营管理和应急管理提供基础。

2. 突发事件条件下的路网整体能力的劣化规律

运输能力是所有运输组织策略和应急管理策略制定和实施的基础。突发事件条件下对运输能力的准确估计是开展应急救援工作的第一步。对这一问题的研究，首先需要分析网络结构条件下的关键节点、线路与网络的耦合关系；在预测突发事件影响传播过程的基础上，准确辨识系统能力瓶颈；研究关键枢纽集散能力、路段通过能力和路网有效承载力的预测技术，探索这种“点—线—网”多尺度的能力变化及相互之间的作用机理，从而实现对整个路网有效承载力劣化过程的科学描述。

3. 突发事件条件下的高速铁路行车规则

行车规则是针对高速铁路系统构成对象（司机、乘务员、动车等）的一种行车规范。行车规则制定需要考虑线路环境、设备状态等各类复杂条件。突发事件条件下，伴随着事件影响的传播和路网能力的损失，高速铁路行车规则的制定更加复杂。对这一问题的解决，可从指导原则和体系架构两个方面考虑。

在行车规则制定的指导原则方面，传统的行车规则着眼于一般条件下司机的行为规范和各类设备设施的使用和维护原则，虽然涉及一些紧急情况下的应急处理措施，但都是由各铁路管理部门单独制定，不成体系。突发事件下的高速铁路行车规则更关注如何在突发事件发生、传统行车规则失效的情况下快速恢复正常的行车秩序，规则制定的根本原则是减少全局损失，体现出“以人为本”的理念。这种指导原则和理念上的根本变化使得突发事件下的高速铁路行车规则的体系架构和具体实现与传统的行车规则具有很大区别。

在行车规则的体系架构方面，传统的行车规则一般按照作业类型来制定和组织，可划分为基本要求、编组列车、调车工作、行车闭塞法和列车运行五个部分。而突发事件条件下的高速铁路行车规则由于突发事件类型复杂、处置措施多样等原因，应建立分层次的规则体系。第一层为总的指导原则，主要说明突发事件条件下行车工作的主要目的、基本要求和总体流程。第二层为表征范围的规则，主要说明突发事件涉及的运输组织边界，包括空间边界（如事件的影响范围、列车走行范围、设备设施的作用范围等）和对象边界（如突发事件条件下管理部门、应急救援部门，受影响的旅客）等内容。只有行车规则所应用的范围确定了，才能进行下一步，实施具体的处置规则，这就是第三层的内容。第三层的规则要尽量覆盖所有可能的突发事件场景，给出具体的行车径路、行车速度及应急救援的处置流程。

突发事件类型和级别不同、地理和气候差异及多种事件相互影响等因素，使得突发事件条件下的行车规则的制定具有很大难度。目前没有任何一个国家或者组织机构能够提供一套完备的突发事件条件下的高速铁路行车规则。但制定完善的、体系化的突发事件条件下的高速铁路行车规则是未来铁路发展不可或缺的研究内容。

10.2 第二类：运输组织模式与策略

第二类问题旨在通过各种资源的合理配置，形成与影响区域适配的全网运输组织模式和应急处置策略，这是突发事件条件下的高速铁路运营管理和应急管理的核心内容，具体包括突发事件条件下的高速铁路客流预测与分配，突发事件条件下的高速铁路运力资源配置，突发事件条件下的高速铁路行车方案定制、评估与优化，以及高速铁路应急处置方案的制定、评估与优化。

1. 突发事件条件下的高速铁路客流预测

铁路突发事件的发生一般会带来大量旅客的滞留、应发客流需求的骤变。突发事件条件下，传统的客流预测方法往往是失效的。此外，没有历史数据可参考、突发事件影响的不确定性等因素，大大增加了客流预测的复杂性。解决这一问题，可重点从客流特征分析入手，探索突发事件影响下客流分布的时空演化规律，针对突发事件引起的敏感性关键因素进行灵敏度分析，从而准确预测多种运输模式竞合关系作用下的旅客出行方式选择，构建“点—线—网”多尺度下的客流预测模型，为突发事件条件下的高速铁路客流分配提供基础。

2. 突发事件条件下的高速铁路客流分配

突发事件条件下的高速铁路客流分配与一般条件下的客流分配有很大区别。首先客流分配原则方面，突发事件条件下应以如何安全、快速疏散旅客为首要前提，而一般条件下考虑的旅客消费水平、乘车偏好、舒适度等因素则不作为重点内容，在恶性突发事件条件下也可直接忽略。这种指导理念的不同必然会带来分配策略的巨大差异。此外，突发事件条件下，高速铁路的客流变化呈非线性波动，往往会造成客流的大量聚集，在能力有限的情况下，实现全网的合理配置是非常困难的。解决这一问题，可首先明确合理的客流分配原则，解析突发事件影响下的运输需求转移规律，建立突发事件条件下的高速铁路客流分配模型。

3. 突发事件条件下的高速铁路运力资源配置

铁路运力资源的优化配置是将各类固定和移动运输资源组合优化，使运输能力与运输需求相适应。运力资源的配置是行车方案制定的基础，关系着各类运输方案的顺利实施。突发事件条件下，运力资源配置不但受到现有高速铁路固定设施分布结构的约束，还会受到突发事件的影响和客流分配的约束。此外，在恶劣突发事件条件下，还会涉及大量路外应急资源的调度问题。在复杂动态环境下，实现多种类型资源合理配置与调度是一个十分复杂的问题。运力资源的配置应与运输需求相结合。突发事件条件下，首先明确运力资源的配置原则，探讨移动设备、固定设施及应急资源的协同配置策略，研究“点—线—网”多尺度的运能匹配的度量指标与评估方法，最终实现运输需求与运力资源配置反馈优化。

4. 突发事件条件下的高速铁路行车方案定制、评估与优化

突发事件条件下的高速铁路行车组织原则和策略与一般条件下的相比有很大区别，其核心是“以人为本”，重点是保障全局安全。这种指导原则的改变导致行车方案制定的优化目标和约束条件发生了根本变化。针对这一问题，应首先建立不同类型突发事件及事件影响程度与方案制定的优化目标和约束条件的映射关系，梳理行车径路、列车开行方案、列车运行计划之间的继承与反馈关系；此外，需建立一套适用于突发事件条件的高速铁路行车方案评价指标，通过“评估—优化—评估”的反馈优化，最终形成能够真正适用于现场实际运营环境的突发事件条件下的行车方案。

5. 高速铁路应急处置方案的制定、评估与优化

恶性突发事件条件下，高速铁路应急处置方案是行车方案的重要延伸，也是应急处置与应急管理的重要依据。其首先应明确相关应急机构、队伍组成及其职责，同时需整合铁路内部和铁路外部的资源，探索应急处置要点与行车组织策略的耦合关系，研究处置要点的评估、排序与拼接技术，实现与行车方案协同编制，最大限度地减少突发事件造成的人员伤亡、财产损失。

10.3 第三类：系统智能化服务

第三类问题旨在如何利用信息化、智能化手段，为铁路管理部门提供高效的解决方案，为公众提供完善、智能化的信息服务的能力。它主要包括突发事件条件下的多种交通方式协同运输及突发事件条件下的高速铁路综合信息服务。

1. 突发事件条件下的多种交通方式协同运输

突发事件条件下，高速铁路运能损失严重，这可通过信息化手段，将既有铁路、市郊铁路、城市轨道交通等多种交通方式的资源整合，利用大数据和云计算技术合理匹配各类交通方式的运力和运能，实现突发事件条件下的运输需求的均衡分配。此外，分析突发事件条件下各种交通方式的竞合关系，构建具有可扩展目标和参数的运输组织方案协同编制、优化与评估模型，实现突发事件条件下的多种交通方式的协同运输与应急联动。

2. 突发事件条件下的高速铁路综合信息服务

突发事件一旦发生，往往会引起公众的广泛关注，但是，目前无论是既有铁路还是高速铁路都存在信息独立、服务缺失等问题。而突发事件的影响、运输需求的变化、运输能力的恢复等信息的及时反馈直接影响着突发事件的处置效率和行车方案的实施效果。突发事件条件下，可采用移动互联、云计算等信息技术，动态跟踪采集高速铁路运输系统的状态，探讨突发事件条件下行车信息协同处理与发布机制，研究面向公众的铁路综合信息推送技术，构建突发事件下高速铁路事故信息报送服务平台，基于新一代通信技术将突发事件处置信息及时、透明地传达给公众，为旅客提供安全、高效、智能化的运输服务。

本章小结

本章主要介绍了突发事件条件下高速铁路运输组织目前亟待解决的开放性问题。高速铁路系统是一个复杂的巨系统，以上问题的整理只是起到抛砖引玉的作用。读者可依据自己的研究方向，建立自己的研究路径，有重点地开展相关研究工作。

附录 A　列车运行时刻表

表 A–1　单列车单区间晚点无松弛确定条件下调整结果

车次	K115		L15		K101		G105	
车站	到	发	到	发	到	发	到	发
南京南	11.2000	11.2000	11.2632	11.2632	11.3006	11.3206	11.4152	11.4352
镇江西	11.3500	11.3500	11.3822	11.3822	11.4628	11.4628	11.5814	11.5814
常州北	12.1143	12.1741	12.1400	12.1400	12.1700	12.2000	12.2000	12.2259
无锡东	12.2714	12.3645	12.2415	12.2515	12.3015	12.3115	12.3314	12.3414
苏州北	12.4127	12.4127	12.3007	12.3007	12.3607	12.3607	12.3907	12.3907
昆山南	12.4658	12.4658	12.3549	12.3549	12.4119	12.4119	12.4449	12.4449
虹桥	12.5505	–1.0000	12.4344	–1.0000	12.4944	–1.0000	12.5244	–1.0000

表 A–2　单列车单区间晚点松弛确定条件下调整结果

车次	K115		L15		K101		G105	
车站	到	发	到	发	到	发	到	发
南京南	11.2000	11.2000	11.2632	11.2632	11.3006	11.3206	11.4152	11.4352
镇江西	11.3500	12.0044	11.3754	11.3754	11.4628	12.0314	11.5814	11.5814
常州北	12.1330	12.1330	12.0830	12.0830	12.1600	12.1700	12.1100	12.1100
无锡东	12.2310	12.2410	12.1810	12.1810	12.2640	12.2640	12.2040	12.2040
苏州北	12.2845	12.2845	12.2344	12.2344	12.3115	12.3115	12.2615	12.2615
昆山南	12.3407	12.3407	12.2906	12.2906	12.3637	12.3637	12.3137	12.3137
虹桥	12.4157	–1.0000	12.3634	–1.0000	12.4427	–1.0000	12.3927	–1.0000

表 A–3　单列车单区间晚点不确定约束条件下调整结果

车次	K115		L15		K101		G105	
车站	到	发	到	发	到	发	到	发
南京南	11.2000	11.2000	11.2632	11.2632	11.3006	11.3206	11.4152	11.4352
镇江西	11.3700	11.3700	11.3939	11.3939	11.4728	11.4728	11.5814	11.5814
常州北	12.0243	12.0725	12.0455	12.0455	12.0708	12.1308	12.0952	12.0952
无锡东	12.1858	12.1858	12.1520	12.1520	12.2253	12.2353	12.1946	12.2046
苏州北	12.2336	12.2336	12.2030	12.2030	12.2835	12.2835	12.2547	12.2547
昆山南	12.2856	12.2856	12.2515	12.2515	12.3309	12.3309	12.3050	12.3050
虹桥	12.3605	–1.0000	12.3250	–1.0000	12.4358	–1.0000	12.4027	–1.0000

表 A–4　两列车多区间晚点无松弛确定条件下调整结果

车次	K115		L15		K101		G105	
车站	到	发	到	发	到	发	到	发
南京南	11.2000	11.2000	11.2632	11.2632	11.3006	11.3206	11.4152	11.4352
镇江西	11.3500	11.3500	11.3822	11.3822	11.4628	11.4628	11.5814	11.5814
常州北	12.0700	12.2530	12.1400	12.1400	12.1700	12.2000	12.2000	12.2259
无锡东	12.3555	12.3555	12.2415	12.2515	12.3015	12.3115	12.3314	12.3414
苏州北	12.4147	12.4147	12.3007	12.3007	12.3607	12.3607	12.3907	12.3907
昆山南	12.4709	12.4709	12.3549	12.3549	12.4119	12.4119	12.4449	12.4449
虹桥	12.5515	–1.0000	12.4344	–1.0000	12.4944	–1.0000	12.5244	–1.0000

表 A–5　两列车多区间晚点松弛确定条件下调整结果

车次	K115		L15		K101		G105	
车站	到	发	到	发	到	发	到	发
南京南	11.2000	11.2000	11.2632	11.2632	11.3006	11.3206	11.4152	11.4352
镇江西	11.3500	11.4928	11.3822	11.3822	11.4628	11.4628	11.5814	11.5814
常州北	12.0700	12.1300	12.0100	12.0100	12.0400	12.0400	12.1030	12.1030
无锡东	12.2315	12.2315	12.1125	12.1225	12.1415	12.1515	12.2045	12.2045
苏州北	12.2807	12.2807	12.1706	12.1706	12.2007	12.2007	12.2536	12.2536
昆山南	12.3349	12.3349	12.2248	12.2248	12.2549	12.2549	12.3118	12.3118
虹桥	12.4227	–1.0000	12.3043	–1.0000	12.3441	–1.0000	12.3927	–1.0000

表 A–6 两列车多区间晚点不确定条件下调整结果

车次	K115		L15		K101		G105	
车站	到	发	到	发	到	发	到	发
南京南	11.2000	11.2000	11.2632	11.2632	11.3006	11.3206	11.4152	11.4352
镇江西	11.3500	11.5010	11.3754	11.3754	11.4728	11.4728	11.5914	11.5914
常州北	12.1143	12.1648	12.0326	12.0326	12.0608	12.0608	12.1310	12.1310
无锡东	12.2742	12.2742	12.1338	12.1318	12.1553	12.1653	12.2345	12.2345
苏州北	12.3345	12.3345	12.1913	12.1913	12.2128	12.2128	12.2815	12.2815
昆山南	12.3924	12.3924	12.2438	12.2438	12.2709	12.2709	12.3420	12.3420
虹桥	12.4716	−1.0000	12.3210	−1.0000	12.3441	−1.0000	12.4310	−1.0000

表 A–7 单列车晚点和单区间限速无松弛确定条件下调整结果

车次	K115		L15		K101		G105	
车站	到	发	到	发	到	发	到	发
南京南	11.2000	11.2000	11.2632	11.2632	11.3006	11.3206	11.4152	11.4352
镇江西	12.3807	12.3807	12.4439	12.4439	12.5013	12.5013	13.0159	13.0159
常州北	13.1600	13.3015	13.1900	13.1900	13.2200	13.2500	13.2500	13.2800
无锡东	13.4030	13.4030	13.2915	13.2915	13.3515	13.3615	13.3815	13.3915
苏州北	13.4507	13.4507	13.3507	13.3507	13.4107	13.4107	13.4407	13.4407
昆山南	13.5149	13.5149	13.4049	13.4049	13.4649	13.4649	13.4949	13.4949
虹桥	13.5944	−1.0000	13.4844	−1.0000	13.5444	−1.0000	13.5744	−1.0000

表 A–8 单列车晚点和单区间限速松弛确定条件下调整结果

车次	K115		L15		K101		G105	
车站	到	发	到	发	到	发	到	发
南京南	11.2000	11.2000	11.2632	11.2632	11.3006	11.3206	11.4152	11.4352
镇江西	12.2506	12.2506	12.3138	12.3138	12.3712	12.3712	12.4858	12.4858
常州北	13.0530	13.1530	13.0800	13.0800	13.1030	13.1030	13.1300	13.1300
无锡东	13.2545	13.2545	13.1724	13.1824	13.2045	13.2815	13.2315	13.2315
苏州北	13.3037	13.3037	13.2252	13.2252	13.3306	13.3306	13.2807	13.2807
昆山南	13.3619	13.3619	13.2805	13.2805	13.3849	13.3849	13.3349	13.3349
虹桥	13.4414	−1.0000	13.3520	−1.0000	13.4644	−1.0000	13.4144	−1.0000

表 A-9　单列车晚点和单区间限速不确定条件下调整结果

车次	K115		L15		K101		G105	
车站	到	发	到	发	到	发	到	发
南京南	11.2000	11.2000	11.2632	11.2632	11.3006	11.3206	11.4152	11.4352
镇江西	12.3406	12.3406	12.4038	12.4038	12.4612	12.4612	12.5758	12.5758
常州北	13.1212	13.2355	13.1541	13.1541	13.1823	13.1823	13.2104	13.2104
无锡东	13.3410	13.3410	13.2525	13.2636	13.2806	13.3700	13.3145	13.3145
苏州北	13.4005	13.4005	13.3059	13.3059	13.4140	13.4240	13.3622	13.3622
昆山南	13.4600	13.4600	13.3623	13.3623	13.4805	13.4805	13.4146	13.4146
虹桥	13.5335	−1.0000	13.4354	−1.0000	13.5634	−1.0000	13.4917	−1.0000

表 A-10　多列车晚点和全区间限速无松弛确定条件下调整结果

车次	K115		L15		K101		G105	
车站	到	发	到	发	到	发	到	发
南京南	11.2000	11.2000	11.2632	11.2632	11.3006	11.3206	11.4152	11.4352
镇江西	11.4602	11.4602	11.5234	11.5234	11.5808	11.5808	12.0954	12.0954
常州北	12.3100	12.4530	12.3400	12.3400	12.3700	12.4000	12.4000	12.4300
无锡东	13.0733	13.0833	12.5633	12.5733	13.0233	13.0233	13.0533	13.0633
苏州北	13.1916	13.1916	13.0816	13.0816	13.1416	13.1416	13.1716	13.1716
昆山南	13.3148	13.3148	13.2048	13.2048	13.2648	13.2648	13.2948	13.2948
虹桥	13.4913	−1.0000	13.3813	−1.0000	13.4413	−1.0000	13.4713	−1.0000

表 A-11　多列车晚点和全区间限速松弛确定条件下调整结果

车次	K115		L15		K101		G105	
车站	到	发	到	发	到	发	到	发
南京南	11.2000	11.2000	11.2632	11.2632	11.3006	11.3206	11.4152	11.4352
镇江西	11.4258	11.4258	11.4930	11.4930	11.5504	11.5504	12.0650	12.0650
常州北	12.2530	12.3530	12.2800	12.2800	12.3030	12.3030	12.3300	12.3300
无锡东	12.5524	12.5524	12.4754	12.4754	12.5024	12.5824	12.5323	12.5323
苏州北	13.0751	13.0751	12.5821	12.5821	13.0951	13.0951	13.0521	13.0521
昆山南	13.1843	13.1843	13.0924	13.0924	13.2054	13.2054	13.1624	13.1624
虹桥	13.3645	−1.0000	13.2446	−1.0000	13.3816	−1.0000	13.3246	−1.0000

表 A-12 多列车晚点和全区间限速不确定条件下调整结果

车次	K115		L15		K101		G105	
车站	到	发	到	发	到	发	到	发
南京南	11.2000	11.2000	11.2632	11.2632	11.3006	11.3206	11.4152	11.4352
镇江西	11.4428	11.5919	11.5100	11.5100	11.5634	11.5634	12.0820	12.0820
常州北	12.3330	12.4139	12.2615	12.2615	12.3045	12.3045	12.3900	12.3900
无锡东	13.0311	13.0311	12.4726	13.4726	12.5156	12.5259	13.0056	13.0056
苏州北	13.1315	13.1315	12.5845	125845	13.0257	13.0257	13.1100	13.1100
昆山南	13.2502	13.2502	13.0932	13.0932	13.1444	13.1444	13.2247	13.2247
虹桥	13. 4124	–1.0000	13.2654	–1.0000	13.3106	–1.0000	13.3909	–1.0000

表 A-13 综合实验不松弛确定条件下调整结果

车次	G325		G311		G313	
车站	到	发	到	发	到	发
镇江西	8.1322	8.1322	8.3422	8.3422	9.0422	9.0422
常州北	8.4132	8.4132	9.0232	9.0332	9.3232	9.3332
无锡东	9.0733	9.0733	9.2933	9.2933	9.5933	9.5933
车次	G301		G303		G305	
车站	到	发	到	发	到	发
镇江西	9.3922	9.3922	10.1322	10.1322	10.3622	10.3622
常州北	10.0732	10.0732	10.4132	10.4132	11.0432	11.0432
无锡东	10.3333	10.3333	11.0733	11.0733	11.3033	11.3033

表 A-14 综合实验松弛确定条件下调整结果

车次	G325		G311		G313	
车站	到	发	到	发	到	发
镇江西	8.1322	8.1322	8.3422	8.3422	9.0422	9.0422
常州北	8.3659	8.3659	8.5759	8.5859	9.2759	9.2859
无锡东	8.5848	8.5848	9.2048	9.2048	9.5048	9.5048

续表

车次	G301		G303		G305	
车站	到	发	到	发	到	发
镇江西	9.3922	9.3922	10.1322	10.1322	10.3622	10.3622
常州北	10.0259	10.0259	10.3659	10.3659	10.5959	10.5959
无锡东	10.2448	10.2448	10.5848	10.5848	11.2148	11.2148

表 A–15　综合实验不确定条件下调整结果

车次	G325		G311		G313	
车站	到	发	到	发	到	发
镇江西	8.1322	8.1322	8.3422	8.3422	9.0422	9.0422
常州北	8.4016	8.4016	9.0116	9.0216	9.3116	9.3216
无锡东	9.0617	9.0617	9.2817	9.2817	9.5817	9.5817
车次	G301		G303		G305	
车站	到	发	到	发	到	发
镇江西	9.3922	9.3922	10.1322	10.1322	10.3622	10.3622
常州北	10.0616	10.0616	10.4016	10.4016	11.0316	11.0316
无锡东	10.3217	10.3217	11.0617	11.0617	11.2917	11.2917

表 A–16　综合实验绕行沪宁城际铁路的列车运行计划（$\alpha = 0.3$）

车次	G325		G311		G313	
车站	到	发	到	发	到	发
常州	8.3817	8.4400	8.5917	9.0017	9.2917	9.3017
无锡	9.0118	9.0218	9.1133	9.1133	9.4133	9.4133
苏州	9.1042	9.1042	9.1957	9.2057	9.4957	9.5057
昆山南	9.1746	9.1746	9.2810	9.2810	10.0300	10.0300
车次	G301		G323		G7005	
车站	到	发	到	发	到	发
常州	10.0417	10.0417	8.0800	8.0900	9.3600	9.3600
无锡	10.1659	10.1759	8.2150	8.2150	9.4600	9.4733
苏州	10.2624	10.2624	8.3014	8.3114	9.5600	9.5600
昆山南	10.3328	10.3328	8.3928	8.3928	10.0600	10.0600

表 A–17 综合实验绕行沪宁城际铁路的列车运行计划（$\alpha = 0.7$）

车次	G325		G311		G313	
车站	到	发	到	发	到	发
常州	8.3817	8.4400	8.5917	9.0017	9.2917	9.3017
无锡	9.0118	9.0218	9.1133	9.1133	9.4325	9.4325
苏州	9.1042	9.1042	9.1957	9.2057	9.5900	10.000
昆山南	9.1746	9.1746	9.2810	9.2810	10.1000	10.1000
车次	G301		G323			
车站	到	发	到	发		
常州	10.0417	10.0417	8.0800	8.0900		
无锡	10.1659	10.1759	8.2150	8.2150		
苏州	10.2624	10.2624	8.3014	8.3114		
昆山南	10.3328	10.3328	8.3928	8.3928		

说明：XX.YYZZ 表示 XX 时 YY 分 ZZ 秒。

附录 B　列车运行计划

表 B–1　高速线路既定列车运行计划

车次	G301		G303		G305		G101	
车站	到	发	到	发	到	发	到	发
徐州东	8.0900	8.1100	8.4500	8.4600	9.1400	9.1600	9.3300	9.3500
宿州东	8.2549	8.2549	9.0049	9.0049	9.3049	9.3049	9.4949	9.4949
蚌埠南	8.4500	8.4600	9.2000	9.2100	9.4610	9.4610	10.0900	10.1000
定远	8.5814	8.5814	9.3314	9.3314	9.5524	9.5524	10.2214	10.2214
滁州南	9.0903	9.0903	9.4403	9.4403	10.0613	10.0613	10.3303	10.3303
南京南	9.2300	9.2500	9.5800	9.5900	10.2000	10.2200	10.4700	10.4900
车次	G103		G105		G107		G109	
车站	到	发	到	发	到	发	到	发
徐州东	9.5200	9.5300	10.1800	10.1900	10.5300	10.5500	11.1300	11.1500
宿州东	10.0749	10.0749	10.3423	10.3423	11.0949	11.0949	11.2949	11.2949
蚌埠南	10.2700	10.3400	10.5300	10.5400	11.2900	11.3000	11.4900	11.5000
定远	10.4614	10.4614	11.0558	11.0558	11.4214	11.4214	12.0214	12.0214
滁州南	10.5703	10.5703	11.1647	11.1647	11.5303	11.5303	12.1303	12.1303
南京南	11.1100	11.1300	11.3006	11.3206	12.0700	12.0900	12.2700	12.2900
车次	G111		G113					
车站	到	发	到	发				
徐州东	11.3300	11.3500	11.5300	11.5500				
宿州东	11.4949	11.4949	12.0949	12.0949				
蚌埠南	12.0900	12.1000	12.2900	12.3000				

续表

车次	G111		G113					
车站	到	发	到	发				
定远	12.2214	12.2214	12.4214	12.4214				
滁州南	12.3303	12.3303	12.5303	12.5303				
南京南	12.4700	12.4900	13.0700	13.0900				

说明：（1）表 B–1 数据取自“高速列车运行组织方案优化设计关键技术与系统”项目研究成果。

（2）XX.YYZZ 表示 XX 时 YY 分 ZZ 秒。

表 B–2 既有普速线路既定列车运行计划

车次	K58/5		K518/5		K101/4/1		D88/5	
车站	到	发	到	发	到	发	到	发
徐州	9.1600	9.3500	9.3000	9.4100	9.4400	9.4700	10.0200	10.0300
高家营	9.4300	9.4300	9.4900	9.4900	9.5500	9.5500	10.0929	10.0929
三铺	9.4700	9.4700	9.5300	9.5300	9.5900	9.5900	10.1202	10.1202
曹村	9.5445	9.5445	10.0045	10.0045	10.0800	10.2100	10.1624	10.1624
夹沟	10.0430	10.0430	10.1200	10.2400	10.3245	10.3245	10.2049	10.2049
符离集	10.1700	10.1700	10.3830	10.3830	10.4515	10.4515	10.2700	10.2700
宿州	10.2445	10.2445	10.4615	10.4615	10.5300	10.5300	10.3230	10.3230
宿州南	10.2800	10.4000	10.4815	10.4815	10.5500	10.5500	10.3353	10.3353
西寺坡	10.4845	10.4845	10.5500	10.5500	11.0145	11.0145	10.3757	10.3757
芦岭	10.5245	10.5245	10.5900	10.5900	11.0545	11.0545	10.4018	10.4018
唐南集	11.0130	11.0130	11.0745	11.0745	11.1430	11.1430	10.4528	10.4528
固镇	11.0430	11.0430	11.1045	11.1045	11.1730	11.1730	10.4732	10.4732
连城	11.0845	11.0845	11.1500	11.1500	11.2145	11.2145	10.5033	10.5033
新马桥	11.1245	11.1245	11.1900	11.1900	11.2545	11.2545	10.5327	10.5327
曹老集	11.2315	11.2315	11.2930	11.2930	11.3615	11.3615	11.0117	11.0117
蚌埠	11.3700	11.4200	11.4300	11.4800	11.5000	11.5800	11.0830	11.0930
蚌埠东	11.4900	11.4900	11.5500	11.5500	12.0500	12.0500	11.1500	11.1500
凤阳	11.5800	11.5800	12.0400	12.0400	12.1400	12.1400	11.2152	11.2152

续表

车次	K58/5		K518/5		K101/4/1		D88/5	
车站	到	发	到	发	到	发	到	发
板桥	12.0330	12.0330	12.0930	12.0930	12.1930	12.1930	11.2558	11.2558
小溪河	12.0800	12.0800	12.1400	12.1400	12.2400	12.2400	11.2922	11.2922
明光	12.1900	12.1900	12.2500	12.2500	12.3500	12.3500	11.3740	11.3740
卞庄	12.2300	12.2300	12.2900	12.2900	12.3900	12.3900	11.4030	11.4030
管店	12.2900	12.2900	12.3500	12.3500	12.4500	12.4500	11.4434	11.4434
三界	12.3500	12.3500	12.4100	12.4100	12.5100	12.5100	11.4902	11.4902
张八岭	12.4330	12.4330	12.4930	12.4930	12.5930	12.5930	11.5416	11.5416
沙河集	12.4930	12.4930	12.5530	12.5530	13.0530	13.0530	11.5813	11.5813
滁州	12.5830	12.5830	13.0430	13.0430	13.1430	13.1430	12.0413	12.0413
担子	13.0530	13.0530	13.1130	13.1130	13.2130	13.2130	12.0841	12.0841
东葛	13.1500	13.1500	13.2100	13.2100	13.3100	13.3100	12.1530	12.1530
永宁镇	13.2230	13.2230	13.3000	13.3300	13.3930	13.4800	12.1846	12.1846
林场	13.2800	13.2800	13.4030	13.4030	13.5700	14.0600	12.2237	12.2237
南京	13.3800	13.5100	13.5100	14.1300	14.1800	14.2300	12.3000	12.3200

车次	1230/27		10135		10625		11301	
车站	到	发	到	发	到	发	到	发
徐州	9.5600	10.0900	10.1800	10.1800	10.2800	10.2800	10.3800	10.3800
高家营	10.1700	10.1700	10.2600	10.2600	10.3600	10.3600	10.4600	10.4600
三铺	10.2200	10.2500	10.3200	10.3200	10.4200	10.4200	10.5200	10.5200
曹村	10.3500	10.3500	10.4500	10.4500	10.5500	10.5500	11.0500	11.0500
夹沟	10.4445	10.4445	10.5800	10.5800	11.0800	11.0800	11.2000	11.4100
符离集	10.5715	10.5715	11.1700	11.2200	11.2700	11.5100	12.0100	12.0100
宿州	11.0600	11.0800	11.3700	11.3700	12.0600	12.0600	12.1300	12.1300
宿州南	11.1200	11.1200	11.4200	11.5900	12.0900	12.0900	12.1600	12.1600
西寺坡	11.1845	11.1845	12.1300	12.1300	12.2000	12.2000	12.2700	12.2700
芦岭	11.2245	11.2245	12.2000	12.2000	12.2700	12.2700	12.3330	12.3330
唐南集	11.3130	11.3130	12.3300	12.3300	12.4000	12.4000	12.4630	12.4630

续表

车次	1230/27		10135		10625		11301	
车站	到	发	到	发	到	发	到	发
固镇	11.3430	11.3430	12.3730	12.3730	12.4700	12.4900	12.5500	12.5600
连城	11.3845	11.3845	12.4330	12.4330	12.5800	12.5800	13.0500	13.0500
新马桥	11.4245	11.4245	12.5000	12.5000	13.0430	13.0430	13.1130	13.1130
曹老集	11.5315	11.5315	13.0400	13.0400	13.1830	13.1830	13.2530	13.2530
蚌埠	12.0700	12.1500	13.1700	13.1700	13.3100	13.3100	13.3930	13.3930
蚌埠东	12.2200	12.2200	13.2700	13.3900			13.4900	14.0100
凤阳	12.3100	12.3100	13.5700	13.5700			14.2100	14.3100
板桥	12.3630	12.3630	14.0630	14.0630			14.4330	14.4330
小溪河	12.4200	12.5400	14.1330	14.1330			14.5300	15.2900
明光	13.0700	13.0700	14.3400	14.4800			15.5000	15.5000
卞庄	13.1100	13.1100	14.5900	15.4300			15.5800	15.5800
管店	13.1700	13.1700	15.5500	15.5500			16.0900	16.2600
三界	13.2300	13.2300	16.0800	16.2900			16.3930	16.3930
张八岭	13.3130	13.3130	16.4500	16.4500			16.5230	16.5230
沙河集	13.3730	13.3730	16.5300	16.5300			17.0030	17.0030
滁州	13.4800	13.5100	17.0530	17.0530			17.1300	17.1300
担子	14.0000	14.0000	17.1600	17.1800			17.2400	17.2500
东葛	14.1000	14.1000	17.3600	17.3600			17.4300	17.4300
永宁镇	14.1730	14.1730	17.4500	17.4500			17.5200	17.5200
林场	14.2400	14.2900	18.0200	20.0700			18.5100	20.4100
南京	14.4100	14.5300	20.2300	20.2300			20.5700	20.5700

车次	23005		11305		T114/1		K190/87	
车站	到	发	到	发	到	发	到	发
徐州	10.5800	10.5800	11.3200	11.3200				
高家营	11.0600	11.0600	11.4000	11.4000			8.0000	8.0000
三铺	11.1400	11.3100	11.4530	11.4530			8.0400	8.0400
曹村	11.4700	11.4700	11.5700	11.5700			8.1145	8.1145

续表

车次	23005		11305		T114/1		K190/87	
车站	到	发	到	发	到	发	到	发
夹沟	12.0000	12.0000	12.1100	12.3500	8.1130	8.1130	8.2130	8.2130
符离集	12.1900	12.2900	12.5330	12.5330	8.2247	8.2247	8.3400	8.3400
宿州	12.4400	12.4400	13.0430	13.0430	8.2907	8.2907	8.4300	8.4300
宿州南	12.4800	12.4800	13.0730	13.0730	8.3042	8.3042	8.4500	8.4500
西寺坡	12.5900	12.5900	13.1730	13.1730	8.3633	8.3633	8.5145	8.5145
芦岭	13.0600	13.0600	13.2330	13.2330	8.4000	8.4000	8.5545	8.5545
唐南集	13.1900	13.1900	13.3630	13.3630	8.4712	8.4712	9.0430	9.0430
固镇	13.2330	13.2330	13.4100	13.4100	8.4937	8.4937	9.0730	9.0730
连城	13.2930	13.2930	13.4900	13.5900	8.5307	8.5307	9.1145	9.1145
新马桥	13.3600	13.3600	14.0800	14.0800	8.5632	8.5632	9.1545	9.1545
曹老集	13.5000	13.5000	14.2100	14.2100	9.0547	9.0547	9.2615	9.2615
蚌埠	14.0400	14.0400	14.3500	14.3500	9.1700	9.2100	9.4000	9.4800
蚌埠东	14.3700	15.4300	15.1500	15.5300	9.2645	9.2645	9.5530	9.5530
凤阳	16.0100	16.0100	16.1100	16.1100	9.3430	9.3430	10.0630	10.0630
板桥	16.1030	16.1030	16.2030	16.2030	9.3920	9.3920	10.1300	10.1300
小溪河	16.1730	16.1730	16.2730	16.2730	9.4300	9.4300	10.1800	10.1800
明光	16.3530	16.3530	16.4530	16.4530	9.5150	9.5150	10.3200	10.3500
卞庄	16.4130	16.4130	16.5130	16.5130	9.5450	9.5450	10.4100	10.4100
管店	16.5030	16.5030	17.0030	17.0030	9.5930	9.5930	10.4900	10.5200
三界	17.0100	17.0100	17.1100	17.1100	10.0415	10.0415	11.0030	11.0030
张八岭	17.1400	17.1400	17.2400	17.2400	10.1015	10.1015	11.1000	11.1100
沙河集	17.2200	17.2200	17.3200	17.3200	10.1445	10.1445	11.1900	11.1900
滁州	17.3700	17.3900	17.4700	18.2300	10.2145	10.2145	11.2800	11.2800
担子	17.5300	18.2700	18.3700	19.3700	10.2815	10.2815	11.3500	11.3500
东葛	18.4700	19.5100	19.5700	20.0000	10.3615	10.3615	11.4430	11.4430
永宁镇	20.0300	20.0300	20.1400	20.2700	10.4300	10.4300	11.5300	12.0400
林场	20.1300	22.4700	20.4000	22.5400	10.4800	10.4800	12.1300	12.2600

续表

车次	23005		11305		T114/1		K190/87	
车站	到	发	到	发	到	发	到	发
南京	23.0230	23.0230	23.1000	23.1000	10.5800	11.0600	12.3800	13.0000

车次	T54		K8471		K374/1		T118/5	
车站	到	发	到	发	到	发	到	发
符离集	8.0547	8.0547						
宿州	8.1207	8.1207						
宿州南	8.1342	8.1342	8.0300	8.0300				
西寺坡	8.1933	8.1933	8.0945	8.0945				
芦岭	8.2300	8.2300	8.1345	8.1345				
唐南集	8.3012	8.3012	8.2400	8.3500	8.0500	8.0700		
固镇	8.3237	8.3237	8.4000	8.4000	8.1200	8.1200		
连城	8.3607	8.3607	8.4415	8.4415	8.1800	8.2000		
新马桥	8.3932	8.3932	8.4815	8.4815	8.2600	8.2600		
曹老集	8.4847	8.4847	9.0000	9.1000	8.3630	8.3630		
蚌埠	9.0000	9.0200	9.2500	9.2900	8.5000	9.0800		
蚌埠东	9.0745	9.0745	9.3600	9.3600	9.1500	9.1500	8.0345	8.0345
凤阳	9.1530	9.1530	9.4500	9.4500	9.2400	9.2400	8.1130	8.1130
板桥	9.2020	9.2020	9.5030	9.5030	9.2930	9.2930	8.1620	8.1620
小溪河	9.2400	9.2400	9.5500	9.5500	9.3400	9.3400	8.2000	8.2000
明光	9.3250	9.3250	10.0600	10.0600	9.4600	9.5600	8.2850	8.2850
卞庄	9.3550	9.3550	10.1000	10.1000	10.0200	10.0200	8.3150	8.3150
管店	9.4030	9.4030	10.1600	10.1600	10.0800	10.0800	8.3630	8.3630
三界	9.4515	9.4515	10.2200	10.2200	10.1400	10.1400	8.4115	8.4115
张八岭	9.5115	9.5115	10.3030	10.3030	10.2230	10.2230	8.4715	8.4715
沙河集	9.5545	9.5545	10.3630	10.3630	10.2830	10.2830	8.5145	8.5145
滁州	10.0245	10.0245	10.4700	10.5000	10.3730	10.3730	8.5845	8.5845
担子	10.0915	10.0915	10.5900	10.5900	10.4430	10.4430	9.0515	9.0515
东葛	10.1715	10.1715	11.0830	11.0830	10.5400	10.5400	9.1315	9.1315
永宁镇	10.2400	10.2400	11.1600	11.1600	11.0300	11.0400	9.2000	9.2000

续表

车次	T54		K8471		K374/1		T118/5	
车站	到	发	到	发	到	发	到	发
林场	10.2830	10.2830	11.2130	11.2130	11.1130	11.1130	9.2430	9.2430
南京	10.3700	10.4300	11.3200	–1.0000	11.2200	11.4100	9.3300	9.4600
车次	T284/1		T65		T131/4/1		K559/8	
车站	到	发	到	发	到	发	到	发
凤阳	8.0330	8.0330						
板桥	8.0820	8.0820	8.0020	8.0020				
小溪河	8.1200	8.1200	8.0400	8.0400				
明光	8.2050	8.2050	8.1250	8.1250	8.0650	8.0650		
卞庄	8.2350	8.2350	8.1550	8.1550	8.0950	8.0950		
管店	8.2830	8.2830	8.2030	8.2030	8.1430	8.1430		
三界	8.3315	8.3315	8.2515	8.2515	8.1915	8.1915		
张八岭	8.3915	8.3915	8.3115	8.3115	8.2515	8.2515	8.0430	8.0430
沙河集	8.4345	8.4345	8.3545	8.3545	8.2945	8.2945	8.1200	8.1500
滁州	8.5045	8.5045	8.4245	8.4245	8.3645	8.3645	8.2800	8.2800
担子	8.5715	8.5715	8.4915	8.4915	8.4315	8.4315	8.3600	9.2200
东葛	9.0515	9.0515	8.5715	8.5715	8.5115	8.5115	9.3330	9.3330
永宁镇	9.1200	9.1200	9.0400	9.0400	8.5800	8.5800	9.4100	9.4100
林场	9.1630	9.1630	9.0830	9.0830	9.0230	9.0230	9.4800	9.4800
南京	9.2500	9.3300	9.1700	–1.0000	9.1100	9.1400	9.5800	10.0500
车次	T166/3		T140/37					
车站	到	发	到	发				
担子	8.0430	8.0430						
东葛	8.1130	8.1130						
永宁镇	8.1800	8.1800						
林场	8.2205	8.2205						
南京	8.3000	8.3300	8.0800	8.1100				

说明：（1）表 B–2 数据取自 2010 年 8 月 1 日全国铁路运行图。

（2）XX.YYZZ 表示 XX 时 YY 分 ZZ 秒。

表 B–3 径路 1 列车运行计划调整结果

车次	G301		G303		G305		G101	
车站	到	发	到	发	到	发	到	发
徐州东	8.0900	8.1100	8.4500	8.4600	9.1400	9.1600	9.3300	9.3500
宿州东	8.4208	8.4208	9.1708	9.1708	9.4708	9.4708	10.0538	10.0538
蚌埠南	9.1200	9.1300	9.4630	9.4730	10.1600	10.1700	10.3500	10.3600
蚌埠	9.2100	9.2100	9.5600	9.5600	10.2530	10.2530	10.4330	10.4330
蚌埠东	9.2630	9.2630	10.0130	10.0130	10.3130	10.3130	10.4930	10.4930
凤阳	9.3330	9.3330	10.0830	10.0830	10.3800	10.3800	10.5530	10.5530
板桥	9.3730	9.3730	10.1300	10.1300	10.4200	10.4200	10.5900	10.5900
小溪河	9.4130	9.4130	10.1630	10.1630	10.4630	10.4630	11.0230	11.0230
明光	9.4930	9.4930	10.2430	10.2430	10.5400	10.5400	11.1030	11.1030
卞庄	9.5300	9.5300	10.2800	10.2800	10.5700	10.5700	11.1330	11.1330
管店	9.5730	9.5730	10.3200	10.3200	11.0030	11.0030	11.1700	11.1700
三界	10.0130	10.0130	10.3600	10.3600	11.0400	11.0400	11.2100	11.2100
张八岭	10.0630	10.0630	10.4130	10.4130	11.0900	11.0900	11.2530	11.2530
沙河集	10.1000	10.1000	10.4600	10.4600	11.1230	11.1230	11.3000	11.3000
滁州	10.1530	10.1530	10.5130	10.5130	11.1830	11.1830	11.3630	11.3630
担子	10.2030	10.2030	10.5530	10.5530	11.2230	11.2230	11.4100	11.4100
东葛	10.2630	10.2630	11.0200	11.0200	11.2900	11.2900	11.4800	11.4800
永宁镇	10.3030	10.3030	11.0630	11.0630	11.3300	11.3300	11.5130	11.5130
林场	10.3430	10.3430	11.1100	11.1100	11.3700	11.3700	11.5530	11.5530
南京	10.4130	10.4130	11.1730	11.1730	11.4330	11.4330	12.0230	12.0230
南京南	10.4830	10.5030	11.2430	11.2530	11.5030	11.5230	12.0930	12.1130

车次	G103		G105		G107		G109	
车站	到	发	到	发	到	发	到	发
徐州东	9.5200	9.5300	10.1800	10.1900	10.5300	10.5500	11.1300	11.1500
宿州东	10.2408	10.2408	10.4942	10.4942	11.2608	11.2608	11.4538	11.4538
蚌埠南	10.5300	10.5400	11.1940	11.2040	11.5530	11.5630	12.1430	12.1530

续表

车次	G103		G105		G107		G109	
车站	到	发	到	发	到	发	到	发
蚌埠	11.0130	11.0130	11.2904	11.2904	12.0430	12.0430	12.2330	12.2330
蚌埠东	11.0700	11.0700	11.3434	11.3434	12.0930	12.0930	12.2830	12.2830
凤阳	11.1400	11.1400	11.4134	11.4134	12.1600	12.1600	12.3530	12.3530
板桥	11.1800	11.1800	11.4504	11.4504	12.2000	12.2000	12.4000	12.4000
小溪河	11.2200	11.2200	11.4904	11.4904	12.2330	12.2330	12.4430	12.4430
明光	11.2930	11.2930	11.5734	11.5734	12.3130	12.3130	12.5230	12.5230
卞庄	11.3330	11.3330	12.0034	12.0034	12.3530	12.3530	12.5530	12.5530
管店	11.3800	11.3800	12.0504	12.0504	12.4000	12.4000	13.0000	13.0000
三界	11.4130	11.4130	12.0834	12.0834	12.4430	12.4430	13.0330	13.0330
张八岭	11.4700	11.4700	12.1334	12.1334	12.4900	12.4900	13.0900	13.0900
沙河集	11.5100	11.5100	12.1734	12.1734	12.5300	12.5300	13.1230	13.1230
滁州	11.5630	11.5630	12.2304	12.2304	12.5830	12.5830	13.1830	13.1830
担子	12.0100	12.0100	12.2704	12.2704	13.0300	13.0300	13.2330	13.2330
东葛	12.0730	12.0730	12.3404	12.3404	13.1000	13.1000	13.3000	13.3000
永宁镇	12.1200	12.1200	12.3834	12.3834	13.1330	13.1330	13.3430	13.3430
林场	12.1700	12.1700	12.4334	12.4334	13.1830	13.1830	13.3930	13.3930
南京	12.2400	12.2400	12.4934	12.4934	13.2430	13.2430	13.4630	13.4630
南京南	12.3100	12.3300	12.5630	12.5830	13.3130	13.3300	13.5330	13.5530

车次	G111		G113					
车站	到	发	到	发				
徐州东	11.3300	11.3500	11.5300	11.5500				
宿州东	12.0538	12.0538	12.2508	12.2508				
蚌埠南	12.3430	12.3530	12.5500	12.5600				
蚌埠	12.4330	12.4330	13.0430	13.0430				
蚌埠东	12.4930	12.4930	13.1030	13.1030				
凤阳	12.5630	12.5630	13.1730	13.1730				
板桥	13.0100	13.0100	13.2100	13.2100				

续表

车次	G111		G113					
车站	到	发	到	发				
小溪河	13.0530	13.0530	13.2500	13.2500				
明光	13.1300	13.1300	13.3300	13.3300				
卞庄	13.1630	13.1630	13.3600	13.3600				
管店	13.2100	13.2100	13.4000	13.4000				
三界	13.2500	13.2500	13.4330	13.4330				
张八岭	13.2930	13.2930	13.4830	13.4830				
沙河集	13.3300	13.3300	13.5200	13.5200				
滁州	13.3900	13.3900	13.5730	13.5730				
担子	13.4330	13.4330	14.0230	14.0230				
东葛	13.4930	13.4930	14.0830	14.0830				
永宁镇	13.5300	13.5300	14.1230	14.1230				
林场	13.5700	13.5700	14.1700	14.1700				
南京	14.0330	14.0330	14.2400	14.2400				
南京南	14.1030	14.1230	14.3100	14.3300				

表 B–4 径路 2 列车运行计划调整结果

车次	K58/5		K518/5		K101/4/1		D88/5	
车站	到	发	到	发	到	发	到	发
徐州	9.1600	9.3500	9.3000	9.4100	9.4400	9.4700	10.0200	10.0300
高家营	9.4300	9.4300	9.4900	9.4900	9.5500	9.5500	10.0929	10.0929
三铺	9.4700	9.4700	9.5300	9.5300	9.5900	9.5900	10.1202	10.1202
曹村	9.5445	9.5445	10.0045	10.0045	10.0800	10.2100	10.1624	10.1624
夹沟	10.0430	10.0430	10.1200	10.2400	10.3245	10.3245	10.2049	10.2049
符离集	10.1700	10.1700	10.3830	10.3830	10.4515	10.4515	10.2700	10.2700
宿州	10.2445	10.2445	10.4615	10.4615	10.5300	10.5300	10.3230	10.3230
宿州南	10.2800	10.4000	10.4815	10.4815	10.5500	10.5500	10.3353	10.3353
西寺坡	10.4845	10.4845	10.5500	10.5500	11.0145	11.0145	10.3757	10.3757

续表

车次	K58/5		K518/5		K101/4/1		D88/5	
车站	到	发	到	发	到	发	到	发
芦岭	10.5245	10.5245	10.5900	10.5900	11.0545	11.0545	10.4018	10.4018
唐南集	11.0130	11.0130	11.0745	11.0745	11.1430	11.1430	10.4528	10.4528
固镇	11.0430	11.0430	11.1045	11.1045	11.1730	11.1730	10.4732	10.4732
连城	11.0845	11.0845	11.1500	11.1500	11.2145	11.2145	10.5033	10.5033
新马桥	11.1245	11.1245	11.1900	11.1900	11.2545	11.2545	10.5327	10.5327
曹老集	11.2315	11.2315	11.2930	11.2930	11.3615	11.3615	11.0117	11.0117
蚌埠	11.3700	11.4200	11.4300	11.4800	11.5000	11.5800	11.0830	11.0930
蚌埠东	11.4800	11.4800	11.5400	11.5400	12.0300	12.1530	11.1500	11.1500
凤阳	11.5700	11.5700	12.0300	12.0300	12.2430	12.2430	11.2152	11.2152
板桥	12.0300	12.0300	12.0900	12.0900	12.3030	12.3030	11.2558	11.2558
小溪河	12.0730	12.0730	12.1330	12.1330	12.3500	12.3500	11.2922	11.2922
明光	12.1630	12.1630	12.2230	12.2230	12.4400	12.4400	11.3740	11.3740
卞庄	12.2030	12.2030	12.2630	12.2630	12.4800	12.4800	11.4030	11.4030
管店	12.2500	12.2500	12.3100	12.3100	12.5400	13.0600	11.4434	11.4434
三界	12.3030	12.3030	12.3730	12.5030	13.1230	13.1230	11.4902	11.4902
张八岭	12.3730	12.3730	12.5800	12.5800	13.1930	13.1930	11.5416	11.5416
沙河集	12.4230	12.4230	13.0230	13.0230	13.2430	13.2430	11.5813	11.5813
滁州	12.5100	13.0430	13.1000	13.1100	13.3100	13.3100	12.0413	12.0413
担子	13.1000	13.1000	13.1730	13.3000	13.3630	13.4930	12.0841	12.0841
东葛	13.2000	13.2000	13.4000	13.4000	13.5930	14.0330	12.1530	12.1530
永宁镇	13.2400	13.2400	13.4400	13.4400	14.0830	14.1030	12.1846	12.1846
林场	13.2900	13.2900	13.4900	14.0300	14.1930	14.2300	12.2237	12.2237
南京	13.3800	13.5300	14.1200	14.1500	14.3200	14.3700	12.3000	12.3200
车次	1230/27		10135		10625		11301	
车站	到	发	到	发	到	发	到	发
徐州	9.5600	10.0900	10.1800	10.1800	10.2800	10.2800	10.3800	10.3800
高家营	10.1700	10.1700	10.2600	10.2600	10.3600	10.3600	10.4600	10.4600

续表

车次	1230/27		10135		10625		11301	
车站	到	发	到	发	到	发	到	发
三铺	10.2200	10.2500	10.3200	10.3200	10.4200	10.4200	10.5200	10.5200
曹村	10.3500	10.3500	10.4500	10.4500	10.5500	10.5500	11.0500	11.0500
夹沟	10.4445	10.4445	10.5800	10.5800	11.0800	11.0800	11.2000	11.4100
符离集	10.5715	10.5715	11.1700	11.2200	11.2700	11.5100	12.0100	12.0100
宿州	11.0600	11.0800	11.3700	11.3700	12.0600	12.0600	12.1300	12.1300
宿州南	11.1200	11.1200	11.4200	11.5900	12.0900	12.0900	12.1600	12.1600
西寺坡	11.1845	11.1845	12.1300	12.1300	12.2000	12.2000	12.2700	12.2700
芦岭	11.2245	11.2245	12.2000	12.2000	12.2700	12.2700	12.3330	12.3330
唐南集	11.3130	11.3130	12.3300	12.3300	12.4000	12.4000	12.4630	12.4630
固镇	11.3430	11.3430	12.3730	12.3730	12.4700	12.4900	12.5500	12.5600
连城	11.3845	11.3845	12.4330	12.4330	12.5800	12.5800	13.0500	13.0500
新马桥	11.4245	11.4245	12.5000	12.5000	13.0430	13.0430	13.1130	13.1130
曹老集	11.5315	11.5315	13.0400	13.0400	13.1830	13.1830	13.2530	13.2530
蚌埠	12.1030	12.1030	13.1700	13.1700	13.3100	13.3100	13.3930	13.3930
蚌埠东	12.1700	12.3500	13.2700	13.3900			13.4900	14.0100
凤阳	12.4500	12.4500	13.5700	13.5700			14.2100	14.3100
板桥	12.5200	12.5200	14.0630	14.0630			14.4330	14.4330
小溪河	12.5700	13.1130	14.1330	14.1330			14.5300	15.2900
明光	13.2230	13.2230	14.3400	14.4800			15.5000	15.5000
卞庄	13.2730	13.2730	14.5900	15.4300			15.5800	15.5800
管店	13.3330	13.4600	15.5500	15.5500			16.0900	16.2600
三界	13.5300	13.5300	16.0800	16.2900			16.3930	16.3930
张八岭	14.0100	14.0100	16.4500	16.4500			16.5230	16.5230
沙河集	14.0700	14.0700	16.5300	16.5300			17.0030	17.0030
滁州	14.1500	14.1800	17.0530	17.0530			17.1300	17.1300
担子	14.2500	14.2500	17.1600	17.1800			17.2400	17.2500
东葛	14.3600	14.3600	17.3600	17.3600			17.4300	17.4300

续表

车次	1230/27		10135		10625		11301	
车站	到	发	到	发	到	发	到	发
永宁镇	14.4100	14.4100	17.4500	17.4500			17.5200	17.5200
林场	14.4800	14.5300	18.0200	20.0700			18.5100	20.4100
南京	15.0300	15.1500	20.2300	20.2300			20.5700	20.5700
车次	23005		11305		T114/1		K190/87	
车站	到	发	到	发	到	发	到	发
徐州	10.5800	10.5800	11.3200	11.3200				
高家营	11.0600	11.0600	11.4000	11.4000			8.0000	8.0000
三铺	11.1400	11.3100	11.4530	11.4530			8.0400	8.0400
曹村	11.4700	11.4700	11.5700	11.5700			8.1145	8.1145
夹沟	12.0000	12.0000	12.1100	12.3500	8.1130	8.1130	8.2130	8.2130
符离集	12.1900	12.2900	12.5330	12.5330	8.2247	8.2247	8.3400	8.3400
宿州	12.4400	12.4400	13.0430	13.0430	8.2907	8.2907	8.4300	8.4300
宿州南	12.4800	12.4800	13.0730	13.0730	8.3042	8.3042	8.4500	8.4500
西寺坡	12.5900	12.5900	13.1730	13.1730	8.3633	8.3633	8.5145	8.5145
芦岭	13.0600	13.0600	13.2330	13.2330	8.4000	8.4000	8.5545	8.5545
唐南集	13.1900	13.1900	13.3630	13.3630	8.4712	8.4712	9.0430	9.0430
固镇	13.2330	13.2330	13.4100	13.4100	8.4937	8.4937	9.0730	9.0730
连城	13.2930	13.2930	13.4900	13.5900	8.5307	8.5307	9.1145	9.1145
新马桥	13.3600	13.3600	14.0800	14.0800	8.5632	8.5632	9.1545	9.1545
曹老集	13.5000	13.5000	14.2100	14.2100	9.0547	9.0547	9.2615	9.2615
蚌埠	14.0400	14.0400	14.3500	14.3500	9.2700	9.2900	9.4000	9.4800
蚌埠东	14.3700	15.4300	15.1500	15.5300	9.3430	9.3430	9.5530	9.5530
凤阳	16.0100	16.0100	16.1100	16.1100	9.4130	9.4130	10.0230	10.1430
板桥	16.1030	16.1030	16.2030	16.2030	9.4600	9.4600	10.1900	10.1900
小溪河	16.1730	16.1730	16.2730	16.2730	9.5030	9.5030	10.2230	10.2230
明光	16.3530	16.3530	16.4530	16.4530	9.5900	9.5900	10.3200	10.3500
卞庄	16.4130	16.4130	16.5130	16.5130	10.0215	10.0215	10.4100	10.4100

续表

车次	23005		11305		T114/1		K190/87	
车站	到	发	到	发	到	发	到	发
管店	16.5030	16.5030	17.0030	17.0030	10.0630	10.0630	10.4900	10.5200
三界	17.0100	17.0100	17.1100	17.1100	10.1130	10.1130	11.5800	11.1000
张八岭	17.1400	17.1400	17.2400	17.2400	10.1700	10.1700	11.1700	11.1700
沙河集	17.2200	17.2200	17.3200	17.3200	10.2045	10.2045	11.2400	11.3600
滁州	17.3700	17.3900	17.4700	18.2300	10.2530	10.2530	11.4630	11.4630
担子	17.5300	18.2700	18.3700	19.3700	10.3030	10.3030	11.5430	12.1500
东葛	18.4700	19.5100	19.5700	20.0000	10.3615	10.3615	12.2500	12.2500
永宁镇	20.0300	20.0300	20.1400	20.2700	10.4300	10.4300	12.2830	12.2830
林场	20.1300	22.4700	20.4000	22.5400	10.4800	10.4800	12.3500	12.5000
南京	23.0230	23.0230	23.1000	23.1000	10.5800	11.0600	12.5800	13.0000

车次	T54		K8471		K374/1		T118/5	
车站	到	发	到	发	到	发	到	发
符离集	8.0547	8.0547						
宿州	8.1207	8.1207						
宿州南	8.1342	8.1342	8.0300	8.0300				
西寺坡	8.1933	8.1933	8.0945	8.0945				
芦岭	8.2300	8.2300	8.1345	8.1345				
唐南集	8.3012	8.3012	8.2400	8.3700	8.0500	8.0700		
固镇	8.3237	8.3237	8.4000	8.4000	8.1200	8.1200		
连城	8.3607	8.3607	8.4415	8.4415	8.1800	8.2000		
新马桥	8.3932	8.3932	8.4815	8.4815	8.2600	8.2600		
曹老集	8.4847	8.4847	8.5900	10.1200	8.3630	8.3630		
蚌埠	9.0000	9.0200	9.3300	9.3500	8.5000	9.0800		
蚌埠东	9.0745	9.0745	9.4230	9.4230	9.1500	9.1500	8.0345	8.0345
凤阳	9.1530	9.1530	9.5200	9.5200	9.2400	9.2400	8.1130	8.1130
板桥	9.2020	9.2020	9.5730	9.5730	9.2930	9.2930	8.1620	8.1620
小溪河	9.2400	9.2400	10.0200	10.0200	9.3400	9.3400	8.2000	8.2000

续表

车次	T54		K8471		K374/1		T118/5	
车站	到	发	到	发	到	发	到	发
明光	9.3250	9.3250	10.1030	10.1030	9.4330	10.1630	8.2850	8.2850
卞庄	9.3550	9.3550	10.1430	10.1430	10.2030	10.3400	8.3150	8.3150
管店	9.4030	9.4030	10.2030	10.2030	10.4000	10.4000	8.3630	8.3630
三界	9.4515	9.4515	10.2630	10.2630	10.4600	10.4600	8.4115	8.4115
张八岭	9.5115	9.5115	10.3500	10.4730	10.5430	10.5430	8.4715	8.4715
沙河集	9.5545	9.5545	10.3630	10.3630	11.0030	11.0030	8.5145	8.5145
滁州	10.0245	10.0245	11.0100	11.0400	11.1000	11.2430	8.5845	8.5845
担子	10.0915	10.0915	11.1300	11.1300	11.3200	11.3200	9.0515	9.0515
东葛	10.1715	10.1715	11.2300	11.3500	11.4200	11.5400	9.1315	9.1315
永宁镇	10.2400	10.2400	11.4230	11.4230	12.0300	12.0400	9.2000	9.2000
林场	10.2830	10.2830	11.4800	11.4800	12.1100	12.2300	9.2430	9.2430
南京	10.3530	10.4730	11.5600	–1.0000	12.3600	12.3900	9.3300	9.4600

车次	T284/1		T65		T131/4/1		K559/8	
车站	到	发	到	发	到	发	到	发
凤阳	8.0330	8.0330						
板桥	8.0820	8.0820	8.0020	8.0020				
小溪河	8.1200	8.1200	8.0400	8.0400				
明光	8.2050	8.2050	8.1250	8.1250	8.0650	8.0650		
卞庄	8.2350	8.2350	8.1550	8.1550	8.0950	8.0950		
管店	8.2830	8.2830	8.2030	8.2030	8.1430	8.1430		
三界	8.3315	8.3315	8.2515	8.2515	8.1915	8.1915		
张八岭	8.3915	8.3915	8.3115	8.3115	8.2515	8.2515	8.0430	8.0430
沙河集	8.4345	8.4345	8.3545	8.3545	8.2945	8.2945	8.1200	8.1500
滁州	8.5045	8.5045	8.4245	8.4245	8.3645	8.3645	8.2800	8.2800
担子	8.5715	8.5715	8.4915	8.4915	8.4315	8.4315	8.3600	9.2200
东葛	9.0515	9.0515	8.5715	8.5715	8.5115	8.5115	9.3330	9.3330
永宁镇	9.1200	9.1200	9.0400	9.0400	8.5800	8.5800	9.4100	9.4100

续表

车次	T284/1		T65		T131/4/1		K559/8	
车站	到	发	到	发	到	发	到	发
林场	9.1630	9.1630	9.0830	9.0830	9.0230	9.0230	9.4800	9.4800
南京	9.2500	9.3300	9.1700	−1.0000	9.1100	9.1400	9.5800	10.0500
车次	T166/3		T140/37					
车站	到	发	到	发				
担子	8.0430	8.0430						
东葛	8.1130	8.1130						
永宁镇	8.1800	8.1800						
林场	8.2205	8.2205						
南京	8.3000	8.3300	8.0800	8.1100				

说明：XX.YYZZ 表示 XX 时 YY 分 ZZ 秒。

附录 C 列车运行图

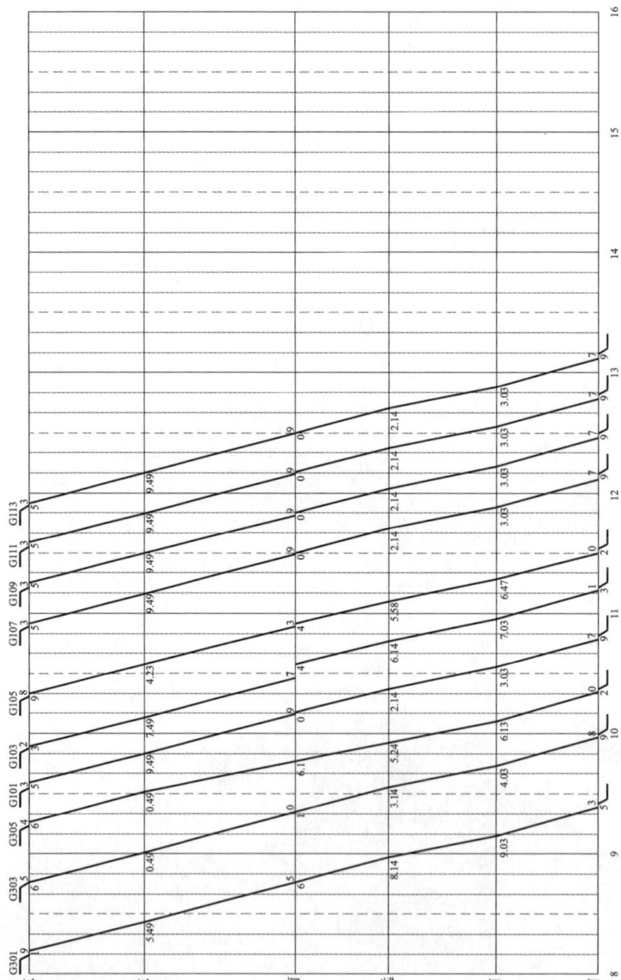

图C–1 高速列车既定运行图

注：AA.3表示AA分30秒。

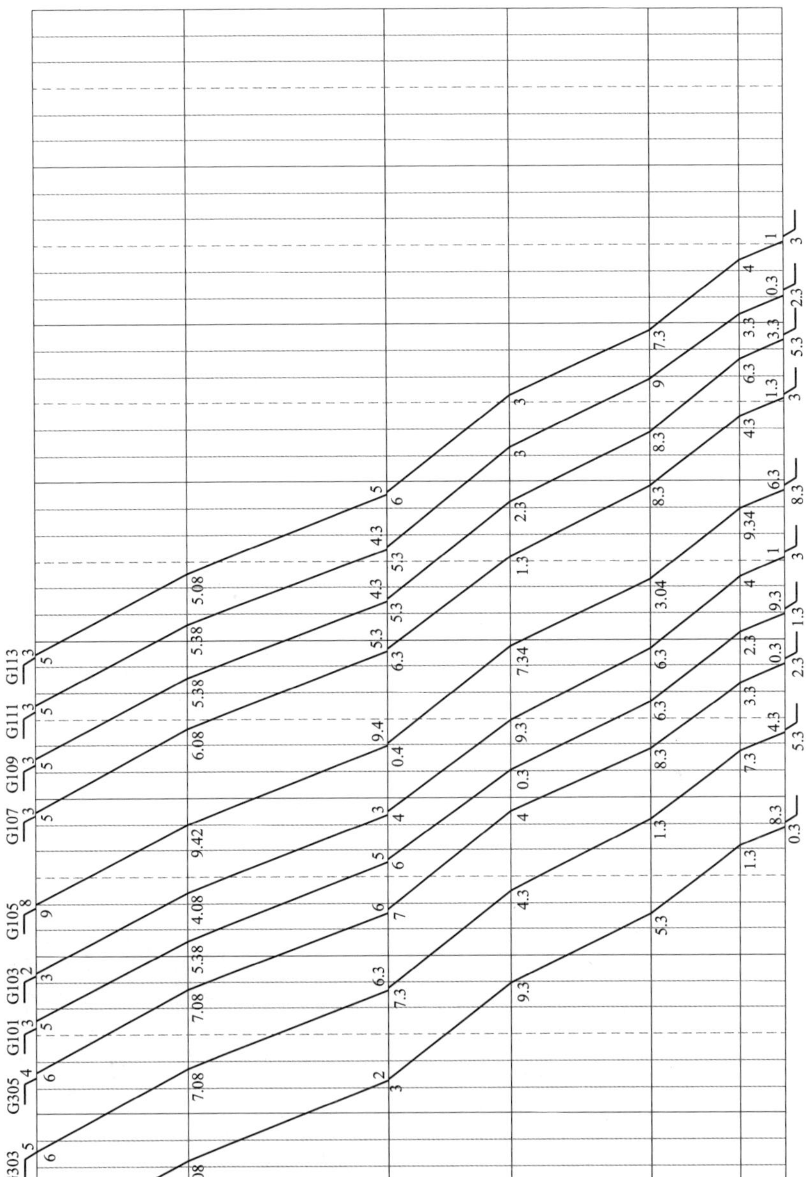

图C-2 调整后径路1列车运行图

注：AA.3表示AA分30秒。

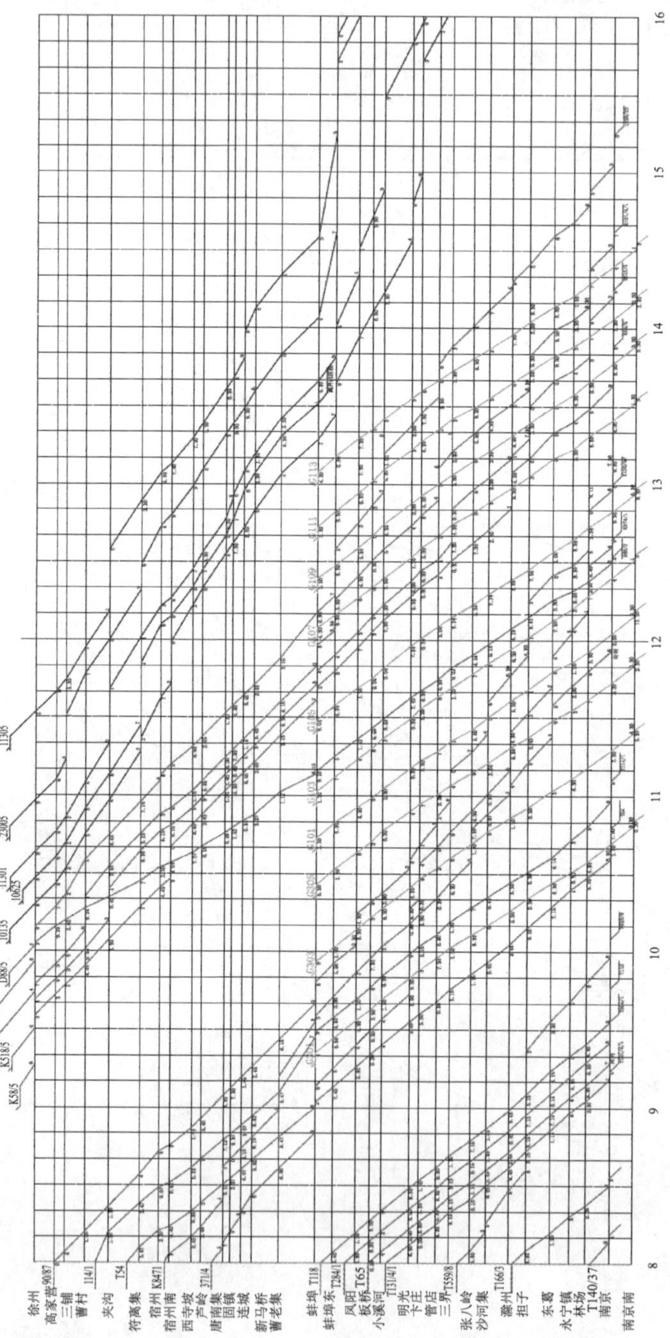

图C-3　调整后径路2的列车运行图（径路1与径路2在蚌埠—南京区段重叠）

附录D　列车区间纯运行时分

表 D–1　列车在徐州—南京区段的区间最小纯运行时分（既有普速铁路）

车站	下行至下一站距离/km	下行至下一站的最小运行时分				
		高速、动车	直达、特快	快速	普快	货车
徐州	9	2.42	3.23	4.30	5.24	6.45
高家营	7	2.06	2.38	3.30	4.12	5.15
三铺	15	4.30	5.38	7.30	9.00	11.15
曹村	14	4.12	5.15	7.00	8.24	10.30
夹沟	16	4.48	6.00	8.00	9.36	12.00
符离集	14	4.12	5.15	7.00	8.24	10.30
宿州	2	0.36	0.45	1.00	1.12	1.30
宿州南	15	4.30	5.38	7.30	9.00	11.15
西寺坡	8	2.24	3.00	4.00	4.48	6.00
芦岭	15	4.30	5.38	7.30	9.00	11.15
唐南集	7	2.06	2.38	3.30	4.12	5.15
固镇	7	2.06	2.38	3.30	4.12	5.15
连城	8	2.24	3.00	4.00	4.48	6.00
新马桥	14	4.12	5.15	7.00	8.24	10.30
曹老集	14	4.12	5.15	7.00	8.24	10.30
蚌埠	8	2.24	3.00	4.00	4.48	6.00
蚌埠东	16	4.48	6.00	8.00	9.36	12.00
凤阳	11	3.18	4.08	5.30	6.36	8.15
板桥	8	2.24	3.00	4.00	4.48	6.00
小溪河	18	5.24	6.45	9.00	10.48	13.30

续表

车站	下行至下一站距离/km	下行至下一站的最小运行时分				
		高速、动车	直达、特快	快速	普快	货车
明光	8	2.24	3.00	4.00	4.48	6.00
卞庄	9	2.42	3.23	4.30	5.24	6.45
管店	11	3.18	4.08	5.30	6.36	8.15
三界	13	3.54	4.53	6.30	7.48	9.45
张八岭	10	3.00	3.45	5.00	6.00	7.30
沙河集	13	3.54	4.53	6.30	7.48	9.45
滁州	9	2.42	3.23	4.30	5.24	6.45
担子	18	5.24	6.45	9.00	10.48	13.30
东葛	6	1.48	2.15	3.00	3.36	4.30
永宁镇	9	2.42	3.23	4.30	5.24	6.45
林场	14	4.12	5.15	7.00	8.24	10.30
南京						

说明：AA.BB 表示 AA 分钟 BB 秒。

表 D–2　不同限速条件下高速列车在徐州东—南京南区段的区间纯运行时分

车站	下行至下一站距离/km	至下一站的最小运行时分		
		350km/h	160km/h	70 km/h
徐州东	67	11.29	25.08	57.26
宿州东	88	15.05	33.00	75.26
蚌埠南	54	9.15	20.15	46.17
定远	62	10.38	23.15	53.09
滁州南	59	10.07	22.08	50.34
南京南				

说明：AA.BB 表示 AA 分钟 BB 秒。

附录 E　径路上区间与车站权重

表 E–1　两径路区间权重

径路 1			径路 2		
车站	到下一站距离/km	到下一站区间权重	车站	到下一站距离/km	到下一站区间权重
徐州东	67	0.1671	徐州	9	0.0260
宿州东	88	0.2195	高家营	7	0.0202
蚌埠南	54	0.1347	三铺	15	0.0434
蚌埠	8	0.0200	曹村	14	0.0405
蚌埠东	16	0.0399	夹沟	16	0.0462
凤阳	11	0.0274	符离集	14	0.0405
板桥	8	0.0200	宿州	2	0.0058
小溪河	18	0.0449	宿州南	15	0.0434
明光	8	0.0200	西寺坡	8	0.0231
卞庄	9	0.0224	芦岭	15	0.0434
管店	11	0.0274	唐南集	7	0.0202
三界	13	0.0324	固镇	7	0.0202
张八岭	10	0.0249	连城	8	0.0231
沙河集	13	0.0324	新马桥	14	0.0405
滁州	9	0.0224	曹老集	14	0.0405
担子	18	0.0449	蚌埠	8	0.0231
东葛	6	0.0150	蚌埠东	16	0.0462
永宁镇	9	0.0224	凤阳	11	0.0318
林场	14	0.0349	板桥	8	0.0231

续表

径路1			径路2		
车站	到下一站距离/km	到下一站区间权重	车站	到下一站距离/km	到下一站区间权重
南京	11	0.0274	小溪河	18	0.0520
南京南			明光	8	0.0231
			卞庄	9	0.0260
			管店	11	0.0318
			三界	13	0.0376
			张八岭	10	0.0289
			沙河集	13	0.0376
			滁州	9	0.0260
			担子	18	0.0520
			东葛	6	0.0173
			永宁镇	9	0.0260
			林场	14	0.0405
			南京		

表 E–2　两径路车站权重

径路1			径路2		
车站	等级	权重	车站	等级	权重
徐州东	高速中间站	1.50	徐州	特等站	1.00
宿州东	高速中间站	1.50	高家营	四等站	0.25
蚌埠南	高速中间站	1.50	三铺	四等站	0.25
蚌埠	一等站	1.00	曹村	四等站	0.25
蚌埠东	一等站	1.00	夹沟	四等站	0.25
凤阳	三等站	0.33	符离集	三等站	0.33
板桥	四等站	0.25	宿州	二等站	0.50
小溪河	四等站	0.25	宿州南	五等站	0.20
明光	三等站	0.33	西寺坡	四等站	0.25
卞庄	四等站	0.25	芦岭	三等站	0.33

续表

径路 1			径路 2		
车站	等级	权重	车站	等级	权重
管店	四等站	0.25	唐南集	四等站	0.25
三界	四等站	0.25	固镇	三等站	0.33
张八岭	四等站	0.25	连城	四等站	0.25
沙河集	四等站	0.25	新马桥	四等站	0.25
滁州	二等站	0.5	曹老集	三等站	0.33
担子	四等站	0.25	蚌埠	一等站	1.00
东葛	四等站	0.25	蚌埠东	一等站	1.00
永宁镇	四等站	0.25	凤阳	三等站	0.33
林场	四等站	0.25	板桥	四等站	0.25
南京	一等站	1.00	小溪河	四等站	0.25
			明光	三等站	0.33
			卞庄	四等站	0.25
			管店	四等站	0.25
			三界	四等站	0.25
			张八岭	四等站	0.25
			沙河集	四等站	0.25
			滁州	二等站	0.5
			担子	四等站	0.25
			东葛	四等站	0.25
			永宁镇	四等站	0.25
			林场	四等站	0.25
			南京	一等站	1.00